Briefwechsel und Tagebücher

des Fürsten
Hermann von Pückler-Muskau

Band 1

CLASSIC PAGES

Pückler-Muskau, Hermann von

**Briefwechsel und Tagebücher des Fürsten
Hermann von Pückler-Muskau**
Band 1

Reihe: *classic pages*

ISBN: 978-3-86741-551-4

Auflage: 1
Erscheinungsjahr: 2010
Erscheinungsort: Bremen, Deutschland

Bei diesem Titel handelt es sich um den Nachdruck eines histori-
schen, lange vergriffenen Buches aus dem Verlag Hoffmann &
Campe, Hamburg (1873). Da elektronische Druckvorlagen für diese
Titel nicht existieren, musste auf alte Vorlagen zurückgegriffen
werden. Hieraus zwangsläufig resultierende Qualitätsverluste
bitten wir zu entschuldigen.

Vorwort.

Einen reichhaltigeren litterarischen Nachlaß hat es wohl kaum gegeben als den vorliegenden, sowohl was die Zahl, Mannigfaltigkeit und Wichtigkeit der darein verflochtenen Personen, als was das psychologische Interesse des Inhalts anbelangt. Der Fürst Hermann von Pückler-Muskau selbst kann in dieser Beziehung nicht übertroffen werden; in der Briefform hat er stets am glänzendsten die Grazie, die unbeschränkte Eigenthümlichkeit und Natürlichkeit und die pikante Satyre entwickelt, die ihm eigen waren, wie dies auch die berühmten „Briefe eines Verstorbenen" bewiesen haben. Zugleich enthalten die Briefe an seine Gattin gewissermaßen sein fortlaufendes Tagebuch, in welchem er Erlebnisse und Gedanken rückhaltlos niederlegt. Die unendlich mannigfaltigen anderen Briefwechsel ferner, die er während seines Lebens unterhielt, zeigen ihn in den verschiedenen Facetten seines Wesens. Mit wem er alles bekannt war, ist in der Kürze gar nicht anzugeben, denn die Namen allein würden Bogen füllen: er stand in Beziehung mit dem ganzen Parnaß wie mit dem ganzen Gothaischen Kalender, mit den Höfen, mit ihren gekrönten Häuptern bis zu den Hofdamen und Kammerherren, mit der Diplomatie wie mit der Wissenschaft, Litteratur und Kunst. Für Alle hatte er Zeit, in alles wußte er einzu=

gehen, und die Vielseitigkeit seiner Natur zeigt sich be=
wundernswerth in diesem geistigen Verkehr, den er in immer
weitere Kreise ausdehnte, wie er denn auch Vergnügen und
Reiz darin fand, mit Vielen in vertraute Korrespondenz
zu treten, die er nie persönlich kennen gelernt hatte.

Das merkwürdige Material, das auf solche Weise in
seinen Händen sich vereinigte, vervollständigte er dadurch,
daß er meist von seinen eigenen Briefen Abschriften behielt,
und er ordnete das Ganze mit einem so ausgezeichneten
Organisationstalent, daß sein litterarischer Nachlaß gewisser=
maßen wie seine unsterblichen landschaftlichen Werke, die
Parks von Muskau und Branitz, eine seiner Schöpfungen
genannt zu werden verdient. Er wünschte der Welt in
seinem Nachlaß ein treues Spiegelbild seiner selbst und
seiner Zeitgenossen zu geben, das eine unerschöpfliche Quelle
des psychologischen Studiums darbietet.

Der vorliegende Band enthält Pückler's Briefwechsel
aus verschiedenen Epochen seines Lebens mit vier ausge=
zeichneten und berühmten Frauen, alle Schriftstellerinnen,
nämlich Sophie Gay, Bettina von Arnim, Gräfin Ida
Hahn=Hahn, und Eugenie John=Marlitt, so wie eine
Sammlung Liebesbriefe aus seiner Jugendzeit.

Florenz, im Oktober 1872.

Ludmilla Assing.

Briefwechsel

zwischen

Pückler und Sophie Gay,

nebst zwei Billeten

von

Sophie Gail.

Pückler machte im Jahr 1818, als er zum Kongreß nach . Aachen gegangen war, zufällig auf der Gemälde=gallerie in Brüssel die Bekanntschaft der Mad. Sophie Gay, und brachte mit ihr und ihren beiden Töchtern Delphine (spätere Frau von Girardin) und Isaure, und mit ihrer Freundin, Mad. Sophie Gail, gleichfalls einer Schrift=stellerin, sehr angenehme belebte Abende zu. Mad. Gay hatte sich durch ihren Roman „Anatole" bereits in der Litteratur vortheilhaft bekannt gemacht, und war außerdem eine Frau von Geist, Liebenswürdigkeit und anmuthigster Unterhaltungsgabe. Wenn auch nicht mehr in der ersten Jugend, war sie doch noch sehr im Stande zu gefallen, und Pückler zog sie der noch berühmteren Mad. Reca=mier vor.

———————

1.

Sophie Gail an Pückler.

Je me sens un esprit prophétique! Voulez vous en profiter? A une heure, je serai d'humeur à monter sur mon trépied, et à dérouler à vos yeux le tableau de votre avenir!

Pour le présent, je vous aime d'esprit et de coeur!

Adieu, monsieur le comte.

Vendredi. Sophie Gail.

Après la sorcellerie, ne pourrions-nous pas aller promener à pied à Frankenberg?

2.

Pückler an Sophie Gail.

Ce Vendredi 2 heures après midi.

Lorsque vous m'avez annoncé ce matin, Madame, avec tant de solennité qu'enfin vous vouliez monter sur votre trépied pour dérouler à mes yeux le tableau de l'avenir — j'avoue que la peur m'a pris et que j'ai été me cacher au Compesbad où j'ai resté deux heures dans l'eau pour calmer mon imagination. Notez que la manière de laquelle j'ai reçu votre billet était déjà de très-mauvais augure. Vous savez que je demeure au rez-de-chaussée et qu'en regardant par la fenêtre je me trouve au milieu de la rue. C'était là que je m'amusais à examiner les passants lorsque

1*

tout à coup une vieille sorcière se présente devant moi et dirigeant sur moi des ongles noirs et crochus, marmotte quelques mots inintelligibles, pose un billet sur la croisée et disparait aussitôt. Surpris de l'aventure je m'empresse à l'ouvrir (le billet s'entend), et à peine ai-je jeté les yeux sur le fameux „tableau de l'avenir à dérouler,“ que le véritable et sinistre tableau du passé de Fualdez se détache, et frisant ma tête, tombe avec fracas sur le pavé. Jugez, pour un homme superstitieux, quel effet doit produire sur moi un si fatal événement, et si après une telle frayeur j'eus été capable de soutenir dignement l'épreuve que vous me réserviez! La moindre mauvaise nouvelle que vous m'auriez appris eut suffi pour m'ébranler!

Veuillez donc me pardonner, Madame, si je vous supplie de remettre la séance à un autre jour, en vous priant de recevoir avec mes très humbles remerciments l'assurance de mon admiration, de mon attachement et de mon respect.

A. P.

3.

Sophie Gail an Pückler.

Je désire emporter quelque chose qui me vienne de vous! Mais je veux que cette chose n'aie d'autre prix, que celui que j'attacherai à un souvenir de vous! Ainsi, elle aura une bonne et réelle valeur. Taisez à tout le monde ma demande, et même ne m'en parlez pas! Satisfaites-la, voilà tout!

Concevez pourquoi la devise de nos relations se borne à

tout près, et bien loin de vous
S. G.

4.
Pückler an Sophie Gail.

J'ai reçu votre aimable billet avec quelque inquiétude. Je craignais que le second message pourrait
bien ressembler au premier. Heureusement c'est tout
le contraire, et je ne manquerai pas de profiter de
la permission que vous me donnez d'une manière si
agréable.   A. P.

5.
Sophie Gay an Pückler.

Vous partez, et j'ai le pressentiment que nous ne
nous reverrons plus, car ma destinée, la vôtre, vos
habitudes, ma volonté: tout nous sépare, et cependant
je crois que le ciel avait placé dans votre coeur ce
qu'il faut pour comprendre le mien; mais si tant
d'obstacles s'opposent à la réalité d'un bonheur impossible, l'avoir rêvé, est déjà un lien, et je vous
regarde comme engagé par cela seul, à me conserver
un tendre souvenir. Ecrivez moi, quelquefois, surtout avec confiance, peut-être trouverez-vous du
charme dans cette amitié romanesque; et dans la
pensée que votre existence est devenue un des grands
intérêts de ma vie.   Adieu.
                                           Sophie G.

6.
Sophie Gay an Pückler.

Au nom du ciel, ne partez pas sans m'écrire un
mot d'adieu que vous me remettrez vous-même ce soir.
Ordonnez-moi de rester ici pour y vivre de l'espérance
de vous revoir encore une fois, ou je pars à mon

tour: et vais cacher dans ma retraite le sentiment
qui bouleverse mon âme. Ne prenez pas ceci pour un
reproche, je n'ai droit ni motif de vous en adresser.
Vous êtes bon, soigneux pour moi et même assez
reconnaissant de ma faiblesse, mais si je ne veux pas
m'en guérir, je ne veux pas y succomber et le refus
de ce portrait m'a trop appris ce que je devais attendre
et la place que j'occupe dans votre coeur. N'importe, je l'accepte, je mourrai votre amie, c'est la dernière ambition de mon âme. Vous m'avez dit hier
deux mots sur lesquels je vais vivre pendant votre
absence. Chère Sophie! disiez vous! ah redites les
encore, ces deux mots qui retentissent à mon coeur
et ne me faites pas l'injure de douter de sa sincérité;
aidez-moi plutôt à dissimuler ce qu'il à éprouvé.

Adieu! pensez à moi dans ce voyage, et décidez
du mien.

Vous avez promis de m'écrire de Bruxelles au
nom de Mme G . . ., tenez parole.

7.
Sophie Gay an Pückler.

Si je n'écoutais que ma fierté, j'attendrais votre
lettre pour y répondre, mais vous êtes parti l'âme
attristée, quelques mots d'amitié peuvent vous distraire
un instant, c'en est assez pour triompher des petites
considérations de l'amour-propre. Ou je vous ai mal
jugé ou, vous apprécierez un caractère qui met le bonheur de ce qu'il aime bien au-dessus du sien, et vous
me saurez bon gré de tant m'oublier pour vous. Mais
votre inquiétude a pénétré mon coeur, et quoiqu'il
m'en coûte, je forme de sincères voeux pour que vous
conserviez l'objet d'un attachement si vif. Mais pour-

quoi, votre existence étant ainsi occupée, êtes-vous
venu troubler la mienne? M'auriez-vous fait l'injure de
me regarder comme le sujet d'une coquetterie vulgaire? ah! je ne puis le croire. Celui qui m'a lue
sait d'avance que je ne puis être la proie du calcul
ou de la vanité, et qu'à moins de m'aimer on ne peut
me séduire; aussi ai-je la présomption de vous supposer une véritable affection pour moi, malgré la pré-
tendue méfiance, dont vous me répétiez l'aveu au
moment même où la seule pensée de votre départ
remplissait mes yeux de larmes. J'ai ressenti cruellement cette injustice. Peut-être auriez-vous dû me
laisser sur un mot plus doux; mais cet anneau, gage
d'un prompt retour, m'a un peu consolée, il ne me
quitte pas. Ce mouchoir passe avec moi la nuit.
Enfin, j'ai toutes les faiblesses de l'état. Hier j'étais
placée au concert en face de votre beau-père, qui n'a
cessé de me lorgner avec une curiosité remarquable.
Il était encore tout paré à mes yeux du diner qu'il
vous avait donné la veille, et j'étais bien-aise d'avoir
quelqu'un des vôtres près de moi. Du reste, le concert assez brillant, et où de grands personnages m'ont
adressé des hommages assez flatteurs, m'a fatiguée
au dernier point, je m'y suis trainée avec une fièvre
ardente, et j'en gardais le secret, lorsque le docteur
Reyman est venu l'apprendre à tout le monde. „C'est
tout simple, a dit quelqu'un, Madame a sûrement passé
une mauvaise nuit"; un autre a demandé tout net, si
vous n'étiez pas parti la veille, et le plus malin de
tous a répondu, que vous aviez tant fait d'instances
au Roi pour l'accompagner, qu'à la fin il y avait con-
senti, que de plus, votre anglomanie vous avait porté
à demander un logement au Duc de Wellington.

Pour cela, j'ai dit que je n'en croyais pas un mot, et comme je ne pouvais ainsi entendre parler de vous, sans laisser apercevoir mon trouble, j'ai changé assez impérieusement la conversation.

Voici ma voisine, la Sybille, qui m'envoye ses oeuvres, avec un billet accompagné de toute la magie de la flatterie. Je vous avoue que cet envoi effraye ma superstition, et que je vais céder au désir de la consulter sur mon plus prochain avenir. Puisse-t-elle me prédire que je vivrai longtemps dans votre coeur.

A bientôt, n'est-ce pas? Cher Armand, que je tremble et souhaite de vous revoir! et pourtant je ne devrais pas plus que vous me livrer à de nouvelles émotions, car je ne pourrais accepter un bonheur de ce genre qu'en désespérant l'être le plus dévoué qui soit au monde. Et j'ai besoin de sentir toutes les souffrances attachées au sentiment que je porte, pour m'en pardonner la douceur. Si je n'ai pas vendredi une lettre de vous, je serai bien malheureuse! J'en ai une telle espérance, que je me ferai apporter mes lettres le soir là chez le prince de Metternich, où je dine; si j'en reçois une, je quitterai bien vite ce grand monde, pour venir m'enfermer avec elle.

La muse inspirée et prophétique me charge de mille choses affectueuses pour vous. N'allez pas trop au devant de ses prédictions, relativement aux plaisirs de Bruxelles.   S.

8.

Pückler an Sophie Gay.

J'ai mille excuses à vous faire, ma chère amie, et mille grâces à vous rendre de la charmante lettre, que vous m'avez adressé à Bruxelles. Votre bonté

et votre amitié ont touché mon cœur, et les propos
que vous me répétez, et dont vous parlez avec une
importance si drôle, m'ont fait rire jusqu'aux larmes.
Eh bien, ma chère Sophie, tout ce qu'on vous a dit
est très vrai dans le fond. Je n'ai pas tourmenté le
Roi, je l'ai simplement prié de m'accorder la permission de me joindre à sa suite, et il me l'a accordé sans se faire tourmenter par cela. Quant au
grand point du logement demandé à Lord Wellington,
c'est bien la plus exacte vérité, et bien m'en a pris,
car sans cela j'aurai été dans l'alternative de coucher
dans la rue ou de rebrousser chemin. Ce n'était
donc pas par Anglomanie, mais par une précaution
très-sage, que j'ai songé à me procurer d'avance un
logement d'autorité, prévoyance qui a tourné à mon
avantage sous plus d'un rapport, entre autre pour
vérifier une partie des prédictions de notre Sybille*)
à nous, la même prédiction à laquelle vous faites si
joliment allusion à la fin de votre lettre. J'ai eu
aussi la faveur d'un Roi, mais d'un Roi absent, c'est
Bernadotte, qui m'a fait l'honneur de me décorer de
la grande croix de son étoile polaire.

Pour le duel j'aurai pu en avoir, et j'ai cru un
moment que je l'aurai. Je le désirais presque pour
la rareté du fait. Mais la prophétesse a oublié de
me prédire une chose, dont j'ai cruellement souffert.
C'est l'ennui le plus colossal dont je me souviens
depuis que j'existe. Ma manie des chevaux m'avait
fait acheter six de ces maudites bêtes, et ne pouvant
trouver un homme auquel j'osais les confier pour les
conduire à Aix- la- Chapelle, je fus obligé unique-

*) Mad. Gail.

ment pour cette raison à me morfondre cinq jours à
Valenciennes, courant nuit et jour les rues comme
Diogène, la lanterne à la main, pour trouver un pale-
frenier. Enfin Dieu eut pitié de moi, et me délivra
de cet exécrable séjour.

Jugez combien je me réjouis d'être de retour
dans un endroit que vous habitez, et dont votre
aimable société fait tous les délices. Je vous demande la permission de vous présenter mes hommages
quand le gros de votre société sera parti, et vous
prie de faire mes soumissions à Mlle. Delphine et la
petite, dont je suis amoureux, mais donc j'ai oublié
le nom.

Tout à vous etc.

9.
Sophie Gay an Pückler.

Villiers, ce 4. décembre 1818.

Vous pensez bien, cher Comte, qu'après votre
départ je ne me suis plus occupée que du mien.
L'aspect de ce salon, où je n'avais plus l'espérance
de vous voir entrer, m'était devenu insupportable; et
cependant j'étais menacée de l'habiter encore plus de
huit jours, si M. le Duc de Richélieu n'était venu
me faire ses adieux au moment où je me désolais de
n'avoir point de chevaux. Mon déséspoir l'a ému au point
de donner l'ordre qu'on me cédat une partie des chevaux
mis en réquisition pour lui; c'est à son obligeance que
je dois le plaisir de me retrouver aujourd'hui dans
ma retraite chérie. Je suis arrivée à Paris, très-souf-
frante, et ne suis sortie de mon lit que pour mener
Delphine à la représentation de la Sérénade, que
le théâtre s'est empressé de jouer pour notre retour.

Je vous avouerai ma faiblesse, en voyant cette salle remplie jusqu' au comble de spectateurs si bien d'accord pour applaudir, j'ai regretté que vous ne fussiez pas témoin de ma part de succès dans cette soirée : car dans la gloire de réussir je ne vois plus que l'avantage de vous prouver que vous avez raison de m'aimer.

J'ai été reçue de tous mes amis à merveille, mais l'expression de leur joie en me revoyant, ne m'a point distraite du souvenir de l'affection charmante que vous m'avez témoignée lors de notre séparation. Tout ce que j'ai entendu dire de la légèreté de votre caractère, ne me fait pas craindre un oubli complet de votre part ; et j'ai même l'idée présomptueuse de m'être présentée parfois à votre mémoire, au milieu des plus heureux moments, qui vous attendaient au retour. Comment ne seriez-vous pas touché de l'amitié que je vous porte ? elle est franche, dévouée, et point exigeante. Vous deviez y répondre, ne fut-ce que pour la rareté du fait.

Eh bien, vous voilà auprès d'une femme aimable, dans un séjour divin, et de plus, habité par tout ce qui vous plait ! Etes-vous heureux ? j'ai besoin de le savoir par vous, car ce vague, qui tourmente sans cesse votre imagination, me ferait craindre pour votre bonheur au sein de toutes les félicités du monde. Convenez que je vous connais bien, et que vous trouviez quelque charme à parler de vous avec moi ! J'aime tant votre esprit ; et le plaisir qu'il prend à entendre médire de votre caractère ! Vraiment, cette manière de penser tout haut, que nous avions adoptée dans nos entretiens, m'en rend la privation cruelle ; j'espère que vous les regrettez aussi, mais pour en être plus sûre, j'ai besoin que vous m'écriviez comme nous causions.

J'ai rencontré chez une de mes amis à Bruxelles Madame de Brayer; je ne saurais vous dire le bien que m'a causé sa vue; en me trouvant près d'une personne qui vous aime beaucoup, je souffrais moins de votre absence. Cependant le croiriez-vous? je n'ai pas osé lui prononcer votre nom; quel enfantillage, n'est-ce pas? J'aurais cent mille autres choses à vous dire de moi, de mon coeur, mais il faut avant que le vôtre m'encourage. Je compte retourner à Paris dans trois jours. Puisse-je y trouver une lettre, qui me rassure un peu sur votre santé, votre bonheur, et l'amitié que j'attends de vous.   Sophie.

Je présente mes respects à vos jolis chevaux et mets le refus que j'ai fait de les monter au rang des actions les plus vertueuses de ma vie.

Grâce à votre pupitre, je pense à vous-même en lisant. Adieu, cher Armand. — Écrivez moi à Paris rue neuve des Mathurins No. 9.

10.
Sophie Gay an Pückler.

Paris ce 4. janvier 1819.

Une lettre que je reçois à l'instant d'Aix-la-Chapelle, m'apprend, Monsieur Le Comte, que vous avez eu la bonté de m'y adresser de l'eau de Cologne, que vous y avez probablement commandée à votre passage dans cette ville, malgré que ce souvenir de votre part ne me parvienne qu'après avoir attendu, en vain, et très-longtemps, de vos nouvelles. Je n'en suis pas moins touchée de cette preuve de votre obligeance pour moi. Jugez par là du plaisir que vous m'auriez causé, s'il vous avait plu de répondre à ma lettre.

Car je ne puis craindre qu'elle soit égarée, puisque
j'ai copié fidèlement l'adresse tracée de votre main;
il est plus simple de présumer qu'au milieu de vos
dissipations, vous oubliez une amie qui vous conserve
en dépit de toutes les distractions, dont Paris abonde,
un sentiment d'amitié qui méritait mieux de vous.

Sophie Gay.

J'ai recours à Mr. de Bartholdi pour vous faire
parvenir la romance que j'ai faite sur votre demande.
Je souhaite qu'elle obtienne autant de succès chez vous,
qu'elle en a maintenant à Paris.

11.
Sophie Gay an Pückler.

Paris, ce 16. janvier 1819.

Ce n'est qu' hier, cher Comte, que j'ai reçu votre
lettre du 20 décembre, et j'ai dû à ce retard de bien
tristes moments, car je mets au nombre des plus désagréables que j'aie passés en ma vie celui où je
vous ai soupçonné de vous jouer de mon amitié comme
de tant d'autres choses. Mais cette bonne lettre me console de tout, elle est charmante, j'ai cru vous entendre causer. Nous serons souvent d'accord sur le plaisir que vous trouvez à parler de vous, car je le préfère de beaucoup à celui de vous occuper de moi.
D'abord voici cette Rosine que vous désirez tant; j'y
joindrais d'autres romances, si je ne craignais de vous
les faire payer bien plus cher qu'elles ne valent. Si
vous disiez à qui je puis les adresser pour vous à
Berlin, je les remettrais à votre ambassadeur ici. C'est
lui qui vient de m'envoyer l'élégant présent de ce
jeune Prince Charles, que j'avais bien raison de trou-

ver aimable. Il m'envoye son portrait et celui du chateau de Franckenberg sur la plus jolie tasse du monde,
et tout cela en reconnaissance de cette romance, dont
le mérite vous appartient en vérité plus qu'à moi.
C'est probablement pour cela qu'elle a tant de succès.
Vous verrez que je l'ai corrigée et augmentée d'un
couplet que vous aviez désiré.

Quant au cuisinier, j'en trouve d'un talent tout
digne de vous être recommandé; mais ils ont tous
des défauts détestables, dont le premier est de ne pas
vouloir s'expatrier, ou d'exiger qu'on amène avec eux
toute leur famille. Cependant je ne me décourage
pas, et j'espère en dénicher un, qui soit plus raison-
nable; au reste ce sont vos Anglais qui nous les en-
lèvent tous, et qui les payent si cher, qu'on en peut
plus approcher.

Comme nous sommes convenus de penser tout
haut ensemble, je vous dirai que je suis charmée
de vous voir ennuyé de tous les biens dont le
destin vous accable; cela vous engagera peut-être
à venir ici chercher quelque tourment, ou du moins
quelque privation, et c'est alors que je vous devien-
drai utile. Nous qui n'en sommes pas réduits à cette
extrémité, nous avons de bon gros chagrins, qui nous
sauvent de tous les ennuis attachés au bonheur. Cette
pauvre Mme. Récamier que j'aimerai toujours pour
vous avoir vu la première fois chez elle, n'est pas
embarrassée de se trouver en peine; son mari, en la
ruinant pour la seconde fois, l'a mise pour jamais à
l'abri de l'inconvénient du luxe. Le banquier qui en-
traine sa perte m'emporte aussi la somme que je des-
tinais à mon superflu, qui, vous le savez, est le nécessaire des gens du monde; je m'en console en pen-

sant que j'irai un peu moins dans ces grandes réunions, où je trouve plus de fatigue que de plaisir, et qu'enfin si de banqueroute en banqueroute on m'enlève le reste, j'irai me refugier dans quelque coin de la terre, où je travaillerai en pensant à vous.

Mr. de Bartholdy vient de partir, il s'était si bien consacré au whist de Mr. de Talleyrand, qu'il m'a fort peu cultivée; je n'ai point encore vu votre beau-frère, le déménagement de Mad. de Constant en est cause, car je devais le rencontrer chez-elle, je croyais lè trouver l'autre soir à la grande fête, que nous a donné le Consul de Hollande, et j'ai été fâchée de ne pouvoir lui parler de vous. Mad. de Constant vous apprécie et vous juge bien; j'ai rencontré un petit Prussien qui n'en fait pas de même, mais je me garderai bien de vous le nommer. Car sa femme est jolie, et vous vous vengeriez sur elle de la médisance de son mari. „Ou je me trompe fort, me disait votre cousine, ou Le Comte de Pückler a dû vous trouver bien de son goût, moi qui vous connais tous deux, je sais combien son esprit et le vôtre se conviennent." A-t'-elle dit vrai?

Adieu, chere Armand, songez que j'attends les volumes que vous me promettez, et que vous ne m'en direz jamais trop sur vous.

Sophie.

———————

12.
Sophie Gay an Pückler.

Paris, 25. juillet 1819.

Si ce coeur blasé sur tant de choses, peut être sensible à la mort d'une femme bonne, spirituelle, et dont le talent admirable l'a charmé tant de fois, il n'apprendra pas sans regret la perte que nous venons de faire dans cette pauvre Mad. Gail, qui vous aimait, cher Comte, et savait apprécier votre esprit. Je la pleure du fond de mon âme. Le Baron de Martens vous dira que j'ai eu le courage de recevoir son dernier soupir. Cette horrible scène est encore devant mes yeux; peu de moments avant le dernier de tous, elle m'a parlé de vous, des morts qu'elle vous avait prédites, parmi lesquelles la sienne était comprise, et a fini par dire, „ah s'il savait tout ce que vaut votre amitié, il ne la négligerait pas!“ Puissent ces voeux d'un être à la mort, vous paraitre un avis du ciel!

Sophie Gay,
née de la Valette.

13.

Sophie Gay an Pückler.

Villier, près Paris ce 19. septembre 1819.

A tout autre qu'à vous, cher Armand, j'adresserais de ces belles phrases, dont on ne manque jamais de saluer le malheur de ses amis, qu'on s'en afflige ou non, mais je me flatte que votre coeur n'a pas besoin de tant de discours pour être persuadé de l'attachement du mien, peut-être même en sera-t'-il plus convaincu, lorsque je lui dirai: qu'en apprenant ses chagrins, je n'ai pu me défendre d'une secrète joie. C'est fort mal, j'en conviens, mais ayant mis votre silence sur le compte d'un oubli complet, je me suis trouvée presque heureuse de n'en devoir accuser que vos peines. Vous le voyez, l'amitié même a sa férocité, et tout en m'affligeant avec vous des maux qui vous accablent, je les remercie de vous rapprocher de moi, car vous n'en sauriez causer avec personne qui comprit mieux ce que vous éprouvez; hélas! j'en avais prévu une partie dans le sacrifice inévitable, auquel vous vous résignez aujourd'hui, et le ciel devait ce châtiment à celui, qui non content d'un pareil triomphe, se plaisait à troubler le repos des plus sages. Mais un malheur mérité n'en est pas moins à plaindre. Les embarras de votre fortune me sont insupportables, car bien que vous ayez assez d'esprit pour vous en passer, je sais par expérience tout ce que la gêne qui succède à l'opulence a de fastidieux. Mieux vaudrait, je crois, une misère complète. Cela sépare du monde, mais vivre au milieu des gens qui ont conservé ce que l'on a perdu, c'est faire diète quand les autres dinent bien, et rien n'est si triste. J'échappe pendant plusieurs mois de l'année à cette sotte existence, en vivant dans la retraite. Là, mes champs, et mes livres composent tous mes plaisirs, à l'abri des tourments de la vanité, je vis avec mes sentiments, mes souvenirs; et ma richesse en ce genre me fait oublier celle qui me manque. Si vous pouviez essayer de ce régime, votre esprit et votre santé s'en trouveraient bien, mais vous rêvez encore trop le succès pour penser au bonheur. En donnant ce nom à la vie que je mène, il doit être fort modeste, je vous jure, et fort peu exiger de la destinée; mais je juge de la mienne en comparaison des autres, comme je juge de ma solitude en comparaison des mois que je passe dans le monde, dont le bruit et les agitations fatiguantes me font trouver des plaisirs dans le calme.

Je m'empresserais de faire l'envoi que vous me demandez, si je savais comment vous l'adresser; vous ne me dites pas si les romances que je vous ai en-

voyées cet hiver tout simplement à Muscau par la poste
vous sont arrivées, Mr. Bartholdy ayant refusé
de s'en charger pour les faire partir par le courrier
de Mr. de Goltz. Je ne sais trop quel a été leur
destinée, car depuis que la mode d'ouvrir les lettres
est devenue si générale, il s'en perd la moitié; ainsi
donc indiquez-moi quelque moyen sûr de vous faire
parvenir les babioles que vous désirez, et je vous les
expédierai dès qu'il en paraitra quelques unes d'un peu
intéressantes. Le bavardage politique étant la folie
du jour, presque tout s'y rapporte, brochure, cari-
catures, et jusqu' aux tableaux mêmes. Vous avez
sans doute entendu parler de notre exposition de
cette année; elle est riche en tableaux de chevalet,
mais elle est vide de tous ceux de nos grands
maîtres. Cette exposition et celle des produits de notre
industrie viennent d'attirer plus de dix mille étrangers
à Paris; pourquoi n'étiez-vous pas du nombre? mais
vous vous cassez les jambes pour ne pas venir nous
voir. Mme. de Constant m'avait appris votre chûte,
et j'étais loin de la croire aussi grave. Son mari
commence à se rétablir de la sienne, mais il ne peut
marcher long-temps, sans se ressentir de ses douleurs.
Cette incommodité lui semblerait fort ennuyeuse, s'il
n'en était distrait par ses agitations politiques; voilà
ce qui vous manque pour hâter votre guérison. C'est
une occupation vive, qui fixe votre imagination sur
un point déterminé, et l'empêche de se noyer dans
le vague; cette pauvre femme qui vient de mourir
vous connaissait bien, et quand je n'aurais pas d'autres
sujets de la regretter, je pleurerais encore le chagrin
de ne plus pouvoir parler de vous a mon gré, car
lorsque j'entends prononcer votre nom par quel-

ques-uns de vos compatriotes, ce n'est jamais sans
entendre des réflexions critiques sur votre coeur,
et cela me parait injuste pour vous et blessant pour
moi. Il est de toute vérité que peu d'heures avant sa
mort Mme. Gail m'a parlé de vous avec autant
d'esprit que de sensibilité. Sa maladie, qui n'est autre
qu' une fluxion de poitrine répercutée, qui en moins
de deux mois est devenue une phthisie compléte,
lui a laissé toutes les facultés de son esprit jusqu'au
dernier moment, et a redoublé la maladie de son
coeur, qui a été trouvé après sa mort dans le même
état que le coeur des gens qui meurent du spleen.
Cette circonstance explique assez la nature de son
talent, et la tristesse profonde que lui inspirait la
solitude. Je ne saurais vous donner l'idée d'une fin
plus douce, plus noble et plus philosophique que la
sienne. Dès les premiers jours de sa maladie, qui
s'annonça d'abord comme un rhume ordinaire, elle
me fit conjurer d'aller la voir; je quittai la campagne
pour me rendre chez elle, et son premier mot fut de
me dire: „Je vais mourir, et je réclame de vous tous
les moments que vous pourrez me consacrer d'ici à la
fin. — Cela ne sera pas long, vous êtes ce que j'ai
rencontré de plus vrai dans ma vie, votre intérêt
m'est indispensable, je ne puis plus causer qu'avec
vous, mais par grâce, ne parlons plus de moi." Vous
devinez bien ce que je lui dis pour combattre cette
prophétie, mais à dater de cet instant, rien ne put
lui rendre une lueur d'espoir sur son compte, et je
n'oublierai jamais le regard de pitié, qu'elle jetait sur
la réunion des fameux docteurs, qui s'assemblaient
chaque jour pour disputer sa vie au tombeau. Elle avait
l'air de sourire de leurs vains efforts. Elle aimait

2*

à se rappeler ses derniers succès; en effet, sa musique et son talent n'avaient jamais plus enchanté le public et les salons que l'hiver dernier, aussi sa mort a-t-elle paru celle de la musique intime. Rien n'a été plus touchant, dit-on, que les morceaux composés par nos plus grands maitres et chantés par ses élèves le jour de son convoi; il semblait que la reconnaissance des arts et de l' amitié s'exhalait dans ce dernier hommage.

Depuis ce triste événement, ma santé est languissante, et je n'ai pu encore retrouver assez de liberté d'esprit pour travailler; mes enfants eux-mêmes ont perdu leur gaité, et ne peuvent se mettre au piano sans pleurer celle qui leur donnait de si bonnes leçons, que déjà elles chantaient fort agréablement. Je vous enverrai la dernière romance dès que je l'aurai mise au net, et j'y joindrai un portrait d'Ysabey, qui est un chef-d'oeuvre de flatterie amicale. Vous verrez comment il a trouvé le moyen de rappeler d'une manière frappante et agréable un visage dont l'esprit ne pouvait dissimuler la laideur. Je vous enverrai aussi la notice que le poéte Armand a faite sur son ancienne amie; ce morceau honore également la muse et l'auteur.

Mais je ne m'aperçois pas que je vous écris à perdre haleine; imitez un peu cet entraînement, et tenez-moi au courant de ce qui vous intéresse. Passerez-vous l'hiver à Berlin? Assisterez-vous à ce mariage? Je voudrais savoir oû vous plaindre . . Adieu, mille tendres sentiments.

Sophie G.

14.

Sophie Gay an Pückler.

Paris, ce 28. janvier 1820.

Enfin, le bruit de mon succès vous réveille! C'est
bien, sans contredit, ce que je lui dois de plus flatteur,
et cela suffirait pour m'encourager à en mériter d'autres, si j'étais sûre de ne pas vous voir bientôt indifférent à cela comme à tout. A vous parler vrai, j'avais
un peu compté sur la nouveauté du fait: apprendre
des nouvelles de son amie par les journaux, y voir
constater les suffrages dont le public l'honore, comme
l'auteur d'un petit ouvrage joué sur le premier théâtre de France; tout cela me répondait de votre souvenir. Malheureusement cette pièce, qui me vaut une
si jolie lettre, est suspendue pour long-temps par la
maladie grave de deux de mes principaux acteurs.
Cette fatalité est d'autant plus cruelle, que le succès
se consolidait chaque jour; elle est imprimée, et déjà
à la seconde édition. Vous pensez bien que je vous
ai réservé un exemplaire; vous le recevrez avec les
autres objets que vous me demandez. Les chapeaux
seront de la dernière élégance, mais non pas de
Mlle Victorine, par la raison qu'elle ne fait que nos
robes, et point de bonnets; sur ce point votre érudition
s'est trouvée en défaut. J'ai commandé les souliers,
enfin vous serez obéi en tout, excepté sur mon portrait, qu' Ysabey n'a point encore achevé; dès qu'il le
sera, je vous en garderai la meilleure épreuve, puisque vous attachez quelque prix au souvenir de cette
physionomie, que vous avez quelquefois animée d'une
expression touchante; mais en vous faisant cette pro-
messe, rappelez-vous la vôtre, et envoyez-moi une
copie de ce Tompson, qui est maintenant à Paris, et que

je n'ai reçu l'autre jour que pour lui parler de ce portrait. Apropos des folies qu' inspirent les gens aussi détestables et aussi aimables que vous, je vous avouerai que j'ai eu une compléte pour Lord Byron; ne l'avez-vous pas connu particulièrement? Je voudrais savoir s'il est tel que je le suppose d'après ses ouvrages. Parlez-m'en un peu. J'ai dans l'idée qu'il vous ressemble. J'ai reçu votre mandat, mais vous pouviez en conscience vous servir de mon crédit, j'aurais été charmée de vous voir redevable envers moi. J'ai demandé ce soir à Mme. de Constant, dont la nièce envoye souvent des modes en Prusse, comment on pouvait éviter, non pas les frais des douanes, mais la visite des douaniers, dont les mains sont meurtrières pour les jolis chapeaux. Vous auriez bien dû m'indiquer un moyen de vous faire parvenir cette caisse, sans l'exposer à être déballée par d'autres que par vos gens. Je prendrai ici autant de précautions qu'il me sera possible; et je suivrai l'avis que vous me donnez, de vous adresser le tout à Muskau, en priant le ciel de veiller sur l' objet de vos désirs et de mes soins.

Pendant que vous chassez vos ministres, nous querellons les nôtres, mais en dépit de nos discussions, nous sommes tous d'accord au fond pour maintenir les principes et les avantages du gouvernement dont nous jouissons. Jamais la France n'a été plus tranquille et les Français plus libres. Nous avons sur vous le mérite d'avoir été ruinés par tant de révolutions, que nous les avons en horreur. Votre peuple n'en est pas encore là. Prenez-y garde, les constitutions sont furieusement à la mode.

Vous ne me parlez pas de votre santé. Votre blessure est-elle guérie? Je ne parle pas de celle de votre coeur. Ce mariage est-il conclu? Ne me destinez-vous pas à chausser la mariée? Répondez un peu à toutes ces questions. J'ai besoin de m'occuper de vos intérêts, car les miens commencent à m'ennuyer, et cependant jamais mon amour-propre n'a été plus complétement flatté; mais à quoi sert la veine, au joueur qui n'a plus de plaisir à gagner? Je m'efforce en vain de répondre à tout ce qu'on veut bien encore m'adresser de flatteur et de tendre. Mon coeur est muet, et ne bat plus que de souvenir. Savez-vous que jusqu' à présent tout ce que la sorcière m'a prédit devant vous s'est réalisé? cela me donne l'espérance de vous revoir un jour. Tâchez que ce moment vienne quelquefois à votre pensée. Adieu, cher Armand, j'aime votre amitié malgré tous ses caprices.

Je vous dois un cuisinier, il est vrai, mais ces coquins là ne veulent pas s'expatrier. Je vous le payerai dès qu'il s'en présentera. Songez que vous me devez un anneau.

———

15.

Sophie Gay an Pückler.

Paris, ce 15. février 1820.

J'ai fait mettre aux voitures publiques une caisse, contenant les objets que vous m'aviez demandés, cher Armand, et j'étais loin de me douter qu' au moment où vous recevriez ces parures couleur de rose, l'Europe entière porterait le deuil du malheur qui vient de nous consterner. L'horrible attentat commis sur le duc de Berry a mis la douleur dans les bonnes âmes, et la rage dans les mauvaises. Les amateurs de guerres civiles espèrent en tirer parti pour mettre notre pays en feu, mais nous comptons sur la sagesse du Roi, pour déconcerter leurs projets : tout ceci est bien triste, et j'en ai pour ma part une fièvre nerveuse, qui trouble autant mon esprit que ma santé. Quand je serai un peu remise, je réunirai les notes des différentes choses, que je vous ai adressées à Muskau, en les faisant recommander à Mr. Muller de Francfort, auquel vous pourriez faire réclamer la caisse, si elle tardait à vous parvenir. Tout calculé, je crois que je vous redevrai quelque petite chose sur votre billet. Il me tarde bien d'apprendre si j'ai réussi dans cet envoi, auquel j'ai consacré tous mes soins. J'ai peur que les souliers ne soient trop larges, Muller les a fait en souliers de danse, parce qu'on les porte ainsi pour le bal, mais si j'avais eu plus de temps, je les lui aurais fait recommencer plus juste à mon pied, que j'ai la prétention de croire plus petit que les souliers que je vous envoye. Si cela est, dites-le moi, et j'en commanderai de plus dignes du pied auquel vous les destinez.

L'histoire de ce joli pied est plus connu ici que vous ne l'imaginez, on me l'a raconté l'autre soir sans que je l'eusse demandée, et vous pensez bien que j'ai répondu tout ce que vous auriez pu me dicter vous-même.

Adieu, cher Armand, je souffre, et j'ai besoin de croire à votre tendre amitié, pour m' aider à supporter cette vie de tristesse et d'inquiétude. Sophie G.

16.

Sophie Gay an Pückler.

Paris, 3. août 1820.

Pour commencer par ce qui vous intéresse le plus, cher Comte, je vous dirai que j'ai causé en votre honneur avec une douzaine de cuisiniers tous mieux recommandés les uns que les autres, et qu'après les avoir bien marchandés, je n'en ai trouvé aucun qui voulut s'expatrier à moins de cent Louis par an, outre les frais de route. J'ai trouvé cela un peu cher, cependant, si j'étais sûre que ce fut un premier talent, je vous engagerais à en faire la folie, mais on ne peut pas plus répondre du mérite constant d'un cuisinier que de celui d'un ministre. Ainsi donc, j'attendrai votre décision sur ce point, avant de vous expédier l'artiste, après lequel vous soupirez.

J'ai conservé jusqu'à présent l'espérance d'aller finir l'été en Suisse, ou même à Aix-la-Chapelle, et l'idée de vous y retrouver, entrait pour beaucoup dans le plaisir que je m'y promettais. Mais je me vois forcée de passer tout plattement le reste de la belle saison à la campagne, et cela pour y soigner des intérêts de fortune toujours fort ennuyeux. Je cherche à m'en distraire en arrangeant pour le célèbre Paer un petit opéra, qui sera joué cet hiver. C'est par amour pour la musique que je me donne cette peine; elle me vaudra, j'espère, la reconnaissance des vrais amateurs, et par conséquent la vôtre. Cela vaut bien la gloire.

Eh bien, voilà cette pauvre princesse, qui se donnait tant de soins pour vous ennuyer, dans un profond désespoir. Son mari vient de m'écrire les détails de l'affreux assassinat de sa fille, et c'est à faire horreur, ou envie, car je vous avouerai que j'ai toujours eu un certain goût pour les morts de ce genre. Etre frappée par l'homme qui vous aime, et qui se tue après: n'est-ce pas finir d'une manière divine? Aussi toute ma pitié se porte sur la mère, témoin de ce coup funeste, et qui lui survit.

Ou je me trompe fort, ou vous êtes amoureux de cette princesse lyrique, qui vous fait chanter mes romances. N'importe, apprénez-les d'elle. Quand vous aurez oublié la maîtresse, vous vous rappellerez encore les airs, et ma part sera la meilleure.

J'étais sûre que ce mariage ne se ferait pas, mais vous devriez joindre à l'aveu que vous me faites du plaisir, que vous en éprouvez, celui de la cause de la rupture. J'ai peur que vous n'en soyez le héros, vous êtes capable de tant de bien, et de tant de mal!

Si vous le savez, dites-moi un peu comment se porte Herminie, Mme de Martens; on la dit ici menacée d'une maladie de poitrine; je m'y intéresse beaucoup. Sa sœur est l'amie de Delphine, et toutes deux en sont fort inquiètes.

J'ai oublié de vous envoyer les différentes notes de l'envoi que je vous ai faite. Vous les recevrez avec le premier que vous me demanderez. Car encore faut-il que vous ne me soupçonniez pas d'avoir gagné 50 louis dessus.

Si vous la connaissez, dites-moi ce qu'est une certaine Lady Malmey, qui joue maintenant dans tous les salons de Paris l'emploi de grande coquette. Nos agréables en sont fort épris, ce qui ne parait pas donner la moindre inquiétude à son mari; tant les Anglais sont bons philosophes!

Eh bien, vous n'êtes point encore atteint de la maladie des constitutions, elle est pourtant générale! Nous sommes ici fort occupés du procès de la Reine d'Angleterre. J'ai passé la soirée dernièrement avec l'illustre Pergami. J'ai causé long-temps avec lui et je puis vous affirmer, qu'en fait de conversation, il ne couvre pas la poste, et qu'il a l'esprit fort lourd.

Quand je cause avec vous, je n'en finirais pas,
si mon papier n'était à bout. Adieu, je vous aime,
et crois à votre bonne affection.   Sophie.

17.
Sophie Gay an Pückler.

Paris, 22. décembre 1832.

Vous m'avez peut-être oubliée, cher Prince, cela
est probable, et pourtant ma superstition me défend
de le croire. J'ai été trop douloureusement frappée
en lisant ce mot affreux Posthumes sur le titre de
vos deux volumes, pour que je ne vive pas encore
un peu dans votre souvenir; mon dieu, que je vous
ai pleuré, en retrouvant dans ces lettres si spirituelles,
vos couleurs de la semaine, que j'avais autrefois
écrites sous votre dictée à Aix-la-Chapelle, et bien
d'autres traits, tous présents à ma mémoire.

Restée seule après la mort de mon mari et le
mariage de mes enfants, je n'ai plus d'existence que
dans le passé; car les succès littéraires sont peu de
choses pour le coeur. Cependant entourée d'amis distin-
gués, je leur raconte ce que j'ai remarqué de gens
supérieurs dans des temps plus heureux, et votre nom
arrive souvent dans mes récits de grand-mère.

Combien je vous remercie de la lettre de résurrection, adressée à votre libraire; j'ai fait un cri de joie,
en lisant votre signature, et je conclus de ma peine
et de cette joie, qu'il existe encore entre nous un
peu de cette douce sympathie, qui vous faisait aimer
mon esprit, et répondre quelquefois à mon coeur.

J'étais avec ma Delphine en Italie, pendant que
vous visitiez les chateaux de l'Angleterre; nous y
recevions un accueil bien flatteur; que n'étiez-vous

là pour entendre louer le talent et la beauté de cette jeune muse, avec qui vous aimiez à vous quereller.

Dites-moi si je suis trop présomptueuse. Parlez-moi beaucoup de vous, de vos plaisirs dans votre belle retraite; vous y êtes tranquille, du moins; les révolutions ne viennent pas sans cesse y troubler vos loisirs et votre fortune. Combien je vous envie ce bonheur! Je vois souvent le cher Koreff, et jamais sans que je lui parle de vous. Ne viendrez-vous donc pas un jour dans cette bonne France, ne fût-ce que pour voir jouer à Paris le Robert le Diable, de Meyerbeer, avec une perfection inimitable.

J'ai besoin d'être encouragée par vous pour vous envoyer mes derniers ouvrages, malgré les suffrages que notre public veut bien leur accorder; ainsi envoyez-moi vous-même une preuve de souvenir, et vous verrez alors combien je serai empressée de vous témoigner tout ce que votre ancienne affection a laissé dans mon âme d'amitié vive et bien inaltérable, puisque le temps, l'absence, et la mort présumée n'ait pu en triompher.

Vous ferez imprimer, j'espère, d'autres volumes, et le congrès d'Aix-la-Chapelle aura sa place dans vos charmantes lettres.

Adieu, cher Prince, après tant d'années, je n'ose vous demander des nouvelles de tout ce qui vous intéresse; mais parlez-m'en, car je voudrais tant vous savoir heureux!

Sophie Gay,
née de la Valette.

18.

Pückler an Sophie Gay.

Chateau Muskau, le 9. janvier 1833.

Quelle agréable et singulière coincidence, qu'au
moment où je suis occupé d'écrire mes souvenirs
d'Aix-la-Chapelle dans mes tablettes, pour en faire usage
à l'occasion, on m'apporte votre lettre, ma chère et
aimable amie. Si j'ai discontinué mes „lettres à Sophie,"
c'est que je les croyais trop insignifiahtes pour un
bel esprit tel que le vôtre. Mais pour cela je n'ai
pas cessé de m'occuper de vous, et de votre superbe
Delphine. Croyez-vous, Madame, que le désert, où
nous vivons, soit tellement éloigné du monde civilisé
que des ouvrages aussi fameux et aussi charmants
que les vôtres ne puissent y pénétrer? Quelques
aveugles que nous soyons, nous voyons quelquefois
plus clair par le lorgnon de Delphine, et quelques
barbares qu'on nous suppose, nous savons répandre de
douces larmes.

Dieu, que je me rappelle avec plaisir notre séjour
d'Aix-la-Chapelle, et que je regrette de n'en avoir
conservé aucune petite note par écrit. J'ai bien gardé
votre bagne cependant. Mademoiselle Delphine était
toujours bien fière. Elle paraissait plus froide alors
qu'elle s'est montrée ensuite dans ses poésies. Mais
sa soeur cadette, qui était si espiègle, si française —
every inch un petit lutin — que fait-elle, quelle a
été son sort, et se souvient-elle encore d'un adorateur de son enfance?

Si je la revois à Paris, je suis sûr d'en tomber
amoureux, malgré mes 45 ans, elle vous ressemblait
tant! A qui est-elle mariée? Je vous supplie de me
faire aussi ma part de vos récits de grand-mère, et

de ne m'épargner surtout aucun détail sur vous et votre famille. J'y prends certainement autant de part qu'aucun de vos amis, et si la signature de ma lettre à Mr. Fournier vous a causé quelque plaisir, croyez que la vôtre ne m'a pas moins ému.

Vous voulez que je vous parle de moi. Ma foi, vous savez bien que les hommes ne demandent jamais mieux que de parler d'eux-mêmes, les femmes sont moins égoistes, mais avec toute la bonne volonté du monde, je n'ai que bien peu de choses à vous dire sur mon compte.

D'abord je jouis d'une très-bonne santé, et vous allez vous moquer de moi quand je vous dis qu'on me prend souvent pour dix ans plus jeune que je ne suis. J'ai toujours de très-beaux chevaux, conduisant four in hand, et montant à cheval aussi „toll“ que jamais. Mais ce qu'il faudrait voir, c'est mon parc, l'ouvrage de vingt ans, qui parait en avoir cent. Venez m'y voir, chère amie, vous y trouverez une allée charmante, cotoyant un ruisseau sous l'ombre des plus beaux arbres, par ci par là avec des vues ménagées sur les montagnes, et un petit bloc de rocher à l'entrée avec l'inscription: Sentier de Sophie. Car ce parc est l'histoire de ma vie — j'y ai semé bien des souvenirs, pouvais-je en exclure la vôtre, un des plus chers et des plus intéressants? Je suis maintenant occupé à écrire un long et ennuyeux ouvrage „on Landscape gardening.“ Dès qu'il aura paru, je vous en enverrai a copy. Il y a 46 gravures représentant différents sites de mon parc, qui vous en donneront une aussi juste idée que si vous l'aviez vu. Ce sera la même chose pour vous, mais pas pour moi. Vous avoir ici ferait mon plus grand bonheur, et notre vie de château à l'anglaise vous amuserait peut-être assez. La vie que j'y mêne quand je suis tout seul vous conviendrait peut-être moins, car je fais maintenant de la nuit le jour et vice versa.

19.
Sophie Gay an Pückler.

Paris, 9. mars 1833.

Il ne fallait pas moins que les souffrances et l'inquiétude d'où je sors, cher Prince, pour m'empêcher de répondre plutôt à votre bonne et charmante lettre. J'en ai été touchée, rajeunie, enchantée; mais à peine en savourais-je le plaisir, que je suis tombée malade, et qu'au beau milieu de ma neuralgie, ma fille, Madame de Girardin, cette chère Muse dont vous dites tant de choses gracieuses, à été frappée par la petite vérole; et cela, malgré la vaccine la mieux constatée. Cet exemple, qui est très-fréquent à Paris en ce moment a pensé me faire mourir d'effroi; heureusement la vie et le visage ne sont plus en danger, et bientôt il n'en restera plus de traces. Cette affreuse maladie s'est déclarée le lendemain d'un jour où Delphine avait réuni chez elle toutes les élégances de Paris, pour leur dire un charmant petit poème, qu'elle va bientôt publier. Si vous voyez la Comtesse Appony à son passage pour aller à Vienne, elle pourra vous en parler.

Je viens de vous envoyer mes Causeries, qui ont assez de succès à Paris. Il faut que vous les propagiez à Berlin, que vous me fassiez des abonnements. La modicité du prix vous prouvera que c'est une affaire purement d'amour-propre; aussi j'y tiens beaucoup. Depuis que les coteries politiques ou littéraires

dictent tous les jugements en France, on demande
quelques avis indépendants, et ceux que la conversation fournit sont presque toujours les meilleurs.
C'est pourquoi les Causeries jouissent déjà d'un
véritable crédit dans le monde. Depuis que les gens
du monde se sont fait gens de lettres, ils ont acquis
le droit de se juger eux-mêmes, et de n'être plus
injuriés par tous les petits journalistes; sans oser se
défendre.

Quoi, vous pensiez à Aix-la-Chapelle, quand
ma lettre vous est parvenue? Cette sympathie me
charme. Quand on a long-temps vécu, on a si peu
rencontré de personnes aussi spirituelles que vous,
qu'on leur garde en dépit de l'absence, un souvenir
constant; en amitié, en attachement d'esprit, les in-
fidélités sont très-difficiles. On retrouve si rarement
ce qui plait! Vous verrez à quel point j'ai trouvé
le mot de Goethe joli, sur notre littérature présente.

On dit ici que vous avez publié deux autres
volumes sur la France; s'ils ne sont point traduits
en français, confiez-moi ce soin, je connais un jeune
allemand, qui fera le principal, et je me chargerai de
la rédaction; par ce moyen vous ne serez pas tor-
turé, et votre style si élégant ne sera pas déparé
par toutes les locutions de mauvais goût, communes
à la plupart des traducteurs. Pensez à ce moyen aussi
pour tout ce que vous voudrez publier, et donnez-moi
la préférence, en m'envoyant les feuilles d'impression
à mesure que vous les corrigez. Je serais si heureuse
de mêler mon nom au votre!

La dernière révolution m'obligeant encore à de
nouveaux sacrifices, je vais me loger plus modeste-
ment rue de la Chaussée d'Antin No. 18. Répondez

moi à cette adresse. — Quoi, vraiment, vous viendrez bientôt à Paris? Mon cœur en bat d'espérance; et pourtant vous me trouverez enlaidie, vieillie et triste; mais toute ma vanité céde au plaisir de retrouver ces douces conversations dont l'esprit et la confiance faisaient les frais. Depuis, quand j'ai parlé de vous, on m'a cent fois dit, que j'avais raison de vous trouver aimable, mais que j'avais grand tort de vous aimer; mon amitié n'en est pas moins restée la même, et j'ai la prétention de croire mieux vous connaître que tous ceux qui doutent de votre cœur. A propos de lui, qu'est devenu la charmante personne, qui l'occupait si vivement lors du Congrès, et qui avait un si joli pied? Est-ce celle à qui sont adressées ces spirituelles lettres sur l'Angleterre? Je voudrais être au courant de tous vos intérêts. Car si vous êtes volage dans vos goûts, vous êtes fidèle en sentiment; et c'est encore une vertu assez rare. — Vous qui semez vos volumes de récits piquants, vous devriez bien m'en adresser un pour mettre dans mes Causeries; il aurait un vrai succès.

J'avais mille choses, ou plutôt mille riens à vous écrire; le plaisir des souvenirs me les fait oublier, et plus encore la pensée de pouvoir bientôt vous les dire.

Mille tendresses de la mère et des enfants.

Sophie Gay.

20.
Pückler an Sophie Gay.

J'ai un peu tardé à vous répondre, ma chère et excellente amie, mais j'ai de bonnes excuses. D'abord, j'avais envoyé votre lettre avec le premier numero du

Journal à ma ci-devant femme à Berlin, avec ordre d'y mettre votre journal en vogue autant que faire se peut. Il est si intéressant que la tâche ne sera pas difficile. Ensuite j'ai attendu la réponse de mon libraire, pour vous envoyer un échantillon d'un petit ouvrage intitulé Tutti Frutti, que je viens de lui vendre, et dont je ne pouvais disposer sans sa permission.

Je doute pourtant que vous puissiez en faire usage. C'est trop calculé pour l'Allemagne pour plaire en France, et Dieu sait d'ailleurs s'il réussira même ici. En tout cas si vous en insérez quelque chose dans votre journal, je vous prierais, de faire mention du titre de l'ouvrage, en forme d'annonce.

Le libraire l'a cru probablement, car il me l'a payé handsomely. Je ne m'embarrasse pas trop du reste. Dans nos temps industriels, il faut savoir hurler avec les loups.

Vous trouverez des souvenirs d'Aix-la-Chapelle. Il y est même un peu question de vous-même, mon aimable amie. Je vous donne carte blanche d'arranger ce qui vous déplait comme bon vous semblera. Ornez le nonsens que j'ai écrit de votre esprit et de cette grâce charmante, que tout ce qui vient de vous respire. Je n'y peux trouver que mon plus grand profit. Peut-être qu'il y a même des fautes de français dans les phrases que je cite. Veuillez les corriger.

Savez-vous que je donnerais l'impossible pour être auprès de vous, et pour causer avec vous de différentes choses à coeur ouvert. Vous pourriez même peut-être me rendre un grand service sans vous imposer trop de peine. Je vous connais si bonne et obligeante amie, et personne d'ailleurs n'est de meilleur conseil. Je

n'ose pourtant m'expliquer par lettre (qu'on ouvre
maintenant dans tous les pays) à moins qu'il ne se
présente une voie sûre pour vous écrire.

Que ne venez-vous voyager en Allemagne! Je
vous ferais passer deux ou trois mois de l'été assez
agréablement à ma campagne que j'ai rendu quelque
chose de presque remarquable. Mon parc et mes jardins à l'anglaise vous plairaient, j'en suis sûr, et
vous y trouveriez même un des plus jolies sentiers,
conduisant aux sites les plus romantiques, qui porte
le nom de Sophie. J'ai ainsi rassemblé tous nos
souvenirs. C'est touchant, n'est-ce pas? Eh bien, venez
poser votre joli pied sur ce sentier, et nous y coure-
rons ensemble aussi lestement qu'à Aix-la-Chapelle —
car on ne vieillit qu'autant qu'on se l'imagine.
Quant à moi, je suis exactement ce que vous peignez
si bien dans vos „ridicules.“ Je vous laisse à chercher
vous-même le passage que je cite.

On vous a dit peut-être que je suis divorcé de ma
femme, mais il faut bien noter, que cela s'est passé
très-amicalement. C'était un généreux sacrifice de la
part de ma bonne Julie, car personne au monde ne
m'a jamais mieux aimé. Pour qu'il ne soit pas porté
en vain, je veux me remarier, et c'est une française
avant tout que je voudrais pour femme. Mais il faut
qu'elle soit jolie, très-bonne, très-riche (au moins une
fortune égale à la mienne), et qu'elle venille de moi.
Où diable trouver tout cela réuni! Ah, chère Sophie,
découvrez-moi cela, et j'arrive aussitôt à franc étrier
à Paris. En attendant, je suis très tenté de vous
donner d'autres petites commissions, par exemple de
m'acheter toutes sortes de jolies bagatelles, comme
vous m'en avez envoyé une fois, il y a assez long-

temps, hélas. Vous en souvenez-vous? Jamais je n'ai fait plus de plaisir qu'avec ces jolis petits cadeaux, que je tenais de votre bonté.

Mais c'est assez jaser. Ecrivez-moi bientôt. Contez-moi beaucoup, de vous, de votre famille, de vos affaires, tout m'intéresse. Vous n'en sauriez douter, et si vous avez des ordres à me donner, soyez sûre que je les remplirais de mon mieux.

Adieu et mille amitiés.

21.
Sophie Gay an Pückler.

Paris, ce 6 juillet 1833.

C'est une vraie fête pour moi, cher Prince, que l'arrivée d'une lettre de vous; jugez quand elle est accompagnée d'un manuscrit! En vérité, rien ne prouve mieux votre esprit, que ces soins touchants pour une vieille amie, qui n'a plus rien de jeune que l'esprit et le coeur. Ce besoin d'être compris, est la marque la plus certaine de la supériorité; et vous lui devrez un jour le même plaisir que j'éprouve, car on aimera à se confier à vous. Quand je pense à la réputation diabolique qu'on vous a faite, et dont on m'avait tant effrayée (que je vous ai aimé tout de suite), je vois combien il est rare de sortir de la route commune, sans jeter l'effroi sur son passage. Au fait, comment les êtres vulgaires, découvraient-ils sous cette enveloppe de Dandy, les manières les plus coquettes, les goûts les plus capricieux, ces sentiments les plus nobles, l'observation d'un penseur et la constance d'un ami dévoué!

Ah! vous voulez que je vous trouve une jolie française, riche, bien née, et bien élevée? Vraiment,

je le pourrais mieux que personne si cela était facile,
car si j'ai perdu ma fortune, je n'ai rien perdu
des hautes relations que j'avais dans des temps plus
heureux; ces jours passés, mon petit salon était rempli
par nos élégants de la fashion et nos illustrations
littéraires. Tout cela était venu entendre une nouvelle inédite que me lisait Mr. de Balzac. Je vous
regrettais là! Delphine et la fille du poëte S o u m e t
nous ont dit de beaux vers avec leurs beaux visages.
Vous auriez aimé cette réunion.

Certes il ne manque pas de jolies personnes à
marier, mais celles qui ont un nom et de la fortune
veulent s'amuser de tout cela à Paris; il faudrait en
trouver une assez spirituelle pour vous apprécier, et
qui fût digne d'habiter votre séjour des fées. Je vais
la chercher. Je serais si fière d'être pour quelque
chose dans votre bonheur! Mon Dieu, que je voudrais
causer de tous ces intérêts avec vous! Et de mille
choses encore. Rien ne me serait plus agréable que
d'aller passer dans ce séjour divin quelques mois
près de vous. Je serais si contente de pouvoir dater
un ouvrage d u c h â t e a u de M u s k a u! Mais songez-
donc que je suis seule, et que m'embarquer ainsi avec
une femme de chambre, cela me parait bien aven-
tureux pour mon âge. Au reste, écrivez-moi l'itinéraire
que j'aurais à suivre; qui sait?

Me voilà toute prête à faire vos commissions.
Mais il faut me dire à-peu-près ce que vous désirez,
et le prix que vous y voulez mettre. S'il s'agit de
parer quelques j o l i e s v i c t i m e s, je vous enverrai
ce qu'il y a de plus gracieux dans nos modes. Si les
femmes de vos amis ont de vieilles dentelles bien
gothiques, envoyez-les moi, je les leur ferai monter

dans le dernier goût. Ces sortes de vieilleries font fureur.

Je vous ai presqu' abonné à l'Europe littéraire, nouveau journal fashionable, où vous pourrez envoyer des fragments d'ouvrage, qui seront reçus avec reconnaissance, et mis à côté des articles de nos premiers auteurs contemporains. C'est une compagnie de gens riches et lettrés, qui ont créé cette entreprise. C'est un refuge pour tout ce qui écrit en Europe, et tout ce qui aime à lire.

Je vais faire traduire le fragment, dans lequel le peu d'allemand que je sais, m'a fait voir de bien douces flatteries. C'est en trois semaines, et non en trois jours qu'est morte la pauvre Mme Gail; je rectifierai ce fait en citant l'ouvrage.

Je suis ravie que les Causeries vous plaisent; elles commencent à prendre quelqu' importance littéraire; vous en jugerez par tous les noms qui s'empressent d'y figurer. Vous devriez me chercher dans vos souvenirs quelque entretien de vous avec Goethe ou Lord Byron; cela ferait une causerie enchanteresse.

Cette allée de Sophie, mon dieu, que j'y voudrais penser tout haut avec vous!

Je pense qu' indépendamment de vos voyages, vous écrivez un peu vos mémoires, n'est-ce pas? Qu'ils doivent être amusants, à part même les choses, que vous ne direz jamais. Ce mariage fait et rompu d'une manière si romanesque, tant d'amours si gracieusement trahis, tant de folies nobles et généreuses, tant de crimes charmants! ce sera le monument le plus curieux de l'époque.

Moi, j'écris sans ordre, sans suite, les grands ou petits événements, qui ont particulièrement frappé mon imagination, et j'appelle cela les souvenirs d'une vieille femme. C'est une manière d'éviter la nomenclature des événements mieux racontés par d'autres, et qui permet d'être vrai dans ce qu'on choisit.

Delphine va publier un volume, où vous trouverez bien des vers à votre goût; ceux que j'ai cités dans les Causeries de juin peuvent vous en donner une idée; dites-moi donc, comment je pourrais vous envoyer ce livre là et plusieurs autres, que vous pourriez désirer sans vous ruiner, ni moi non plus. Faut-il remettre les envois au libraire Fournier?

Oui certes, je vous donne une commission à laquelle j'attache le plus grand prix, je veux que vous m'envoyez une inutilité quelconque. Soit une coupe, une tasse, une petite boite, un débris, enfin n'importe quoi, pour mettre sur mon étagère, parmi mes souvenirs rapportés d'Italie, afin que je puisse dire avec orgueil: „C'est le prince de Muskau, mon ami, qui m'a donné cela." Vous voyez que la vanité se mêle partout, même dans l'amitié la plus tendre. Mais aussi, comment ne se vanterait-on pas d'un ami spirituel!   Sophie G.

22.
Pückler an Sophie Gay.

Maison de chasse, le 16 juillet 1833.

Si dans ma dernière lettre, vouée aux affaires principalement, je n'ai rien dit ni de votre maladie, ni du cruel accident, survenu à l'intéressante et belle Madame de Girardin, je vous prie de ne pas attribuer cet apparent oubli à mon indifférence. Au contraire, j'ai érigé ce principe pour moi, qu'il ne faut jamais parler à ses amis des malheurs qui les concernent, si on peut l'éviter, qu'après qu'ils sont passés. J'espère que c'est maintenant le cas avec vous, et que la petite vérole a épargné ce beau visage, ces traits si nobles que je me rappelle avec tant de plaisir! Les poëtes sont les enfants favoris des Dieux, et les vilaines maladies terrestres n'osent pas les traiter avec si peu de façons que nous autres mortels ordinaires.

Mille grâces des Causeries, que je reçois fort régulièrement. Si vous y insérez la lettre sur Berlin, il se peut que cela leur donnera encore plus de vogue en cette ville, car il faut se moquer de ces gens tout en les louant, pour les intéresser — c'est le seul moyen de les stimuler un peu.

J'ai reçu ces jours-ci des nouvelles de l'Amérique, qui auraient pu flatter ma vanité. On me mande que la traduction de mes lettres sur l'Angleterre etc. y est déjà à sa huitième édition, — tant les Yankees sont enchantés de pouvoir rire de quelques ridicules anglais, surtout après la défaite que Mad. Trollope leur a fait essayer.

Je vois par là que le principal soin d'un auteur doit toujours être celui de flatter l'opinion du moment et les préjugés nationaux; alors le médiocre passe facilement pour de l'excellent et même du sublime.

Il n'est pas donné à tout le monde d'écrire, comme vous et votre superbe Delphine, pour toutes les époques, et toutes les nations.

Et qui est, je vous prie, le monstre qui vous a dit, que vous aviez tort de m'aimer? C'est une chose vraiment étrange, qu'on m'accorde assez généralement dans le monde quelque esprit (dont je n'ai pourtant à peine ce qu'il faut pour ne pas être une bête), et

que tant de personnes, qui ne me connaissent que
superficiellement, doutent de la bonté de mon coeur,
que seul j'apprécie quelque chose. Ce serait sans doute
bien affligeant, si je n'avais en même temps la satisfaction de voir, que le petit nombre de mes véritables
amis et qui me connaissent à fond, n'a jamais cessé
de m'aimer, et même de m'en donner les preuves
les plus touchantes. Ne craignez-donc pas de les
imiter, et soyez sûre que de toutes les dénominations
du diable, je ne mérite que celle de bon diable „comme
quoi" j'ai l'honneur d'être le vôtre très-affectueuse-
ment.

23.
Pückler an Sophie Gay.

Château de chasse, ce 19. juillet 1833.

Je viens en cet instant de recevoir votre lettre
du 6, si aimable, mais trop flatteuse. Tout m'y réjouit,
surtout que vous vous portez tous bien, et que vous,
ma chère amie, abordez si courageusement l'idée
de venir à Muskau. N'allez-pas croire pourtant que
c'est un séjour des fées. Il n'a de commun avec
ceux-là que les difficultés pour s'y rendre, et les dé-
serts désolants, les forêts sans fin, qui l'entourent.
Une fois arrivée c'est autre chose, à la vérité, et le
contraste avec le passé vous rendra encore plus indulgente. Le chemin le plus court est par Frankfort
et Dresde. Depuis Dresde vous n'avez plus que
douze milles d'Allemagne, et route de poste partout.

„Napoline" m'a enchanté. Mon Dieu, que c'est
vrai, naturel et gracieux! La beauté des vers peut
m'échapper comme étranger, mais la beauté, l'ingénuité, la justesse des pensées, je la sens aussi-bien

que le meilleur de vos français. Voilà ce que je vous prie de dire à Mde de Girardin — si elle n'est plus aussi fière qu'autrefois, et je serais tenté à le croire, car le génie s'adoucit par les succès. Vous avez donc reçu mes échantillons. — J'ai bien peur cependant d'avoir mal choisi pour la France, car malgré tous ses rapprochements récents avec l'Allemagne, le goût des deux nations est encore bien différent, sans compter que beaucoup d'allusions ne sont pas comprises à Paris, qui frappent à bout portant à Berlin.

Réflexion faite, je vous donne donc carte blanche d'arranger ce que je vous ai envoyé comme il vous plaira. Si vous voulez vous donner la peine d'y mettre votre savante main, cela ne peut qu'y gagner.

Nous verrons ce que je pourrais faire pour les mémoires. Je crains toutefois que la tâche est trop difficile pour moi et ma paresse. Il n'y a au fond que les français qui sachent écrire des mémoires; aussi les ont-ils bien exploités, et de toutes les couleurs. C'est ma lecture favorite, mais je ne sais si je trouverais autant de plaisir à en écrire.

Eh, tout de bon? Vous voulez me trouver une femme. Mais puisque la chose prend une tournure sérieuse, parlons raison. D'abord, pour vous faciliter l'entreprise, ma chère et excellente amie, sachez bien que dans les conditions que je déclare de rigueur, la naissance n'entre pour rien du tout, mais l'éducation — oui. Au reste la naissance ne m'avancerait guères, car d'après les principes impertinentissimes de notre ancienne noblesse, toute française était censée roturière à cause des mésalliances sans nombre de vos nobles. Croiriez-vous que mon père, qui pouvait prouver 50 quartiers, n'a jamais pu réussir à me faire inscrire aux chapitres des chevaliers de l'ordre teutonique et de St. Jean, quelque peine qu'il s'en soit donné, uniquement parceque l'alliance de mon grand-père maternel (quoique celui-ci fut lui-même d'une des plus anciennes et des plus illustres familles de l'Allemagne) avec une Comtesse La Tour Du Pin était regardée comme une mésalliance et comme une tâche à mon arbre généalogique. Aujourd'hui tout cela a croulé, et quoique la noblesse d'autrefois ait encore un peu plus de vie chez nous qu'en France, elle n'en est pas moins à l'agonie. D'un autre côté d'ailleurs, tout ce qui vient de loin est considéré chez nous, et si je refuserais sans doute d'épouser par exemple la fille d'un juif de Berlin, quelque riche et jolie qu'elle fût, je n'aurai pas peut-être le même scrupule pour une jeune beauté de Paris d'une catégorie pareille. Je ne veux pas non plus l'ensevelir à Muskau, ma future, comme vous supposez. J'aime tout autant qu'un autre habiter Paris, Madame, seulement il faudrait que sa fortune puisse faire les frais de ce séjour, car mes revenues sont absorbés ici, et je ne peux pas rompre un ancien établissement de famille, qui n'a jamais cessé d'exister depuis des siècles, et qui coute assez cher.

Au reste, ma chère amie, ayant eu assez le temps d'apprendre à me connaitre moi-même, je puis vous assurer tout ingénument, qu'il est difficile de rencontrer un meilleur mari que moi, supposé toutefois que la jeune personne en question n'en demande pas de trop sentimental, ni de plus jeune. En guise de ces qualités, qu'à la vérité je ne possède plus, je peux présenter, à l'extérieur, un homme si bien conservé par la toilette et la philosophie, que malgré „le nombre des années“ vous me trouveriez peu changé depuis Aix-la-Chapelle. Voyez . . . . reconnaissez-vous cela? Et quant au moral, c'est là mon fort. Vous riez, méchante? eh bien! c'est pourtant vrai. Je suis bon et fidèle ami, pas jaloux, facile à vivre, reconnaissant aux moindres signes d'affection qu'on me donne, franc et vrai dans toutes mes relations. Ensuite depuis long-temps très-rangé dans mes affaires, et expert dans l'art très-difficile de tenir ma maison avec la plus élégante recherche, sans y employer que des moyens comparativement très-médiocres. J'ose dire sans trop me vanter que personne ne s'entend mieux en objets de luxe de toute espèce que moi, et n'en a en même temps personnellement moins besoin — et je soutiens que c'est une grande qualité en ménage. Si elle a de la vanité, la future, le séjour de Muskau lui plaira de temps en temps, car elle y retrouvera encore, plus que nulle part en France, les allures de l'ancienne aristocratie, des vassaux gentils-hommes, et d'autres gentils-hommes de très-bonne famille à mon service, aussi qu'une foule d'employés, auxquelles, sans compter les gens de ma maison, je paye 50 mille fr. d'appointements par an. Enfin, j'y suis encore le seigneur dans l'ancienne acception du terme, quoique je ne puisse plus, comme mes ancêtres, me donner la jouissance de faire pendre des individus. Dans vos soi-disant châteaux en France, où l'intendant entre, le chapeau sur la tête, chez M. le Duc, pour lui souhaiter le bon jour, un tel état de choses doit paraitre une agréable nouveauté.

Pour peu que ma femme, (cet être encore imagi-

naire) soit jolie et aimable, mon rang et mes liaisons
à Berlin la mettront également à la tête de la société
de cette ville, et si elle préfère Paris, elle n'a qu'à
prononcer sa volonté, pour y aller seule ou avec moi.

Tout cela est assez riant, n'est-ce pas, et l'affaire
très-bonne pour une personne qui n'a pas trop de
prétentions? Mais pour l'entreprendre il faut de l'argent,
et beaucoup. Car voilà ma position exacte. Mes terres me
rapportent un revenu net de plus de 210,000 francs
par an, mais ces terres sont grevés aussi d'une dette
de 2 millions, dette, soit dit, en parenthèse, que je n'ai
pas augmentée d'une obole, mais dont j'ai hérité avec
ma fortune. Si je me marie à mon âge raisonable,
je veux payer ces dettes avec la dot de ma femme, et
ériger la seigneurie de Muskau en principauté et ma-
jorat, ce que je ne saurais faire àprésent, tant qu'elle
est chargée d'hypothèques. C'est d'ailleurs une chose
que le Roi désire et protège partout, et que, principalement au sujet de Muskau, me fera aussitôt ob-
tenir des faveurs très-distinguées et de nature à rester
attachées à la possession et à la famille. A présent, mon
amie, je vous permets de vous moquer de moi à votre
aise, car je vous ai parlé tout à fait à coeur ouvert,
cependant je compte sur votre discrétion. J'ai encore
une arrière-pensée. Si j'épouse une française, je veux
acheter le beau château de ma mère en Dauphiné,
et me faire nationaliser français, car je sens un peu
de sang français dans mes veines. Sans un si bon
prétexte, le Roi ne m'en accorderait pas la permission. Ne serait-ce pas assez singulier, si je me
mariais effectivement à la suite et par l'effet de cette
correspondance? Plus la chose est originale, plus elle
me tente, d'autant plus encore, que c'est vous qui

devez y jouer le rôle principal. Vous voyez au moins quelle confiance aveugle j'ai en votre bonté — mais en tout cas je crois que cela nous amusera.

Puisque les vieilleries sont à la mode, et les dentelles, et que vous voulez placer quelque chose de moi sur votre étagère, je vous enverrai des dentelles en porcellaine, vieille porcellaine de Dresde, qui fait fureur à Londres. Si vous me destinez des livres, ne les envoyez pas à M. Fournier, avec qui je ne suis en aucune relation, mais bien à M. Schoell de notre ambassade, qui aura, j'espère, la bonté de s'en charger, et de me les envoyer par le premier courrier. C'est de la même manière que je vous ferais parvenir votre porcellaine.

J'attends avec impatience les souvenirs, et je me flatte que vous m'y donnerez aussi une petite place, un portrait embelli par toute cette grâce nonchalante, cette finesse d'observation et de style, qui n'appartient qu'à vous, et qui d'un seul coup de pinceau sait tracer des traits qui ne s'effacent jamais.

Quant aux commissions, pour lesquelles vous vous offrez avec tant de complaisance, je crains bien que mes prochaines lettres la mettront à une rude épreuve. Adieu, permettez que je vous embrasse de tout mon coeur! Je voudrais pouvoir vous écrire en allemand, car je manie le français un peu raidement, et trop fort à l'allemande; heureusement que votre français est aussi moitié étranger.   H. P. Muskau.

24.
Sophie Gay an Pückler.

Paris, 27. ? 1833.

Vous devinez bien, cher Prince, qu'il ma fallu subir un grand malheur pour rester si long-temps sans répondre à votre charmante lettre. Ma fille ainée avait une fille adorable que nous venons de voir s'éteindre au moment où le bonheur la réclamait; cette perte, la douleur de cette pauvre mère, j'en ai tant pleuré, que j'en ai été malade; un beau nom, de la fortune, de la beauté, de l'esprit: elle avait tout, et moi qui n'ai plus rien, je vis!

Dans de tels moments on rassemble tous ses motifs de consolations, et comme votre amitié m'en est une fort douce, je viens à elle. J'ai fait traduire votre lettre spirituelle sur Berlin deux fois, la première ne m'ayant pas satisfaite; puis j'en ai fait un long fragment que vous verrez dans le prochain Nr. des Causeries. Après bien de recherches, j'ai enfin trouvé un homme digne de comprendre et de traduire l'allemand de bonne compagnie. Si votre éditeur à Berlin lui envoyait ce que nous appelons les b o n n e s f e u i l l e s de vos impressions à mesure qu'il les tire, vous pourriez paraitre ici presqu'en même temps qu'à Berlin, et je mettrais mon nom comme rédacteur à la suite de celui du traducteur. Cela ajouterait encore à votre publicité.

J'ai été à l'ambassade, puis j'ai écrit à Mr. Schoell. Ce pauvre homme venait de perdre son père, il m'a répondu un mot fort poli, et depuis je n'ai pas osé importuner sa douleur. Je voulais vous envoyer le Mo q u e u r a m o u r e u x, et le m a r i a g e s o u s E m - p i r e; dites-moi si vous les avez?

J'ai beaucoup pensé à notre grand projet, et j'ai cherché dans nos héritières de finance, mais elles sont presque toutes placées. Car nos grands seigneurs en sont avides, et celles qui restent sont pour la plupart trop sottes pour vous apprécier. Ce sont des habitudes de luxe avec des goûts bourgeois, et des manières qui iraient bien mal avec les vôtres. J'attends le retour d'un homme de mes amis, qui est en ce moment à la campagne comme tout le monde, pour lui parler d'une certaine personne, qui a plusieurs des conditions requises, mais tout cela demande à être traité avec délicatesse et discrétion. J'aimerais à vous attirer à Paris pour un semblable intérêt! Tous nos gens d'esprit seraient heureux de vous connaitre. Mr. de Balzac à qui je parlais de vous dernièrement, vous aurait amusé par la manière, dont son esprit si vif, si fin comprend le vôtre! Eugène Sue est aussi un homme de bonne compagnie, qui vous plairait, d'abord parcequ'il a comme vous la passion des chevaux, et qu'il a été ce printemps tout exprès à Londres, pour en ramener d'admirable, et qu'il parle de l'Angleterre à faire crever de rire.

J'ai lu à Delphine tout ce que vous me dites de „Napoline." Votre suffrage la ravit; dès que son volume paraitra, je vous l'enverrai, mais les imprimeurs n'en finissent pas. On crée tant de journaux, qu'il n'y a plus de protes pour les livres.

Je ne sais pourquoi vous regrettez de ne pouvoir m'écrire en allemand, car votre français est parfait, et ferait croire que vous pensez dans notre langue. J'ai été bien sensible au souvenir et à la vérité du petit cachet; et cette personne conservée par la toilette et la philosophie, comme cela est spirituellement observé.

Vous verrez dans les Causeries un article sur un mauvais livre, écrit avec éloquence, dont l'auteur femelle dit des choses inconcevables sur l'amour. C'est, dit-on, une de ces femmes hommes, qui ne prennent d'amant, que lorsqu'elles ne peuvent être leur rival. Cela se devine à son profond mépris pour l'amour ordinaire. Je serai charmée de savoir ce que vous éprouverez de cette lecture.

Au portrait, que vous faites de vous, et que je reconnais pour vrai, vous devriez trouver la femme la plus aimable ici, mais il s'est fait un grand changement dans les esprits féminins en France. Plus de romanesque, rien de poétique, un positif désolant, pas même cette petite vanité, qui leur faisait faire souvent des choses élégantes. Depuis que les épicières vont à la cour, elles n'ont plus le moindre désir d'y aller, et laissent briller les parvenues, sans l'ombre de jalousie. La fatuité a passé dans les derniers rangs de la société, on se dédaigne mutuellement; il n'y a plus que la philanthropie productive, qui soit généralement à la mode. La manie agricole a gagné la haute classe, on ne parle que de fumier, d'engrais dans les salons dorés. Aussi mon gendre Mr. de Girardin vient-il de fonder avec plusieurs de nos anciens chatelains, une école d'agriculture, qui doit surpasser Fellemberg, et qui altère déjà une partie de la jeunesse distinguée de notre pays. Il y a du bon dans cette mode, elle aura sans doute un salutaire effet sur notre état politique, mais en attendant elle fournit des conversations bien ennuyeuses.

Adieu, cher et spirituelle ami, je vous quitte pour retourner à mon deuil, plaignez moi et aimez moi, comme ma tendre amitié le mérite. Sophie G.

25.

Pückler an Sophie Gay.

Je vous avoue, ma chère amie, que j'ai éte dans
une inquiétude mortelle sur votre compte, et quoique
à présent, que votre long silence m'est expliqué, je
suis encore bien affligé de son motif, souffrez pourtant que je me félicite de vous savoir saine et sauve
au moins. Cela ne m'empêcherait pas, si j'étais auprès de vous, de pleurer avec la pauvre mère la perte
qu'elle vient de faire, et croyez qu' absent aussi, je
partage bien sincèrement sa juste douleur, ainsi que la
vôtre. Hélas! vivre c'est souffrir. Napoléon l'a dit
dans sa correspondance avec Josephine, et quand on
envisage ce grand malheureux, et ce qu'il a souffert,
il me semble qu'on doit en retirer une espèce de
consolation pour toutes sortes de chagrin, et de malheurs à notre portée. Lui qui avait tout — et qui a
tout perdu! Entre autres aussi le souvenir des trois
quarts des français! — Cela me rappelle votre charmant livre, „le mariage sous l'empire,“ que vous m'
offrez. Je l'ai, mais point „le moqueur amoureux.“
Envoyez-moi donc celui-là le plutôt possible, et agréez
en d'avance mes très-humbles remerciments. Savez-
vous bien que depuis près de trois mois je perds toutes mes peines à vous faire parvenir une bagatelle
pour votre Schreibtisch, et un paquet de vieilles dentelles qui réclament une résurrection de votre bonté.
Tout cela se trouve à Aix-la-Chapelle chez le maître
de poste, chargé de la correspondance du ministère
des affaires étrangères, et semble ne pouvoir avancer.
Les courriers trouvent le corpus delicti trop volumineux,
outre qu'ils ont reçu nouvellement défense absolue de

se charger de commissions pareilles de qui que ce soit parmis les paquets du gouvernement.

Je viens d'écrire la troisième lettre pour cette misère, car on est si pédant chez nous! et chez vous c'est encore pire. L'année passée j'envoyai à une personne de ma commission un objet semblable à Paris, qui n'est jamais arrivé à sa destination. On l'a confisqué aux douanes, et je serais bien fâché, si la même chose m'arrivait avec vous, ma bonne amie.

Vous m'enchantez par l'approbation de mon français, et quoique je sois loin de prendre votre éloge à la lettre, cela me „comforte" un peu. Me croirez-vous, quand je vous dis que je deviens tous les ans plus timide, plus méfiant de moi-même, et que même quelques succès que je ne saurais nier, n'ont fait qu'accroitre cette sotte disposition — car on a bien dire, la timidité est toujours une sottise. C'est un vilain monstre, un vrai cauchemar, engendré par une alliance contre nature entre la modestie et la vanité. Je m'en méprise souvent, et ne peux pourtant pas me vaincre. Qui le peut! Nous sommes ce que nous sommes, et le plus ridicule des projets est de vouloir se changer.

Telle est donc ma timidité, que lorsque j'ai lu ce que vous m'écrivez de messieurs de Balzac et Eugène Sue, le cœur m'a battu d'avance, comme à un écolier de la triste figure que je jouerais au milieu de ces beaux génies. Et des jours viennent pourtant, où je suis fier, ou presqu'impertinent envers et contre tous, même les sommités du siècle. Que l'un et l'autre est bizarre, et combien je m'en veux, quoique inutilement.

Revenons à notre autre grand projet, sans doute plus raisonable. J'ai une amie et parente qui a long-temps habité Paris, et qui s'est trouvé même dans des rapports fort intimes avec Napoléon. C'est la Comtesse de Kielmannsegge. En me donnant quelques lettres importants pour Paris, elle m'a parlé aussi de deux personnes riches, dont l'une doit être fort jolie, l'autre un fameux original. Je vous en demande des nouvelles. L'une est soeur cadette de Mde de Vaudreuil, femme de votre ministre à Munich, l'autre la fille déjà un peu âgée du Duc de Plaisance. Qu'est-ce que ces dames? Elle m'en a encore désigné une troisième, dont j'ai malheureusement oublié le nom.

Depuis que j'ai lu l'ouvrage de Mde de Salm, je me sens un double désir de passer le reste de ma vie avec une française, mais il faut qu'une autre personne me la cherche. Je suis trop indolent pour le faire moi-même, et les mariages qu'on appelle de convenance sont aussi les seuls qui me conviennent. Je m'en suis très-bien trouvé du premier.

Je finis par vous donner une petite commission, ma trop bonne amie. J'ai un appartement dans mon château à meubler à neuf. C'est celui que j'habite moi-même, savoir une antichambre, salon, study, boudoir, salon de musique, chambre à coucher, cabinet de bain etc.

Pourriez-vous me donner quelques bons conseils à cet effet? quelque renseignement sur les modes actuelles dans ce genre à Paris, et m'envoyer quelques échantillons d'étoffes pour rideaux etc., ainsi que des dessins de meubles avec les prix? Tout doit être aussi simple qu'élégant, tel qui convient à la campagne. Une amie à Londres m'a déjà fournie une quantité d'objets, que vous allez compléter, n'est-ce pas?

26.

Pückler an Sophie Gay.

(Zum Abbruck bestimmter Brief.)

Vous savez, Madame, que je suis un des plus réels admirateurs de vos charmants ouvrages, et un des abonnés fidèles des Causeries du monde, que je lis avec un intérêt toujours croissant, surtout quand vous ou Mde. de Girardin y fournissent des articles, ou quand les beaux noms de Balzac et Eugène Sue y brillent de cet éclat, qui accompagne tout ce qui sort de leur plume. Je ne saurai donc me trouver qu' extrêmement flatté de me rencontrer en si bonne compagnie, si un peu de dépit ne se mêlait à ma satisfaction.

On a surpris votre religion, Madame, en vous envoyant la lettre sur Berlin contenue dans votre No. . . comme venant de moi, et surtout en vous l'annonçant comme faisant partie d'un ouvrage prêt à paraitre, et qu'on m'attribue. Il est vrai en effet, que j'ai écrit une lettre à M. l. C. de R. fort semblable à celle que vous publiez (quoique la traduction en altère le sens en plusieurs endroits d'une manière désolante), mais je suis complétement ignorant de l'ouvrage, dont cette lettre, à ce que j'apprends ici pour la première fois, doit faire partie.

Il parait vraiment que mon ami Hoffmann de lugubre mémoire m'a légué un de ses effroyables „Doppelgänger", qui sorti des régions souterraines, s'empare tantôt de ma personne, tantôt de ma plume, en laissant quelquefois moi-même incertain si c'est le phantôme ou moi, qui vient de parler ou d'écrire. Plusieurs méprises de ce genre s'étant répétés sur mon compte en Allemagne, je commence presque à croire que ce ne peut être que lui encore qui va publier l'ouvrage qu' on vous annonce, et dont je me lave les mains d'avance, protestant de mon innocence parfaite de tout ce qu'il peut débiter de bon ou de mauvais, de spirituel ou d'absurde. Et certes à en juger par la lettre sur l'Angleterre, que vous m' attribuez avec trop de partialité, je n'en augure rien de bon. Cet auteur, quel qu'il soit, est d'ailleurs si essentiellement allemand, et à tel point local, si je puis me servir de cette expression, que les étrangers ne sauraient guères le goûter. Il me semble qu'il faudrait toute la générosité française, et même tout l'engouement, dont cette nation s'est récemment éprise pour la littérature allemande, pour le faire seulement supporter en France. Au moins, telle est mon opinion. Vous savez, Madame, que je la soumets toujours à la vôtre, et si vous persistez à louer l'esprit équivoque, qui me poursuit d'une manière si étrange, je ferais tous mes efforts, pour me réconcilier avec lui. Aussi est-il déjà un des sentiments, où nous devons sympathiser à coup sûr, si le phantôme vous connait aussi bien que moi. Vous devinez aisément que ce sont ceux de la plus haute estime, et de l'attachement le plus sincère avec lesquels je serai toute ma vie, Madame,

Votre très-humble
P. M.

27.

Sophie Gay an Pückler.

Paris, 27. octobre 1833.

Combien je suis désolée, cher prince, de la contrariété que je vous cause! mais aussi comment l'aurais-je prévu? Vous m'écrivez de retrancher, de tout faire à mon gré; vous me donnez carte blanche, sans restriction de choses et de nom, je confie votre

manuscrit au premier traducteur du „Panorama littéraire,“ recueil composé de littérature étrangère, et celui
dont les traductions sont généralement les plus esti-
mées, et malgré tant de soins, il se trouve que j'ai
agi tout de travers. Vous ne saurez jamais tout le
regret que j'en éprouve.

J'ai mis dans les „Causeries“ la rétractation que
vous désiriez, mais je n'aurais pu la faire dans le
„Figaro,“ sans provoquer un second article, où l'on se
promettait de prouver tant bien que mal qu' on ne
s'était point trompé, et j'ai cru qu'il valait mieux garder le silence sur cet article oublié, qui a paru dans
un journal délaissé, que de réveiller l'attention du
public sur ce sujet. C'est dans les journaux alle-
mands qu'il faut insérer votre réclamation, si vous
voulez qu' elle inspire ici quelque confiance. Encore
s'il faut dire la vérité, tous ces moyens sont inutiles,
car de nos jours l'anonyme est impossible à garder;
on ne connait plus d'auteur assez humble pour mettre
son ouvrage sous le nom d'un autre; et puis les
styles sont connus; celui des gens d'une certaine
classe surtout. Je n'en veux pour preuve que le bruit
que vous faites en ce moment en Angleterre; c'est
une véritable rage contre vous; et votre lettre à Fournier, publiée dans tous les journaux, n'a fait que con-
vaincre de la vérité que vous voulez cacher. Voilà
à quoi toutes ces ruses aboutissent; j'en ai fait l'essai
dans les „malheurs d'un amant heureux.“ Ce
livre dans son grand succès a été donné à tout ce qui
écrit en France, puis il m'est revenu, et je vais le
faire réimprimer encore, mais avec son nom d'auteur.
Le mystère n'est jamais assez complet pour vous éviter
les tracasseries; et il vous donne un air coupable et l'appa-

rence d'intentions malignes, auxquelles on n'a pas songé!

Les gens de votre sorte, qui sont initiés dans tous les travers du grand monde, écrivent trop peu pour qu'on puisse espérer de se cacher dans le nombre. C'est pourquoi je ne publie point la lettre que vous m'avez envoyée; car elle prouverait contre votre bonne foi, et voilà tout. Croyez-moi, quand on entre en lice avec le public, il faut combattre à visage découvert; sinon il doute de votre loyauté et de votre valeur. Dans tout ce que j'ai cité de vous j'ai la certitude, qu'il n'y a pas un mot qui puisse vous faire du tort à B... C'est au contraire une flatterie très-noble de ceux qui y jouent les premiers rôles.

J'ai mis le génie d'un de nos fameux tapissiers à contribution, pour vous choisir des dessins et des échantillons pour votre petit appartement à meubleurs. Je vous les enverrai avec le „moqueur amoureux" par Mr. Sh.

D'après les conseils de notre ami Koreff, j'ai écrit à Mr. de Werther, pour le prier de protéger votre caisse d'Aix-la-Chapelle. Je crois qu'il le fera, mais il serait bon que vous fissiez une petite recommandation nouvelle au correspondant d'Aix-la-Chapelle. Je serais si malheureuse de perdre cet aimable souvenir de votre part! Je m'en suis déjà vantée avec une grande fatuité d'amitié. Pourvu que je n'en sois pas punie!

J'avais l'autre soir une petite réunion de talents en plusieurs genres, dont Mr. de Balzac, Bellini, Gérard, Mme. Valmore, Delphine etc... J'ai répété à Mr. de Balzac ce que votre lettre renferme de flatteur sur son compte, il en a été très-fier, et me charge de

vous en remercier. Vous vous amuseriez beaucoup de
son esprit, il est si vif, si éclos! Je vois souvent
aussi un jeune auteur, qui devient fort à la mode, et
qui a un nom et un talent allemand, dont vous avez
sans doute entendu parler. C'est lui qui a fait „sous
les tilleuls“ et „une heure trop tard,“ deux ouvrages remarquables; sa conversation est pleine d'originalité et de goût, et se nomme Alphonse Karr.
Je vais me l'associer pour les Causeries; et elles
gagneront.

Je me trouvais dernièrement à diner avec des anglais, qui m'ont bien tourmentée à propos de vous. J'ai
cru qu'ils m'avaleraient pour m'apprendre à vanter
un homme, qui les connaissait si bien; j'ai essayé de
leur faire croire, que vous n'étiez pas l'auteur du
livre qui les met en colère. Ils m' ont ri au nez, et ont
affirmé que ce n'était un secret pour personne.

Vous, qui devez si bien connaître la galerie des
tableaux de Berlin, et celle de Potsdam, vous rappelez-vous d'y avoir vu un portrait de la Duchesse de
Chateauroux, que le grand Fréderic fit demander à
Louis XV? L'original ne s' en retrouve pas à Paris ni à
Versailles, et comme j'écris en ce moment l'histoire
de cette belle et interéssante personne, je désirerais
bien savoir, si son portrait est encore en Prusse. Un
mot de vous au directeur du musée de Berlin me
procurerait la-dessus des renseignements positifs.

Quand vous serez en bonne disposition de m'envoyer quelque chose de vos inspirations, soyez assez
complaisant pour me les envoyer toutes traduites;
votre français sera toujours le meilleur, et puis s'il y
fallait changer quelques phrases, j'en prendrais la ré-
sponsabilité.

En relisant votre lettre ostensible, si flatteuse
pour moi, si spirituelle pour tout le monde, je regrette de ne pas l'insérer. Mais vrai, j'ai peur de mal
établir un mensonge, car je suis trop connue, pour
qu'on me soupçonne assez fausse ou assez imbécille
pour avoir publié votre article sur Berlin, sans qu'il
me fût communiqué par vous. Cette lettre n'abusera
personne. Pourtant si vous tenez à ce qu'elle paraisse
malgré la réputation de menteur, qu'elle nous vaudra
à tous deux, dites-le moi!

Si vous retournez bientôt à Berlin, vous y rencon-
trerez sans doute la Comtesse Vouson Wiek, autrefois
Mme. Stanislas Potocka; parlez-lui de moi; c'est une
femme d'esprit, dont la conversation vous plaira; car
elle est pleine d'intérêt. La pauvre femme a perdu
dans la jeune princesse Sangusko une fille adorable,
et son gendre est prisonnier en Russie. Ce serait une
grande consolation pour elle, que de causer avec un
homme tel que vous, dont le bon goût et les manières ont tant de rapport avec ce qu' elle a de distingué. Je l'ai beaucoup vue en Italie. Delphine avait
fait de jolis vers à son amie Nathalie.

Adieu, cher et spirituel ami, pardonnez-moi les
sottises que vous me faites faire par votre faute; ce
sont ordinairement celles qu' on excuse le plus diffi-
cilement, et croyez-bien que je suis plus malheureuse
que personne de ce qui vous contrarie.

Mille tendres regrets.

Sophie G.

Mme. de Girardin se recommande à votre indul-
gent souvenir pour ses nouvelles poésies.

28.
Pückler an Sophie Gay.

Muskau, le 15 dec. 1833.

En verité, mon amie, cette fois-ci nous avons bien
de la peine à nous entendre. Vous mettez dans votre
manière de voir une gravité plus qu'allemande, et
moi, à ce qu'il parait, une étourderie plus que française. Vous parlez de mauvaise foi, de mensonge et
de lâcheté, où moi je ne trouve qu'un incognito très-
commode et quelquefois même plaisant, précisément
parce qu'il est connu de tout le monde, sans que
tout le monde pourtant peut prêter serment juridi-
quement que c'est moi qui suis l'auteur des livres, qui
paraissent sous mon nom de guerre. A présent que
je publie un ouvrage sérieux sous mon véritable nom,
cet autre masque, également à ma disposition, ne
m'en sert que d'autant mieux, et en Allemagne au
moins cette espèce de plaisanterie avec le public a
presque aussi bien réussi que celle de Walter Scott
en Angleterre, où elle a durée 20 ans.

Vous voyez aussi que toutes mes réclamations sont
écrites de manière à affirmer plutôt qu'à réfuter,
tout en me sauvant les apparences. C'est ainsi qu'il
me semble qu'on aurait aussi dû interpréter la lettre
que je vous ai envoyée pour les Causeries, à laquelle
au reste je ne tiens guères.

La chose se passera, ou inaperçue, ou oubliée,
bientôt, comme tant d'autres. L'apropos seulement
m'était désagréable, parceque l'ouvrage que vous
annoncez comme de moi et sous presse, et dont
la lettre en question fait effectivement partie, contient
justement beaucoup de choses, que ma situation ne
me permettrait pas d'avouer officiellement, quoiqu'il

n'importe peu qu'on m'en s u p p o s e l'auteur. L'un
et l'autre est d'une terrible différence au moins chez
nous — car ma chère amie, nous aimons aussi bien
que vous à nous moquer de beaucoup de gens ridicules en fait de politique comme ailleurs, mais nous
ne sommes pas encore assez Don Quixottes de liberté,
pour nous offrir en martyrs, de gaîté de coeur, ni
aussi pour croire notre honneur engagé là, où il ne
s'agit que d'une petite supercherie littéraire, dont on
ne fait que rire. Quant à vos anglais, vous êtes
bien bonne d'avoir voulu leur donner le change. Ceux-
là ne me gênent pas, et si ce n'était pas par rapport
à la Prusse, (et plus encore pour ce que je me réserve
à dire, que pour ce que j'ai déjà dit) que je juge
mon incognito nécessaire, pour ces badauds d'anglais
je ne l'aurais jamais gardé. Je les connais d'ailleurs
assez bien pour savoir, que malgré leur fureur, si je
me présenterai à présent à Londres, ils ne m'accable-
raient que de diners tant que j'y serais leur ennemi
à l a m o d e. Ainsi, mon excellente amie, comprenez-
moi bien. Je ne veux garder l'anonyme q u e p o u r
l a f o r m e, mais j'ai des raisons urgentes à ne pas
le quitter de mon propre aveu. C'est dans cette vue
que j'ai écrit la lettre pour les Causeries. Si vous
croyez cependant que cela ne vaut rien chez vous,
qu'il n'en soit plus question. Toutefois il faut me permettre d'agir ici concernant cette lettre, comme je le
jugerais à propos.

J'ai déjà écrit au Comte Brühl pour votre
Duchesse de Chateauroux, et chargé quelqu'un du ministère des affaires étrangères, de s'informer du paquet perdu. S'il ne se retrouve plus, je vous enverrai
un autre petit souvenir, car votre envie d'en avoir

est trop flatteuse, pour que je renonce au plaisir de
vous satisfaire. Pour vous prouver que votre traducteur a un peu défiguré ma lettre à Mr. de R. je
vous la renvoie avec les corrections. J'y joins en
même-temps quelques litographies de mon parc, mais
en retour je vous demande un croquis de votre salon,
et si vous aviez un ami assez complaisant et assez
habile pour le faire, je voudrais vous y voir trôner
avec la belle Delphine, M. de Balzac, et toutes les
notabilités les plus célèbres de votre société.

Votre tout dévoué et bien sincère ami

H. P. M.

Mes respects à Mm. de Girardin. Elle est infini-
ment bonne et aimable de se souvenir de moi, et doit
être bien persuadée que lire et admirer ses belles poésies, ne peut être pour moi qu'une et même chose.

Pour Monsieur de Balzac, j'espère que vous em-
ployerez toute la grâce de votre esprit, pour lui faire
de ma part le compliment le mieux tourné. Dites-lui
aussi, si vous voulez, que depuis Romeo et Julie
rien ne m'a remué l'âme, et paru plus vraiment tragi-
que, que les amours du héros de la „peau de chagrin"
avec sa femme. Les femmes doivent toutes l'adorer
pour avoir su tracer un pareil tableau. Vous trouverez
peut-être cet enthousiasme un peu allemand. Vous
admirez en France plutôt l'esprit et l'originalité de
Mr. de Balzac. Moi, en rendant justice à l'un et à
l'autre, j'y trouve en lui encore quelque chose de
plus profond. C'est que lui aussi a de ces divines
inspirations de génie, avec lesquelles Shakespeare
a créé des âmes presque aussi bien que le bon
Dieu lui-même.   Tout à vous H. P.

29.

Sophie Gay an Pückler.

Paris, 10 février 1834.

Vous devinez-bien, cher prince, que j'ai été malade, on me saignait le jour de l'an, j'avais une espèce de fluxion de poitrine. Enfin tout cela est passé, et me voici en état de vous remercier des jolies vues de votre magique habitation. Je viens de les recevoir, et depuis ce temps je m'amuse à vous suivre dans ce lieu enchanté; je vous vois sur ce beau péristyle, sous ces arcades romaines, tout cela va bien à votre personne, à votre élégance innée, la seule que j'estime, car pour l'élégance acquise par l'or je fais peu de cas.

Mr. de Werther et Koreff, qui sont la bonté même pour moi, m'ont fait écrire à Aix-la-Chapelle pour que l'on envoyat le paquet, que vous m'avez adressé, au ministre d'Autriche à Francfort sur le Main. Mr. le Comte Appony, qui est de mes amis, se charge de me le faire passer. Peut-être serait-il bien que vous eussiez la bonté d'écrire un mot à Aix-la-Chapelle, pour faciliter cette translation.

Je vais remettre à Koreff le „moqueur amoureux", et le nouveau volume que Delphine vient de publier, il se charge de vous les envoyer par l'ambassade. Je voulais y joindre la „Vigïe de Koatven," mais l'auteur me l'a défendu, parceque sa première édition est fort mal imprimée, et qu'on en va bientôt commencer une seconde. Son livre est l'objet des plus grands éloges, comme des plus vives critiques, et tout le monde a raison. Balzac vient de publier „Eugenie Grandet," c'est un volume ravissant.

Notre hiver est fort dansant, mais dans le fait peu amusant. Les opinions séparent tellement les esprits, tous — même que les personnes se réunissent, que la conversation est très-difficile.

Je suis toujours à la recherche d'une femme, mais les héritières sont si vite placées, qu'on n'a pas le temps de former un projet sur elles. Il faudrait que vous fussiez là, pour en saisir une au vol.

L'autre soir au bal de l'ambassadrice d'Autriche je cherchais en votre intention, et je ne trouvais rien d'assez bien ou d'assez riche. C'est que je suis fort ambitieuse pour vous. — Quand donc votre ouvrage sur Berlin doit-il paraitre?

Je suis fort poursuivie de mort dans mes connaissances. Ce pauvre Dulong, dont le convoi a pensé être historique, était un de mes amis le plus doux et même le plus doucereux, et jamais nous n'aurions prédit son genre de mort. Je causais avec le duc de Mouchy. Trois jours avant qu'on ne l'enterrat! Voici Mr. de Vence quiest aussi mort hier. Touts les deux manquant dans le même salon, l'attriste beaucoup. Et puis c'étaient de bons causeurs. Et ils diminuent dans une proportion effrayante.

On m'a demandé un article sur la vie de château en Allemagne et en France, pour opposer à celle que vous avez si bien peinte, des châteaux anglais. Vous devriez-bien me donner la description exacte de la vôtre, lorsque vous y avez les élus de la bonne compagnie allemande. Cela me serait d'un grand secours.

J'ai vu ces jours-ci le cabinet de Mr. de Somaras. C'est une réunion de Gothicités, qui vous charmerait. Le jeu d'Echecs de St. Louis, le service complet d'un diner du 12ième siècle, y compris le clepsydre, qui sert de surtout, le lit de François 1r, des meubles, des armes, des vitraux, des bijoux de toutes les époques, et tout cela dans la seule antiquité qui nous reste à Paris, sur les thermes de Julien, dans la chapelle de l'hôtel de Cluny, où François premier et sa mère surprirent la princesse d'Angleterre avec le duc de Sussex, et la contraignèrent à l'épouser sur l'autel que l' on voit encore. Quand vous viendrez à Paris, j'aurai grand plaisir à vous mener là; car vous êtes digne de cette visite. Tout ce qui distrait du présent est si bon!

Je me suis remise à l'ouvrage, pour vous envoyer ce printemps deux gros volumes, que vous aimerez, j'espère.

J'ai dit à Madame de Girardin vos coquettes flatteries; elle en a été fort touchée, et voudrait bien vous les rendre sur la publication que vous nous promettez. Elle est sûre d'avoir à les bien placer.

Ecrivez-moi, cher prince, car j'aime votre esprit presque autant que votre amitié. Si j'avais un ballon à mes ordres, comme je me transporterais vite sur ce beau lac!   Sophie.

30.
Pückler an Sophie Gay.

J'espère, mon amie, que l'histoire de votre maladie n'est qu'une défaite pour excuser votre long silence, et j'aime cent fois mieux vous croire coupable de cette petite ruse, que de rester inquiet sur l'état de votre santé. D'ailleurs, vous êtes en de bonnes mains. Avec le grand Koreff on a presque un brevet d'immortalité physique, car pour l'autre vous y avez déjà de grands droits sans lui.

Rien n'est plaisant et insupportable en même temps comme les avantures de ma figure en porcelaine. Je commence à croire que c'est une princesse enchantée, et prenez garde, quand enfin vous l'aurez, qu'elle ne passe encore des scènes. Il faut vous dire que cette princesse était jadis une jeune dame d'honneur de la cour du roi Auguste de Pologne, maitresse également du dit roi, héros de la Saxe galante. Surpris par son mari au moment où elle reçoit un billet doux de son maître, elle n'a que le temps nécessaire pour le cacher dans son beau sein, et tomber évanoue, dans son fauteuil. C'est dans cette position au moins, que je l'ai laissé; Dieu sait si les douaniers belges et français si fameux pour leur rudesse ne l'ont pas depuis éveillée en la fouillant avec indécence. Après tout je crains encore moins pour sa pudeur que pour son élégant costume en points d'Alencon trop délicat pour résister à d'aussi vilaines mains. Quoiqu'il en soit, tout est passé maintenant, car mes dernières nouvelles me l'annoncent en route pour Paris, et sans de nouvelles avantures, elle doit en ce moment se reposer dans votre cabinet.

Je suis charmé que les vues de Muskau vous plaisent. Cependant je ne dois pas vous cacher qu'il y a un peu de poésie dans les détails. Cela représente mon château plutôt tel qu'il sera après l'exécution de tous mes plans, que tel qu'il est en ce moment, mais peu-à-peu nous arriverons.

Mille remerciments des livres que vous me promettez.

Je me suis remis en attendant à la lecture des „malheurs d'un amant heureux," et sans flatterie, je ne connais rien de plus délicieux en fait de romans que cette charmante fiction. Quelle grâce, quelle fraicheur! Je voudrais que les productions nouvelles de la littérature française eussent un peu de l'élégance et de la précision de votre style, car, entre nous, il y a bien de sauvageries dans vos chefs-d'oeuvres modernes.

Ah! Vous pensez encore à ma future! Voilà qui est bien aimable, mais ne croyez pas que je sois trop difficile. Une jolie figure, beaucoup de douceur et une bonne dot disponible, c'est à-peu-près tout ce qu'il me faut. Avec cela j'aimerais toujours mieux une provinciale qu'une parisienne. Celle-là aurait trop de prétentions, et malheureusement je n'ai rien pour les satisfaire. Avez-vous aussi songé à mes échantillons d'ameublement? Et ne suis-je pas bien indécent de vous les rappeler?

Ce que vous me dites de ce pauvre M. Dulong m'a frappé. Cette ironie du sort est une chose curieuse, et qu'on rencontre si souvent! N'y a-t-il pas peut-être des êtres supérieurs, qui disposent de nous à leur gré comme nous faisons des animaux, et qui s'amusent à nous faire jouer des tragédies ou des comédies à notre insçu, amenant les catastrophes comme bon leur semble, et trop souvent analogue au mot de Napoléon: Du sublime au ridicule il n'y a qu'un pas. Vous voulez une description de notre vie de château. En général ce genre de vie là n'est pas encore très-connu ou au moins très-cultivé en Allemagne. Quant à moi, j'ai introduit la manière anglaise. Chacun fait ce qu'il veut, et choisit ses plaisirs sans gêne aucune. Souvent on joue la comédie, car j'ai un joli théâtre, l'on chasse, l'on pêche, de toutes les manières et autant que possible, quelquefois le soir on fait la lecture, ou de la musique, le matin des excursions à cheval ou en voiture, enfin comme vous vivez sans doute aussi à la campagne en France. Dans la saison des bains nous avons presque tous les jours de petits bals, et quelquefois de grands dinés champêtres à 200 couverts, où l'on porte des toasts, et tient des discours si l'on veut. Quelquefois l'on cause aussi s'il y a des causeurs. Ce n'est pas mon fort, je l'avoue, surtout quand il faut parler dans une autre langue que la sienne. C'est un énorme avantage qu'on accorde à vous autres français, de vous parler toujours dans votre langue, et il le faut bien, puisque vous avez le bon esprit de n'en jamais apprendre aucune autre. Il vous serait facile de briller de cette manière, même si la nature ne vous avait déjà donné à mains plaines tout ce qu'il faut pour cela. Avec vous, j'aimais à causer, chère amie, car vous êtes si indulgente, et vous savez si bien donner de l'esprit, pour peu qu'il y ait disposition. Si je vous ennuye par écrit, l'explication est donc toute prête. C'est que vous n'êtes pas là pour répondre.

Adieu, carissima Sophia, demandez à la belle Muse la permission pour moi, de lui baiser sa jolie main avec toute ma sentimentalité allemande, et ne retombez-pas malade quand il s'agira de me répondre. Je vous embrasse de tout mon coeur.

H. P.

Vigie de Koatven est déjà ici. L'auteur est un petit géant. A-propos écrivez-moi donc si Heine est goûté à Paris ou non? Mon petit ouvrage que vous titulez

sur Berlin ne s'occupe que fort peu de cette capi-
tale. En général ce n'est qu'un hors-d'oeuvre, purement local d'ailleurs, et ne supporterait pas la traduction. Peut-être que mon essai sur les jardins offrira
un intérêt plus général. Tous les deux ouvrages
sont au moment de paraître, et mon libraire m'a dit
qu'il prépare déjà une seconde édition du premier,
ayant vendu la présente avant qu'elle a vu le jour.
J'en suis bien-aise, car après la lecture, les acheteurs
trouveront peut-être qu'ils auraient mieux fait d'attendre.

31.
Pückler an Sophie Gay.

Muskau, le 1 avril 1834.

Pourquoi ne m'écrivez-vous plus, ma chère amie?
Pourvu que vous ne soyez pas malade, je vous pardonne d'avance tous les autres motifs, et j'espère que
cette générosité me vaudra bientôt une lettre, qui
me tranquillisera sur l'état de votre santé. En même
temps j'attends avec impatience votre nouvel ouvrage.

On m'apprend qu'on s'apprête de traduire mes
„Tutti frutti“ en français, et j'en suis désolé!

Je vous supplie de dire à tous les littérateurs de
vos amis, que ce livre n'est, d'un bout à l'autre,
qu'une satire locale, absolument inintelligible pour
des étrangers, qui me feraient vraiment tort, s'ils me
jugeaient sur une énigme, dont je ne peux pas leur
donner la clef.

Ici le livre fait en effet „furore“ comme m'écrit
le Prince Charles de Berlin; à Paris il doit paraître
plat et sans sel.

Pour un homme qui aime et estime les français comme moi, qui leur accorde franchement une supériorité décidée sur nous, et qui s'étonne tous les jours de plus en plus du vol sublime que prend leur littérature — vers une région encore inconnue — c'est un grand sujet de tristesse, de paraître devant eux dans un jour aussi défavorable!

Excusez-moi donc de votre mieux, c'est tout ce que vous pouvez faire pour mon service.

Je vois que vous avez abandonné votre journal. Pourquoi? C'est dommage.

Adieu, portez-vous bien, et agréez l'hommage de tous mes sentiments les plus dévoués.

H. P. Muskau.

Si vous voyez Koreff, je vous prie de me rappeler à son souvenir. Quoique je ne l'aie vu depuis des siècles, je suis toujours encore sous son charme.

32.
Sophie Gay an Pückler.

Paris, ce 12. avril 1834.

Malgré des doutes injurieux sur ma véracité, il est certain, cher prince, que j'ai été long-temps fort souffrante. Depuis que je suis rétablie, j'attendais l'arrivée de cette petite caisse tant désirée, pour vous en remercier, mais elle est probablement encore à Francfort, car si elle était parvenue ici à l'ambassade d'Autriche ou de Prusse, elle m'aurait été remise sur-le-champ. J'attendais aussi pour vous envoyer le „Moqueur amoureux", dont j'ai eu assez de peine à me procurer un exemplaire, et dont le premier vo-

lume a été lu à moitié, ce qui n'est pas trop beau;
j'attendais, dis-je, que l'ouvrage que je fais imprimer
en ce moment fut présentable, pour le joindre au dernier volume publié par Delphine, et vous adresser le
tout comme un hommage de ma vieille amitié, mais
l'imprimeur n'en finit pas. La politique, qui s'est em-
parée de tous les ateliers, rend tous les travaux longs
et difficiles. Les ouvriers sont les maîtres, ce qui
ruine eux et tout le monde.

J'ai vu hier Koreff à l'ambassade d'Angleterre,
je lui ai répété les choses gracieuses, que vous m'aviez
écrites pour lui; il m'en a paru très-content. Le bruit
de votre dernier ouvrage était déjà parvenu jusqu'à
lui, il va tâcher de se le procurer. Le Comte Appony
m'en a parlé aussi avec une grande curiosité de le
connaitre. Je n'en ai point encore vu la traduction
compléte, mais on en a mis des fragments dans le
Panorama littéraire, journal qui parait tous les
mois, et qui traite particulièrement de la littérature
étrangère. Je dirai tout ce que vous voudrez sur la
mauvaise traduction, mais croyez que les plus mauvaises ne font jamais complétement disparaître le
mérite d'un ouvrage, et que les vôtres sont trop spiri-
tuels pour n'être pas appréciés en France, en dépit
de tout.

J'ai cédé les Causeries à regret, car c'est un recueil des jugements de la bonne compagnie, qui était
fort bien accueilli du public. Mais ma santé m'oblige
à quitter Paris pendant l'été, soit pour aller aux eaux,
dans ma retraite champêtre, ou dans les chateaux de
mes amis, et j'ai besoin d'être libre; de travailler à
mon caprice. Je suis en ce moment très malheureuse
d'avoir fini la „Duchesse de Chateauroux." Je

m'étais établie dans la cour si élégante de cette
époque, je m'intéressais si vivement à l'amour de
cette noble et belle personne, à celui qu'elle inspirait
à un roi jeune, beau et spirituel, que j'ai quitté cette
charmante société avec un regret ridicule. Vous le
concevrez, vous qui comprenez tout. Vous ne trouverez pas stupide de s'attacher à des êtres morts,
quand on ne peut plus plaire aux vivants; de reporter
son coeur sur le passé, faute d'avenir. C'est la retraite d'une imagination tendre, qui ne sait plus où
se placer. Le ciel a mis tant d'amour dans le coeur
d'une femme, qu'il survit à tout, et que c'est une vraie
consolation pour celle qui peut employer les sentiments,
qui ne sont plus de son âge, à parer, ou à peindre
des héros de roman ou d'histoire.

Ces distractions sont doublement nécessaires dans
ce moment, où nous semblons être encore menacés
de révolutions. Cette crainte détruit toute espèce de
plaisir. Le bal d'hier en était tout attristé, on ne
parlait que des emeutes de Lyon. Il n'y a pas moyen
de former un projet; je comptais aller bientôt en Suisse
près de la reine Hortense; et voilà qu'on parle d'occuper militairement la Suisse. L'Italie n'est plus un
séjour tranquille; je ne vois plus que cet admirable
séjour de Muskau, où l'on puisse être tranquille. Aussi
attendez-vous à me voir arriver avec le baton de
pélérine. Si l'on achève de me ruiner ici par une
nouvelle révolution, alors ce sera de la vraie misère,
et j'irai demander la charité de village en village. Voilà
déjà qu'on pille en Belgique. Cela est d'un sinistre
présage.

Je vous le répète, puisque vous faites des
ouvrages charmants, pourquoi ne les traduisez-vous pas

vous-même? Vous savez mieux le français, que tous
les traducteurs, et vous savez mieux de plus ce que
vous voulez dire. Je m'engagerais de bon coeur à
revoir votre manuscrit. Cela serait le meilleur parti
à prendre.

Je ne saurais vous envoyer des échantillons, et
des dessins de meubles. Car vous êtes plus à portée
de vous procurer ceux, qui sont aujourd'hui de mode
à Paris. Imaginez-vous les plus vieux dessins de
Perse, les plus gothiques étoffes de soie, les damas
de nos pères, les incrustations sur ébène, le vieux
laque, enfin tout ce que votre père avait dû reléguer
dans les anciens garde-meubles de son château, voilà
ce qui fait furore aujourd'hui. J'ai pour ami un
homme de goût, fort riche, qui vient de faire meubler
sa maison à neuf. On la cite comme ce qu'il y a
de plus élégant. Eh bien, son salon est tapissé avec
de superbes étoffes trouvées en magazin dans les
armoires de l'ancien électeur de Cologne; ces bronzes
dorés sont échappés des châteaux de Trianon ou
de Marly, ainsi du reste. Pour les petits appartements,
on les décore tous avec des toiles anglaises très-
lustrées, et que vous avez à Berlin avant nous. La
forme des fauteuils, des canapés est gothique, les grands
fauteuils de malades sont en telle abondance qu'on
se croirait quelquefois dans une société d'infirmes. Si
vous désirez quelque chose en ce genre, donnez-moi
vos commissions positives. Vous savez si je les
remplirai avec zèle et bonheur.

Je vous cherche toujours une femme, mais en
vérité je crois qu'il faut que vous veniez vous-même
vous donner cette peine, rien n'est si difficile à
trouver.

J'ai fait dernièrement un diner, qui m'a laissé une singulière impression. Nous étions 6 seulement, le comte de Sabraux et le Marquis de la Garde en étaient. Le surlendemain le premier a été assassiné par son domestique, devenu fou subitement, et qui lui a fendu la tête à plusieurs endroits à coup de sabre; heureusement il n'en est pas mort. Le second a été tué d'un coup de pistolet le même jour, aussi par un de ses domestiques, auquel il avait refusé un certificat. Quel triste et singulier rapprochement!

N'allez-pas en conclure qu'on doit mourir assassiné, quand on dine avec moi, j'en serais désolée.

Mr. Eugène Sue est ravi de votre suffrage; il est fort à la mode dans notre noble faubourg. Les belles dames se le disputent. C'est l'influence de votre prédilection pour lui. La peinture que vous me faites de votre vie de château est ravissante; j'aime à vous savoir heureux dans ce beau séjour; et je vous en apprécie davantage de penser à moi au milieu de tout ce qui fait le charme de la vie. — Adieu, mille tendres souvenirs.   S. G.

33.
Sophie Gay an Pückler.

Il fallait que ma fille fût à la mort, pour que je n'allasse point vous offrir tous mes soins, cher ami, mais je n'ose la quitter encore, la fièvre est toujours très-forte, malgré les saignées multipliées, et une diète complète depuis 4 jours. Les plus graves accidents ont cessé, et les médecins ont de l'espérance. Depuis que la mienne a été déçue, je n'ose m'y livrer. J'ai passé de la terreur à la plus vive inquiétude, voilà tout, et pour comble de maux je vous sais malade. Vous avez dû voir Koreff: je vous l'ai envoyé: j'ai grande confiance en lui, je suis certaine qu'il vous guérira promptement, et puis le plaisir de causer avec lui vous fera prendre patience.

Je charge Madame de Savigny de vous remettre elle-même, s'il se peut, ce billet, pour me rapporter des nouvelles positives de vous. Puisse-t-elle m'en rapporter de bonnes, car je ne suis pas en état de supporter un chagrin de plus.

Sophie G.

34.
Sophie Gay an Pückler in Paris.

La pauvre Delphine est encore si souffrante, que sa soeur n'est pas sûre de pouvoir accepter de diner avec vous, cher prince. Mais il n'y a pas d'académie ce matin, et je vous attendrai à 3 heures, pour aller à l'arsenal, voir Charles Nodier et Duval et de plus le cabinet de Sully où il fût souvent visité par Henri quatre. Nous allons ensuite où vous voudrez.

Le Comte de P. m'a dit, que les pyrénées étaient encore très-visibles pendant le mois d'octobre. A bientôt.

Mercredi.

35.
Sophie Gay an Pückler.

Je suis désolée de vous savoir la migraine. Si votre mal augmente, songez que votre vieille amie est fort bonne garde-malade.

Mdm. de Girardin, à qui j'ai parlé hier du plaisir que j'ai eu à vous revoir, va venir dans l'espoir

de vous rencontrer. Mais nous lui rendrons bientôt,
j'espère, la visite.

Dites-moi un peu ce que vous avez à démêler
avec une petite allemande, plus que galante, qui est
venue s'établir dans ma maison, il y a un mois, et
dont le propriétaire ignore la profession; cela m'est
fort suspecte, et je vous engage à la prudence. Car
cette dame est visitée par tant de monde, qu'elle ne
restera pas long-temps ma voisine.

A demain. Mille tendres regrets.

36.
Sophie Gay an Pückler.

Voici l'odeur que vous aimez; elle vous rappellera,
j'espère, quelquefois l'amie, qui pense tant, et si bien,
à vous.

Songez combien je vais avoir besoin de vos lettres.
Mercredi.

37.
Sophie Gay an Pückler.

Dimanche soir.

Je n'ai pas eu d'autre idée, que celle de votre
prochain départ; je vous ai attendu hier, aujourd'hui.
Je n'ai rien voulu accepter dans la crainte ou dans
l'espoir que vous pourriez avoir besoin de moi. Pour
Dieu! ne vous imaginez-pas de partir sans me voir.
Les adieux portent bonheur. C'est une superstition,
que je tiens de la Reine Hortense, et dont j'ai fait
plus d'une expérience.

Un mot, une visite de vous demain. Je l'attendrai avec le même sentiment que la vieille aveugle pour son cher Horace. S. G.

38.

Pückler an Sophie Gay.

Alger, le 23 février 1835.

Ma chère amie.

J'aurais eu à peine le courage de vous rappeler un homme aussi insignifiant que moi, si ce n'était pour vous adresser un turc: l'être le plus intéressant que j'ai rencontré depuis long-temps, le héros d'Alger, le fameux Jussuf, que les malheurs d'un amant heureux (il avait fait un enfant à la fille du Bey de Tunis) ont ammené au service de France, où en faisant des prodiges de valeur de toute espèce, il a acquis la réputation d'aimer comme un rossignol, et de se battre comme un lion. Je vous prie de lui faire les honneurs de Paris, avec cette grâce et cette bonté, qui vous distinguent, et je suis sûr que vous ne serez pas fachée de connaître cet homme primitif, si peu semblable aux gens d'Europe, dont une civilisation desséchante a exprimée dix fois tout le suc de l'âme et du corps.

Je profite en même temps de cette occasion pour vous envoyer quelques bagatelles africaines — pour vous et les trois grâces, auxquelles vous avez donné le jour.

C'est un cordon de lorgnon pour Madame de Girardin, une écharpe servant de turban pour Madame d'Odonnel, une broderie pour l'aimable Isaure, et un étui pour cartes de visite avec de l'essence de jasmin pour vous, ma chère et excellente amie.

Quand viendrez-vous à Alger? C'est un endroit charmant. Nous avons ici tout ce qu'on peut désirer. Des camps arabes, où l'on vous donne du Cousscoussou, si l'on ne vous coupe pas le cou; des bals du Gouverneur, ornés des plus jolies parisiennes, des pipes turques pour hommes et femmes, et de l'eau de Cologne faite à Alger, des fleurs en plein champ au milieu de l'hiver, et malheureusement aussi des moustiques, qui sont fort incommodes; au reste, des moeurs épouvantables, et une nature enchanteresse.

Tout cela m'arrange, aux moustiques près. Il ne nous manque que votre esprit et votre amabilité, mais hélas, on ne les trouve guères deux fois.

Mille et mille affectueux hommages.

H. Pr. de P. Muskau.

39.
Sophie Gay an Pückler.

J'ai semé l'orient de lettres pour vous, cher prince; il est vrai que j'en ai adressées à Constantinople, où vous n'êtes point allé, mais rien de tout cela ne vous est parvenu, et je n'ai pas reçu davantage les bons souvenirs, que vous m'avez, dit-on, envoyés. J'en pleure de regret. Ma fille, plus heureuse que moi, vient de recevoir une lettre charmante, et le shali admirable que vous aviez confié à Mr. Fabreguette. Elle en est trop fière, pour ne pas vous en remercier elle-même le plutôt possible, moi je me suis consolée de tous mes revers, en parlant de vous bien long-temps l'autre soir avec mon ami, Fabreguette; il m'a dit que vous étiez ravi de l'Egypte, et du Pacha

surtout. Je le crois d'autant plus, que mon ami Mr.
de Mimant, que la mort nous a enlevée sitôt, était fort
honoré de son amitié, et m'avait raconté tant de
choses remarquables de son caractère, de son génie,
que je m'étais décidée à suivre Mimant à Alexandrie,
lorsqu'il y retournerait. Hélas, la mort n'a pas voulu
que j'eusse cette joie, et la maladie s'est depuis em-
parée de moi, de manière à m'ôter tout espoir de
voyage. Cependant je vais mieux, sauf un mal d'yeux,
qui m'attriste profondément. Je n'écris qu'en bravant
l'ordre des médecins, ce qui donne à mon travail
tout l'attrait d'un amour contrarié; il m'aurait été si
agréable d'aller écrire ce qui se voit, ce qui se fait
d'admirable dans cette partie de l'Egypte si bien
gouvernée! Mais vous êtes là pour vous charger de
ce soin, et votre séjour dans les belles contrées nous
vaudra des relations aussi intéressantes, que toutes
celles que vous faites.

Il parait que vous ne pensez pas à revenir encore
dans notre vieille Europe, et malgré le regret que j'en
éprouve, je ne puis vous blâmer, car elle devient
très-ennuyeuse. La politique et l'industrie semblent
avoir détrôné le plaisir. J'ai fait connaissance avec
un homme de votre pays qui est bien spirituel, c'est Mr.
Heine; il parle le français, et l'écrit aussi bien que
vous; tout ce que je rencontre de gens supérieurs vous
rappellent à moi; à moi, votre vieille amie, que vous
oubliez peut-être.

La Comtesse Odonnel veut que je vous dise mille
coquetteries affectueuses pour elle. J'ai marié Isaure
à un jeune homme fort aimable, et qui la rend très-
heureuse; nous parlons souvent de l'espoir de votre
retour ici. C'est une illusion, qui berce mon amitié.

Je vais bientôt aller m'établir à St. Gratien dans cette jolie villa, où j'ai fait un diner si agréable avec vous. Le maître de la maison*) vient de publier un livre sur l'Espagne, qui obtient beaucoup de succès; il conserve de vous un souvenir très-distingué. On me traite toujours avec beaucoup d'indulgence dans le peu que je fais.

Adieu encore, vous reverrai-je? Voilà une question, dont le ciel peut seul faire la réponse. N'importe! je vous aurai aimé toute ma vie.

Sophie Gay.

---

*) Le Marquis de Custine.

Briefwechsel

zwischen

Pückler und Bettina von Arnim.

~~~~~~

Dieser Briefwechsel ist schwer zu ordnen, einige Briefe fehlen, viele sind ohne Datum. Wo Bettina auftritt, da kann es nie ganz an Verwirrung fehlen, und je größer dieselbe ist, je treuer tritt das Bild der begabten, aber wunderlichen Frau hervor. In Pückler und Bettina begegneten sich zwei Originale, wie deren kaum jemals ähnliche sich wiederfinden dürften; ihr Briefwechsel trägt das Gepräge davon.

1.

Pückler an Bettina.

(Mit dem versprochenen Tintenfaß, dem Todtenkopf von
Gyps mit aufgesteckten Schreibfedern.)

Den 23. Januar 1832.

Liebenswürdige Prophetin!

Und, rief der Sperling, fort und fort den eitlen Fuhr=
mann umkreisend, ich sage Dir, es hilft Dir alles nichts.
Du mußt sterben!

Aber da zog der Fuhrmann die weite Kappe mit einigen
Schellen versehen, vom Haupte, und siehe — es war ein
Todtenschädel.

Leider jedoch hattest Du, hohe Seherin, ihn schon lange
vorher belehrt, daß lebend wie verstorben, es diesem seinem
Schädel immer hauptsächlich an Gehirn gefehlt hätte, eine
wohlthätige Kompensation der Natur für seinen gleichen
Mangel an Herz — denn wie in gewissen Fällen zwei
Negationen bejahen, so entsprang, wie Du ihm einst ent=
hülltest, aus dem doppelten Defizit, negative Gutmüthig=
keit aus Leere.

Gestehe, daß es dennoch immer noch ein schlauer Gedanke
von ihm war, Dir jetzt, aus seinem Kopfe selbst, ein von
Dir verlangtes Tintenfaß zu bereiten, geschmückt mit reichem
Schreibfederstrauß. (Du verstehst dieses Wortspiel.)*)

Läßt Du Dich nun herab, Bettina! aus diesem Tinten=
faß zu schreiben, so werden, gewissermaßen Dir zum Trotz,

---

*) Bettina verglich Pückler scherzend mit einem Strauß, da seine
Eitelkeit gleich dem Magen eines solchen, mit Leichtigkeit Kiesel und
Eisen zu verdauen im Stande sei.

6 *

dennoch Geist und Erhabenheit aus des armen Fuhrmanns
Schädel fließen.

————————

Dein treuer Vogel Strauß.*)

*) Varnhagen erzählt in seinen Aufzeichnungen (siehe „Briefe von
Stägemann, Metternich, Heine und Bettina von Arnim, nebst Briefen,
Anmerkungen und Notizen von Varnhagen von Ense. Leipzig, 1865."
S. 290): „Frau von Arnim hatte bei Rahel zum Fürsten von Pückler
gesagt, sie könne ihm nicht schreiben, denn sie habe kein Tintenfaß;
worauf er erwiederte, er werde ihr eines schicken. Nach einigen Tagen
wurde bei Frau von Arnim ein silbernes Gefäß abgegeben, das sie
für das vom Fürsten verheißene Tintenfaß hielt, und, weil es silbern
war, nicht annehmen wollte. Sie sandte es an Rahel, und die sollte
es dem Fürsten wieder zustellen; allein dieser schwor, er wisse von
der Sendung nichts, und so schickte Rahel das Gefäß wieder an Frau
von Arnim, die sehr verdrießlich über das aufgedrungene Geschenk
war. Bald aber klärte sich der Irrthum auf, es war kein Tintenfaß,
sondern ein Feuerzeug, das in einem Nachbarhause abgegeben werden
sollte, und aus Versehen an Bettina gelangt war, der Eigenthümer
ließ es wieder abholen. Der Fürst war nun ganz gerechtfertigt,
einen so schlechten Geschmack im Schenken gar nicht gehabt zu haben.
Das Tintenfaß, welches er nachher wirklich sandte, war ein strahlen-
des Zeugniß seines sinnreichen Taktes, angemessen, prägnant, einfach,
und brachte nur durch zufällige Umstände wiederum einen Eindruck
hervor, den er nicht hatte berechnen können. Er hatte als Verstorbener einen Gypstodtenkopf gewählt, der ein geräumiges Glas in sich
trug, und mit Federn ritterlich geziert war. Bettina aber brach bei
dem Anblick in Schreck und Thränen aus, sie sagte mir, es hätte ihr
gedünkt, der todte Arnim blicke sie aus dem Kopfe an, und ich mußte
dies Sinnbild eiligst wegthun und für mich behalten! —" Bettina
schrieb hierüber an Varnhagen (siehe S. 29 in demselben Buche):
„Berlin, den 18. Januar 1832. Ich war unartig gegen den Fürsten
Pückler, und zwar in Ihrer Gegenwart, ich wollte es wieder gut
machen, darum hab' ich so rasch die Durchzeichnung gemacht, und sie
durch Ihre Hände in die seinigen kommen lassen. Wenn es ihm ein-
fallen sollte, die Zeichnungen einrahmen zu lassen, so dürfen sie nicht
aufgeklebt, sondern nur aufgelegt werden; ich habe meiner Lebtag
erfahren, daß die Leute mir zuwider wurden, die mir etwas schenkten,
und daß ich die liebgewann, denen ich etwas gestohlen, darum wehre
ich mich gegen sein Tintenfaß."

————

2.
Pückler an Bettina.

Du bist ein schöner Geist, weil Du so demüthig bist, denn in der Demuth liegt die Größe! In mir siehst Du mehr als ich bin, aber vielleicht hast Du so den besten Weg eingeschlagen etwas aus mir zu machen.

Ich fange wenigstens an zu ahnden, daß es auch in der Enthaltsamkeit, in der Selbstbeherrschung eine Seelen=wollust geben könne, die ganz dem Leben angehört, und an der keine Spur der Verwesung klebt.

Sonderbar wie sich unser Verhältniß umdreht! Statt daß sonst der Mann die Frau zum Fall verführt — ent=führst Du mich zum Flug — gen Himmel. Aber ach! Du weißt noch gar nicht, wie schwer beladen ich zu solchem Fluge bin. Du kennst gar nicht das überlaufende Maß meiner Sünden und Schwächen, und wie sehr die klaren Fluthen Deines bewunderten Stromes mit Lehm und Schlamm aller Arten getrübt wurden, so daß wohl nur die chemische Analyse des Todes das ursprüngliche Krystall des Elements wieder herstellen kann.

Uebrigens gefällt mir auch leider aus alter Gewohnheit der Schlamm. Er hat seine guten Seiten, denn er schmiegt sich weich den Gliedern an, und es ist behaglich dunkel darin. Dieser Dämon hat Gewalt über mich, aber der des Spottes, des Mißbrauchs einer hingebenden Neigung, der, meine Freundin, ist meiner Natur fremd, und daß Menschen so denken, zwingt mich ordentlich sie zu verachten, also hüte Du Dich ja davor.

Setztest Du in mir eine edle Natur voraus, so bedenke, daß Mißtrauen solchen nicht nahen darf.

Mit dem Bereuen, gute Seele, war es mehr Koketterie wie Ernst. Bereuen, da hast Du ganz Recht, ist Wahn=

sinn, die allerunverzeihlichste der Schwächen, wahre Erbärm=
lichkeit; nur wo Reue aus Liebe entspringt, ist sie schön!
So weit bin ich noch nicht recht, weder mit dem lieben
Gott, noch den Menschen, außer in Momenten, und diese
sind süß.

Ich werde unterbrochen, ein andermal mehr, und Mitt=
woch Abend, wenn meine Freundin zu Hause ist, komme
ich selbst.

Sorge für eine hübsche Dämmerung, dann nimm Deinen
Platz ein, den Orakelsitz, und laß Dich als Pythia in
lieblichen Geistesmelodien vernehmen.

H.

3.
Pückler an Bettina.

Den 26. Februar 1832.

Wenn ich nicht schon eitel wäre, so machte mich gewiß,
meine geliebte Freundin, Ihr allerliebster, drolliger und
großmüthiger Zorn dazu.

Haben Sie nicht selbst gesagt: daß ich durch meine
Gegenwart Ihre Inspiration verdürbe, und daß ich Sie
vierzehn Tage ganz in Ruhe lassen müßte, wenn ich was
Rechtes von Ihnen hören wollte. Nun man sich, Gott
weiß wie schwierig, überwunden hat, bekommt man Schelte.
— O, Ihr Weiber bleibt immer die nämlichen, und wer
Euch necken und erzürnen will, braucht nur alle Eure
Worte à la lettre zu nehmen.

Ich bin aber krank, meine gute Bettina, seit gestern,
an entsetzlicher Migraine, die noch fortdauert, und mir
das Schreiben sehr sauer macht, habe auch, seitdem wir
uns nicht sahen, in so großer Lebensgefahr geschwebt, daß
mein glückliches Echappé füglich zu den kleinen Wundern
gerechnet werden kann.

Kommen Sie doch öfter und sans façon zu uns, mit mir können Sie eben so ungenirt sein, als mit Schleier=macher, ich scheue mich nicht vor Ihnen, krank, oder nackt, oder dumm zu erscheinen, denn ich habe zu Ihnen Neigung und Vertrauen. Die Koketterie hülfe mir auch nichts, denn Sie haben einen höheren Geist als ich, und hundert=mal schöneren Körper im Kopfe, wie Ihre himmlischen Zeich=nungen darthun.

 Tausend Dank für die letzte, eine Ariadne, nicht wahr? So reizend, daß selbst der Leopold ihr wollüstig die Brüste küßt, und so lieblich stillen Ausdruckes im Gesicht, daß man nicht weiß, ob sie wirklich todt ist, oder nur schläft. Wie gern erweckte ich sie, und umarmte sie trotz meiner Migraine, denn auf mich Erdensohn wirkt die Kunst stets sinnlich.

 Apropos, ich bin St. Simonianer geworden, und als Bruder enfantillage statt des abtrünnigen Enfantin einge=treten, der nur eine Frau erlauben will, weshalb er mit Recht verstoßen wurde.

Ich verlange dagegen sehnlich nach einer großen Menge. Wann werde ich als Sultan unter sie treten dürfen? O weh, mein Kopf, er erinnert mich an alles Loos des Schönen auf der Erden, und ich ende bescheiden und de=müthig. Adieu.

Hermann Pückler.

Noch etwas Ernsthaftes.

Ich habe keinen schaffenden Geist, sondern nur einen empfänglichen. Sie sind das männliche Prinzip in unserem Verhältniß, ich das weibliche. Daher würde es, als um=gekehrte Welt, eine Weile dauern, ehe wir uns ganz ge=mächlich einrichten. Ich mache es mir bequem, denn ich habe als Weib mehr Verstand als Sie, wenngleich weniger Geist, ich darf Launen haben und inkonsequent sein, Sie

vernachläſſigen, wieder zu Ihnen zurückkommen, ganz wie
es mir beliebt, — Sie aber haben den Beruf etwas aus
mir zu machen, und mögen ſehen, wie Sie es zu Wege
bringen. Es iſt, beim Himmel, kein leichtes Stück Arbeit,
ſo weit ich es zu beurtheilen im Stande bin.

4.
Pückler an Bettina.

Den 27. Februar 1832.

Guter Mann! Zwingen thue ich mich ſelten zu etwas,
alſo auch nicht zum Schreiben an Dich — aber es wird
mir ganz unheimlich mit Dir zu Muthe, wenn Du ſo leicht
Dich erzürnſt, ſo ſtreng es rügſt, wenn man nicht gleich
antwortet, ſo ungeduldig wirſt, wenn man Dich etwa ein=
mal gar nicht verſteht.

Weißt Du wohl, daß Weiber immer gern eine perſön=
liche Beziehung in allem finden mögen. So liebe ich auch
nicht die einzelnen Sentenzen ſchroff hingeſtellt, ſondern
um einbringlich zu werden, müſſen ſie immer apropos und
mit Kunſt angebracht werden. Dann liebe ich ſehr Deut=
lichkeit ſchon aus Faulheit, und antworte übrigens auf vieles
nicht, was ich dennoch langſam in succum et sanguinem
verarbeite.

Dein letzter Brief, der ſich mehr zu mir herabgelaſſen,
hat deshalb auch beſſeren Anklang gefunden, erkläre mir
aber, was ein Schlingel iſt, böſer Mann, ich weiß es wahr=
lich nicht, ein Beweis meiner Unſchuld. Ei Schelm, o
das weiß ich beſſer, der ſitzt mir zuweilen im Nacken, aber
leider noch öfter auf der Naſe.

Der St. Simonianer iſt ein ſchwerfälliger, der Dich
wie ein Alp gedrückt hat, und es ſcheint, als Hülfskorps
gegen ihn läßt Du die Homöopathen anrücken. Laſſen wir

beibe ruhen, ich könnte eher meiner Natur nach auf einmal einen Giftbecher leeren, als täglich ein Billiontheil Pülverchen zu mir nehmen, und überdem mit Enthaltsamkeit geschoren werden.

Lieber Mann, bedenke, daß ich ein schwaches Weib bin, meine Migraine kurirt der gute Doktor gewiß nicht, die Migraine aber kurirt mich.

Deine Briefe, liebe Seele, in den hübschen Abendlicht-kouverts, werden sehr sorgfältig aufgehoben und gelesen, aber Du mußt Dich, ich wiederhole es, geflügelter, wilder Pegasus, immer tiefer zu mir herabsenken, denn ich bin wirklich dumm, Allegorieen verstehe ich entsetzlich schwer, und es ist kein Schelmstreich, wenn ich Dir aufrichtig ge-stehe, daß das rappelnde Holz mir noch immer etwas rapp-licht und daneben dunkel bleibt, so daß ich auch nichts darauf erwiedere, denn mit der Zeit kapire ich's vielleicht. Der Fürst Pückler, dem Du nicht allzu grün gesinnt bist, er-klärt mir's vielleicht, aber von ihm will ich, wie Du, nichts mehr wissen. Ich habe mich als weibliches Element ganz von ihm abgetrennt, und wenn ich über dem Experiment närrisch werde, so ist es Deine Schuld, und, Herzenskind, unser Holz mag dann zusammen rappeln, bis es verbrannt, ich meine der sterbliche Theil, den Du in's Feuer halten willst, wofür ich mich aber fürchte, denn ich liebe diesen sterblichen Theil, Gott verzeih' mir die Sünde, am aller-besten, und mag ihn gar nicht von den Strahlen der Wahr-heit so pulverisiren und zu Asche versengen lassen.

Das von der Lebensgefahr gefällt mir, ja, ja, sie ist wirklich ein guter Freund von mir, aber daß ich zuletzt daraus zu Ihren Füßen niederfallen soll, das geht nicht, mein Herr. Umgekehrt wird ein Schuh draus, wie Jakob Böhme sagt!

Denken Sie, daß ich meinen Vortheil so schlecht verstehe? Da ich Dich anrege, bedarfst Du meiner noch weit mehr als ich Deiner, demüthige Dich also als ein Samenkorn vor dem Boden, der Dich aufnimmt, damit ein neuer Phönix daraus erwachse, halb Pflanze, halb Vogel, die fliegend die ganze Erde überrankt. Verstehst Du mich? Wo nicht, so hat es seinen guten Grund, denn ich phantasire in meinem Fieber ganz prosaisch.

Was? Meine schöne, todte Ariadne ist nur eine betrunkene Bacchantin? Ich sehe gar nicht ein, warum es nicht auch eine Ariadne sein könnte, und für mich bleibt sie es, wie sie im Schmerz die Fackel ergriffen hat, ihren Ungetreuen zu suchen, die jetzt ihrer Hand entsunken mit ihrem Leben verlischt, während der Leopard (denn da er gefleckt ist, ist er kein Tiger) wie ein getreuer Hund die schöne Brust ihr leckt. Doch Ariadne oder Bacchantin, tausend Dank dafür, es ist ein schönes und ein gewürdigtes Geschenk.

Ich lese Deine Briefe noch öfter, und antworte noch mehr darauf, jetzt aber fallen mir die Augen zu. Freundschaft, Wahrheit und Vertrauen.

5.

Bettina an Pückler.

In Wien.

Beethoven. — Ich hätte ihn während meinem kurzen Aufenthalt gerne kennen lernen; keiner wollte mich zu ihm führen, wegen seinem wunderlichen Humor, und weil er menschenscheu wäre; ich mußte ihn alleine aufsuchen; er hatte dreierlei Wohnungen, in der Stadt, Vorstadt und auf dem Land; ich fand ihn im obersten Stock eines hohen Hauses, im Vorzimmer lag eine Fortepiano an der Erde, daneben eine schlechte Bettstelle mit einem Strohsack und

wollener Decke; der Bediente sagte: „Das ist des Herren
Lager." Ich trat ein, er saß am Klavier, ich nahte ihm,
und sagte ihm laut und dicht in's Ohr (denn er war taub):
„Ich heiße Brentano." Er lächelte, reichte mir die Hand
ohne aufzustehen, und sagte: „Ich hab' eben ein schönes
Lied gemacht für Sie." Er sang: „Kennst Du das Land"
nicht schmelzend, nicht weich; hart war die Stimme, über
Bildung und Gefälligkeit sich hinausschwingend durch den
Schrei der Leidenschaft. Er fragte: „Nun, wie gefällt es
Ihnen?" Ich nickte; er sang's noch einmal mit dem Feuer,
das durch's Bewußtsein seine Gluth mitzutheilen, angeschürt
wird; dann sah er mich triumphirend an; er sah, daß
meine Wangen und Augen glühten, und sagte naiv: „Aha!"
— Nun sang er: „Trocknet nicht, Thränen der ewigen
Liebe! Ach, nur dem halbgetrockneten Auge, wie öde, wie
todt die Welt ihm erscheint!" Dann schrieb er den Satz
mit Ziffern in eine Schreibtafel, die er in der Tasche trug,
und ließ sich's gefallen, daß ich ihm während dem die ver=
wirrten Haare glatt strich; er küßte mir die Hand; und
als ich weggehen wollte, ging er mit; unterwegs sagte er:
„Musik ist das Klima meiner Seele, da blüht sie und schießt
nicht bloß in's Kraut, wie die Gedanken Anderer, die sich
Komponisten nennen, aber wenige verstehen, welch ein Thron
der Leidenschaft jeglicher einzelne Musiksatz ist — und wenige
wissen, daß die Leidenschaft selbst der Thron der Musik ist."
Und so sprach er, als ob ich sein vertrauter Freund sei
von Jahren her.

Man war erstaunt mich mit dem menschenscheuen Beet=
hoven Hand in Hand eintreten zu sehen in eine Gesell=
schaft von mehr als vierzig Menschen, die bei Tische saßen;
er nahm ohne Umstände Platz, sagte wenig, wohl weil er
taub war; zweimal nahm er seine Schreibtafel aus der
Tasche, und schrieb ein paar Ziffern hinein. Nach Tisch

stieg die ganze Gesellschaft auf den Thurm des Hauses, um die Gegend zu übersehen; wie Alle wieder hinab waren, und er und ich allein, da zog er die Tafel hervor, übersah sie, schrieb und strich aus, dann sagte er: „Mein Lied ist fertig." Er legte sich in's Fenster, und sang es vollends hinaus in die Lüfte. Dann sagte er: „Gelt, das schallt? Es gehört Ihnen, wenn's Ihnen gefällt, ich hab's für Sie gemacht, Sie haben mich dazu gereizt, ich las es in Ihrem Blick wie geschrieben." — So lang ich in Wien war, kam er alle Tage. Eine Dame aus der Gesellschaft, eine der ersten Klavierspielerinnen, trug eine Sonate von ihm vor. Nachdem er eine Weile zugehört hatte, sagte er: „Das ist nichts." Er setzte sich selbst an's Klavier, und trug dieselbe Sonate vor, die übermenschlich zu nennen war.

Er gab mir Aufträge an Goethe, wie er ihn allein über alles schätze. In Teplitz im folgenden Jahr lernten sie sich kennen. Goethe war bei ihm; er spielte ihm vor; da er sah, daß Goethe tief gerührt zu sein schien, sagte er: „O Herr, das habe ich von Ihnen nicht erwartet; in Berlin gab ich auch vor mehreren Jahren ein Konzert, ich griff mich an, und glaubte was Rechts zu leisten, und hoffte auf einen tüchtigen Beifall, aber siehe da, als ich meine höchste Begeisterung ausgesprochen hatte, kein geringstes Zeichen des Beifalls ertönte; das war mir doch zu arg; ich begriff's nicht; das Räthsel löste sich jedoch dahin auf, daß das ganze Berliner Publikum fein gebildet war, und mir mit nassen Schnupftüchern vor Rührung entgegenwankte, um mich seines Danks zu versichern. Das war einem groben Enthusiasten wie mir ganz übrig; ich sah, daß ich nur ein romantisches, aber kein künstlerisches Auditorium gehabt hatte. Aber von Euch, Goethe, lasse ich mir dies nicht gefallen; wenn mir Eure Dichtungen durch's Gehirn gingen, so hat es Musik abgesetzt, und ich war stolz genug

mich auf gleiche Höhe schwingen zu wollen wie Ihr, aber
ich habe es meiner Lebtag nicht gewußt, und am wenigsten
hätte ich's in Eurer Gegenwart selbst gethan, da müßte der
Enthusiasmus ganz anders wirken. Ihr müßt doch selber
wissen, wie wohl es thut, von tüchtigen Händen beklatscht
zu sein; wenn Ihr mich nicht anerkennen, und als Eures-
gleichen abschätzen wollt, wer soll es dann thun? — Von
welchem Bettelpack soll ich mich denn verstehen lassen?"
So trieb er Goethe in die Enge, der im ersten Augenblick
gar nicht verstand, wie er's gut machen solle, denn er fühlte
wohl, Beethoven habe Recht. — Die Kaiserin und öster-
reichische Herzoge waren in Teplitz, und Goethe genoß viel
Auszeichnung von ihnen, und besonders war's seinem Herzen keine geringe Angelegenheit, der Kaiserin seine Devotion
zu bezeigen; er deutete dies mit feierlich bescheidenen Ausdrücken dem Beethoven an. „Ei was," sagte der, „so müßt
Ihr's nicht machen, da macht Ihr nichts Gutes, Ihr müßt
ihnen tüchtig an den Kopf werfen, was sie an Euch haben,
sonst werden sie's gar nicht gewahr; da ist keine Prinzeß,
die den Tasso länger anerkennt, als der Schuh der Eitelkeit sie drückt; — ich hab's ihnen anders gemacht; da ich
dem Herzog Rainer Unterricht geben sollte, ließ er mich im
Vorzimmer warten, ich habe ihm dafür tüchtig die Finger
auseinander gerenkt; wie er mich fragte, warum ich so ungeduldig sei, sagte ich: er habe meine Zeit im Vorzimmer
verloren, ich könne nun mit der Geduld keine mehr ver-
bringen. Er ließ mich nachher nicht mehr warten, ja, ich
hätt's ihm auch bewiesen, daß dies eine Albernheit ist, die
ihre Viehigkeit nur an den Tag legt. Ich sagte ihm:
„Einen Orden könnten sie einem wohl anhängen, aber
darum sei man nicht um das geringste besser; einen
Hofrath, einen Geheimerath können sie wohl machen,
aber keinen Goethe, keinen Beethoven, also das, was sie

nicht machen können, und was sie selber noch lange nicht sind, davor müssen sie Respekt haben lernen, das ist ihnen gesund." — Indem kam auf dem Spaziergang ihnen entgegen mit dem ganzen Hofstaat die Kaiserin und Herzoge; nun sagte Beethoven: "Bleibt nur in meinem Arm hängen, sie müssen uns Platz machen, wir nicht." — Goethe war nicht der Meinung, und ihm wurde die Sache unangenehm; er machte sich aus Beethoven's Arm los, und stellte sich mit abgezogenem Hut an die Seite, während Beethoven mit untergeschlagenen Armen mitten zwischen den Herzogen durchging, und nur den Hut ein wenig rückte, während diese sich von beiden Seiten theilten, um ihm Platz zu machen, und ihn alle freundlich grüßten; jenseits blieb er stehen, und wartete auf Goethe, der mit tiefen Verbeugungen sie hatte an sich vorbei gelassen. — Nun sagte er: "Auf Euch hab' ich gewartet, weil ich Euch ehre und achte, wie Ihr es verdient, aber jenen habt Ihr zu viel Ehre angethan." — Nachher kam Beethoven zu uns gelaufen, und erzählte uns alles, und freute sich ganz kindisch, daß er Goethe'n so geneckt habe. — Die Reden sind alle wörtlich wahr, es ist nichts Wesentliches hinzugesetzt, Beethoven erzählte es mehrmals auf dieselbe Weise, und es war mir in mehr als einer Beziehung ganz wichtig; ich erzählte sie dem Herzog von Weimar, der auch in Teplitz war, und ihn gewaltig neckte, ohne ihm zu sagen, woher er es habe. —

Ist die Geschichte Dir so recht? — Kannst Du sie brauchen? Soll ich Dir morgen noch eine schreiben? — Die vom Bär, vom Frankfurter Patrizier, und dem Nachtwächter, alle drei noch am Leben.

6.

Pückler an Bettina.

Gütige Bettina,

Goethe's Tod, und die schon am Abend auf die Nach=
richt erhaltene Erbschaft haben mich tief bewegt! Ich wollte
selbst kommen, konnte aber nicht, um Dir zu danken, ziem=
liche und großmüthige Sklavin. Vielleicht geht es heute,
ich will Dir auch etwas vorlesen, obgleich Du mir die Ab=
schrift meiner Knittelreime noch schuldig bist. Ich bin
übrigens entschlossen nächstens ein Dichter zu werden, und
habe zu diesem Behuf ein großes Reimlexikon in zwei
Foliobänden gekauft.

Doch ich will nicht scherzen. Du bist eine ächte Dich=
terin — und schöner kann sich des Weibes Gemüth nicht
aufthun, als in Deinen letzten Briefen. Fahre ja mit
Goethe aus Deinem Leben fort, und verschweige nichts,
thue Dir auch nicht den leisesten Zwang an, schreibe als
sprächest Du zu Dir selbst, je schleierloser Du dastehst, je
mehr kannst Du nur bei mir gewinnen.

Aber sonderbar ist es — seit ich Dir näher getreten,
ist es mir immer als lebten unsere Geister ihr volles Leben
ohne Schranken und wie im Paradiese, nur da, wo die
Körper nicht dabei sind, — als träte, wenn wir uns sehen,
ein fremder irdischer Zwang, eine hemmende Kraft uns
entgegen, welche die freie Entwickelung der Gedanken ver=
hindere.

Sind aber vollends andere Leute dabei, so kommst Du
mir ganz wie eine Fremde vor, Du gefällst mir, Du bist
geistreich, Du bist liebenswürdig, aber ich kenne Dich nicht,
und kann nicht, im Schmelz der Wiesenblumen hingeworfen,
mit Dir tändeln, nicht am frühen Morgen die Thautropfen
von Deinen Haaren küssen, und im traulichen Dunkel der

Grotte meine Seele mit der Deinen in einem ewigen Kusse verschmelzen.

Hast Du es auch schon ausgefunden, daß in der Phantasie nur wahres, seliges Glück blüht, und daß es vielleicht die raffinirteste Wolluft des Geistes ist, der Opiumrausch dichterischer Gemüther, nur diese Speise zu kosten, und der groben irdischen Wirklichkeit beim höchsten Grade ganz zu entsagen.

Morgen mehr, leb' wohl.

7.
Pückler an Bettina.

Den 3. April.

Bettina, sei nicht so ungeduldig, Dir fehlt ganz und gar der Glaube.

Höre einige Wahrheiten, und zweifle dann nicht ferner daran.

1. Deine Briefe sind mir theuer und kostbar. Ich werde sie nicht einmal, sondern hundertfach genießen, aber meine Art ist nicht die anderer Menschen, laß mich gewähren, und Du wirst nicht immer unzufrieden mit mir sein. Habe also volles und unwandelbares und unbegränztes Vertrauen zu mir. Laß mir aber das behagliche Gefühl dabei, keinem Zwang irgend einer Art dabei unterworfen zu sein. Liebst Du wirklich mich, so liebe mich wie ich bin. Sprich Dich aus gegen mich ohne Rückhalt und ohne Scheu. Ruhe Dein müdes Haupt an meiner Brust — sie ist kein gefühlloser Stein.

Ich will aber jetzt hören, die Zeit wird auch vielleicht kommen, wo ich das Bedürfniß zu sprechen habe.

Meine Zeit ist übrigens jetzt sehr prosaisch erfüllt, das Alltagsleben ist leider der Boden, auf dem wir wachsen, aus dem wir die nöthige Nahrung ziehen müssen. Die Zeit ist nun eben für mich höchst trocken und steril. Laß dieser Epoche ihr Recht, und warte, bis sie vorüber ist.

Es hat mich gekränkt, daß Du mit dem Geheimniß abbrachst, das Du mir aus Deiner Seele enthüllen wolltest, aus Scheu und Mißtrauen. Wie schwach!

2. Deine Giraffe hat weniger Vergnügen sich bewundern zu lassen, als Du glaubst. Tadel, wenn Wahrheit darin ist, behagt ihr meistens besser, wiewohl allerdings auch dabei viel Eitelkeit ist. Das Gerede über mich zum Beispiel amüsirt mich. Es ist ein wenig kindisch, aber ich spiele gern damit.

3. Aber Deiner Liebe mit Goethe, Deinem mystischen Geisterverhältniß mit dem Unsterblichen folge ich mit heiliger Andacht.

Baue nun fort auf diese drei Wahrheiten. Du siehst, die mittelste, die mich angeht, ist die unbedeutendste, wie ich selbst.

H. P.

8.
Bettina an die Fürstin Pückler.

Den 11. April.

Euer Durchlaucht

erlaube ich mir meine Bitten und Klagen vorzubringen. Zwanzig Tage war der Fürst hier, am einundzwanzigsten hat es meine gesteigerte Sehnsucht sehr beschwichtigt, ihn zu sehen. Was ihn nach so später Zeit noch zu mir geführt haben mag, weiß ich nicht, wenn es nicht eine gütige Vermahnung von Euer Durchlaucht war; sein eigenes Interesse war es nicht, das hätte sich wohl früher befriedigt; war es allgemeine Menschenliebe, so ist es gut, daß sie kein Mantel zu sein braucht, wie der der christlichen Liebe, denn er würde ihm gewiß an allen Ecken zu kurz sein.

Ich zweifle nicht, daß mich der Fürst weit über Verdienst schätzt, ich habe sein nachsichtiges Lob schon von verschiedenen Seiten vernommen; ich vergleiche mich hier dem
Straußenei und der Palmennuß, welche in meines Großvaters Raritätenkabinet aufbewahrt wurden; würdigen Personen, welche diese Merkwürdigkeiten zu schätzen wußten,
wurde die Nuß gerüttelt, um zu beweisen, daß sie noch
Milch enthalte, und die Härte des Eies wurde mit einem
Hammer erprobt. Wäre das Ei ausgebrütet, so würden
jetzt viele seiner Nachkommen auch Eier legen, und wäre
die Nuß auf vaterländischen Boden gefallen, so wären
Wälder daraus entstanden, in deren Wipfeln gesangreiches
Gefieder die junge Brut äzte. So verleihet die Mutter
Natur allem, was sich ihrer Milde anvertraut, Befähigung
sich zu entwickeln; wie schön wär' es, wenn die Milde des
Fürsten meiner Liebe alles ablockte, was sie zu geben vermag; allein er scheint dazu nicht geneigt; keine milde Sonne,
keine reifen Aepfel, — ich hätte dem Fürsten so gern meine
Briefe an Goethe anvertraut, und noch ein Tagebuch an
Goethe, worin viele merkwürdige Geschichten meiner Jugend
enthalten; rührend und schön wie kein anderer, ist dieser
Ausbruch von Liebe; ja, ich weiß gewiß, daß es sich mit
dem Wunderbarsten und Ergreifendsten vergleichen läßt; ich
hatte es aufgespart und niemand gezeigt, weil ich es Ihm
vorschlagen wollte, es herauszugeben zum Besten von Goethe's
Monument; doch ist mir's jetzt, als werde nichts daraus werden, und als müsse ich mich an Andere wenden; es schmerzt
mich, wie eine gezwungene Untreue schmerzen würde. Ich
bitte daher Ew. Durchlaucht ihm es vorzuschlagen, und zu
fragen, ob er dazu geneigt sei, und ob er mir so viel
Gehör schenken werde, daß ich ihm das Ganze auseinander-
setze, und wenn er's verwirft, dann erst suche ich meinen
anderen Weg.

So eben, da ich um Erlaubniß fragen will, ob ich vielleicht heute oder morgen in einer müßigen Stunde Ihnen etwas davon mittheilen dürfe, wird mir die Botschaft, daß der Fürst schon heute abreist; ich schicke dennoch diese Zeilen, vielleicht haben Euer Durchlaucht die Gnade ihm davon zu sprechen, und mir seinen entschiedenen Willen darüber mitzutheilen, denn mir selbst, fürchte ich, würde keine Antwort erfolgen, die doch zu meiner Beruhigung nothwendig ist.

Ich empfehle mich Ew. Durchlaucht Wohlwollen, und bitte meine Hochachtung zu genehmigen.

Bettina von Arnim.

Verzeihen mir Ew. Durchlaucht, daß ich vielleicht zu unschicklicher Zeit mit meiner Angelegenheit komme, allein ich werde von anderer Seite um das Tagebuch von Goethe bedrängt; und kann daher nicht länger aufschieben, darum anzufragen.

(Die Fürstin schrieb hierüber an ihren Gemahl: „Antworte doch hierauf, Lou, die Frau mit ihrem Geist und Willen für Dich ist doch einer Antwort werth.")

9.
Pückler an Bettina.
Muskau, den 14. April 1832.

Ich bin seit einiger Zeit von einer Abspannung des Geistes und Körpers, wie sie mir kaum noch vorgekommen sind. Wenn es so fortgeht, werde ich wieder zur Pflanze — nichts ängstigt, nichts freut, nichts ergreift, ja fast möchte ich sagen, nichts interessirt mich selbst mehr. Doch weiß ich, es ist nur Täuschung, und ich besorge fast (sorge aber nicht sehr deshalb), es ist die trübe Schwüle vor einem

7 *

Gewittersturm, die alle Kräfte schon wieder in Anspruch nehmen wird, oder es ist — le commencement de la fin.

In solcher Stimmung sind Deine überfeurigen Briefe, närrische Bettina, grade recht, nur wünschte ich, Du begnügtest Dich mir dergleichen bloß zu schreiben, und erzähltest nicht so viel an Andere davon. Du bist eine ziemlich gewöhnliche Adamstochter d a r i n , daß Du nicht gut schweigen kannst. Um aber gegen Einen ganz aufrichtig sein zu können, muß man es gegen alle Anderen nicht sein. Hast Du nicht auch mit dem Stern von Krähwinkel, mit der kleinen Gliskinska oder Lichinska, wieder über mich geschwatzt? Ich habe diese kleine Frau gern, und möchte sie wohl einmal verliebt sehen, (wenn es gehörig bequem wäre, wie die Varnhagen nicht ganz mit Unrecht von mir sagt). Hat sie wohl auch Geist? Beurtheile d a s einmal, und nimm den Maßstab davon (als leichtes Exempel) an dem, was sie über mich sagen wird. Spricht sie nur zum hundertsten Theil so schön über mich wie Du über Goethe, so will ich es mit Vergnügen anhören. Höre Du also ebenfalls, liebe Sklavin, (dies ist mein Auftrag) so viel als möglich Andere über mich, und theile es mir mit, laß Dich selbst aber nur sehr wenig über mich aus. Höchstens nur eben um durch Widerspruch zu reizen. Wundere Dich nicht über diesen trivialen Appetit, ich brauche grade jetzt dergleichen, während Hohes und Schönes, wie Deine Briefe so viel enthalten, mich jetzt nicht genugsam durchdringt; dennoch ist die Basis Deiner Neigung zu mir, wie Du sie definirst, etwas so Magnetisches, daß sie mir Respekt einflößt. Wir wollen sehen, ob diese Worte wirklich Stich halten, wenn es einmal auf mehr als Worte ankommen sollte, wenn überhaupt aus der Puppe und ihrer Indolenz sich irgend je der Riese, der in ihr schlummert, und den Du so seltsam ahndest, sich noch zum kühnen Werke erheben

soll; willst Du es dann wirklich wagen in der kalten Ab=
geschiedenheit mit mir allein zu·stehen, die nicht für Dich
gemacht ist? Wisse, meine Natur ist wirklich über die
gewöhnlichen Menschen erhaben, aber sie ist dämonischer
Art. Mein Egoismus ist kein gemeiner, ich hasche nicht
nach anderer Gut, ich kenne keinen Neid und keine Miß=
gunst, aber soll ich Dir ganz den nächtlichen Abgrund meines
Herzens aufschließen, so vernimm, daß ich kaum eines be=
sitze, daß ich außer mir nichts liebe und nichts hasse, daß
ich fremde Liebe nur dulde, fremden Haß nur verachte, daß
ich milde bin nur aus Kälte, und mich räche aus Kalkül,
daß mit einem Wort die Denkkraft stark, das Gefühl aber
so schwach in mir ist, daß seine Wärme kaum noch hinreicht
mich an Gott festzuhalten, und den Menschen aber schon
lange losgelassen habe.

Kann ein solcher dunkler Schatten Dir gefallen?

Beurtheile mich auch nicht nach meinem Buche, dort
bin ich durch und durch Komödiant, und habe höhnisch ge=
lacht, daß man die Natürlichkeit als schönstes an ihm pries,
da es von Anfang bis zu Ende die fortgesetzteste Täuschung
enthält.

Du bist verschroben, sonst hättest Du mich geflohen,
und noch tappst Du [im Blinden über mich, doch gefällt
mir Dein kühnes Zutrauen, obgleich Du eben nicht viel
an mir wagst bis jetzt, und ich nehme den Goethe'schen
Ring an zu Eurem Angedenken; wie reizend erscheint Goethe
in Deinen Schilderungen — ebenso kindlich als erhaben, ebenso
weise als gut. Für dies Verhältniß habe ich große Ehr=
furcht. Ich habe es mir schon angeeignet als ein Bild der
Phantasie, und nur für solche habe ich Gefühl. Uebrigens
rührt es mich doch sehr, daß Du mir jenen Ring anbietest,
das ist wirklich ein Liebesopfer, das ich erkenne und zu
schätzen weiß, aber so genügsam Du auch bist, Du wirst

doch, fürchte ich, bald der Meinnng sein, daß ich Dir zu wenig dafür zurückgeben kann, und wenn Deine Phantasie ausgetobt hat, vor dem kalten Knochengerippe erschrecken, das Du vergebens in poetischem Wahne mit Fleisch und Blut und mit Blumenkränzen geschmückt hast.

Indeß so lange es dauert, laß Dich gehen, es bleibt immer ein süßer Rausch für Dich, eine interessante Beobachtung für mich. Vielleicht geschieht auch das Wunder, und Du belebst mich, der wie ein Vampyr sich schon halb todt fühlt, und doch noch immer zu gutmüthig ist, um durch Blutsaugen sich wieder neues Leben zu verschaffen, obgleich etwas Unheimliches in mir lauert, das wohl solchen Appetit begründen könnte. Nimm indessen alles dies nicht zu sehr à la lettre, es ist Mitternacht, und die dunkeln Larven der Menschen umschweben mich, und ich bin düster gestimmt. Schreibe mehr, und sende mir den Ring, schicke auch Deine Briefe so oft Du willst, meinetwegen jeden Posttag. Lebe wohl.

10.

Pückler an Bettina.

Muskau, den 22. Juli 1832.

Meine treue Sklavin!

Hier folgt das Versprochene zur Beurtheilung, aber versteht sich nicht zur voreiligen Mittheilung.

Dein Gespräch hat mich im Anfang ergötzt, später heftiger bewegt.

Daß doch diese Pfaffen, und selbst die besten unter ihnen, wie verdammt sind in Lieblosigkeit und Intolerantismus unterzugehen! „Liegt das Böse nicht auch zuweilen in der Tiefe, und ist es nicht seine gefährliche Seite gut zu scheinen, ja sich selber für gut zu achten."

Welche gräulichen Worte, eines Torquemada würdig! Kannst du Pfaff damit vor deinem Christus stehen, und nicht vor Scham hundert Klafter tief in die Erde sinken!

Nein, ich bin nicht unschuldig, und Du Liebste, reine, vollgesogene Schwärmerin, aber beide sind wir keine Pfaffen, und darum können wir Hölle und Verdammniß nicht fordern, nur bald mehr bald weniger verdunkelte Seligkeit und Liebe.

Wir glauben, daß das Gute überall in der Tiefe liege, ja beim Räuber und Mörder und selbst beim Pharisäer, dem Erkältetsten aller, in seinem geistlichen Stolze, der ihm alle andern Laster reichlich ersetzt. Ja wir glauben an das Gute in der Tiefe, auch bei uns selbst, wenn wir auch, hingerissen durch Erdenmächte, es wie die Weisheit, die eins mit ihm ist, oft verschütten. Aber es ist dennoch leichter Stoff nur, den wir darauf häufen, kein zäher, geistlicher Schleim, der nur durch eine Ekelkur davon abgelöst werden kann, kein Hochmuth, der sich als Diener für den Herrn ansehend, zum chronischen Uebel geworden ist, welchem nur der Tod gewachsen ist. Glaube mir, ich habe es hundertmal erfahren: in jedem protestantischen Geistlichen liegt das Embryo eines katholischen Pabstes. Ich aber bin freisinnig und stolz, und darum sind sie mir in der Seele zuwider, wie ihre dürftige Erscheinung, ihre geschmacklose Tracht, ihr unzierliches und unbeholfenes Wesen sie meinem Schönheitssinn unerträglich macht, und noch tief unter ihre katholischen Mitbrüder stellt.

Dieser kleine Zwitter ist nun gar noch obendrein ein halber Revolutionair oder Reformer, ein halber Plato, in Wahrheit aber nur ein ganzer Pfaff. Amen.

Ich kann auch predigen, wenn ich mich echauffire, und ich schäme mich, daß dies bei Gelegenheit eines persönlichen Angriffs geschieht, aber glaube, Du Gläubige, daß es nicht

beleidigte Eitelkeit war, die mich diesmal außer Fassung
brachte, (denn diese hat persönlich Schlimmeres hundertmal
lächelnd ertragen), sondern wahre Indignation über das
teuflische Wort, für das Mephistopheles noch zu gemüthlich
ist, und das ich nimmer aus solchem Munde wünschte ge=
hört zu haben. Meiner Unschuld, ich wage es mit Zuver=
sicht zu sagen, schaudert davor. Und doch hätte ich mich
zu diesem Mann, was ich von ihm hörte und sah, fast
hingezogen gefühlt. Ich dachte: hier ist vielleicht einmal
ein ächter Christ, kein Feind im schwarzen Rock. Vergebens,
das Kainszeichen hat sich bald auch hier verrathen. Der
Gute hat wie Satan gesprochen. Vielleicht würde es besser
sein, wenn die Pflege der Religion nur den Weibern über=
tragen würde, denn wenn die Liebe aller Religion Quelle
ist, so sprudelt sie wahrlich bei ihnen freudiger und reich=
licher. Auch beichte ich schon lange nur Frauen, und er=
warte Besserung nur durch sie. Selten, selten, daß mir
eines Mannes Urtheil etwas gilt, denn ich bin selbst ein
Mann, und brauche nur mein eignes; nur dieses Mannes
Wort, der mit Unrecht sich dem Sokrates vergleicht, hat
mich gewurmt. Zeig' ihm meine Antwort, wenn du willst,
es sind meine selbstgeschriebenen Worte. Ich verläugne
sie nicht.

Und doch möcht' ich fast, er vertheidigte sich, es wäre
ein Beweis von Achtung für mich und für sich selbst. So
kaptivirt ein Name! denn es ist weiter nichts. Der Name
imponirt mir noch, nachdem der Mensch mir an Geist wie
Körper (denn Geist ist Güte, wie er richtig sagt) klein und
häßlich erschienen ist.

11.

Pückler an Bettina.

Muskau, den 9. August 1832.

Liebe Freundin,

Ich hoffe, Dein Fieber wird vorüber sein, wenn dieser Brief Dich erreicht, Liebe. Das niedliche Gypsfigürchen ist diesmal glücklich angelangt, und schmückt meinen Schreibtisch. Die Zeichnung habe ich als Kopie beiseite gelegt, da das Original Deinem sechsten Geliebten gehört, denn von denen, die mir bekannt worden sind:

Nr. 1. Goethe

„ 2. Schinkel

„ 3. Schleiermacher

„ 4. Rumohr

„ 5. Ich

„ 6. Carolath *)

aufrichtig gesagt, steigt die Scala immer abwärts, Du machst dies aber nur Christus nach, der auch erst im Tempel und mit den Schriftgelehrten in seiner Jugend verkehrte, zuletzt aber sich gemeine Leute im Reich des Geistes auswählte. Er beklagt sich daher auch oft über ihre Beschränktheit, ließ aber hernach den heiligen Geist

---

*) Varnhagen dagegen giebt das Verzeichniß von Bettina's Lieblingen noch weit ausgedehnter. Unter seinen Aufzeichnungen befindet sich das folgende Blatt:

Bettinens Lieblinge.

Clemens (Brentano).	Gneisenau.	Ole Bull.
Goethe.	Wildermuth.	König Fr. Wilh. d. Vierte.
Tieck.	Wilh. v. Humboldt.	Kronprinz v. Würtemberg.
Ludwig von Baiern.	Pückler.	Erbgroßherzog v. Weimar.
Rumohr.	Nathusius.	Emanuel Arago.
Beethoven.	Liszt.	Frau von Gachet.
Schleiermacher.	Ranke.	Günderrode.
Schinkel.		

über sie ausgießen; thue dergleichen mit uns letzten Num=
mern. Wir bedürfen es. Apropos aber von Schleiermacher,
so muß ich gestehen, daß mich sein Gespräch mit Dir etwas
frappirt hat, nämlich: „Liegt das Böse zuweilen nicht auch
in der Tiefe, und ist es nicht seine gefährliche Seite gut zu
scheinen, ja sich selbst für gut zu achten?"

Wahrlich, Worte eines Torquemada würdig, denn wer kann
damit nicht verdammt werden? Ist das ein Ausspruch christlicher
Liebe? — aber Schleiermacher n'est pas prêtre pour rien.

Glaube mir, dies ist ein finsteres Amt. Der Kontrast
des fast überirdischen Berufs mit dem schwächeren, den Natur=
kräften unterthänigen Menschen ist zu gewaltig. Sie schei=
tern alle mehr oder weniger an dieser Klippe, und fallen
entweder in Heuchelei, oder arrogante Intoleranz. Es giebt
wenige protestantische Geistliche, in denen nicht ein katho=
lischer Pabst im Embryo läge, und Dein halber Luther und
halber Plato wird am Ende nicht viel besser sein. Doch
genug hievon.

Ich überschicke Dir inliegend die Introduktion für
Deinen Aufsatz in meinem Gartenwerk. Findest Du etwas
daran zu tadeln, so bitte ich, es mir zu schreiben, jedenfalls
aber das Blatt zurückzuschicken, das ich noch weiter brauche.

Lebe wohl, und kläre mich fortwährend durch Deinen
und anderer Antheil immer mehr über mich selbst auf. Ich
sondere dann, und das Beste behalte ich.

Dein treuer Freund.

12.

Pückler an Bettina.

Muskau, den 22. August 1832.

Du bist ein verteufelter, mörderischer Rezensent! Ich
werde mich wohl hüten Dir mein Buch zu zeigen — Du

wärest kapabel es ohne weiteres in's Kamin zu werfen, um
es Deines ätherischen Feuers theilhaftig zu machen. Be=
denke, Bettina, daß Du in der Luft schwebst, und ich auf
der Erde gehe. Mein Styl ist scherzend, sauersüß und
leichtsinnig, Deiner stets erhaben. Wir dürfen beide nicht
aus der Rolle fallen.

Dennoch ist ein wichtiges Argument in Deiner Anti=
kritik, und deshalb will ich folgen. Es könnte Schinkel
schaden, und ich habe höchstens nur das Recht mir selbst
zu schaden zum Besten Anderer, und wie gerne thäte ich
das, könnte ich einem Manne helfen wie Schinkel, den ich
so wahrhaft verehre, daß ich nicht einsehe, warum ich ihn
nicht meinen verehrten Freund nennen soll.

Meine Gartenrhapsodie ist eigentlich ein ernsthaftes
und noch eigentlicher ein langweiliges Buch, zuweilen läßt
sich aber doch das Bocksfüßchen darin blicken, und nimmst
Du ihm das, so nimmst Du ihm alles, was es dem Publi=
kum genießbar machen kann. Zur Probe schicke ich Dir
eine Abschrift der Vorrede, genire Dich nicht. Du lobst
mich ohnedem zu viel, und ich liebe Tadel.

Was Schleiermacher betrifft, so beruhige Dich. So
dumm und unschuldig ich auch bin, so habe ich doch sehr
wohl verstanden, und Du hast es mir am Schluß hin=
länglich zu verstehen gegeben, daß ich in der rothen Tinte
einen bettinisirten Schleiermacher vor mir habe.

In meiner Antwort wollte ich Dir daher auch nur
bemerklich machen, daß Du ihn hie und da stark vergriffen
habest, doch aber mit richtigem Instinkt, denn die Katze
läßt das Mausen nicht, und jeder Priester hat eine Sen=
dung zur Intoleranz und Infallibilität.

Auf Deine Korrespondenz mit Goethe bin ich sehr
begierig, und muß sie doch Deinem sechsten Geliebten (car
je n'en démorde pas) mittheilen.

Sei nicht so schwerfällig pedantisch, gute Bettina, das ist Dein größter Fehler. Schaffe Dir etwas von Deines Goethe's dichterischer Universalität an, denn bei unendlich viel Geist bist Du einseitig.

In vierzehn Tagen spätestens komme ich nach Berlin, wo ich Dich zu finden hoffe. Ich werde Dir dann zeigen, daß ich keine falschen Waden trage, wie Du Dir wegen der strengen Form meines Beines einbildest. Adieu, gutes Närrchen, könntest Du noch klettern, und wärest Du noch achtzehn Jahr, so wäre ich Dein Sklave, et comment! Dieu le sait. Wie es jetzt ist, mußt Du schon der meinige bleiben.

H. P.

Den 27.

Ich habe meinen Brief nicht abschicken können, weil ich sehr gefährlich umgeworfen, und so heftig umgeschleudert worden bin, daß ich mich trotz Aderlaß, Blutigel und Wassersuppen noch immer kaum rühren kann, und eigentlich weder lesen noch schreiben soll. Ich glaube, der Doktor wettet nicht 8 Thaler für mein Leben, mais n'importe, nur wünsche ich, daß es nicht zum Trepaniren kommt, weil ich den Schmerz zwar mit Geduld trage, aber kein Freund davon bin.

Ueber Deine frisirten blonden Schweine habe ich lachen müssen, es ist aber wieder Einseitigkeit solche nicht leiden zu können, und die schmutzigen vorzuziehen. Die Verrückten sind in vieler Hinsicht sehr ergötzlich, und was das hier betheiligte Individuum betrifft, so hat es noch überdies wirkliche gute und achtungswerthe Eigenschaften, nur eine so rührende Unkenntniß seiner Lächerlichkeit, daß er ein gutes Gemüth wie das meinige fast eben so sehr rührt als erfreut. Er wurde mit mir umgeworfen, fiel aber weniger auf den Kopf. Das Propos der B. ist ungenau. P. E.

ist hier ein Badegast wie alle anderen, nicht meiner, obgleich
ich ihn als solchen gerne sehen würde. Dagegen würde ich ihn
schwerlich zum Reisekompagnon oder Gesellen wählen. Adieu.

Da Du so weit bist, schicke ich meine Vorrede nicht.

13.

Pückler an Bettina.

Muskau, den 4. Dezember 1832.

Du läßt Dich also wieder hören, schwärmerische und
herumschwärmende Philomele! Dämmernder Mondschein,
ungewisses Nebelbild, Du wirst wieder sichtbar, und bin ich
Dir, seit Du in der Berliner Sandwüste angekommen, nun
wieder gut genug, da Du mich im Garten, wo Dir aller
Hesperiden Früchte winkten, von Grund aus vergessen
hattest? N'importe, wer so viel Launen hat wie ich, darf
keine Prätensionen haben. Komm also, gehe, schweige,
spreche, wie es Dir um's Herz ist, mir ist selber alles recht,
doch eins lieber wie das andere.

Bei Deinen Liebesklagen, (Goethe nicht genug geliebt
zu haben), fühle ich wirklich ein menschliches Rühren, wie
es mir jetzt herzlich selten begegnet, denn ich lebe schon seit
mehreren Wochen bloß mit Hunden intim, eine Race, die
ich, wenigstens im Vergleich mit uns, täglich höher zu achten
anfange.

Du träumst immer von der Unschuldswelt, wie das
rein Urkräftige sich zeigt. Um mich springt's jetzt herum,
liebend, treu und hungrig. Denn es ist Eßzeit, weshalb
ich, da zugleich irdischer Posttag ist, Dich, liebe Betty, jetzt
verlassen muß. Bald aber folge ich diesem Zettel selbst
nach, um Dich zu überzeugen, daß ich keine falschen Waden
trage, eine Beleidigung, die ich immer noch nicht ver-

schmerzen kann, denn — es mag so vieles falsch an mir
sein, daß ich wenigstens das Rechte, wo ich ein gutes Ge=
wissen habe, mir nicht rauben lasse, wäre es auch selbst
ein Zigeunerhauptmann, wie Du einer bist mit Deinen
Glühaugen.

Lebe wohl, Kamerad, und danke Gott, daß ich Dir
vor und nicht nach Tische geschrieben habe, denn was würd'
es in der Weinlaune geworden sein, da es schon nüchtern
so toll ist! Zahme Tollheit dennoch, wie Deine. Adieu.

H. M. P.

14.

Pückler an Bettina.

Muskau, den 14. Januar 1833.

Du bist wirklich toll, Bettina! Du weißt jetzt einmal,
daß ich Thiere liebe, sie seien nun in ihrer oder in mensch=
licher Gestalt, das ist mir alles eins.

Uebrigens scheinst Du immer in ätherischen Regionen
lebend, gar nicht zu fassen, daß es auch noch irdische Ge=
schäfte giebt, die zuweilen Briefe sehr verschiedener Art
verlangen, und die man eben nicht aus Passion schreibt,
aber doch nichtsdestoweniger schreiben muß. — Also laß mich
über dieses Thema ungeschoren, hörst Du?

Was Du mir zudenkst, werde ich, wie alles was von
Dir kommt, mit Freude und Dank empfangen. So bilden
Deine Badenden den Fensterschirm in meinem Badezimmer,
und sehen mich zweimal die Woche nackt, und ein aller=
liebstes Gypsfigürchen steht die ganze Nacht vor mir auf
meinem Schreibtischchen, denn ich lebe jetzt vollständig wie
ein Nachtwächter, stehe erst um 5 Uhr Nachmittags auf,
und gehe um 7 oder 8 Uhr früh zu Bette.

Alles, was ich aushecke, kann daher mit mehrerem Rechte
als das Buch des seligen Young „Nachtgedanken" betitelt

werden. Was thust Du während dieser Zeit? Du liegst auf dem Ohre und schläfst. Lebe wohl und schreibe mir etwas über Berlin und unsere Bekannten.

Dein Freund H. P.

15.

Pückler an Bettina.

Den 16. Februar.

Liebe, thörichte Bettina!

Ich bin noch immer nicht gekommen, — ach, und ich komme auch nicht, denn es ist Sünde, so denk' ich, sich an eine Aeolsharfe zu betten, wenn man Ohrenzwang hat, oder in eine Predigt zu gehen, wenn man schläfrig ist. Jegliches hat seine Zeit. — Dennoch habe ich der Versuchung nicht widerstehen können, Dein Buch zu sehen, ohne hinein zu sehen, das heißt sofort mich hineinzulesen, so weit Jahreszeit und Tagesarbeit es zuließ. In einem Riß bin ich den Park durchlaufen bis S. 155, da wurd' ich wieder hinausgeführt, und mir ist vom Ganzen wenig Bestimmtes in der Erinnerung geblieben, als die ersten Worte der Frau Rath, und Deine letzten über der Günderode Tod. Das weitere erschien mir nur wie ein alter Text, wenn auch neu empfunden, und die neue Art daran lieblich ausgefunden. Als ich das Buch zuschlug aber, war mir nur ein Gedanke recht lebhaft gegenwärtig: — Arme Sappho, Dein Geliebter ist ein rechter Peter! — freilich wie möchte es auch anders sein; dieser Welt Natur will ihr Recht haben, und ich darf mich nicht fragen: ob ich selbst mich viel anders geberden möchte, wenn Psyche in jugendlicher Anmuth zwischen meine Knie geschmiegt, sich unterfangen meiner Lyra Saiten anzuregen — halb aus Ungeschick und Verlegenheit, würde ich ein trüb Gesicht machen; halb aus

Jammer, daß das innen warme Herz sich nicht auszuklopfen vermag, wegen dem alten Fleisch und Knochengerüste darüber her. Gern will ich's ihm abbitten, und singen confirma hoc Deus, wenn mich der weitere Verfolg anders denken lehrt; aber wenn ich auch kein Uebersetzertalent habe, so vermag ich doch heute am 16. Febr. Deine (zufällig auf= geschlagenen) Gedanken am 6. April (S. 209) nicht anders zu deuten, als ich's selbst empfunden, und ich wollte blos, daß mein Wähnen sich als Wahn bewährte, und ich ihm schimpflich Unrecht thäte durch und durch, obschon ich eifer= süchtig bin, oder neidisch vielmehr.

16.
Pückler an Bettina.

Den 20. März.

Lieber Nebel, neble fort, und blitze auch drein, kose, stürme, seufze, donnere — ich nehme alles auf, wie man nach Dir Musik hören soll, passiv, erfreut und gelehrig.

Ob ich glaubte, daß Du eine Leidenschaft für mich hegst? O, nein, es ist nur viel Leidenschaft in Dir und für Dich da, comme de raison. Die letztere braucht, wie die Som= nambüle, ein Nebelbild, dem sie Gestalt und Leben leiht, um sich ihre eigenen Gedanken dadurch hervorzurufen, und wie eine prophetische Stimme zu vernehmen. Als solches Nebelbild diene ich Dir aber jetzt, wesentlich schauspielerische Bettina, wobei meine Kälte Dich anzieht, wie Eisen den Magnet.

Du hast aber doch im Ganzen fast zu viel, was ich zu wenig habe, nämlich Poesie, und ich zu viel, was Du zu wenig hast, nämlich Ruhe. Es wird sich alles schwer ver= schmelzen, aber wenn Du Dich wirklich ganz selbst vergessen, nur mir dienen willst, so kann Dir, was, wie viel, oder wie wenig ich dazu thue, Nebensache bleiben. Ich bin eine kaltblütige Eidechse, liebe Betti, die einem immerfort aus den Händen fährt, der näheren Berührung wie Eis bedünkt, und nur faszinirt, wenn sie, ihre Farben in der Sonne schillernd, Dich mit diamantenen Augen lebendig anfunkelt, und graziös umherschwänzelt, oder unbeweglich im Gebüsche lauscht — vielleicht auf Beute. Ist das klarer Tag? Ist das wahr oder nicht? Beim Himmel, ich kann's am wenigsten beantworten. Ich bin ein Findelkind, gestrenge Frau, und kenne meine Eltern nicht. Doch hat einst jemand mir vertraut, Mephistopheles habe einmal betrügerischer Weise statt Faust bei Gretchen geschlafen, und ich sei die Frucht davon. Seien Sie nicht witzig, gnädige Frau, und sagen Sie etwa: so sei der dumme Teufel entstanden.

Um's Himmelswillen, kein Schrei der Leidenschaft, lieber Tiger! Obgleich ich mich nicht vor dem Gefressenwerden fürchte, bin ich doch darin etwas sultanartig, daß mir gleich ihnen nichts Leidenschaftliches, nur aufopfernde Hingebung, nahen darf. Lieber Sklave Selim's, lerne dienen. Ach, es ist verteufelt schwer! Schmeicheln darfst Du, aber behutsam, an Anerkenntniß darfst Du nie denken, noch viel weniger Dich je gekränkt fühlen. Ein Wink muß Dich gerade nur so weit führen, als er reichen will. Das mußt Du nun errathen, so wie's uns mit dem Christenthum geht. Du scheinst mir aber noch ein sehr herrischer Sklave zu sein.

Ich habe Dir schon gesagt, daß es nicht nöthig ist, mich von der Gemeinheit loszumachen. Gemeinheit kann mir wirklich eben so wenig nahen, als eine Fliege dem Licht, ohne sogleich im Feuer die Reinigungstaufe durch ihren Tod zu empfangen. Es sind also weder Trompeten noch Pauken dabei nöthig, das Element vertheidigt sich selbst, auch im Schlafe.

I.   8

Schön ist der Besuch in der Kirche, den laß ich drucken, wenn's erlaubt ist. Er hat mich erbaut, und in der Phantasie ging ich nach, da entspann sich nun um mich her folgendes prosaisch aufweckende Gespräch:

Herr. War er drin?

Diener. Ja.

Frau. Wer?

Herr. Der Pinsel.

Frau. Welcher?

Allgemeines Gelächter.

Das Gespräch ist wirklich wahr, was es bedeute, weiß ich nicht.

Gute Nacht für heute.

17.

Pückler an Bettina.

Muskau, den 3. Juni 1833.

Theure Betty,

Nachdem ich vorausgeschickt, daß ich stets die wenigsten Umstände mit denen mache, die mir am liebsten sind, weil meine eigene Gesinnung mir, wie ich mir einbilde, die ihrige verbürgt, füge ich hinzu, daß ich Dich um Gnade und Mitleid bitte, denn nach einer Grippe nebst Rückfall bin ich von einer Faulheit, der nichts gleich kommt. Schreiben, Gehen, Reiten, alles ermüdet mich fast unerträglich. Ich lese, schlafe und esse, weiter nichts.

Schicke mir also Deine Briefe, die ich zu Gunsten des so herrlich von Dir erfundenen Monuments herausgeben soll, und schreibe mir ausführlich Deinen Willen darüber. Auch Schinkel's Bild, wenn Du es mir noch schenken willst. Laß es bei der Fürstin abgeben, mit meiner Bitte, es in

einen Rahmen à la Louis XIV. einfaſſen zu laſſen. Dies
hat ſeine Bedeutung, denn man muß ſich über alles in der
Welt luſtig machen, und es ergötzt mich, daß zur Zeit eines
Schinkel grade der ſchlechteſte, verzerrteſte Geſchmack wieder
Mode wird bei uns.

Komme dieſen Sommer hieher in's Bad, liebe Betty,
ich muß Dir doch auch einmal mein Werk zeigen, damit
Du ſiehſt: anch' io son pittore, und nicht blos ein ſolcher
Flederwiſch als Du und die Welt mich kennt.

So viel zu ſchreiben war eine große Anſtrengung. Jeder
muß nach ſeinen Kräften beurtheilt werden. Erkenne dies,
und bleibe mir gewogen.

Dein treu ergebener Freund

H. P.

- - - - -

18.

Bettina an Pückler.

(1833.)

Ich habe geſtern der Fürſtin das Portrait von Schinkel
für Dich eingehändigt; Du haſt mir dafür nicht zu danken,
obſchon es ein für mich ſehr fühlbares Opfer iſt, was ich
bringe, ſo iſt es nicht ſowohl Dir, als vielmehr einer
Schwachheit, die ich habe, daß ich nichts beſitzen mag, was
ein Anderer gern beſitzen möchte; dazu kommt noch, daß
ſich Schinkel mir ſo völlig, ſo ganz und gar entzogen hat,
als ob er mich für moraliſch todt und auch vergeſſen erkläre; und ich mir daher weniger Recht auf ſein Bild zu-
geſtehe, als Dir, mit dem befreundet zu ſein er ſich wahr-
ſcheinlich ſein Leben lang eine Ehre ſchätzen wird.

Ich bitte mir dagegen eine andere Gefälligkeit von Dir
aus, nämlich die Briefe, worin etwas von Goethe ſteht,

mir nur auf kurze Zeit einzuhändigen; ich möchte sie benutzen, um ein Werk zu vervollständigen, was ich zum Besten des Monumentes herausgeben will l a s s e n.

Ich bitte dringend, daß Du mir hierüber antworten mögest, obschon ich wenig Hoffnung dazu habe; wenn ich alle Unarten in Erwägung ziehe, die Du an mir ausgelassen, so gehört diese Bitte auch unter die Dinge, die Du zu erwägen vergessen wirst.

Bettine.

19.

Pückler an Bettina.

Jagdhaus, den 20. Juli 1833.

Ich liebe solche Kürassierschreiben nicht wie Dein letztes. Willst Du mich etwa beherrschen? Das ist unmöglich, ganz unmöglich, denn diese Unmöglichkeit liegt bei mir in einem Mangel, nicht in einer Stärke.

Nun wohl, ich habe gelogen. Was entginge Deinem Scharfsinn! Deine Briefe liegen alle sehr wohl geordnet in meinem Sekretair, und haben ihn nie verlassen. Aber ich fühle eine Abneigung sie Dir wieder herauszugeben, das ist die Wahrheit. Gieb mir erst Dein schriftliches Ehrenwort, daß ich sie von Dir wieder erhalte, mit Angabe des längsten Termins, dann will ich sie Dir, wiewohl ungern, zusenden.

Daß ich Dir nicht viel schreibe, kommt daher, weil Du mir zu hoch stehst.

Was ich Dir sagen könnte, weißt Du schon, es kann Dir ewig nur alltäglich vorkommen. Wir leben in einer verschiedenen Welt — und sind uns dennoch in gewisser Hinsicht zu ähnlich, um einer des anderen zu bedürfen, denn wir sind beide ein wenig zu sehr Egoisten, Du im

Sentimentalen, ich im Irrdischen (Irrdischen ist absichtlich
mit zwei r geschrieben). Ich will mich zwar bessern, aber
es geht nicht, Du hältst Dich für vollkommen, und wirst
auch bleiben wie Du bist.

Hier sind Wahrheiten, um wenigstens ein Jahr darüber
nachzudenken, sage also nicht mehr, daß meine Briefe inhalt=
los sind, wenn sie auch nicht allzu viel Worte machen.
Dein Freund bin ich indeß doch, nur nach meiner Art, es
könnten auch Lagen kommen, wo ich es Dir beweise; durch
Briefe wird es freilich geschehen, doch wer kennt sich? Ich
habe an mir selbst solche Dinge erlebt, daß ich an nichts
zweifle und mich über nichts wundere, womit ich zugleich
ein ächtes Kind meiner Zeit bin, — eine Eigenschaft, die
Du noch nicht gehörig gewürdigt hast.

Warum soll ich die Hunde nicht lieben? Sie verdienen
es in mancher Hinsicht mehr als Du und alle Menschen.
Die Thiere sind göttlich, rein und nur verfälscht; wir sind
nur menschlich, und das leider nicht einmal immer, Gott
sei's geklagt!

Lebe wohl, Du bist unendlich klug, aber nicht weise.
Ich noch weniger:

Dein

Treuer.

Ich danke Dir für Schinkel's Bild. Du hast es mir
aber mit so bösen Worten geschenkt, fast wie der Bauer die
Birnen, daß dieser Dank mehr aus Herzensgüte als aus
dem Herzen kommt.

Jetzt bin ich außer Athem, nochmals lebe wohl.

Wenn Dein Beichtvater Schleiermacher diesen Brief
läse, würde er ihn sehr loben. Meinst Du nicht, gute
Bettina? Die Fortsetzung sollst Du nächstens gedruckt
lesen.

Anmerkung. Um jene Zeit, den 5. August 1833 äußerte sich Bettina in einem Briefe an Varnhagen folgendermaßen über Plückler, was zur Bezeichnung dieses seltsamen Verhältnisses wichtig ist:

„Aufrichtigkeit ist die beste List, drum will ich Ihnen aufrichtig sagen, daß die beiden Briefe, welche Sie mir gestern von Plückler mittheilten, mir einen empfindlichen Eindruck machten; sie sind schön und wahr, und zeugen für den Normalstil seines Charakters; — ich habe diesem Manne oft geschrieben, nicht in der schönen, weichen Harmonie, die Ihr Buch durchströmt, wo die Güte sich auf den Wellen schaukelt, und der Geist den Rudertakt dazu giebt; aber was ich ihm in vielen Briefen mittheilte, war doch eine erhöhte Idealität meiner Natur, ich hab' es nicht gewollt, es war eine unwillkürliche Folge seiner geistigen Einwirkung auf mich; jedoch nie hat dies so auf ihn zurückgewirkt, daß er mir von Herzen antworten mögen. Der Irrthum war in mir; ich hielt ihn für naiv, aber nicht für bewußt geistreich; und dieses letztere ist er doch mehr als alles andere, er weiß so viel als er Geist hat; und sein Geist verwaltet seine Neigungen, verwahrt seine Schwächen und ordnet seine Zwecke; möchte auch alles noch so romantisch wild, ja ironisch launisch in ihm zusammengestellt sein, so ist er doch eben so gewiß einsichtiger Anordner dieser Naturanlagen, als er es in seinem Park ist, wo Rahel ihn Erbbändiger nennt, und seinen Geist der Einsicht, Ordnung und Ausführungskraft rühmt; wie sehr wenig passen meine Briefe hieher; die mehr blos Stimmungen sind, die nicht aus konsequentem Geist hervorgehen und oft alle Schranken der Verständlichkeit überschreiten; nun, ich hab' mir's wohlsein lassen in diesen Briefen, und ich habe die Motive, die die Organe meiner Seele sich hier gemacht haben, ihm und diesem verkehrten Begriff von ihm zu danken. Und ich hab' keine Forderungen zu machen; und sollte mich schämen, daß ich Einfluß auf seinen Geist zu haben geneigt war; Basta!

Wie schön spricht er über Rahel; ein Mann mit schönen Augen, der den Blick zu den Sternen hebt, sie über sich erkennend, und doch zugleich ihre verwandte Kraft empfindend; so ist der Ausdruck seiner schönen Anerkenntniß. Rahel verdient dies Todtenopfer, Sie haben durch dieses Buch bewirkt, was ihres Lebens angelegte Zwecke waren, nämlich Vertrauen, verwandte Geistesliebe, Genuß ihres herrlichen Gemüths; tausend Blüthen solcher Liebe werden durch dieses Buch erschlossen, die sonst nie hervorgekeimt wären; ja, und daß ich dies einfache Bild brauche: wie Andere die Grabesstätte mit Blumen bepflanzen, so haben Sie diese kräftigen geistigen Pflanzen, am Grabe zwar, aber ohne Umzäunung gesetzt, sie werden ihren Samen weiter tragen, und ohne End' blühen. Wie soll ich sagen? Die Liebe zu dem liebevollen Geist, der in diesem Buche waltet, wird sich vermehren und ausbreiten, wie die einfachsten Wiesenblumen; und denken Sie sich den Geist Ihrer Frau, der zu diesen Blumen herablächelt.

Was sollen diese Zeilen? Ich wollte Ihnen dankbar sein, und so hab' ich den Tanz meiner Gedanken Ihnen mitgetheilt.

Bettine. *)

20.

Pückler an Bettina.

Jagdhaus, den 15. August 1833.

Das ist der Weg in's Holz bei mir, meine theuerste Bettina. Schmeichle mir und sei witzig, beidem kann ich nicht widerstehen, wüßte ich auch zehnmal, daß das erste nicht wahr, und das zweite auf meine eigene Kosten sei.

Wie Teufel kommst Du aber zu allen meinen Korre=spondenzen in Hamburg und Berlin? Du bist wohl eine Freimaurerin und Meisterin vom Kanapee? Ich Aermster! ja wohl ein Kind meiner Zeit, ein ächtes, bin ich, wenn auch eben deshalb nicht interessant. Glücklicherweise ist etwas französisches Blut und Element, so etwa aus der Zeit des Regenten, mir beigemischt, sonst wäre ich gewiß der gräm=lichste Philister geworden, und hätte doch nicht zu Dir, Ueberschwengliche, gepaßt, die mit ihrer Seele geheim und einsam Wollust treibt, wie Andere mit ihrem Körper.

Dein Flug ist anmuthig, ich kann ihm aber nicht folgen, und stehe in der Verlegenheit einer Henne am Ufer, die

---

*) Siehe Briefe an Stägemann u. s. w.

junge Enten ausgebrütet hat, und sie mit Schrecken sich in's Wasser stürzen sieht, und Deine Luft zieht auch manch= mal ein wenig Wasser, Bettina.

Auf den Bleistiftbrief kann ich nicht antworten, weil ich ihn nicht lesen konnte, auf den zweiten wäre allerlei zu antworten, aber ich bin zu faul. Für die Zeichnung muß ich jedoch danken! Sie ist Deiner Genialität würdig, und spricht mich unendlich an; auch ist es ein Beweis von Deiner Menschenkenntniß, daß Du mich zum Tiger, und zwar zu einem sentimentalen gemacht hast. Du bist hier der Wahrheit verzweifelt nahe gekommen, und hast mir auch die Gerechtigkeit nicht entzogen, indem Du mich wohlweislich von der Katze unterscheidest. Dies Bildchen hänge ich unter [das meine zum steten Angedenken an die bacchan= tische Psyche.

Noch eins: Klugheit nenne ich nie, was den eigenen Vortheil zu benutzen versteht — das ist Weltklugheit, ein Ding, was wir Beide ganz und gar nicht kennen. Wenn ich Dich also sehr klug nannte, meinte ich das nicht damit, sondern wirklich Schärfe des Verstandes, weshalb Du auch viel mehr verstehst wie ich, und mir deshalb zu sehr im= ponirst.

Von Dir werde ich nie sagen: Schade, daß ich sie nicht gekannt, denn ich kenne Dich, aber vielmals werde ich noch denken: Schade, daß Bettina nicht sechzehn Jahr alt ist, wir würden rasende Streiche zusammen angeben. Wie prosaisch! nicht wahr? Doch ein liebliches Bild, und in Deinem Tiger und Psyche ganz versinnlicht.

Ich kann Dich nicht hieher einladen, aus hundertund= fünfzig Gründen, wovon der erste ist, daß ich selbst über= morgen auf lange Zeit verreise, aber ich wünschte doch sehr, Du sähest Muskau einmal. Es müßte aber vor dem 15. September geschehen, weil dann aller Schmuck der

Gärten abgeholt wird. Komm, und opfre mir hier, wenn auch in meiner Abwesenheit. Das werde ich gar hoch-auf=nehmen, und wer Muskau gesehen, hat mir in's Herz gesehen.

Adieu.

Dein treuer Freund

H. Pückler.

Grüße Deinen Beichtvater, den ich sehr liebe, und ter=rassire durch so viel Bonmots als Du auftreiben kannst, den impertinenten Steffens, der gesagt hat: der einzige Flecken in Rahels Buche sei der schmeichelhafte Brief an mich, einen Menschen, der keine Religion hat. Dummes Frömmlergezücht!

21.

Pückler an Bettina.

Ihro Hochwohlgeboren
der Letzten der Badegästinnen, einer verehrten Unbekannten,
in Hermannsbade.

Von Polizeiwegen.

4 Uhr Morgens.

Madame,

Seit zehn Tagen von einer schmerzlichen Krankheit be=fallen, die bis jetzt den gewöhnlichen Heilmitteln nur in geringem Maße gewichen ist, vernehme ich gestern Abend zufällig, daß sich in Ihrer Hochgeehrten Person eine fremde Dame hier befindet, welche ihren kurzen Aufenthalt hieselbst bereits durch verschiedene höchst wunderbare sympathische und homöopathische Kuren unter hiesigem Volke berühmt gemacht hat. Besonders erwähnt man eines auf den Tod verwundeten und bereits halb verbluteten Bauerjungen, dem

Euer Hochwohlgeboren auf hiesiger Neißbrücke begegnet, sofort in Ihre samaritanischen Arme geschlossen, vermöge dreier ihm applizirter Kreuze sein strömendes Blut gestillt, und vermöge dreier hierauf gereichter Groschen vor dem Hungertode gesichert haben — eine Kur, die Sympathie und Homöopathie auf das glücklichste vereinigt.

O, wollten Euer Hochwohlgeboren nun eine gleiche Groß= muth auch an mir, dem Besitzer dieser öden Gauen, und quasi ersten Bauer allhiesiger wendischen Racen zu üben unternehmen, wie dankbar würde ich für diese milde Güte sein.

Doch müßten Euer Hochwohlgeboren, da ich durch eine zu frühe Ausfahrt gestern Abend mir einen Rückfall zuge= zogen, und das Bett hüten muß, kondiszendiren, mich an meinem Bette selbst aufzusuchen, worin ich gleich einem Lazarus, gelb und weiß, das Gesicht mit einem angenehmen Ausschlag behaftet, und von Schmerzen gepeinigt, zu liegen die Ehre habe.

Entschuldigen Euer Hochwohlgeboren die Dreistigkeit mit dem bereits so weit verbreiteten Rufe, Dero ange= stammten Milde und Hülfsleistung, Bereitwilligkeit, und empfangen Euer Hochwohlgeboren mit gleicher Güte die Versicherung meiner respektvollsten Verehrung.

H. P.

Sehr begierig Euer Hochwohlgeboren werthvolle und interessante Bekanntschaft zu machen.

————

22.

Bettina an Pückler.

Zum Essen möchte ich nicht erwartet sein, aber warum sollte ich mir versagen noch einmal in ein Antlitz zu schauen,

deffen Züge so magnetisch auf mein Herz gewirkt haben;
es wär' eine Lüge, wenn ich nicht käme.

Die Briefe werde ich bringen; ich habe viel darin ge=
lesen, sie enthalten leider gar zu viel über einen und den=
selben Text, und es ist mir kein Wunder, daß sie Ueber=
druß erregt haben.

Die Beschreibung des Monuments ist ausführlich darin,
und mehrere Anekdoten, von denen ich glaubte, sie seien nicht
aufgeschrieben, aber manche, von denen ich weiß, daß ich sie
verzeichnet habe, vermisse ich, wie auch noch andere Briefe.
Ich wollte dies nur in so fern andeuten, mit der Bemer=
kung, daß ich alles heilig beisammen gehalten habe.

In Ergebenheit.

23.

Bettina an Pückler.

Ich bin unverständig, und Du bist unverständig, jeder
hat seine Liste, der Novellendichter*) kommt auf Deine.
Dir und der Fürstin las ich gern aus meinem Buche vor,
und Menschen, die keine Ohren haben, können mich nicht
inkommodiren wie Orlich u. s. w., aber der Novellendichter, der
die seinigen nicht umsonst zu spitzen versteht, soll das heilige
Paradies der Leidenschaft nicht belauschen; ich hab' nichts
anderes vorzulesen, als grad' das Heißeste, und das nur
Dir, und nicht dem verdammten Novellendichter. Drum
wenn Du es erlaubst, werde ich heute lieber zu Hause
bleiben, unter dem Vorwand, ich sei nicht wohl. Denn sieh,
ich habe hier einen Genuß, der Deine Gegenwart doppelt
aufwiegt, nämlich die Erinnerung an Dich. Sie beschäf=

---

*) Leopold Schefer.

tigt sich mit mir, wie Du selber es nie könntest, sie erzieht
meine Seele, sie vertraut mir die Tiefe der Deinigen, sie
zitirt mir Deinen Genius, der Dich vertritt, und so bin
ich in besserer Gesellschaft, die mehr Recht an mich zu haben
behaupten kann wie Du, der kein Recht an mich behaupten
will. — Adieu, ich werde Dir mit dem Probebogen heute
Abend eine Anekdote schicken, die ich Dir schenken will, die
magst Du Deinem hungrigen Novellenwolf in den Rachen
werfen, wenn Du Lust hast. Ich rathe Dir's aber nicht.

Deine Magd.

24.

Bettina an Pückler.

Ich komme, weil ich Dich lieb habe, und weil ich's nicht
lassen kann, es hat mir gestern unsägliche Schmerzen ge=
macht Dich zu meiden, es brannte die Frühlingsgluth einer
verzweifachten Liebe auf meinen Wangen; und das war
ein Genuß, der mich dafür entschädigte; doch hab' ich mir
ein paar heitere Abentheuer erschaffen; ich war auch weit
in Deinen Gauen, und hab' die Schafe weiden sehen, und
uralte Bäume, und einen goldenen Abendhimmel, und hab'
eine Lust im Herzen gehabt mit Thränen gemischt, und da
war ich grade geeignet die Geschichte der Günderode wieder
aufzunehmen, die hab' ich heute Nacht beendet, außer daß
ich ihre Briefe noch nicht eingeschaltet habe; das war
meine gymnasiastische Uebung an meinem leidenschaftlichen
Herzen. Adieu, Tyrann.

Bettine.

25.

Bettina an Pückler.

Die Zeit meiner Abreise, die ich bis gestern noch in weitem Feld wähnte, ist wie ein Rabe von tückischer Hand aufgescheucht mir in's Gesicht geflattert.

Der Hauptgrund, warum ich hieher kam, war allerdings, Dein in diesem Zauberpark verwünschtes Herz näher kennen zu lernen; aber was hilft's? — Da liegt es unter schwerer Schlummerdecke, die nicht zuläßt, daß man seine Tiefen erforsche. — Verwünscht bist Du; — ein Traumschauer schwebt über Dir, über Deinem Schloß, über Deiner Umgebung; und Dein Jugendfreund, der Novellendichter, der mit einem Bein in der Philisterwelt steht, den hat es nicht so ganz ergreifen können, drum ist er auch das personifizirte Dehnen und Gähnen, und schlaftrunkener, lichtgeblendeter Taumel kämpft mit seiner prosaischen Wirklichkeit; ich mußte lachen, wie sein Auge, seine Lippe, sein Kopf während meinem Vorlesen betäubt niedersanken, wie sein ganzer Leib sich in die Zauberpositur steckte, und doch nie ganz sich drein ergeben konnte; während Du, der einen höheren Genius hat, bethaut von seinen Thränen, wie eine schlafende Pflanze sich bei rauhem, frühlingverscheuchendem Wetter von Frostschauer bewegt, in schlanken gedehnten Grazienlinien in Deine Zauberlage Dich fügst, und schlummernd zwischen goldenem Geschirr und unreifen Früchten, die Spiritusflammen an der Seite, das Kaminfeuer im Rücken, das ein blasser, schweigender Diener anschürt, bald Eiswasser verlangst, bald eine Zigarre; dann ein Glas Zauberbier trinkst, worauf dann gewöhnlich die Krisis der bezaubernden Spielparthie eintritt, wo zwei Oelgötzen Dir gegenüber sitzen, die nicht mehr sind, und nicht mehr zu sein wagen in Deiner verzauberten Umgebung, als zwei Spielmaschinen; da sitzest Du, die schöne hohe Gestalt eingesunken, Deiner feierlichen

in Seide und Klarnebel gehüllten bezaubernden Freundin
gegenüber; getrennt von Deiner innigsten Persönlichkeit,
verschweifst köstliche Stunden, die nie wiederkehren, und
keine Blüthen und keine Früchte tragen; verlassen von
Deinem höheren mondverschwisterten Sinn; o Du!
— ich sage nicht umsonst so! — ja, da sitzest Du, — nun
verlangst Du Butterbrot, streuest mit der Messerspitze Salz
darauf; — gebeugt wie ein Rohr, — auch da schön, —
die Schönheit verläßt Dich nicht; — ich dachte gestern, wie
ich Dich so ansah: welche himmlische Aufgabe es für die
Kunst sein müßte, Dich in gliederläsſigem Beugen, Schmiegen und Sinken abzubilden; ich dacht' es, und mein Herz
war mit Thränen erfüllt, deren keine ich vergossen habe,
denn so bewahrt werden sie zu Balsam für meine Begeisterung; und sie liegen heute noch wie unberührte Thautropfen in meiner Brust, und Dein Wesen spiegelt sich in
ihnen; — ja, gestern wie Du das Salz nahmst mit der
Messerspitze, das heilige, zauberauflösende, da dacht' ich eines
Gebrauchs der Herzoge von Aegypten, der Zigeunerfürsten
nämlich, die nahmen Salz auf die Zungen, und berührten
einander, um sich ihrer Treue zu versichern; und wenn sie
sich den Bund aufsagten, dann nahmen sie das Salz in
die flache Hand, und warfen's in die Luft; und ich war
gereizt, ich wollte hingehen an Deine Seite, und von dem
Salz nehmen, von dem Du genossen hattest, und es in die
Luft werfen; aber ich fürchtete mich des Frevels, und was
alles Dir und mir dabei untergehen könne, und in demselben Augenblick legte ich mir das Gelübde ab, mein Selbstgefühl, möcht' es auch für alle Liebe gekränkt werden, zu
beherrschen, kein Recht, keine Würde gegen Dich geltend zu
machen, und mein besseres Wissen ohne Behauptung meiner
Persönlichkeit Dir zu opfern, mit dem Beding, schlafender,
traumversunkener, verzauberter Fürst, daß es Dir was nütze.

Rund um Dich sind Hütten gebaut, in denen auch Menschen wohnen; die vornehme Welt umwebt Dich, zieht durch Dich hin, wie ein Mückenschwarm den Sonnenstrahl durchtanzt. Es kitzelt Dich, daß sie so durch Dich hin und her tanzen, aber Du bist nicht von den ihren; — Du bist höher und größer wie die in den Hütten und wie die, die im Weltglanz taumeln; Du hast Licht in Dir, das leuchten könnte, wo andere schimmern. Weißt Du was? — Der Mensch muß leuchten, seiner eigenen Brust, seinem eigenen Bewußtsein, und das andere ist Zugabe; sei demüthig gegen Deinen eigenen Genius, und es wird nicht mehr möglich sein, daß Du gegen ihn frevelst. Und dann, Pückler, tritt bestimmt die heilige Ruhe ein, in der Du der Befähigung Deines Geistes mächtig wirst; in der allein Du glücklich wirst, und Glück allein ist edel, ist himmlisch; und Dich ihm erziehen, ist allein der Zweck Deines Daseins. — Du bist größer, Pückler, und besser, doppelt und dreifach besser als ich; deswegen diene ich Dir ohne Sold; und mein ganzer Lohn bestehe dadrin, daß Du meinen Winken Gehör giebst, daß Du meinen Worten Glauben schenkst, und sie als vereidete Boten der tiefsten Treue anerkennst.

Du hast mich gefragt, verzauberter Fürst, ob ich es Deinen Kräften gemäß und Deiner würdig achte, daß Du Deine Zeit hinbringest, dieses Land zu verschönern; hierauf hab' ich Dich Friedensfürst genannt. — Und nun setze ich hinzu: keine Handlung ist größer als die andere, aber die ist die reinste, die um ihrer selbst willen geschieht; und so wie alle Wahrheit Weisheit ist, und nur die lebendige kunst= durchfühlte Form ihr den höheren Gehalt giebt, so giebt auch jeder Handlung nur der Gehalt, die Form, den Werth; — die einfachste Handlung bringt oft den vielfältigsten Segen, giebt die tiefste Erleuchtung, und dem Geist die schnellste Reife. Was kannst Du mehr von Deinem Tage=

werf verlangen? Jedes andere, was der Welt mehr im=
poniren würde, würde vielleicht eben darum weniger heil=
bringend, weniger wahrhaft sein; und es ist sehr die Frage:
ob der Baum, den Du mit dem Willen setzest, daß der
ermüdete Wanderer in seinem Schatten ruhe, nicht mehr
Glück und Segen bringe, als die kühne That, die Deiner
Eitelkeit ihre Entstehung zu danken hätte. — Nicht jedem
Menschenleben sind solche Momente geboten, in denen die
höchste Spannkraft rege wird, um wie ein Pfeil alle anderen
zu überfliegen, obschon das Gelingen solcher Thaten mit der
herrlichste Genuß sind, und ich sie Dir wünsche; aber her=
beiziehen kannst Du sie nicht, Du mußt sie erwarten. Und
vielleicht, Pückler, ist es Dir gar nicht einmal nöthig; Du
bist vielleicht schon unwissend Deiner, in der Art geprüft
oder bewährt, oder auch liegt diese Macht schon in Deiner
Natur als unzerstörbare Basis Deines Charakters, was ich
am ersten glaube, und so wird das ökonomische Schicksal
sie Dir nicht noch einmal zu verzehren geben. Napoleon
hat oft und tausendfältige Anregung gehabt; und listig hat
ihm das Schicksal zugesetzt, daß er möge überwinden lernen
seine Eitelkeit, und seine Großmuth üben; aber allemal
hat er die Prüfung nicht bestanden, und sein höheres Be=
wußtsein hat sich in den Ketten seiner bösen Leidenschaften
wund geschlagen, und er, der der Herr der Welt war, hat
nicht Herr werden können über sich, er hat nicht thun
können, was sein liebendes Herz wollte, er mußte grausam
sein, seine Gemeinnützigkeit verwandelte sich in Egoismus,
die Bildung der Völker, die er aus Eitelkeit auf der Spitze
seines Schwertes trug, zersplitterte an dieser; und doch war
dem Schicksal kein Aufwand zu groß, um ihn zu erziehen,
und von seinen Schwächen gesunden zu machen; er war
nicht da für das Volk, das Volk war da für ihn; denn
warum? In ihm waren alle Kräfte gesammelt, die in der

Gesammtheit der anderen nicht wiederzufinden waren, denen solche Proben auferlegt werden dürften. Und Du siehst, sein Volk hat er in selbstverwirrender Aufregung zurückgelassen, und er selbst fühlte sich von seiner eigenen Handlung zerschmettert; aber das war seine Erziehung, und sein kühner Geist wurde hiedurch mit dem eigenen Genius vermählt. Und nun komme ich zu Dir zurück, und sage Dir Dank, daß Du so weit gelesen hast; und erzähle Dir, daß ich viel über Deinen einsamen Park nachgedacht habe. Heute sah ich zu, wie eine Katze auf grünem Rasen in der herbstlichen Sonne einen verspäteten Schmetterling haschte und fraß; grade wie ich über diese Naturanlagen nachdachte, und mir überlegte, wie ich mich gegen die Trauer und zauberschlummerige Gewalt drin zu wehren hätte, und was es ist, was ihn mir so herzschwer macht. — Das war ein böses Omen, und wenn ich mir's auszulegen wage, dann ist mein Urtheil gesprochen.

Ja, ich würde eine große Veränderung treffen an Deiner Stelle; da hab' ich geruht auf einer Bank einen lieben langen Morgen, und hab'.gesehen im Geist, wie es sein müßte, wenn ich dem Friedensfürsten vorarbeitete; von diesen bewaldeten Abhängen müßte sich grüner Sammet schmiegen, und die Bäume müßten dran hinabweiden, und die Höhen müßten rings belebt sein von Zeit zu Zeit mit Wohnhäusern, und inmitten einer grünen weitumfassenden Welt müßten die Heerden wandeln, und die glühenden Oefen der Töpfer müßten da oben sein, daß sie in der Nacht herüberleuchteten. Und da sollten mir Meiereien liegen in meinem Wiesengrund, und aus den Spinnstuben sollten mir Gesänge erschallen, und schöne Hausgärten, in denen der Großvater mit den Enkeln spielt, die sollten an der Seite zu meiner Aussicht dienen, und in den Häusern sollten die Nachtigallen im Käfig die im Freien locken, und jedes

Gräschen sollte benutzt sein, und da ginge ich mitten durch, ich stolzer Friedensfürst, und freute mich des Antheils, den jeder an mir hätte; — diese ganze Umschreibung fasse ich hier in wenig Worte: „ich machte meinen Park lebendig." — Nun hab' ich noch zwei Dinge zu sagen: Du hast gesagt, Dir ist Geld nöthig? — Ich will Dir eine Weise angeben, wie Du bequem und würdig welches erwerben kannst. — Wenn Du mich anhören, und darauf ein= gehen willst. — Wo nicht, so ist mir's ein Zeichen, daß Du mich vor der Hand zurückweisest. — Und lasse mir's gefallen, bis Du selbst mich aufforderst. — Dann hab' ich noch eine Bitte, die lasse mir nicht unbeantwortet; — ich möchte gern zwei bis drei Briefe von mir, deren Inhalt sich auf Goethe bezieht, einsehen; und will Dich gerne dafür doppelt und dreifach entschädigen. Bettina.

26.

Bettina an Pückler.

Ich bitte dringend und demüthig um die Zurückgabe meiner Briefe.

Ich werde Sie nicht wiedersehen, warum soll das ein= zige, was Ihnen Widerwillen gegen mich einflößt, in Ihren Händen bleiben?

Sie sagten mir gestern, Sie wüßten nicht, was für eine Stelle ich Ihnen dabei zudächte? Wahrhaftig keine, die zu mißdeuten wäre. Die freundliche Neigung, die Sie einem Kind schenken, verbunden mit dem tiefen Vertrauen, was ich mir durch unverletzbare Treue erwerben wollte, wär' mir in solchem Umgang Bedürfniß.

Ich habe diese Reise nicht gemacht um Sie zu sehen, ich bin nicht indiskret, ich hab' Sie Ihrem Brief nach weit entfernt geglaubt, ich hatte nur die Absicht den Park,

den Sie Ihr Herz nennen, im Stillen zu genießen, und
mich durch diesen schönen Reiz in meiner Arbeit begeisternd
zu steigern; ich wollte ganz für mich leben, aber ich bekenne,
daß ich glaubte Ihnen dadurch Freude zu machen, so wie
Sie mir geschrieben hatten.

Da ich hörte, daß Sie hier seien, hatte ich meine Ab=
reise schon bestimmt; Sie haben mich aufgefordert unter
Ihr Dach zu kommen; es hat sich nicht zu Ihrem Erfreuen
gestaltet, und mir ist nicht wohl dabei geworden, doch messe
ich mir allein die Schuld bei, aber nicht diese, die Sie mir
vielleicht zudenken.

Ob wir auch fortan nicht unmittelbar mehr mit ein=
ander verkehren, so hoffe ich doch, daß nie ein Beweis
gegen die Treue meiner bis heute geäußerten Gesinnungen
sprechen soll.

Mein Stolz ist so hoch, daß er unverletzbar ist; es
kann mich keine kränkende Meinung von mir demüthigen.
Aber ich bekenne gern, daß es mir immer eine Ehre bleiben
wird, in den Schranken der Vertraulichkeit, in die Sie mich
so freundlich einberufen hatten, einheimisch gewesen zu sein.

Der Bote wartet, ob es Ihnen angenehm ist, meine
Briefe auf meine Bitte zurückzusenden.

Liebend und erkennend das Schöne, was mich bisher
in treuer Unterwerfung an Sie gefesselt hat, unterschreibe
ich mich. Ihnen tiefergebene   Bettine.

27.

Bettina an Pückler.

Gestern Nachmittag nach 3 Uhr kam Dein Jäger,
und brachte das unversiegelte, unadressirte, bloß in ein zu
kleines Papier eingeschlagene, und mit losem Band gebun=
dene Paquet meiner Briefe; es hatte mir geahndet, daß

ich schmerzlich durch sie berührt werden würde; ich habe
drin gelesen diese Nacht, und tiefe Schmerzen, von denen
Du wahrscheinlich keinen Begriff hast, haben mich ergriffen.

Ich bin geübt die Waffen gegen mich selbst zu führen,
ich hab' diese ganze Nacht hindurch meine Ansprüche an
Dich niedergekämpft. — Und doch, wie staune ich vor dieser
Liebe, und bete sie an! — Ach, Pückler, welch einen Schatz
hast Du in diesen leichtsinnig verhüllten Blättern, gleich
wie ein Baum seine erstorbenen Blätter, mir vor die Füße
geworfen! — Und welch ein Dankopfer hast Du Deinem
Genius, Deinem guten Dämon dafür gebracht, daß er Dir
dies alles durch mich zugewiesen hat. —

Wenn ich den Eindruck, den sie auf mich gemacht
haben, nach Deinem Betragen berechne, so sind Dir die
Briefe so gleichgültig, wie es Deine Art sie mir zu senden,
bezeichnet; wie es Deine ganz antheillose, gleichgültige, Herz,
Sinne und Geist verläugnende Weise, diese Zeit, die ich
Dir als Opfer zu Füßen gelegt habe, zu verschleudern, mir
bekräftigt; — ich war darauf vorbereitet, ich habe keine
Forderungen an Dich. Ich habe die herben Lehren, die
Du mir gegeben, alle liebend angenommen, ich bin also
jetzt geübter im Entsagen. — Du hast meine Seele in
diesen Tagen gegeißelt; und ich habe nicht einmal gezuckt;
Du hast meiner lächelnden Miene nicht angesehen, daß ich
es fühle.

In Berlin, nachdem ich Dir ein ganzes Jahr treu
und warm, ohne die geringste Wiedervergeltung gedient
hatte, und Du kamst zum erstenmal, da lehnte ich den
Kopf einen Augenblick an Deine Schulter, und küßte Deine
Hände; ach, es war ja so natürlich, das müde Herz wollte
nur einen Augenblick ausruhen; aber Du stießest mich leise
zurück, und standest auf, und setztest Dich an den Tisch,
und blättertest in einem Buch, und sahst nach der Uhr, bis

die Zeit verstrichen war, um den Schinkel zu Hause zu treffen, und dann warst Du noch vier Wochen in Berlin, und es hat Dich nicht verlangt mich zu sehen. Wenn ich Dich nun nicht mehr liebte, so würde es keinem unbegreiflich oder unrecht deuchten, mir aber ist es unmöglich, Dich nicht noch ferner zu lieben; ja, und in dieser Liebe zu wachsen. Sollte ich bloß auf dieses äußere Verhalten bauen? — und nur auf Deine verschuldete, fehlende Natur Rücksicht nehmen? — Da wäre die Aufgabe, die Dein Genius, (der auch der meine ist, wir haben beide Einen Schutzgeist) mir gemacht hat, schlecht gelöst.

Nein, alles Schöne, was ich in begeisterter Wahrheit fühlender Liebe und Lust in Dir erkannt habe, wird ewig unberührt von Falschheit oder Verläumdung für Dich sprechen. Du bist der Herrliche; aber gefesselt wie Richard Löwenherz. Seiner Macht, seiner Krone beraubt, aber damals war er seinem treuen Blondel dennoch der Liebste, und alles und jedes hat er um den Freund aufgegeben.

Du magst mich abreißen, von Dir trennen, mich kalt im bewußtlosen Handeln schlagen, schmähen, spotten und verachten, so werd' ich mich freilich bescheiden, aber mein Glaube an Deine höhere Natur wird nicht wanken, nein, ich will nicht zum Lügenprophet an Dir werden; thue mit mir was Du willst, verbiete mir an Dich zu schreiben, von Dir zu sprechen, so werd' ich folgen, aber ohne Dein Geheiß werde ich nichts thun. Ich will sehen, ich will wissen, in was für ungeahndete Reiche der Psyche die Liebe mich hinführt; hat doch Columbus nicht ohne Lebensnoth, tausendfältiges Ungemach, seinen Welttheil entdeckt; nein, es ist nicht umsonst, daß ich Tag und Nacht in fortwährendes Denken an Dich gebannt bin.

Ich werde heute von der Fürstin Abschied nehmen, und Du sollst mir sagen, unzweideutig, daß Du drein

willigſt, daß ich gehe, und daß Du mir nichts mehr mit=
zutheilen haſt. Denn ich will mir mit der Zeit keine Vor=
würfe machen, daß ich Dir entlaufen bin, noch Deine Laune
zuließ Dich mit mir zu beſprechen.

Die Briefe, die Du mir ſo ohne Vorſicht zugeſendet
haſt, als ob Dir gar nichts daran gelegen ſei, ſind nicht
mein Eigenthum, ſie gehören vollkommen und ganz Dein,
ich wage nicht eine Zeile daraus zu benützen, ihre Einſicht
hat mir tiefe, heilige Liebesſchauer erregt, ich habe dieſe
Nacht nicht im Bette zubringen können, ich mußte eine
andere beziehendere Lage haben als die feuchte, dunkle
Schlafkammer, ich hab' auf der Thürſchwelle, ein Kopfkiſſen
in meinen Mantel gehüllt, gelegen, und in die beſternte
Nacht geſehen.

Pückler, laſſe Dir nicht graue Haare über mich wachſen.
Du meinſt, der Geiſt könne ſich außer ſich ſelbſt verſetzen,
und den berühren, mit dem er ſich zuſammen denkt. —
Und dies Vorurtheil iſt Dir wohl heute zum Aberglauben
herabgeſunken. Denn Du haſt feſt geſchlafen, und meiner
nicht gedacht.

Dein Bruder, von dem Du glaubſt, daß er mir nicht
klug genug ſei, hat den Geiſt im Gemüth, er hat Dich
unendlich lieb, wie ſollte mir ſein Geiſt da nicht genügen?

Mit meinen Briefen mache was Du willſt. Das
Einzige, was ich darin ſuchte, hab' ich nicht gefunden, es
war ein kleiner Brief von Dir an mich, den ich Dir ein=
mal ſchickte, mit der Bitte ihn mir zurückzugeben, in dem
hatteſt Du mich aufgefordert, Dich ſo lieb zu haben, wie
es nun in mir geworden iſt. Den haſt Du mir nicht
zurückgegeben, grad' als ob es Dich reue.

Die Briefe kann ich Dir nur mit eigenen Händen
zurückgeben; willſt Du ſie nicht mehr, ſo gieb ſie Deinem
Bruder verſiegelt oder anders, daß er ſie aufhebe.

28.

Pückler an Bettina.

Beste Bettina — nicht überspannt, wenn ich bitten darf. Die Briefe gebe ich nicht zurück. Sie sind mir lieb und werth, wenngleich seltsam, und mehr eigenes Phantasiren als an mich gerichtet, der nur als Vehikel dabei dient, oder als hölzernes Instrument, um Dir angenehme Begeisterung darauf zu spielen. Das Instrument ist aber durch zu rücksichtsloses Anfassen jetzt etwas verstimmt und gebrechlich geworden, weshalb es bedarf einige Zeit in den Schrank gestellt zu werden.

Wenn ich früher sagte, ich wolle mir recht gern Leidenschaftlichkeit gefallen lassen, so habe ich darunter doch nur eine leidenschaftlich ergebene Freundschaft, wie sie mir zum Beispiel auf die schönste und angemessenste Weise eine wahrhaft hohe Frau gewidmet hat — verstanden, aber nicht die dithyrambische Raserei einer achtzehnjährigen Bacchantin mit bloßer Gehirnsinnlichkeit, die noch obendrein nur künstlich heraufgeschraubt ist, und jeden Augenblick beliebig bei Seite gelegt, oder auf einem anderen Instrument abgespielt werden kann — die ermüdet mich, und behagt meiner Natur nicht.

Kann daher ein vertrauliches und freundschaftliches Verhältniß nicht auf einfacherem und vernünftigerem Wege unter uns bestehen, so muß ich ihm entsagen. Uebrigens bleibe ich vollkommen unverändert in Gesinnung und Ansicht; Bettinens Werth wie ihre Tollheiten gebührend würdigend, und ihre wahre, wirklich demüthige Ergebenheit gewiß als einen kostbaren Schatz ansehend.

Glückliche Reise für diesmal, und auf baldiges Wiedersehen in eben so raisonabler als humaner Stimmung.

H. P.*)

*) Zur Erklärung möge hier dienen, daß Bettina nach Muskau kam, ohne ihren Namen zu nennen, im Park spazieren ging, und hoffte,

29.

Bettina an Pückler.

Berlin, den 25. September 1833.

Ich habe Ihren Brief, den ich bei meiner Abreise aus
dem verhängnißvollen Park erhielt, auf's Herz gelegt; er
hat die Wunde ausgebrannt. Geistig kann ich mich immer
bezähmen, auch wenn mir das Herbste zu Theil wird; um
so mehr wirkt es körperlich; während ich gelassen die bedeutenden Bemerkungen Ihres Briefes überdachte, war mein
Blut unruhig, in Vetschau, wo mich Schwindel befiel,
kochte es über, ich warf's in nicht geringem Maße aus,
vielleicht war es das Blut, was für Sie in meinen Adern
gewallt hatte, denn seitdem fühle ich mich erleichtert. In
Lübbenau fuhr ich zu Wasser durch den Spreewald, und
studirte in der milden Herbstsonne Ihren Brief wie ein
fremdes Aktenstück, das den letzten Aufschluß über einen
kritischen Prozeß giebt.

Sie nennen meine an Sie geschriebenen Blätter

die Ankunft einer fremden Dame, die sich geheimnißvoll verbarg, werde
Pückler gemeldet, und ihm als ein romantisches Abentheuer anziehend sein. Als sie aber einige Tage vergeblich in den Gärten
spazieren gegangen, wurde ihr denn doch die Sache zu lang, und sie
meldete sich bei Pückler, der sie anfangs liebenswürdig und freundlich
aufnahm. Da sie aber im Schlosse sich benahm, wie wenn sie ein
entschiedenes Liebesverhältniß mit Pückler habe, in welcher Rolle sie
es auch sehr an der erforderlichen Rücksicht gegen die Fürstin fehlen
ließ, so entstanden die unangenehmsten Störungen. Pückler wünschte
durchaus nicht, daß man die geniale aber bereits alternde Frau für
seine Geliebte halte, und fürchtete dadurch nur lächerlich gemacht zu
werden. Er hielt sich für genöthigt, Bettinen nicht zu verschweigen,
daß ihm unter solchen Umständen ihre Abreise lieb sein würde. Es
gab heftige Szenen. Bettina war tief gekränkt, voll Zorn und Grimm
im Herzen. Doch Pückler war stets bald wieder versöhnt, und auch
Bettina knüpfte gern wieder an, so daß sich doch wieder ein freundschaftliches Verhältniß herstellte.

„Raserei, die aus bloßer **Gehirnsinnlichkeit** hervorgehe, die nur künstlich herangeschraubt sei, und noch obendrein jeden Augenblick beseitigt, oder irgend einem Anderen zugewendet werden könne." Ich habe Ihnen nie etwas zu Leid gethan, was veranlaßt Sie zu solchen Auslegungen? Warum wollen Sie mit schauderhaften Ausdrücken eine Geistessituation herabwürdigen, aus welcher Ihnen Lust und Ehre, Heil und Nahrung Ihrer höheren Eigenschaften hervorgegangen wär'; ich meine meine Briefe an Sie; den labyrinthischen Grazientanz jener Empfindungen, der in einer prophetisch poetischen Aufregung häufig den tieferen Wahrheiten vorangeht. — Ich trage freilich die Schuld, ich habe nicht überlegt, daß Ihre idealische Natur in Ihnen keinen freien Willen hat.

Im Spreewald hab' ich am Jagdhaus gelandet, und dort selbst mein Mittagsessen bereitet; die Bewohner waren so freundlich zu mir, die Sonne war so warm, die müden Jagdhunde lagen um mich her, ich hatte mich lange in keiner Gesellschaft befunden, in der ich mich so ganz unbefangen fühlte wie hier, und hier mußte ich mir wieder meine Schuld bekennen: ich hätte in Muskau Ihren Einladungen widerstehen, und früher von einer Gesellschaft scheiden sollen, zu deren Behagen ich keineswegs etwas Wesentliches beitrug, — es thut mir leid, daß ich Sie vielleicht in Ihrer einsamen Unterhaltung mit der Fürstin gestört habe; da sie erst so kurze Zeit wieder bei Ihnen war, hätte ich's einsehen müssen, daß es besser war, gleich wieder zu gehen.

Auf das Spreewalder Jagdhaus brachten die Jäger einen mächtigen Hirsch, der eben geschossen war, sie befestigten sein eineidiges Geweih an die Wand; ich schrieb drunter: Wer solch einen Hirsch ertödten kann, der ist kein rechter Jägersmann. Mir fiel dabei die Geschichte ein, wie

ich einmal mit dem alten Großherzog von Weimar auf der
Jagd war; er hatte eine Wette gemacht, daß er kein Wild
verfehlen wolle, was ihm begegne; ich sollte Zeuge sein,
er führte mich bei der Hand. Der großsinnige, freundliche
Fürst, er scharrte mit dem Fuß den Schnee weg, wo ich
stehen sollte. Da lauerten wir eine Weile; es kam ein
Hirsch, er legte an; plötzlich ward sein Gesicht feierlich ernst,
er zog das Gewehr an, bei Seite, und dann bei Fuß, und
legte die Hand auf den Kopf seines Hundes; so blieb er
feierlich, und unverwandten Blickes stehen, während das
prächtige Thier, mit vollem Geweih, ruhig an ihm vorüber=
ging. Ich sah ihn verwundert an, daß er nicht geschossen
habe; er sagte: „Wen nicht Ehrfurcht ergreift, wenn er
einen solchen Hirsch aus dem Walde hervortreten sieht, wer
ihn verletzen könnte, der würde nicht verdienen Jäger zu
sein; ich zum wenigsten, habe zu viel Respekt, um ein
solches Thier zu beleidigen."

Bei der Erinnerung an diese Geschichte war ich tief
durch das Andenken des herrlichen Großherzogs gerührt;
ich nahm mir vor, daß ich von Ihnen ablassen wolle, Fürst
Pückler, und Ihrer Neigung, meinem Briefwechsel und
meinem Umgang zu entsagen, mich zu fügen. Setzen Sie
dabei keine Tücke und keine Empfindlichkeit voraus; es ist
nur die Ueberzeugung, daß Sie nicht wie jene großen
Männer, Goethe und der Großherzog, die Richtung meines
Geistes und seine Modulationen aufzunehmen geübt sind;
und daß die Mißverständnisse, die hiedurch entstehen, weder
erörtert noch unerklärt bleiben können, ohne zu neuen Miß=
verständnissen Anlaß zu geben.

Sie sprechen mir in Ihrem Brief von der leiden=
schaftlichen Freundschaft einer hohen Frau. — Meine Be=
ziehungen zu Ihnen waren viel gezähmter, und in sich ab=
geschlossener, ich verlangte keine Gegenliebe, keinen Dank,

keine Aufmerksamkeiten, sondern nur Vertrauen und Ver=
stehen. Nein, Fürst Pückler! — keinen Strauß, in dem
alle Rosen und alle Veilchen zusammengebunden waren;
niemand würde ich um einen so großen Strauß beneiden;
wär' ich in dem Fall einer sehnsüchtigen Eifersucht, so
möchte der Geliebte in Gottes Namen Wälder und Felder
abrasiren und zu Sträußen binden; ganze Füllhörner voll
Ananas und Melonen und Pomeranzen zu den Füßen seiner
verschiedenen Geliebten ausgießen, und sich seiner zärtlichen
Schreiben an sie rühmen, ich würde doch nur allenfalls die
beneiden, der er mit Schüchternheit eine einzige Blume
darbietet, und deren Herz und Geist ihn in den einsamsten
und verborgensten Momenten berührte.

Sie sind gütig gegen mich gewesen, das fühle ich jetzt,
wo ich zu meiner Schmach erfahren habe, daß Ihre Eigen=
thümlichkeit durch mich verletzt war; wenn Sie nach Berlin
kommen, so besuchen Sie mich nicht, es wird Ihnen nicht
schwer werden es zu lassen, und ich wünsche, daß meine
beschwichtigten Gesinnungen nicht wieder aufgereizt werden;
alles, was ich Ihnen zudachte, werden Sie auf eine andere
Weise erhalten, als auf jene mißglückte; und hier erlaube
ich mir noch Ihnen einen heimlichen Plan mitzutheilen:
jene zärtlichen Blätter nämlich waren der Eingang zu einer
tieferen Erörterung großer Beziehungen und Wahrheiten;
ich wollte mit Ihnen in ein Verständniß kommen, wo die
Sprache selbst ihr Meisterstück macht, indem sie die kühnsten
Mittheilungen verständlich macht. Ich wollte mit Ihnen
besprechen, was niemand anders kann, ich glaubte, zwischen
mir und Ihnen würden sich große Geheimnisse aufklären,
wo Ihrem durstigen Herzen doch einmal ein Labetrunk ge=
reicht würde, wo Ihrem Drang doch einmal ein Ziel ge=
zeigt würde, nach dem Sie zu streben hätten; und dann
wollt' ich, Sie sollten diese Blätter sich selber aneignen,

durch Verstehen, Verwerfen, oder selbst Mittheilen, und
sollten es zu einem kindlichen Werk machen, in dem sich die
menschliche Natur im Ganzen, und Ihre Seele in ihren
individuellsten Farben spiegelt. Und dies Werk sollten Sie
unter dem Titel: „Ich und mein Dämon" allenfalls
der Welt übergeben. Guter Fürst, ich weiß gewiß, Sie
mißdeuten mir dieses schöne, kühne Vorhaben nicht.

Die Anekdoten, die ich Ihnen versprochen habe, werden
Ihnen noch zukommen, ich werde alles aufschreiben, was
ich mit dem Weimarer Herzog erlebt habe; das wird Sie
vielleicht auf andere Gedanken über mich bringen; und das
Tiefe und Große, was ich durch mein Nachdenken über Sie
erkannt und erworben habe, soll Ihnen auch nicht ver=
loren gehen.

Es ist mein letztes Schreiben, seien Sie nicht unge=
duldig darüber.

Bettine.

So mußte ich schreiben, um zu zeigen, daß ich mich
keiner Kränkung preisgebe, und daß ich auch verkehrte Lagen
zu durchtanzen verstehe, ohne den Boden der Gemeinheit
zu berühren. Ich hab' voraus gewußt, daß ich harte Proben
zu bestehen habe; und mir konnte keine größere Befrie=
digung werden, als daß ich das Gelöbniß der idealischen
Natur des Mannes, der sich einst meinen treuen Freund
nannte, nicht gebrochen habe.

Die heilige Theresia sagt: „Was ist die Gesellschaft
anders, als eine freundliche Feindschaft, und eine höfliche
Schmach?" Sie hat Recht; aber der Edle, dessen eigent=
liches Element die Gesellschaft ist, soll gerade in ihr die
höchste Anmuth und Güte entwickeln; er soll durch seine
persönliche Milde den Fluch, der auf diesem großen Lebens=
prinzip lastet, aufheben, er ist vornehm in der innersten,

tiefsten Natur, er kann durch keine Berührung entwürdigt werden; aber wohl kann er Andere sanktioniren; er soll aufnehmen alles Genie, alles Glück, alle Wahrheit als Nahrung seiner Geistesfähigkeiten, er soll alle geistigen Kräfte, wie und wo sie sich auch zeigen, ohne Vorurtheil in geselliger Hinsicht in eine Verfassung bringen, in der sie gegenseitig aufeinander wirken, und er selbst von ihnen getragen und gehoben werde.

Der himmlische, menschliche Stolz, dessen Lebensprinzip die Großmuth ist, hat einen einzigen Feind in der eigenen Brust, das ist der höllische, unmenschliche Hochmuth; der erstickt oft den Stolz. Bei Gott, wenn der Mann, der sich vor kurzem noch meinen treuen Freund nannte, vernünftig mit sich umgeht, und keinem bösen, tyrannischen Willen das Vorrecht läßt, so kann er sich's nicht versagen, mich wieder zu erwerben.

30.
Pückler an Bettina.

Muskau, den 1. Oktober 1833.

Liebe Freundin,

Wenn ich in Muskau etwas die Geduld verlor, so geschah es hauptsächlich deshalb, weil ich mich nicht gern affiziren lasse.

Soll meiner Seele Verborgenes und Heiliges enthüllt werden, so darf es nicht auf öffentlichem Markte geschehen, und über die Ergießungen des Vertrauens muß stets ein keusches Geheimniß walten. Sonst wird statt einsamer Erbauung nur öffentliche Lächerlichkeit erzielt.

Uebrigens bezweifle ich, daß wir uns je mehr als partiell zu verstehen im Stande sein möchten, aber auch dies kann noch seinen großen Werth haben.

Für alle Liebe und gute Gesinnung bin und bleibe ich dankbar, und habe ich weh gethan, so war es gewiß nicht meine Absicht, am wenigsten grob zu sein — nur muß ich wahr sein dürfen in Billigung wie Mißbilligung, und nie genöthigt werden mehr zu empfangen, als ich eben verlange.

Das liegt in meiner Natur, und ich kann es nicht ändern.

Gern aber höre ich Vernünftiges und Theilnehmendes von der abwesenden Freundin.

31.

Bettina an Pückler.

Ich bin in einer schweren Arbeit begriffen, die mitten im Tumult aufgeregter Gefühle gesammeltes Denken und Gegenwart des Geistes fordert. Es ist das Ordnen meines Briefwechsels mit Goethe.

Ich fühle mich bei diesem Unternehmen unendlich ergriffen, und in mir selbst abgeschlossen; bis in die fernste Ferne ist nicht ein Wiederhall dessen, was hier der Welt mitgetheilt wird; eine geheime Stimme mahnt mich, ich soll eilen, und mich durch nichts unterbrechen lassen.

Da kommt Ihr Brief, und ohne zu befürchten abermals mißverstanden zu werden, bekenne ich, daß es mir unmöglich ist mich zu sammeln, bevor ich ihn beantwortet habe; nehmen Sie es daher nicht als eine Zudringlichkeit, sondern als eine natürliche Folge des Ernstes in meinem Umgang mit Ihnen.

Eben durch das Forschen in Goethe's Papieren aufgeregt zu reinerem Empfinden, möchte ich die Wahrheit nicht kränken, und Ihnen nicht das Recht Ihrer Beschulbigungen streitig machen, ich mag sie verdient haben, aber glauben Sie gewiß: ich weiß nicht wie.

Ich habe lange darüber nachgedacht, ob ich mir irgend etwas habe zu Schulden kommen lassen, dessen Erinnerung meinen Stolz demüthigen könne; nein, Fürst Pückler, hab' ich gesündigt, so war es schuldlos; das Einzige fällt mir auf, daß ich vielleicht zu dringend um Erlaubniß bat, Ihnen aus meinem Buch vorlesen zu dürfen; sei es mir verziehen. Das aber hat mich tief erschüttert, daß Ihren Aeußerungen nach meine Briefe Ihnen lange schon ein Gegenstand des Mißfallens gewesen sein mußten; sie sind leider geschrieben, ich kann's nicht ungeschehen machen.

Wenn ich länger in Muskau verweilte, als Ihnen schicklich deuchte, so schreiben Sie dies meiner Unbefangen= heit zu, und auch der Müdigkeit meiner Seele wie meines Leibes; wie ich auf grünen Boden kam, gefiel mir's so wohl da auszuruhen; das kann ich Ihnen jedoch mit Wahr= heit betheuern, ich war nicht gekommen Sie dort zu finden. In Dresden gab man mir noch die bestimmte Nachricht, Sie seien verreist, die mit Ihrem eigenen Schreiben über= einstimmte; ich kam um so schneller, weil ich diese Abwesen= heit benutzen wollte; aber wie ich Sie fand, und Sie mich freundlich aufforderten, fand ich auch nichts Verfängliches darin, länger zu bleiben.

Die Aeußerungen Ihres Dankes in dem Brief, der mir heute zukam, für meine Liebe und guten Ge= sinnungen, läuten mir zum Grabe ein; ich fühle mich nicht allein verbannt, sondern gleichsam gestorben und an= ständig beerdigt.

Sie sagen, es sei Ihre Absicht nicht weh zu thun, am wenigsten hart zu sein; ich glaub's Ihnen, was können Sie für den gefahrvollen Strand, an dem der bedachtlos Ver= trauende zufällig scheitert? So ist Ihre Natur, daß Ihnen die meinige zuwider sein muß; bei mir, vielleicht bei keinem anderen, aber bei mir, sind Sie hierin völlig gerechtfertigt. Ich fühle mich mit Ihrer Antipathie, und beurtheile mich mit meinem Scharfsinn, und verdamme mich mit Ihnen; und beiße die Zähne zusammen im Todeskrampf; dieser Mund wird keinen Laut des Widerspruchs mehr äußern.

Lassen Sie den schönen, grünen Rasen dort mein An= denken überwachsen, wie das enge Haus des Todten, wo man gewiß ist, das Herz darunter schlägt nicht mehr; es fühlt's ja doch nicht, was ihm auch für Schmach oder für Ehre angethan sei, in der Erinnerung der Hinterbliebenen.

Mögen sich bald die lästigen Spuren von mir in Ihrem Gedächtniß verwischen. Vergessen Sie großmüthig, daß ich Sie im Heiligthum Ihrer Heimath und Ihres innigeren Umgangs habe stören müssen, daß meine Aeuße= rungen Ihnen wie freventliche Leidenschaft klangen, die nur traumwahr waren. Ich selbst habe auch alles vergessen, und erinnere mich kaum dieser Träume, die mich nun schon beinah zwei Jahr auf schönen Irrwegen geleiteten, wo alles reizend und himmlisch erschien, und Tag und Nacht sich einander die Hand reichten, um in einen Kreis verschlungen, das Andenken eines Freundes freundlich zu umtanzen; sie ruhen endlich von mir, diese Träume, in Ihrem Garten, zu dem Sie mich im Traumwahn hinlockten, und sagten, er sei Ihr Herz.

Ohne Groll und ohne Harm geschieden! rufe ich Ihnen im Tode noch zu; denn ich will nicht, daß Sie ein unbe= hagliches Gefühl bei der Erinnerung an meine erstorbene Devotion belästige.

Aber darüber lache ich Sie noch im Grabe aus, daß Sie mir gewähren wollen, Ihnen über's Grab hinaus Vernünftiges und Theilnehmendes mitzutheilen, während Sie nicht hoffen dürfen, daß mehr als partielles Verstehen zwischen uns zu Stande kommen möchte.

Wie können Sie glauben, daß wer so an seiner eigenen Narrheit verschieden ist, auf einmal in das Land der Vernunft hinübergeboren werde, wo er bescheiden Maß und Ziel zu halten wisse, und mit einem partiellen Verstehen sich begnüge, da er in jenem Traumleben im Ueberfluß schwelgte. Nein, tausend Narrheiten und Verkehrtheiten für eine, würden auftauchen. Danken Sie Gott, daß das Grab uns scheidet, und zitiren Sie keine Geister da, wo man Ihnen bis in den Tod ergeben ist.

32.

Pückler an Bettina.

Quittung.

Eine zerbrochene Figur in 16 Stücken, ein phantastischer Brief ohne Datum sind richtig angekommen, und der letzte bald mit Lächeln, bald mit Wehmuth, bald mit günstigem Interesse gelesen worden.

Doch das Weglassen des Datums sehr zu tadeln, da die Briefe sich sehr vermengen, und man sie nachher nicht mehr ordnen kann.

Ich bitte meine Sklavin, diese Genialität sich abzugewöhnen, denn Bettinas Briefe will ich nicht den Sibyllinischen Büchern gleich achten, von denen man $7/8$ verbrennen kann, und immer das Nämliche behält.

Ich lebe hier fortwährend in zwei Hälften getheilt, die eine verknöchert zum Gesellschaftsmann, die andere beschäftigt sich so viel mit Pflanzen und Vegetation, daß sie selbst zur Vegetabilie wird. Das edle Thier erscheint bloß noch beim Essen, und der Geist ist auf Reisen: begegnest Du ihm zufällig, so nimm ihn gefangen, und schicke ihn mir von Dir zubereitet, im nächsten Brief wieder zu, aber nicht ohne Datum. Leb' wohl, närrische Bettina.

Dein treuer Freund Pückler.

Warum soll der Verstorbene Dich nicht zur Unsterblichkeit führen können? Reitet man doch oft auf einem höchst ordinairen Klepper in den Himmel in Liebchens weichem Arm.

Schreibe fort aus Deinem Leben, und manchmal ein bischen Berliner Skandal über mich, Du weißt, ich höre das gern, es ist meine schwache Seite. Du selbst bist zu gütig. Du findest mich nur dumm und blind, wahrlich nach dem Närrischsein der beneidenswertheste Zustand.

Deine schönen Zeichnungen werden jetzt auf gelben Atlas gezogen — ein würdiger Goldgrund für sie.

Schinkel läßt Dich grüßen.

33.
Bettina an Pückler.

Den 21. November 1833.

Es ist schon eine Zeit her, daß Sie mir die Ehre erzeigt haben, auf mein letztes Schreiben zu antworten; bis jetzt hab' ich mir versagt dafür zu danken, da ich nicht meiner Neigung folgte, sondern nur vermeiden wollte, Ihnen zu mißfallen.

Es hat jedoch auf meinen Geist einen sehr niederschlagenden Einfluß gehabt, mein Denken nicht mehr an Sie richten zu können. Mit Goethe's Korrespondenz hab' ich aussetzen müssen, diese Kinderbriefe voll inniger Zuversicht, und meine Briefe an Sie machen mich gleich traurig, und sind mir gleich wichtig.

Vor einigen Tagen hab' ich Ihre Briefe zusammengepackt und weggeschlossen, nicht ohne Nachgefühl hab' ich mehrere noch durchlesen, ich empfand tief, was ich verloren geben muß; ich wollt', es wär' nicht so.

Dies eine will ich nur sagen: es giebt Gaben, die werden durch nichts anderes ersetzt werden; vermissen wir sie nicht, so ist dies nur ein Zeichen, daß der Geist, der sich ihrer theilhaftig machen konnte, untergegangen ist.

Das Glück liegt nur in der Möglichkeit, die sinnlichen Anlagen des Geistes vollkommen zu entwickeln; es ist keine Verblendung von mir, wenn ich glaube, daß meine Liebe zu Ihnen dahin gerichtet war; dem unbewußten, einfachen Lebensstrom in Ihnen wollte ich nachgehen, der mitten zwischen den Verkehrtheiten der Selbstbeleidigung und Sklaverei seine Bahn zum Licht, zum Erzeuger, zur himmlischen Freiheit sucht.

Ich fürchte, daß Sie mir's als hoffährtigen Wahn auslegen können, meine Berührungen mit Ihnen so hoch stellen zu wollen. Daß man leicht fehle in solchen Geistesverhältnissen, ist zu erwarten, aber grade darum ist es eine Schule, in der wir zu manchem noch Ungeahndeten befähigt werden, und alles und jedes Irdische vergeht, aber das, was der Geist mit verzehrender Leidenschaft begehrt und erreicht, das vergeht nicht.

Sie haben so manche große Aufopferung gemacht für Vergängliches, und sind größer und besser als alles, worauf Ihre Begierde gerichtet ist. Warum fanden Sie nichts Höheres? — Man ist so groß, als das Höchste, was man erkennt, und so reich als das Unermeßlichste, was man begehrt.

Was Sie über mein Tagebuch sagen, daß ein zu eintöniges Spielen mit der Natur drin liege, empfinde ich mit, ich wollte, ich vermöchte noch anderes. Ich habe nämlich nichts anderes erlebt, als die Liebe, und in ihr kein anderes Ereigniß, als daß mit oder ohne Gegenstand mein Geist

10*

glüht, und sich sehnt im Gefühl des Vertrauens aufgenom=
men zu sein. Sie warnen mich von meinem Buch nichts
mehr vorzulesen; das thue ich schon deswegen nicht, weil
ich Ihnen draus vorlesen durfte. Ich möchte Ihrer Theil=
nahme keine andere an die Seite stellen.

Sie nennen mich überspannt, das ist der Bannspruch,
durch den ich landesverwiesen bin. Warum nennt man
überspannt, was nicht der Gemeinheit, den gewohnten Vor=
urtheilen, sich fügt? Sie sollten am wenigsten gegen meine
Ueberspanntheit einkommen, da auch in Ihnen die Sehn=
sucht nach Ungewöhnlichem nicht unterdrückt werden kann,
sondern in leidenschaftlichen Aufregungen beinah das einzige
heimliche Gegengift gegen Ihre Schwächen ist.

Sie haben mir bei Ihrer Hieherkunft Versöhnung
zugesagt. Wie sonderbar und unverstänblich! — Wenn Ihr
Herz verwundet war durch unsere Trennung, warum wollten
Sie so lange warten es zu heilen? — Und wenn es nicht
verwundet ist, wie kann es da versöhnt werden? — Nur
was schmerzlich entzweit ist, kann sich versöhnen.

Ach nein, ich mache mir keine Illusion, ich glaube nicht,
daß Sie den Verlust empfinden, und nehme nur von Ihrer
Güte mit Dank die beschwichtigende Milde auf, mit der Sie
alles, was Ihnen Widersprechendes in mir liegt, decken.
Bald wird Ihrem Geist reicher, schöner und Ihrer würdiger
entgegenblühen, als was Sie im Vorübereilen in mir ge=
wahren konnten, da ich nicht Kraft habe, gleichen Schritt
mit Ihnen zu halten.

<hr>

34.

Pückler an Bettina.

Jagdschloß, den 25. November 1833.

Wir sind keineswegs nach verschiedenen Regionen aus=
einandergesprengt, gute Bettine, nur umkehren mußten wir,

weil wir uns auf unrechtem Wege befanden. Wir werden einen besseren finden. Laß mich immer dazu die Richtung angeben, für die Reise sollst Du selbst sorgen.

Für's Erste benachrichtige ich Dich, daß in unserer künftigen Korrespondenz ich fortfahren werde, Dich mit Du anzureden, Du hingegen besser thust, Dich in der Regel des Sie zu bedienen. Die Gründe werden sich aus dem Folgenden entwickeln.

Vernimm also und merke auf.

Als wir in Berlin eine Art Seelenbund, halb im frivolen Scherz, halb im tieferen Ernste schlossen, war meine Absicht dabei zwar eine egoistische, aber doch, glaube ich, keine unedle. Im Gefühle meiner Schwäche, das heißt, in dem Bewußtsein, zwar das Wahre, Schöne und Gute anzubeten, aber durch die irdischen sinnlichen Mächte nicht nur zu leicht in den Schlamm der Welt herabgezogen zu werden, sondern wie in unbegreiflicher Vergessenheit meines edleren Theiles, mir sogar lange Zeit darin zu gefallen, bis eine Erweckung des einfallenden höheren Lichts, ein durch göttliche Liebe angeregtes Aufgehen der inneren Gnadensonne mich wieder daraus erhebt, und mich, bessere Vorsätze fassend, die verlorene Würde innig beweinen läßt.

Es wäre traurig, wenn ich bei diesem öfters eingetretenen Wechsel nicht zu mehr bleibendem Besseren vorgeschritten wäre. Seit meine Ueberzeugung dessen was sein sollte fest, die Erkenntniß meiner selbst klarer geworden, muß ich, schnell oder langsam, vorwärts schreiten.

Um diesen Gang nun zu beschleunigen, sehnte ich seit lange mich nach einem Geiste, der Penetration, rücksichtslosen Muth, und den reinen liebenden Willen habe, mir die Wahrheit zu sagen zu meiner Besserung und Veredlung, die Wahrheit aus eigener Anschauung, und auch aus dem Urtheil Anderer, da jedes moralische Urtheil, es komme woher es wolle, Beachtung verdient. Diesen Dienst erwarte ich nun von Dir, und nenne diese Hoffnung egoistisch, weil ich zugleich bestimmt fühlte, daß ich Dir zu nichts wieder dienen könnte.

Es scheint nun, ich habe mich überall geirrt. Erst in Deinem letzten, eben durchlesenen Briefe finde ich mir heil= same Wahrheit, alle früheren, obgleich mich zum schein= baren Gegenstande habend, und mit Schmeicheleien, ja Ido= latrieen (vielleicht humoristisch) niederdrückend, sind doch nur zu Befriedigung eigenen Dranges geschrieben, eigentlich mit fast eben so wenig Rücksicht auf mich, als der leidenschaft= liche Schütze, in Ermangelung des Wildes, sein Pulver auf einen gemalten Hirsch verschießt.

Diesem Spiel konnte ich nun nicht entsprechen. Bei einer weniger Genialen und Werthvollen als Du bist, hätte es mich vielleicht belustigt, (denn wie alle Betrüger betrogst Du Dich dabei auch theilweise selbst,) bei Dir aber schmerzte es mich zuerst, und beleidigte mich zuletzt, als es mir im täglichen Verkehr entgegentrat.

Willst Du nun, jenen Weg verlassend, den gezeigten einschlagen, mein Sklave sein, der mir die Wahrheit sagt, und sie für mich sorgsam aufsucht? Ich weiß weder mehr, ob Du den Willen, noch die nöthigen Eigenschaften dazu besitzest, aber mit großem Dank wird es mich erfüllen, wenn Du dem trockenen, nicht angenehmen Geschäft Dich wid= men willst.

Daß ich dabei verlange Sie genannt zu werden, ge= schieht deshalb, um Dich dadurch zu verhindern, Dich wieder in die Leidenschaftseinbildung hineinzuarbeiten. Das Sie wirkt ohnfehlbar wie ein Dämpfer, weshalb auch die Seherin von Prevorst erklärte, sie müsse sterben, wenn sie jemand

mit Sie anzureden sich zwingen solle, und Dein Zustand
hat einige Aehnlichkeit mit dem ihrigen.

Ist Dir aber jene alte Art unserer Korrespondenz,
wie Du sagst, nöthig, um Dein Werk über und an
Goethe zu vollenden, so schreibe wie Du willst, denn es
wäre sehr grausam von mir, wenn ich Dich und die Welt
um etwas so Schönes, Originelles, ja vielleicht Einziges
in seiner Art bringen wollte, als dieses Werk ohnfehlbar
werden muß, wenn Du Dich nicht zu sehr darin gehen läßt,
und bedenkst, daß kein Kunstwerk durch bloße Phantasie
ohne Zwang und Mühe und sehr verständige Sichtung zu
Stande kommen kann.

Dieser Brief ist, glaub' ich, der längste, den ich Dir
noch geschrieben, wahr und treu gemeint.

Selbst Dein Beichtvater müßte ihn billigen, und ich
hoffe daher, daß Du ihn beherzigen wirst.

Da meine Freundin nach Carolath gereist ist, so lebe
ich wieder hier einsam mit Büchern und Hunden, korrigire
die Druckbogen meiner Skribtereien, arbeite an neuen, und
pflanze unzählige Bäume. So vergeht mir die Zeit gar
angenehm, und voll reicher Abwechslung. Dein Andenken
gehört auch darunter. Lebe wohl.

35.

Bettina an Pückler.

Den 15. Dezember 1833.

Als Kind wohnte ich auf einem Landhause an den
schönen Ufern des Mains; hinter dem Garten führte ein
Pfad zwischen Jasminhecken an einem Kreuz vorüber, da
stand eine Bank, auf der die Bettler und Wanderer aus-
ruhten. Eines Morgens, da ich in den Garten wollte, saß
da ein Knabe, der bettelte; ich gab ihm das Brot, was ich

angebissen hatte. Da er mit dieser Gabe nicht zufrieden schien, lief ich in's Haus zurück, um ihm mehr Brot zu holen. Wie ich zurückkam, war der Knabe weg, aber das Brot lag noch da, und das Salz, welches ich auf= gestreut hatte, war heruntergefallen. Unter mitlei= digen Thränen, daß es verschmäht worden, aß ich das Brot auf.

Fürchten Sie nichts mit dem Du; es ist wie mit jenem verschmähten Brot, ich hab' es unter Thränen wieder zurück= genommen, und das Salz dieser Liebesgabe ist verschüttet.

Für Ihren Brief danke ich herzlich. Sie würdigen mich Ihres Vertrauens; ich fühle mich beschämt, denn ich weiß, daß ich Ihnen nie etwas geboten habe, was Ihrem ein= fachen Bekenntniß an die Seite zu stellen wär'.

Ein paar einfache Wahrheiten, die ich während dem Lesen Ihres Briefs, und also in Beziehung auf Sie, empfunden habe, schreibe ich ohne Introduktion hieher.

„Die göttliche Wahrheit giebt sich zum erstenmal und nur einmal; aber sie kann auch nie erlöschen. Dazu ist der geistige Mensch bestimmt sie in sich aufzunehmen, alles andere ist nichts. Wahrheit soll der Geist empfangen, und durch diese Empfängniß soll sich der göttliche Genius wiedergebären." Ja, es gehen manchmal Wahrheiten in mir auf, von denen weiß ich, daß sie tief in die Seele ein= bringen, sie sind nicht mein Eigenthum, sie sind dem zuge= eignet, der sie in mir erregt, und hier schreibe ich die zweite Ansicht, die der ersten entspricht: „Es giebt keine andere Besserung, als Geist; keine göttliche Frei= heit, keinen Himmel, keinen Raum, als nur Geist; Geist ist himmlischer Raum. Je höher der Geist sich entfaltet, je weiter durchdringt er den Himmel."

„Der Himmel ist also nicht durch eine Kluft von uns getrennt, die wir durch den Tod überspringen; er fängt unmittelbar da an, wo wir uns nach ihm sehnen, das heißt, wo wir die erste geistige Regung zur Empfängniß göttlicher Wahrheit haben. Das Göttliche begreifen lernen, das ist die ganze Aufgabe."

Sie klagen mich einer leidenschaftlichen Stimmung gegen Sie an, in meinen früheren Briefen; sie waren an den gerichtet, der mich belehrt, entzündet und erhöht, ich sprach mit dem göttlichen, von Ihnen verläugneten Ideal Ihres tieferen Bewußtseins.

Wie Richard Löwenherz gefangen lag, da umschritt der eifrige Blondel Tag und Nacht mit heißer Sehnsucht nach einem Zeichen seines Herrn, den Thurm, in dem er ihn gefangen glaubte, er sang ihm seine Treue in den heißesten und schmelzendsten Liedern zu, und begeisterte so den gefangenen Helden, die verlorene Freiheit wieder zu erobern. Indem er ihn an seinen erhabenen Ursprung, an seinen Muth und früheres Glück mahnte, machte er ihn kühn, seine Zukunft wieder zu erbeuten.

Nicht wahr, Richard Löwenherz, Du weißt, daß diese Lieder, die in stillen Nächten vor Deinem einsamen Gefängniß ertönen, diese heiße Begeisterung für Dich, die Wirkung Deiner höheren Macht über Deinen treuen Blondel sind? Er ist zwar frei, und Du bist gefangen; aber Du bist der König, Du bist der Höhere, der Gewaltige, in dessen Blut schon die Vorrechte an ein erhabenes Glück wallen, denen die Treue verpflichtet ist. — Nicht wahr, Richard, Du entsagst nicht dem Thron der Herrscherwürde, und nicht dem dienenden Freund? —

Ach, lassen Sie dies zufällige Gleichniß gelten; widersprechen Sie nicht, ohne vorher zu prüfen, ob ich nicht Recht haben könnte.

Ich frage Sie, und bitte bloß mit der einfachen Wahrnehmung zu antworten, ob Sie einen göttlichen Menschen

in sich anerkennen, der aller heiligen Begeisterung und lei=
denschaftlich aufopfernden Liebe würdig ist?

„Jene Idolatrieen, die Ihnen: „**niederdrückend**"
waren, dies Spiel, dem Sie nicht entsprechen
konnten, das Sie schmerzte, und endlich, da es
Ihnen im täglichen Verkehr zu konstant ent=
gegentrat, Sie sogar beleidigte," hat vielleicht
doch keinen ungünstigen Einfluß auf Sie gehabt: denn in=
dem die Liebe das Höchste an Ihnen voraussetzte, fühlten
Sie zugleich, daß es ein Recht habe in Ihnen zu walten.

In einem Ihrer früheren Briefe sagen Sie mir: „In
mir siehst Du mehr als ich bin, aber vielleicht
hast Du so den besten Weg eingeschlagen, etwas
aus mir zu machen," und noch mehr Beweise könnte
ich Ihnen geben, daß meine Briefe Ihnen zum Theil an=
sprechend waren. Ich will nicht läugnen, daß mich mein
eigenes Bedürfniß nach Liebe auch bewegte, indessen war
ich von keiner sklavischen Leidenschaft befangen, und wenn
ich mich auch geirrt hätte — wenn nur das Göttliche mein
Ziel war, so ist auch Irrthum belehrend.

Sie fragen, ob ich Ihr Sklave sein will, der Ihnen
die Wahrheit sagt, und sorgsam für Sie aufsucht? Wie
soll ich das anfangen? — Ich kenne Sie nicht; — ich
weiß nichts Böses von Ihnen. Was soll ich in Ihnen be=
streiten? — Mir ahndet nur, daß hier mein König ge=
fangen liege. Aber Sie wollen die idealische Natur in sich
nicht angeredet wissen. — Soll ich mich nun an das
halten, was andere Leute von Ihnen sagen? Just nachdem
ich Jahre in Ihrem Dienst zugebracht habe, soll ich da bei
Anderen über Sie forschen? — Und wenn ich diesen
Glauben schenken wollte, wie übel würde ich da fahren?
Seitdem man weiß, daß ich in Muskau war, hör'
ich öfter von Ihnen sprechen, derb und hart, aber es

sind Dinge, die für mich keinen Leib und keine Seele
haben.

Sie scheinen zu glauben, daß ich wie die Seherin von
Prevorst hellsehend sei, und so ohne weiteres den Nagel
auf den Kopf treffen werde; wie können Sie dergleichen
noch von mir erwarten, da ich's während zwei Jahren ver=
kehrt gemacht habe? Sie erzählen, daß die Seherin erklärte,
sterben zu müssen, wenn sie gezwungen würde jemand mit
Sie anzureden; und mir legen Sie dies heimliche Gift,
und freuen sich schon im voraus auf seine Wirkung, von
deren Unfehlbarkeit Sie ganz überzeugt scheinen. O, höchst
naiver Fürst Pückler!

Sie bieten mir an, meine Korrespondenz mit Ihrem
Doppelgänger, Ihrem hölzernen Repräsentanten, dem ge=
malten Hirsch, fortzuführen, wenn es nöthig sein sollte, um
mein Werk über Goethe zu vollenden. Nein, es ist nicht
nöthig, ich hab' meine Niedergeschlagenheit überwunden, und
jetzt, wo ich beinah überzeugt bin, daß es nur der gemalte
Hirsch war, von dem ich in Muskau alle Kränkung erlitt,
fühl' ich mich wie umgewandelt, und wirklich in magnetischer
Beziehung mit Goethe.

Ach, diese Briefe sind schön, sie freuen mich, es ist mein
einzig Glück, in diesen begeisterten Kinderjahren zu schwel=
gen. Ich habe nichts, gar nichts mehr, als diese Jugend=
blüthen der Offenbarung, die heute noch duften, und gewiß
auch über meiner Grabstätte duften werden. Ja, es ist ein
wunderlich Geschick: losgerissen, zurückgewiesen von Allen,
bin ich allein in meinen vier Wänden mit diesen Blättern,
wo jede Zeile mit mir spricht, und mir die Gegenwart er=
füllt mit der Vergangenheit, mich zurückführt in den Früh=
lingsgarten, den kein Mensch mir streitig machen kann.
Man fordert mich zwar auf, mich zu beeilen, daß es ge=
druckt werde. Warum sollte ich mir die Lust verkürzen?

Was hab' ich davon, wenn es fertig ist? — Nichts und niemand; wenn erst die Welt das Buch in Händen hat, dann weiß ich, daß ich von ihr durch den Richtplatz geschieden bin, und bei Ihnen muß ich auch noch riskiren, daß der gemalte Hirsch es konfiszirt.

Sie sagen mir: „ich soll mich nicht zu sehr gehen lassen in diesem Werk, und bedenken, daß kein Kunstwerk ohne Zwang und Mühe, und sehr verständige Sichtung zu Stande kommen könne." Hier ist nicht die Rede von einem Kunstwerk; ich muß mich ganz hingeben, ich sichte nicht, ich lege keine Hand an! Ruder, rasch fliegt der Kahn mit dem reißenden Strom; es dröhnt mir oft im Kopf, ich fühle Herzklopfen, der Drang der Gedanken macht mich verzagen, ich wehr' mich, bis ich alles vergessen habe, bis allmählig das Getümmel von Geist und Empfindung wie Wolken ineinander schmelzend sich verliert, dann, wenn ich das Allzunächtige erst los bin, wende ich mich an die Kindereinfalt des Erlebten, und dies allein ist meinen Kräften angemessen, und wie sich's giebt, so muß ich's nehmen.

Heute Nacht hab' ich wieder viele Gedanken gehabt, die ich Ihnen gern mitgetheilt hätte; sie hingen sehr mit Ihnen zusammen; ich konnte sie nicht bis am Morgen festhalten, eine Erscheinung verdrängte die andere; und dann muß ich auch fürchten, der gemalte Hirsch möge sie falsch auslegen, er hat mich auch verläumberischer Weise einer beleidigenden Leidenschaftlichkeit beschuldigt, während ich in Muskau frei und unbefangen Ihnen gegenüberstand. Am ersten Morgen, da Sie zu mir kamen, schenkten Sie mir ein augenblickliches Vertrauen; indem wir den Weg nach dem Schloß zusammengingen, sagten Sie: „Ich bin sehr unglücklich gewesen, und meist durch eigene Schuld." Sie versprachen mir wiederzukommen, und mir vieles mit=

zutheilen, Sie kamen aber nicht mehr, obschon mir der ge=
malte Hirsch jeden Abend sagte, ich solle Sie am anderen
Tag erwarten.

Ich glaub', ich habe Sie von da an nicht wiedergesehen,
der betrügerische gemalte Hirsch hat es Ihnen versagt, er
war's, dem ich Abends vorlas, dessen Launen mich nicht
schonten, und der mir noch am letzten Abend alle Schmach
anthat, deren Sie nimmer fähig gewesen wären. Ach, ich
will's vergessen, möge Ihnen Ihr Lieblingsort nie so abge=
storben, nie so verzweiflungsvoll schmerzlich vorkommen, als
mir an dem traurigen Tag, wo ich flüchtete. Ich werde
Muskau nicht wiedersehen, seine herrlichen Gärten blühen
nicht für mich.

Ich lese eben Ihren Brief noch einmal durch, ich müßte
Ihres Vertrauens nicht würdig sein, wenn ich Ihnen kühn
versprechen wollte, zu was Sie mich auffordern. Dürfte
ich die Ueberzeugung hegen, Ihnen etwas zu nützen! —
Aber dazu berechtigt mich nichts; ich fühle, daß ich mich
aller Anstrengung enthalten muß, und Ihnen bloß die ein=
fachsten Mittheilungen machen muß.

Den Abend, wo Sie mich in Ihre Wohnung führten,
war ich einen Augenblick in Ihrem Schlafzimmer allein;
ich legte die Hand auf Ihr Lager, es war ein magnetischer
Zug, ich glaub', ich habe gebetet. Auf diese Zauberformel
meines Inneren fühlte ich eine hohe Befriedigung.

Lassen Sie den hochmüthigen, gemalten Hirsch diese
letzte Mittheilung nicht verfälschen.

Bettina.

Hier wiederhole ich Ihnen das Wichtigste in meinem
Brief: lassen Sie sich durch keinen inneren Widerspruch
irre machen. „Es giebt keine andere Besserung
als Geist." Er ist göttlich, ihm muß alles Schlechte
weichen.

Ich weiß nicht, ob das Wenige, was ich hier in Bezug auf Sie gesagt habe, Ihnen zusagt. Bedenken Sie, daß aller Anfang gering, und auch schwer ist, daß ich Ihre individuelle Richtung nicht zu beurtheilen vermag; ich erwarte Ihre Entscheidung hierüber; und verspreche Ihnen mich auch zu bessern, und alle Beziehungen auf mich aufzuheben.

<hr/>

36.

Pückler an Bettina.

Muskau, den 25. Dezember 1833.

Ach, wie schön ist Dein letzter Brief! Einem klaren, lieblichen Tage milder Weisheit gleich — wie tief die Wahrheiten darin, und wie gern will ich sie mir zum Nutzen zu machen suchen!

Ist es seltsam, daß ich dennoch dieser Deiner Neigung, Liebe, Freundschaft, oder wie Du es nennen willst, zu mir, nicht recht vertrauen kann? Ich komme mir immer, selbst wider meinen Willen, nur wie Dein Spielwerk vor, zu einem Zweck, der weder Dir noch mir ganz klar ist. — Nun wohlan, ich habe Dich auf eine kleine Probe gestellt, wenngleich nur ein ziemlich unbedeutender Scherz, doch eine Probe, ob Du mich verläugnen wirst, ob Du wirklich Andere nicht scheust, um mich, den weniger Bedeutenden, zu vertreten, ob Du so handelst, wie Du sprichst.

Wird Dir schon bange? Es wäre kein gutes Zeichen, jetzt habe ich gescherzt, ein anderesmal könnte ich Ernst machen, und ich muß wissen, wie weit ich auf Dich zählen kann.

Gedenke dieses Briefes zu seiner Zeit; nun von etwas ganz Verschiedenem.

Du kennst meine landschaftschöpferische Leidenschaft. Der Himmel hat dieser auch eine harte Probe aufgestellt.

Ein furchtbarer Orkan, der mein altes Schloß fast umge=
worfen, hat meine Anlagen größtentheils zerstört, und woran
ich namentlich dieses ganze Jahr auf dem Dir nicht bekannt
gewordenen Jagdhause so emsig gearbeitet, in wenigen Stun=
den gänzlich vernichtet. Nun erkläre mir meinen Charakter.
Es ist dieses als etwas Unabwendbares, mir vollkommen
gleichgültig, affizirt mich nicht im geringsten unangenehm,
während oft ein einziger von mir mal à propos umge=
hauener Baum mich jahrelang höchst empfindlich gequält
hat. Zeigt dies nicht Anlage zu einer eminent moralischen
Natur? Ich brauche Dir den Zusammenhang wohl nicht
erst auseinanderzusetzen, erwarte im Gegentheil von Dir
noch ein neues Licht darüber.

Einstweilen lebe wohl.

Leb' wohl, und dichte fort, so schön, als Du es hier
uns zu enthüllen angefangen, denn Dein Werk wird Du
sein, wie in vielem und tiefen Sinne Du Dein Werk bist.
Adieu.   Dein treuer liebender Freund

H. P.

37.

Bettina an Pückler.

Ihr Brief hat mir viel Freude gemacht; sehen Sie die
meinigen nicht auf ihre Schönheit an, was sie Gutes und
Ihnen Zuträgliches enthalten, das haben Sie sich selbst zu
danken.

Die Aufgabe zwischen uns ist vielseitig, und für mich
eine wahre Schule; ohne daß Sie den Frevel begehen,
mich auf die Probe zu stellen, sind der Prüfungen viele,
die ich zu bestehen wünsche und hoffe. Weil ich den reinen
Willen habe, gegen meine Fehler und Verkehrtheiten an=
zukämpfen, durch die allein ich mich an Ihnen verschulden
könnte; daß ich Sie verläugnen könnte, worüber Sie einige

Zweifel hegen, ist nicht die Klippe, vor der ich mich fürchte; Meinungen und Vorurtheile haben mich nie in die Enge getrieben, die Empfindung ein guter Lanzenwerfer zu sein, und von weitem ohne Anstrengung den treffen zu können, der mein Heiligthum antastet, giebt mir ein zu mächtiges Bewußtsein meiner selbst, und stimmt mich zu nachsichtig für meine Gegner, als daß sie mir noch etwas bedeuten sollten.

Sie sind nicht mein „Spielwerk," zu einem „Zweck," der weder mir noch Ihnen ganz klar ist; mir ist ganz klar, daß ich durch Sie die Vermittelung zum Göttlichen suche; ich schenke Ihnen nichts, alles ist göttliche Forderung an mich, und wär' ich anders gegen Sie, so wär' es Sünde.

Wo man sich aus dem sinnlichen in ein geistiges Feld hinüberschwingt, da vergeistigen sich auch alle Bedingungen. Ihnen die Treue zu brechen, wär' ein Verbrechen an mir selbst; wie wär' ich nichtig und elend, wenn diese Liebe, diese nachhallende Begeisterung eine bloße Illusion wäre? — Wie wär' es öde und verwirrt in mir, an wen sollte ich mich halten? — Wen fragen, wem antworten? — Wie könnte ich mir zutrauen, daß ich je das Rechte gewollt hätte, wenn sich meine eigene Begeisterung Lügen strafte? — Ach, ich will nicht hoffen, daß so wenig edler Stahl in mir ist, daß er kein Feuer gäbe, wenn man ihn anschlägt. Wenn uns denn doch einmal die Schwingen gewachsen sind, warum wollten wir uns nicht erheben, und miteinander in dem kühlen Aether schiffen? Warum nicht? Still und verborgen, wie das Heilige immer ist.

Heute Nacht zwischen 12 und 2 Uhr hab' ich die Mondfinsterniß beobachtet; bei Savigny war Gesellschaft, die jungen Leute voll heiterem Uebermuth, führten Sprüchwörter auf: „Alter schützt vor Thorheit nicht." Ich hatte die jungen, in Gold und Silber phantaſtiſch gekleideten Mädchen um den alten Herzog gruppirt, ſie neckten ihn mit der Spindel, boten ihm Wein, und ſangen ihm luſtige Lieder auf ſilbernen Harfen. Da kamen die eben ſo phan= taſtiſch gekleideten Jünglinge mit Muſik, und holten ab zum Tanz; die Federn, die goldpapiernen Kragen, die Blumen= kränze, alles flog und rauſchte, als die Mondfinſterniß das Feſt unterbrach. Es ſah ſehr magiſch aus, wie der Mond mit ſeinem letzten Rand den falſchen Schmuck beleuchtete; alles hatte ſich vor die Thüre gedrängt ihn zu ſehen, ich blieb doch bald allein; drinnen ging das Toben, Jauchzen, Liederſingen, Hochleben und Tanzen fort. Um ſo einſamer war es hier; ich dachte Ihrer, oder vielmehr ich empfand Sie, während der Mond ſich allmählig enthüllte, es ſtellten ſich mir Ideen dar, wozu ich nicht Vernunft genug hatte, um ſie zu faſſen; gewiß: die geiſtige Welt iſt zu mächtig, auch der tiefſte Denker wird ſie nicht in ihren Beziehungen verſtehen, die beſte Weisheit iſt, dem Geiſt auf den Spuren der Ahndung nachzugehen, dieſe liegen Jedem nahe, auch Ihnen. — In der Einſamkeit konzentrirt ſich der Geiſt; die Neigung, die dem Menſchen eingeboren iſt, ahndet da ihr Ideal. Iſt es denn der Leib, der uns in der Schön= heit bezaubert, oder iſt es der Geiſt? Und wenn es der Geiſt iſt, iſt da das Ideal der Schönheit nicht die Weis= heit? Alſo: was Du liebſt, dem gehſt Du nach, und davon liegen die Spuren der Ahndung in Deiner Seele, und die Ahndung wird Dich nicht irre leiten.

Ich kann Ihnen die Frage, die Sie an mich ſtellen, über Ihre Gelaſſenheit bei der Zerſtörung Ihrer Lieblings= anlage nicht beantworten; ich kann nur ſagen, daß dieſe Gelaſſenheit auf erhabene Schönheit Ihrer Seele deutet, und ich erwarte, Sie werden dieſer Schönheit nachgehen, ihr huldigen, ſich ihr verpflichten, daß Sie ſo hohen An=

lagen entsprechen wollen; ja, Sie können keck sich verpflichten: „weil ich so schön bin, so will ich nicht sündigen, sondern das Göttliche, (meine eigene Schönheit,) lieben." — Es sind nicht alle Menschen so ihrem eigenen Ideal gegenüber gestellt wie Sie, nicht Jeder vermag es, so großartige Züge in sich zu erkennen, und so auf's neue, auf's lebhafteste zur Treue gegen sich aufgefordert zu werden; ja nicht anders, es ist die Geliebte, der Sie untreu waren, und es ist die Aufgabe Ihres Geistes, sie wiederzuerobern; und daß Sie ein Bedürfniß dazu haben, beweist mir eben, daß Sie sich des Schönen und Großen in sich bewußt werden, davon ergriffen sind, und es würdigen.

Ach, lesen Sie die Sacontala, und finden Sie im Verhältniß des betäubten Königs zu der Geliebten ganz sich selbst ausgesprochen. So süß denke ich mir Ihre sinnliche Verschwisterung mit dem Geistigen, wie dort zwischen den beiden Liebenden; so mag's in Ihnen blühen und duften, wenn die Sehnsucht zum Schönen sich in Ihnen regt; und so mag wohl Schwermuth und Unzufriedenheit Sie von sich selbst getrennt haben, wie jenen König, da er durch einen bösen Zauber seiner Geliebten vergessen hatte; lesen Sie die Szene von dem Bild, wie der König die Biene wegscheucht, von der er fürchtet, sie möge es stechen, und wie ihm dunkel die Erinnerung an das genossene Glück aufsteigt, und es kommt Ihnen wohl noch die Erinnerung, daß Sie einst dieser König waren.

Nein, ich läugne Ihnen nicht, die „Anlage zu einer eminent moralischen Natur"; nicht die Anwartschaft auf das Erhabenste; fordern Sie von Gott vollkommene Harmonie mit allem Schönen, fordern Sie das Höchste, und vor allem, machen Sie die Bedingung: Freisein von allen Banden.

Gewiß, das was die Sinne reizt, macht auch glücklich, was glücklich macht, ist göttlich, es soll nicht verderben, das ist die Aufgabe, daß das Sinnliche in's Geistige übergehe, aber wer das Sinnliche versinken läßt mit sich, wer sich nicht mit ihm hinüberschwingt in das geistige Reich, das unserer harrt, der versündigt sich an der Befähigung zu seinem Glück. Denn die Aufgabe ist: **selig** zu werden. Ja, Fürst Pückler, wenn wir auch noch nicht es verstehen, so ahnden wir doch, was wir hier ausgesprochen haben.

Sei keusch aus Liebe zur Wollust, heilige in ihr das Göttliche, eben weil Du befähigt bist Wollust zu empfinden, so soll sie in Dir nicht absterben, sondern in Dir das ewige Leben erwerben. Was verlangt denn Gott von uns, indem wir das ewige Leben erwerben sollen? Doch wohl, daß das, was in uns lebt, sich vergeistige, — und was lebt denn in uns, als nur das Sinnliche? — und wie vergeistigt es sich denn, als nur dadurch, daß es eine Tugend wird?

Ach, ich wollte, ich könnte hier deutlicher sein, Sie müssen Nachsicht mit mir haben. Ich möchte Ihnen Ihre eigene Natur zu verstehen geben, wie Sie nur von sich selbst abgewichen waren, wie Ihre Versündigung nur eine Schmach ist, die Sie sich selbst anthun, wie Sie nach nichts anderem trachten sollen, als nur nach sich selbst, daß dies die Fortpflanzung Ihres göttlichen Saamens ist.

Wahrlich, es gehört sinnliche Kraft dazu, den Geist zu befruchten; ich habe Ihnen das letztemal gesagt, „es giebt keine Besserung, als nur Geist." — Heute sage ich Ihnen: Gebet ist die sinnliche Kraft des Geistes, Geist ist ganz und gar Gebet, da wird er fruchtbar, da erzeugt er sich auf's neue, und was nicht im Gebet ist, das ist Sünde. Wie kommt Ihnen dies vor? — Was nicht im Einklang ist, das ist falsch. — Gebet ist die Harmonie aller Gefühle und alles Geistes. Was es nicht in sich aufnehmen kann,

ift Sünde; geben Sie auf sich selber recht Acht, so werden
Sie mir Recht geben; in Ihren einsamen Stunden, wo
Sie mit sich ungestört zu sprechen vermögen, werden Sie
empfinden, daß Ihr Denken Gebet ist, oder daß Sie sich
selbst ausweichen.

Ich habe hier manches berührt, was einer höheren Ent=
wickelung bedürfte, manches, was vielleicht noch nicht gesagt
ist; Ihnen ist es durch meinen Mund gesagt, und keinem
Anderen; ich hoffe, Sie bleiben mir gut, und verlieren die
Geduld nicht.   Bettine.

38.

Bettina an Pückler.
Sonntag, den 22. Dezember 1833.

Eben im Augenblick, da ich in die Kirche gehen wollte,
kam Ihr Billet ohne Datum. Ich habe nur wenig Theil
an Schleiermacher's Rede genommen, die davon handelte,
daß Johannes mit dem Wasser getauft habe, und sagte:
der nach mir kommen wird, der wird Euch mit dem Geist
taufen. Ich war während der Rede damit beschäftigt, wie
ich Ihr Zutrauen wiedergewinnen wolle, das mir der Art
Ihres Briefwechsels nach verloren scheint. Ich kann jedoch
Ihrem guten Willen keine Netze stellen, und Ihren Nei=
gungen keine Lockungen. Nur bitten kann ich: Trennen
Sie sich nicht gewaltsam von mir; wenn ein Zusammen=
hang zwischen uns möglich ist, so lassen Sie ihn bestehen;
bin ich so ungeschickt, meine Briefe nicht vor Mißverständ=
nissen bewahren zu können, so üben Sie sich, die Gruben,
die der Zufall, (gewiß nicht die Tücke,) Ihrer Eitelkeit in
den Weg legt, zu überspringen, wie Sie gewiß oft als ge=
wandter Reiter mit Lust und Kühnheit gewagt haben.
Schwingen Sie sich über alles hinweg, was Ihnen empfind=

lich sein könnte, und halten Sie fest an dem Einen, daß Ihrem Geist durch diese Uebung Freiheit wird, und Ihr Muth durch Ihr Bewußtsein sich schärft.

Gehen Sie von der Ueberzeugung aus, daß meine Persönlichkeit nicht zu berücksichtigen ist, so werden Sie sich auch von ihr nicht beleidigt fühlen. Scherz und Witz zu unterdrücken, würde Ihrer Großmuth unwürdig sein, und dem Trieb die Wahrheit zu erhaschen, würde die Spannkraft sehr geschmälert hieburch; besonders, daß wir die kleinlichen Gränzen der Selbstsucht zwischen unseren Mittheilungen aufheben; mich wird nichts meinem Gelöbniß, Ihnen zu dienen, abwendig machen, denn das was ich Ihnen hiebei zu danken habe, würde ich mir auf keine andere Weise erwerben können; und Sie haben mich nicht zu fürchten, denn insofern ich Einfluß auf Sie haben könnte, ist es ja Ihr eigener Geist, der mich als Organ benutzt.

Da wir uns einmal zu Höherem aufgefordert fühlen in diesem Verhältniß, warum wollen wir zu zaghaft sein, uns dafür anzustrengen, es ist ja göttliche Gabe, die uns hier geboten wird, denn göttlich ist es, festes Vertrauen zu gewinnen, das keinen Anstoß nimmt. Erheben Sie sich darüber, daß ich falsch gegen Sie sein könnte; wählen Sie immer das Höchste, ob es gewürdigt werde oder nicht; es ist ja um Ihrer selbst willen, daß Sie groß denken, nachsichtig sind und ohne Argwohn; es kommt Ihnen zu gut, wenn Sie das in mir voraussetzen, was mich würdigt, Ihrem Vertrauen zu dienen, und wenn ich auch nicht Geist und Willen dazu hätte, so könnte es doch Ihre Großmuth nicht zu Schanden machen.

Ihr Brief vom 25. November datirt, ging erst am 9. Dezember ab, wie Sie aus beigefügtem Poststempel ersehen; ich erhielt ihn am 13; meine Antwort schickte ich am 16. ab.

Ihr letzter schriftlicher Auftrag ist am 18. Dezember gestempelt, heute am 22. hab' ich ihn erhalten. Die Kopie, welche Sie verlangen, habe ich eben bestellt; dies Bild wird gegenwärtig von einem anderen Maler kopirt, und kann daher erst nach dessen Beendung angefangen werden.

Wenn Sie künftig Ihren Unmuth an mir auslassen wollen, so schießen Sie nicht auch Ihre Bolzen auf den gemalten Hirsch ab, indem Sie mich gnädigste Frau nennen, Sie sehen ja, es rührt mich nicht, ich bin und bleibe Ihre unterthänige Magd. Bettine von Arnim.

39.

Pückler an Bettina.

Muskau, den 26. Dezember 1833.

Seit wann hast Du Dich, genialer Geist, so am Fuß des Buchstabens angesiedelt, daß Du einen trivialen Scherz, wie den meines Billets, so ernst und falsch verstehen konntest! Du kennst mich noch lange nicht, weder im Guten noch Schlimmen.

Doch hast Du den gröbsten meiner Fehler, und den gefährlichsten, in Deinem letzten Briefe richtig getroffen — die so leicht verwundete, und im ersten Schmerz kein Erbarmen kennende Eitelkeit! Könnte ich diese und eine zu ausschließende Eigenliebe, aus der sie wohl hauptsächlich fließt, besiegen, so wäre ich weit besser als Du und eine Legion Menschen; so bin ich vielleicht schlechter, und werde mit Recht dafür noch viel leiden, das heißt, büßen müssen.

Es ist aber mit starken Fehlern ein sehr übles Ding, und zu ihrer Besserung mag oft Unglück große Gnade sein. Mir geht es immer noch viel besser, als ich es verdiene, das fühle ich, ohne ein kränkelnder Frömmler noch ein geist-

licher Pharisäer zu sein, aber ich werde auch Unglück eben
deshalb mit Dank annehmen, wie alles, was Gott schicket.
Darin bin ich fromm, und habe eine felsenfeste Zuversicht,
einen kräftigen Glauben.

Du hast aber gar keinen solchen an mich, liebe Bettinin,
die Du besorgst, Scherz und Witz von Deiner Seite über
mich könne mich beleidigen. Nein, so ist meine Eitelkeit
gar nicht beschaffen. Sie ist leider so kolossal, daß Scherz
und Witz über mich, je treffender, je mehr mich, weit mehr
noch, ergötzen als über Andere. Nur müssen beide gut sein,
schlechter und dummer Witz ärgern mich. Dieser ist Dir
aber unmöglich, Du hast einen anderen Fehler, aber da
unser Vertrag nur ist, daß Du mir die volle Wahrheit sagst, nicht ich Dir, so nenne ich ihn nicht, Du brauchst
es auch nicht, denn Du bist fertig und abgeschlossen, ich
keineswegs. Lebe wohl, ich drücke Dir die Hand auf das
herzlichste, denn so schlimm wir eigentlich in Muskau uns
begegnet, es hat Dich mir doch weit näher gebracht.

Dein treuer Freund
H. P.

40

Bettina an Pückler.

Sonntag den 28. Dezember 1833.

Heute Morgen war ich in Schleiermacher's Kirche,
dann ging ich zu ihm, um ihm zu sagen, wie viel Treffendes er mir in seiner Rede zugewendet habe; er sprach nämlich über die Weisheit der Liebe, die immer den Mißver-
ständnissen auszuweichen suche, und daß es nicht genügend
sei, Wahrheit mitzutheilen, sondern sie müsse auch demjeni-
gen angemessen sein, der sie aufnehmen solle, und es sei
Hochmuth, sie anders mittheilen zu wollen; er hat mit gro-

ßem Scharfsinn auseinandergesetzt, wie es die höchste Weis=
heit sei, sich faßlich zu machen; das war mir eine Warnung,
künftig einfacher zu sein, und Sie sind mir darin ein Vor=
bild, denn Sie sprechen die Wahrheit sehr deutlich aus, so
daß man keinen Zweifel hegen kann, und ich fühle, daß ich
Ihr Organ bin, dessen Einwirkung auf Sie nur aus Ihrem
eigenen Willen hervorgeht. Darum nehmen Sie auch in
Zukunft den Inhalt meiner Briefe nicht mehr in Bezug
auf mich, sondern das, was Ihnen wichtig drin ist, als un=
mittelbare Zeugnisse Ihres eigenen Genies, und das Uebrige
lassen Sie unbeachtet.

In Muskau, wo der Blitz Ihres Zornes in mich ein=
geschlagen, da hat er zufällig alles getroffen, was der Selbst=
sucht entspricht; ich fühle mich seitdem wie gelähmt in allen
Ansprüchen, mir ist nicht mehr möglich zu wollen, daß Sie
mich lieben, ich kann nicht fordern, daß Sie mir vertrauen,
und nicht daß Sie mich anerkennen. Was Sie mir sagen,
ist wie der Saame in die Erde gelegt, die Früchte gehören
dem Säemann. Möge das Feld meiner Gedanken Ihnen
nützen, und Ihr Eigenthum bleiben bis zur letzten Stunde
meines Lebens.

Nun beantworte ich Ihren Brief vom 26. Dezember.
Sie sagen: „Du kennst mich noch lange nicht, weder im
Guten noch im Bösen." Damit bin ich einverstanden. Sie
kennen zu lernen, Schritt für Schritt, ich läugne es Ihnen
nicht, wär' für mich der Inbegriff einer höheren als irdischen
Glückseligkeit; wenn Ihr Geist die Wahrheit suchte, aus
dem Bedürfniß sie vor mir auszusprechen, so weiß ich ge=
wiß, meinem würde auch Macht gegeben, ihn würdig auf=
zunehmen, ja, und wenn Sie scheinbar nichts wären, und
es gelänge Ihnen sich selbst nachzugehen, sich anzuschauen
und auszusprechen, so hätte der Genius das Größte von
Ihnen vollbracht. O, ich weiß wohl, mancher bekennt seine

Fehler und Schwächen, und giebt sich doch nicht selber, nein, er lügt Vertrauen, selbst indem er die Wahrheit sagt; es ist schwer, und wird nicht gleich gelingen, aber schon der reine Wille, die Neigung dazu, ist groß. Ich kann dasselbe von mir nicht sagen, und fühlen Sie mit mir: Das ist größer als viele, und als ich. Mich demüthigt es wahrlich, daß Sie so über sich stehen, und aus dem Willen zum Guten sich auf diese einfache Weise bekennen, und was Sie mir mittheilen über sich, es bestätigt immer mehr meinen Sklavenstand gegen Ihnen über. — Ja, ich glaub's, daß wildere Orkane in Ihnen rasen, und höhere, und bedeutendere Anlagen in Ihnen verschüttet worden, als die in Ihnen verstanden oder geahndet werden, und daß ein gewaltigerer Geist des Guten in Ihnen sein müsse, der hier muthig die Hand anzulegen wagt. Ich glaub', daß eine große, göttliche Natur in Ihnen gefangen ist, zwischen grausamen, schwer zu bekämpfenden Mächten; so muß es aber sein, eines bedingt das andere, das macht Sie eben göttlich, daß Sie sich selbst erkämpfen, das macht Sie zum Eroberer. — Der Widerstand des Bösen, die Gewalt der Sünde, ist das Element, aus dem sich das des Göttlichen erzeugt. Je riesenhafter ihre Macht, je herrlicher der Held, der aus ihr hervorgeht. — Der Kampf ist eine göttliche Aufgabe, Sie können sicher auf Ihre Kräfte bauen, daß diese einer solchen Aufgabe gewachsen sind.

Es ist uns nichts Sünde, als daß wir einer göttlichen Stimme nicht folgen, die uns zum Kampfe auffordert.

Sie klagen sich einer unbarmherzigen Eitelkeit an, einer zu ausschließenden Eigenliebe u. s. w. — Sonderbar ist es, daß die Sünde immer das vernichtet, was ihre Begierde ist, so vernichtet die niedere Sinnlichkeit die Macht der Wollust, so giebt die Eitelkeit alle innere Würde preis. Hochmuth ist die schon in Wahnsinn übergegangene Eitelkeit, die keine

Zurückhaltung mehr kennt, der die Wahl nicht mehr hat, auf was er es wagt sich zu behaupten, er greift in's Blut, er vernichtet den Geist in der Materie, er vergiftet die ganze Basis des Menschen, daß das Gute sich nirgend entfalten kann; es geht hier ein verderbender Gährungsprozeß vor, alles geht in Fäulniß über, ja, wir wissen es, daß der Hochmuth den Verstand anfrißt, und daß hier kein Geist sich mehr erzeugt. Das Christenthum erscheint unter jeglicher Gestalt, sein Geist weht auch selbst im Heidenthum; aber der Hochmuth reißt es nieder, und wer demüthig ist, der kann sich kühn einen Christen nennen. O Fürst Pückler, bezwingen Sie dies Ungeheuer der Eitelkeit, doch eh es als Hochmuth in blinder, nicht zu vertilgender Wuth rase.

Sie sagen: „Es ist mit starken Fehlern ein sehr übles Ding, und zu ihrer Besserung mag oft Unglück große Gnade sein."

Hierauf antworte ich: daß für Sie manches kein Unglück ist, was Sie so nennen; niemand kann sich in der Welt besser behaupten wie Sie, ohne das sogenannte irdische Glück; ja, Ihre vertrackte Eitelkeit könnte sich sogar auf eine noch eklatantere Weise befriedigen, als es Ihnen mit allem Bombast des Luxus gelingen könnte, indem Sie kaltblütig darauf verzichten. Wie groß ist es, nichts zu bedürfen! Und wer Teufel wird es wagen sich an Ihren Schuhriemen zu versündigen, wenn Sie mit zu ruhigem Stolz sich über die Glücksumstände hinausschwingen?

> Wer sich nicht ohne Staatskleid sehen läßt,
> Wer sich nicht ohne Titel nennen läßt,
> Der weiß nicht, was er ist.

Eins geben Sie nicht auf, vertrackter Sünder — das ist Ihr Standpunkt zu der Welt; erhalten Sie den, trotz allem Wettern und Krachen. Bleiben Sie ein Fürst der

Menschen in Ihrer Seele. Wenn er auch schlecht regierte bis jetzt, so denken Sie, daß alle Schwächen und Vergehungen nichts sind, gegen die würdelose Schmach den Szepter niederzulegen. — Gehen Sie mit mir ein auf diesen scheinbaren Scherz, er ist mein tiefster Ernst. Der reine Wille liegt in Ihnen, und die Tendenz zum Regieren; dieser Fähigkeit haben Sie bisher schlecht entsprochen. — Sie waren in Muskau mit mir einverstanden, als ich Ihnen sagte, Sie seien geeignet ein Friedensfürst zu werden im nächsten Leben. Nun ja! Das nächste Leben geht aber heute an. Ich weiß nicht, warum Sie glauben, Sie müssen erst aus der Haut fahren, um ein neues Leben zu beginnen? Verlassen Sie alle unersprießliche Zwecke, bedürfen Sie nichts für sich, und verwenden Sie das, was Sie vermögen, sei es wenig oder viel, für die Ihrigen, und nicht für sich, so sind Sie mächtig wie irgend einer. — O, lassen Sie sich nicht von meiner kindischen Zuversicht beleidigen, schauen Sie in die Oekonomie meines Kopfes und Herzens, wenn sie auch nicht ausführbar sein sollte. Alles, was Sie entbehren können, dessen begeben Sie sich, es ist Ihrer Würde nicht gemäß, von Bedürfnissen abzuhängen, und Ihr ganzer Genuß kann Ihrem früheren Leben nach fortan nur in der Entbehrung liegen; dabei seien Sie großmüthig, Sie können es sein unter allen Umständen. Beackern Sie Ihr Feld so weit es fruchtbar ist, die reingezogenen Furchen der jungen Saat und das goldene Aehrenfeld sind so schön als ein kurzbegrünter Rasen; wie erfreulich, wenn Sie auch nur jedem Armen ein Brot reichen können; eine fürstliche Einrichtung, mitten im Schooß der Lustgärten das Feld der Armuth zu pflegen.

Sie wollten eine große Reise machen durch die Schweiz, Italien, Griechenland, zur Nahrung Ihres Geistes, Ihres Scharfsinns, zur Belebung Ihres Schönheitssinnes; der heilige Johannes in der Wüste speiste alle Tage Heuschrecken und Honig, und war ein großer Weiser.

Adieu, und lassen Sie meinen Uebermuth in meinem tiefen Ernst untergehen, und wehren Sie sich nicht gegen mich, wenn ich auch manchmal das Verkehrte demonstrire. Meine Fehler wollen Sie mir nicht sagen, weil es unser Pakt nicht ist, nun so verspreche ich Ihnen dennoch, ich will's nicht wieder thun, wenn ich auch nicht weiß, in was er besteht; und daß ich Ihnen schnell antworte, legen Sie mir nicht schlimm aus, es ist, damit Sie sich noch erinnern dessen, was Sie geschrieben.

Bettine.

41.

Pückler an Bettina.

Muskau, den 1. Januar 1834.

Glück zum neuen Jahr!

Ich bin recht stolz auf Deine letzten Briefe, einmal daß ich sie liebe — obgleich sie viel Wahrheit enthalten — zweitens daß ich wirklich sie Dir ausgepreßt. Ich werde es in allem halten, wie Du es willst. Was mir nicht ein= leuchtet, werfe ich unbeachtet weg, was schön und nützlich ist, werde ich mit Ernst und Liebe studiren.

Sehr angesprochen hat mich das Ende Deines vorletzten Briefes, die Stelle über Gebet.

Diese Ansicht der Sache war mir neu, obgleich die Sache selbst nicht, denn wenn Unterhaltung mit Gott über uns selbst Gebet ist, so beten Wenige mehr, ja, ich kann mit Bezug auf des Dichters Wort von mir sagen: Die Zeit ist noch immer bei mir da, wo ich nicht einschlafen kann ohne gebetet zu haben — ist auch dieses Gebet nicht in plärrende Worte gefaßt.

Was Du im letzten Briefe über das Christenthum sagst, stimmt ebenfalls ganz mit meinem Glauben überein. Das Christenthum ist immer da, wo Gott ist, folglich überall für den, der es fassen will, und es hat eben so viel Christen vor Christus gegeben, als nach ihm.

Aus der Haut brauche ich also nicht zu fahren, um ein Anderer zu werden. Nein, (und Du verstehst es auch so,) alles was ich streben kann ist: ich selbst zu werden, rein gewaschen in Feuer und Wasser, von dem Schmutz und der Mandelkleie, dem anmuthig duftenden Oele, und den bunten Farben, die ich und Andere nur fingerdick auftragen.

Aber es ist ein herkulisches Werk! Ich bin auch nicht frei davon, Vertrauen zu lügen, selbst wenn ich die Wahrheit spreche, wie Du mit Deinem scharfsinnigen Geiste bemerkst, diesmal aber meine ich es aufrichtig. Leicht ist es zu sagen, die gemeine Sinnlichkeit tödtet die Wollust, nur die Harmonie aller Kräfte ist wahres geistiges Leben, man soll alles genießen, aber Herr darüber bleiben wie über sich selbst. Wer sieht es nicht ein? Aber es giebt eine Kehrseite, und die bearbeitet der Teufel, an den ich eigentlich glaube.

Was Du über mein Regieren sagst, beruht wohl auf Unkenntniß und Täuschung.

Ich habe in meinem kleinen Wirkungskreise nicht schlecht regiert, und alles, auch die Armen, gar wohl beachtet, nicht bloß kurzen Rasen und Blumen, aber der Wirkungskreis ist mir zu klein, und das ist nicht Hochmuth. Denn ich weiß wohl, wenn auch in Bezug auf sich selbst jeder Wirkungskreis groß genug ist, nicht so auf anderes, und in dieser Hinsicht allein habe ich gesagt: ich warte auf eine andere Existenz, zu der ich diese als Vorbereitung ansehe, und freilich viel schlechter in die Schule gehe, als ich möchte und sollte.

Doch habe ich mein Pfund nicht vergraben; keineswegs. Hochmuth! Es ist ein schrecklicher Fehler, und ich hätte alle Anlage dazu, wenn ich nicht im Inneren tief und manch= mal mit Thränen meine eigene Kleinheit zu tief fühlte — aber die Demuth artet nur zu oft in Hochmuth aus, ja selbst bei dem Besten, und ist es nicht von Deinem Schleier= macher zum Beispiel ein rechter Hochmuth, mich so gering zu schätzen, ohne mich zu kennen? Ihm verdenke ich es aber doch nicht, denn ich liebe ihn; gegen Andere räche ich mich, und auch dies nicht aus Spaß, sondern aus einem Prinzip der Weltklugheit, das ja einmal nöthig ist, wo man nicht christlich handeln kann, ohne mit Füßen getreten, oder wie der Edle selbst gekreuzigt zu werden.

Lebe wohl, es wird des Geschreibes zu viel, und ich muß schriftstellern, die Puppe, mit der ich eben jetzt mit großem Vergnügen spiele. Adieu.

Die Probe kann ich Dir nicht mehr schenken, sähest Du sie auch als Frevel an, und was Deine Fehler betrifft, so ist es kein einzelner, sondern ein allgemeiner in Deiner Na= tur begründeter, mir selbst nicht ganz klarer.

Lassen wir aber das.

Nachschrift.

Ich las Deine beiden Briefe noch einmal durch. Das Thema der Predigt Schleiermacher's ist sehr schön. Aus demselben Grunde mag sich auch Christus selbst zu dem Wunderglauben seiner Zeit herabgelassen haben, so fatal es ihm auch gewesen sein mag, wie man es aus manchen Aeußerungen deutlich hervorbrechen sieht. Alles, was ich in den Evangelien nicht recht verdauen kann, erkläre ich mir immer aus dieser Ansicht, und es giebt solcher Stellen, die nicht im Geiste Jesu sind. Ich habe oft außerordentlich gewünscht, mit einem wahrhaft vorurtheils= und amtsfreien

Theologen, der zugleich ein geistlicher und vortrefflicher Mensch wäre, in vertraute Berührung zu kommen. Er dürfte mir aber keine einzige Blöße geben, sonst verlöre ich mein Vertrauen. Glaube nur, käme Christus wieder, ich hätte noch Kraft und Liebe genug, ihm einer der Ersten als Jünger zu folgen, aber schon einmal sagte ich es Dir, wenn ich nicht irre — es würde nicht lange dauern, heut zu Tage, so säße er in Köpenick oder in Spandau, und wir mit ihm. Die Frömmler aber würden alle wieder schreien: Kreuziget ihn!

Wie mag nur Dein Schleiermacher darüber denken? Also Du fürchtest nicht, mich zu verläugnen? Bettina, denk' an — *). Grade darauf probire ich Dich, ob Du es ganz ehrlich mit mir meinst, durch Dick und Dünne mit mir zu gehen Muth hättest, nicht Deinen Weg, sondern meinen, im Sinne der Unterwürfigen, wie Du mir es gelobt. Es ist nur eine schwache, kleine Probe, für mich wäre sie zu bestehen nichts, eine Freude, wir werden sehen, wie Du hindurch gehst.

Ich habe nur einen Freund und eine Freundin im Le= ben gehabt, deren ich ganz sicher war. Der Eine ist todt, die Andere kennst Du. Die Möglichkeit dies zu erringen, wird nur dadurch bedingt, daß man selbst ein sicherer Freund zu sein fähig ist. Seltsam aber ist es, daß beide nur durch die größte Beschwerlichkeit mich gewonnen haben, denn es ist sehr leicht, sich meines Kopfes, aber außerordentlich schwer, sich meines Herzens, oder wenn es Liebe, meines Gemüths, zu bemeistern. Es gehört eine unendliche Güte, Liebe und Nachsicht dazu. Man muß vor allem weit besser sein als ich. Das alles ist nur sehr wenig zu meinem Lobe, und diese Herzenskälte eine sehr mangelhafte Organi=

---

*) Unleserlich.

sation, die aber eben als solche durch den Willen nicht mehr abzuändern ist.

Dein Johannes in der Wüste, der Heuschrecken frißt, und durch sein liebliches Bild mich vom Reisen abhalten soll, gehört zu den Dingen, die ich bei Seite werfe.

Lebe wohl.

———

42.
Pückler an Bettina.

Muskau, den 9. Januar 1834.

Liebe Bettina,

Deine Briefe, die mir früher oft so vague, verwirrt und unverständlich zu schwärmen schienen, werden immer goldener. Sie sind zu mir herab-, und auch zu mir hinauf= gestiegen, glaub' ich. So hat mir wenigstens noch niemand das Christenthum gepredigt. — Ich will nicht voreilig darüber sprechen, aber das ist gewiß, es haben Deine Worte etwas Feindliches in mir gelöst, und mir unendlich wohl= gethan. Den gottlosen Christen wäre es wahrhaftig bald gelungen, mir dummen Menschen den Göttlichen selbst zu verleiden. — Du hast vollkommen Recht: Seinesgleichen ist nicht wieder da auf Erden! Seltsam! Als Kind in Herrn= hut erzogen, habe ich manche Nacht in den schmerzlich süße= sten Liebesthränen zu Jesu verweint, — und sollte ich, damals aus kindischem (kindlichem) Instinkt getrieben, nun mit gleicher, wenn auch männlicherer Liebe zu ihm zurück= kehren, und Du mir dazu verhelfen, die ich immer, ich weiß eigentlich nicht genau warum, für einen geborenen Hei= den hielt!

Wahrlich, die Sonne schien mir schöner, Aeußeres und Inneres freundlicher, nachdem ich Deinen Brief gelesen, ich fühle mich in der Heimath, wie der auf eine wüste Insel Verschlagene sie im weissagenden Traume erblickt hat, und nun weiß, er werde einst sicher dahin zurückkehren, und seine bleibende Wohnung wieder dort aufschlagen.

Doch jetzt genug hievon.

Bist Du, liebe Christin, auch klug wie die Schlangen? O gewiß! Mehr noch als sanft wie die Tauben. Nun, errathen hast Du's, meine kleine Bosheit habe ich gegen Dich ausgehen lassen, jedoch nur eine malice blanche, und zwar ächt als Probe, keineswegs nachträglich, sondern im Gegentheil ganz vorläufig. Es ist so schön als Probe, weil es nur eine kleine Bosheit wird, wenn Du die Probe nicht bestehst, ganz indifferent, so bald Du sie bestehst. Für einen Anderen ist die Bosheit ernstlicher gemeint, und sollte ich Gewissensbisse darüber empfinden, so könnte es nur seinetwegen, nicht Deinetwegen sein. Uebrigens —*) ich Dich eigentlich, wie einmal mit meinem Seifenpinsel, denn wenn sie da sein wird, wirst Du am Ende die Sache gar nicht der Mühe werth finden davon zu sprechen, oder sie nicht einmal bemerken, und das wäre perfide!

Was macht Varnhagen? Ich lese noch immer das Buch seiner Frau, das mir immer neuen Reiz entfaltet, obgleich ich bestimmt ein Drittheil davon nicht recht verstehe, worüber ich mich schäme, und es außer Dir, meinem Sklaven=Beicht= vater, niemanden gestehen werde.

Varnhagen's tiefer Kummer über den Tod seiner Frau hat etwas sehr Achtunggebietendes, und ich hätte mir sein Benehmen doch gar nicht so erwartet, da Varnhagen mir zwar immer durchaus würdig, aber dabei kalt und ver= schlossen erschien. Hinter diesem Eise, dieser äußeren Voll= endung und Fertigkeit, die mir immer imponirt, hat sich doch ein wärmeres Herz verborgen als unseres ist. Denn bei uns führt die Einbildungskraft das ausschließlichste

---

*) Unleserlich.

Regiment. Wir sind ganz aus Poetenstoff gemacht, und hätten wir zugleich das Talent so auszugeben, wie wir zu empfangen fähig sind, wir würden auch große Poeten sein. So hält man uns nur für ein Bischen überspannt und närrisch, der liebe Gott kennt uns aber.

Was Schleiermacher betrifft, will er aus Interesse an Dir Briefe von mir an Dich lesen, so zeige sie ihm in Gottes Namen.

Schleiermacher ist ein hoher Geist, und meint es ehrlich, was ich wenigen Geistlichen zutraue. Vor ihm scheue ich mich nicht selbst nackt.

Zeigst Du aber irgend jemand Anderem meine Briefe, so würde ich dies als eine geistige Untreue ansehen, denn nicht für jedermann habe ich Lust laut zu denken, ob ich gleich viel zu wenig zu meinem Nutzen in der Welt, ein Geheimnißkrämer bin.

Ich werde Dir bald die „Tutti Frutti" senden. Es ist eigentlich ein jämmerliches Buch! Nimm es wie es ist, und vor allem nicht als den Ausdruck meiner wahren Gesinnungen. Es ist ein thörichtes Geschwätz, aber doch nicht verfehlt, wenn es anmuthig ist. Ich habe aber auch dazu nur schwaches Zutrauen, und der Eitelkeitsfehler, es pikant machen zu wollen, ist im Grunde, ich fühle es wohl, ein Makel, wenn er auch momentan den Zweck erreichen sollte zu interessiren.

Ich werde schon einmal besser schreiben, oder ganz aufhören. Dir kann das Buch an sich nicht gefallen, aber doch in so fern Dich anziehen, als Du meine Inkonsequenz darin studirst, und Dir beim Anblicke solcher schwachen Chamäleonnatur sagen kannst, daß ich die besseren Farben hier für Dich niederlege, und dem Publikum nur die unächten auftische.

Lebe wohl, und schreibe mir mehr, aber nur wenn Dich der Geist dazu drängt, über Christus, Bekehrerin.

Dein Schüler.

43.

Bettina an Pückler.

Montag, den 13. Januar.

Ich bin recht glücklich in meinem Verhältniß zu Ihnen, ich denke hier an den Mameluken des Napoleon, den niemand um seinen Platz beneidete außer mir; denn hätte mich Napoleon zu seinem Sklaven gemacht, ich hätte mit keinem Regenten getauscht; regieren! — ich glaube nicht, daß ich es könnte; aber mit List und Klugheit dienen; den der die Zügel hält, lenken zum Höheren, das, glaub' ich, ist mir ganz eigen; denn ich sehe besser und freier für den, den ich liebe, als für mich.

Sie wundern sich, daß meine Briefe, die ehmals Ihnen unverständlich zu schwärmen schienen, jetzt Ihnen zusagen? — Ja, Fürst Pückler, ich war ein Bettelkind, das Ihnen auf Weg und Steg auflauerte, immer mit demselben Anliegen. Dies war Ihnen unbequem, und zuletzt empfindlich und ärgerlich, da mißhandelten Sie mich in Ihrer Gereiztheit, und in demselben Augenblick erwachte auch Ihre Gutmüthigkeit und Gerechtigkeitsliebe; Sie wollten mir nicht zu weh gethan haben, Sie fühlten, daß es doch Liebe war, die mich so beharrlich machte, und da war es Ihr glückliches Genie, was Sie dazu bewog, mich nicht mehr abzuweisen, sondern ein meiner Richtung und meinen Geistesgaben angemessenes Feld anzuweisen, in Ihrem Dienst. Ich gehöre nun Ihnen, das macht mich ruhig; ich thue nicht mehr als Sie fordern, denn auch das gehört zur Treue, daß sie nur so weit eingreift, als ihr Dienst wesentlich ist; und daß sie sich keine höhere Einwirkung anmaßt, als nur das dringendste Bedürfniß erheischt; denn es wäre ein Raub an Ihren Kräften, an dem Genuß, den Sie sich durch Ihre Selbstthätigkeit verschaffen, und an dem Geheimniß

Ihres Inneren, wenn ich Ihnen zuvorkommen wollte; was
ich unter diesem letzten verstehe, ist die Vertrautheit mit
Ihrer höheren Natur, mit dem göttlichen Willen in Ihnen,
der geht allem vor, und es ist zu verlangen von Ihnen,
daß Sie bei sich selber um Rath forschen, daß Sie sich
über die Wahrheit sich selbst nicht verläugnen, und daß
Ihre bessere Natur Ihnen so wichtig sei, daß Sie ihr
alles, alles aufopfern. Diese Treue müssen Sie gegen
sich ausüben, und müssen sich streng dazu anhalten, alles
andere findet sich dann von selbst. Sie werden dann nicht
mehr nöthig haben, mühsam den Geist anderer Leute ver=
stehen zu lernen, denn die Weisheit wird in Ihnen eine
Sprache führen, die Ihnen verständlich ist, und dann werden
Sie auch alles andere verstehen; es ist nothwendig, daß
man erst durch sich selbst, durch das eigene Genie
belehrt werde, um überhaupt begreifen zu lernen. Nicht
wahr?

Sie sagen in der Vorrede zu Ihrem Gartenwerk, der
Mensch sei ein Universum im Kleinen, wie ich nicht ver=
gessen habe. Das Wörtchen klein ist hier überflüssig,
oder vielmehr störend, denn es deutet gleichsam auf den
Menschen als auf eine Schachtel, in dem die ganze Haus=
haltung, in welcher das Universum besteht, an einem Faden
aufgereiht ist. Denkt man sich das Universum in leben=
diger Thätigkeit, das wieder nichts ist, als in Gegenwirkung
mit der Gottheit sein, so ist dies Universum gleich allum=
fassend. Nun also: wenn es wahr ist, daß der Mensch
ein Universum ist, so mangelt gewiß nicht in ihm das
Höchste, das Einzige, woraus alles entspringt, nämlich Gott
selbst. Dieser Gott, Fürst Pückler, soll Herr in Ihnen
sein, und Sie sollen ihm dienen, und ihn lieben von ganzer
Seele, und mit allen Kräften; Sie sollen zu sich selbst
eine mächtige Liebe haben, die jedes Opfer zu bringen fähig

ist; dies allein giebt Weisheit, und Weisheit allein reißt
uns los aus den Banden der Versündigung. — Ja, Sie
sind Herr und Sklave in sich; der Sklave ist die sinnliche
Natur, die soll der geistigen treu dienen. Christus sagt,
man soll Leib und Seele, und Geist suchen unsträflich zu
bewahren, auf die Zukunft, denn alle drei sollen ver=
klärt, das heißt selig werden. Was ist denn nun der Leib?
als die sinnliche Natur? — Ja, sie ist gewiß dazu berufen,
selig zu werden im Geist, denn was ist Seligkeit, als die
Vermählung mit dem Göttlichen? Wir durften in unserer
sinnlichen Natur nach der Vermählung mit der Schönheit,
der Leib zittert vor Lust in der Empfindung, daß er dem
Schönen angeschmiegt sei, dies ist doch wohl nicht thierischer
Trieb; und doch ist es sinnliche Lust. Und der wäre ein
Heuchler, der dies läugnen, oder als sündlich verdammen
wollte. Nein, in der sinnlichen Natur wohnt auch Gott,
und sie ist ewig, und soll nicht untergehen, aber das Leben
besteht ja darin, daß es höher strebe, und wo soll die sinn=
liche Natur denn hin, wenn nicht in den Geist; dieser
alleinig Verewigende, unsterblich Machende, soll sie auf=
nehmen in sich.

Noch einmal: die sinnliche Natur ist der Sklave, und
der göttliche Geist ist Herr im Menschen; grad' so viel
Neigung der Güte, des Verlasses, und auch der Treue als
Sie fühlen für mich zu hegen, wenn mein Verhältniß zu
Ihnen ächt ist, grad' so viel Neigung wird auch in dem
göttlichen Geiste Ihres Inneren zu Ihrer eigenen sinnlichen
Natur sich entwickeln, (denn da der Mensch ein Universum
im Inneren ist, so ist sein äußeres Verhältniß ein ganz
richtiger Spiegel des inneren Vermögens). Nun ja, und
diese treue Liebe in mir, dies begierige Anschmiegen an
Ihren Geist; daß ich gern von Ihnen aufgenommen sein
will, und für Sie denken will, und grade nur meine Selig=

keit darin finde, von Ihnen gefaßt zu werden, ja, daß meine Gedanken gleichsam aus Leidenschaft für Ihre höhere Natur sich erzeugen: darin erkennen Sie das Verhältniß Ihrer sinnlichen Natur zu Ihrer göttlichen, wie es in Ihnen be= stehen soll.

Sehen Sie! so spiegelt sich die Gottheit auch in den einfachsten Dingen, wenn nur der Instinkt auf das Gött= liche gerichtet ist, und dies ist auch der Weg, auf dem die Weisheit uns begegnet, denn der Instinkt zum Göttlichen ist ja Trieb nach Weisheit, und alles, was wir begehren, was wir vernehmen, kann nur durch göttliche Belehrung befriedigt werden.

Und nun thut Ihnen Ihr treuer Sklave noch einen schweren Dienst. Ich weiß nicht, ob Sie dem, was ich Ihnen hier mitgetheilt habe, Beifall schenken, oder was dasselbe ist, ob Sie es begreifen; allein ich zweifle beinah nicht, denn es ist Ihrer Natur ganz angemessen. Wenn Sie dies also wirklich verstehen, so wagen Sie auch in den Spiegel zu sehen, den ich Ihnen jetzt vorhalte, und erblicken Sie in ihm eine traurige Krankheit; manche Menschen nennen es Laster, aber ich nicht. Ja, Fürst Pückler, dies schöne, göttliche Verhältniß zwischen der sinnlichen Natur und der geistigen, wenn es sich nicht aus dem mächtigen Instinkt des Inneren erzieht, wird zu einer traurigen Krank= heit, wenn der Mensch nicht mit Herrscherwürde sich seines Selbstes annimmt; dieser Instinkt des Sinnlichen zum Gött= lichen wüthet und verzehrt sich in sich selbst, wenn er nicht von der eigenen göttlichen Natur ergriffen wird, und so wird alles Laster, was nicht Tugend wird. Adieu, ich küsse Ihnen die Hände, denn ich bin bewegt, ich lerne viel durch Sie; alles, was ich Ihnen hier gesagt habe, wenn Ihnen die Wahrheit drinnen einleuchtet, ich hab' es nur durch Sie erkennen lernen, und dafür bin ich Ihnen dankbar.

Was Sie mir von Varnhagen sagen, beantworte ich dadurch: ich glaube, es giebt Wahlverwandtschaften in der geistigen Welt, da erkennt und begreift man sich schnell, es giebt auch Antipathieen, da bleibt man sich fern und unbegriffen; ob diese sich mit der Zeit lösen, oder ob ewig geschieden bleibt, was sich nicht zusagt, weiß ich nicht, aber Varnhagen mag sich auf den Kopf stellen oder auf die Füße, es mag Würde, Charakter, ernste Liebe hinter seiner kalten, tückischen Erscheinung sein, ich kann bis jetzt keinen Theil dran nehmen; hat er Gutes in sich, so wird es nicht verloren sein, auch wenn ich keinen Theil dran nehme; und ich will sein Besseres nicht schmälern; auch der unbedingteste gute Wille von meiner Seite, der bloß so ist, daß man dem den Mantel zuwirft, der friert, scheint mir von ihm mißverstanden. Wie seine Frau todt war, und er so zagte und zitterte, in seinen vier Wänden über sein Verlassensein, da war es eben so gut an einem Orte weilen, wo es nicht geheuer war; und doch glaubte ich der verstorbenen Frau das zu Liebe thun zu müssen, daß ich ihm alles sagte und zutrug, was ihm Trost und Heilung sein könne, aber ihm scheint es zum Aergerniß geworden. Und die Philister geben mir wieder Unrecht, daß ich wieder zu gut gewesen sei. Man kann aber nicht gut genug sein, und derjenige, der Anlage zur Güte hat, begeht ebenso wohl eine schwärzere Bosheit, wenn er sich seiner eigenen höheren Anlagen aus menschlichem Witz entschlägt, als der, welcher noch keinen Weg in der Güte gemacht hat; drum will ich auch bei sich darbietender Gelegenheit wieder dieselbe Güte gegen diesen Varnhagen haben; was aber die große Achtung für seinen Schmerz über sein Weib betrifft, so flößt mir dies keine ein.

Ich sah seine Frau auf dem Todesbett wie ein Kind um Versöhnung bitten. Sie sagte: „Lieber Varnhagen, wir wollen gut sein mit einander, wir wollen uns alles verzeihen;" und dann sagte sie zu mir: „Ach, ich hab' einen glücklichen Tag verlebt, wir waren ganz gut, und haben uns geliebt, und es ist so schön, daß ich mir den Himmel nicht schöner wünsche." Und das war am Tag ihres Todes, wo sie das sagte. Da sieht man, wie die Güte den Men= schen schnell zur Ewigkeit reift, ja, sie ist die Sonne. — Wenn Sie also Freude an ihrem Buch haben, so werden Sie gewiß das Edle drin genießen, und die gute Varnhagen verdient, daß sie mit ihrem Wohlwollen, welches größer war, als alle Mängel, Ihnen die besten Früchte, köstlich an Geschmack und wohlthuend, bieten dürfe. Ja, es sei ihr gegönnt, obschon ich armer Sklave dabei zu kurz komme. Daß Sie das Buch nicht ganz verstehen, macht Ihnen keine Schande, ich würde es vielleicht auch nicht verstehen. Wenn Sie mir aber die Pagina und den Anfang der unergründ= lichen Dinge mittheilen wollten, so wär' dies sehr interessant für mich und Sie.*)

---

*) Bettina hatte den Fehler, daß sie immer ihre Freunde von einander zu entfernen strebte, indem sie den Einen beim Anderen an= zuschwärzen suchte. — So machte sie es bei Pückler mit Varnhagen und mit Steffens. Die Wahrheit wurde natürlich bei solchem Spiel oft in ihr Gegentheil verwandelt. Varnhagen erzählt, daß, nachdem Bettina Pückler'n bei ihm und Rahel kennen gelernt, sie ihn bringend zu sich eingeladen, begeistert die neue Beziehung ergriff, und es dahin brachte, daß er täglich zu ihr kam; sie blieb dann mehrere Wochen von Varnhagen's weg und sagte zu Rahel, sie käme nicht mehr, weil sie den Fürsten bei ihnen fände! Und während sie Pückler gegen Varnhagen ein= nehmen wollte, schrieb sie an den letzteren Briefe, in denen sie ihm die größte Freundschaft bezeigte, und ihn „der Theilnahme an seinem Wohlergehen," an „dem Schönen seines Geistes," an „der Gerechtig= keit seines Urtheils" und an „der Großmuth seines Wohlwollens" versicherte.

Varnhagen sah deutlich Bettinens Fehler, aber er hielt sich an ihre guten Eigenschaften, und fühlte sich mit ihr trotz aller Verschieden= heit in einer Geistesverwandtschaft, wie es Blutsverwandtschaft giebt.

Was Sie über Ihre „Tutti Frutti" sagen, darauf ant=
worte ich: Sie sind sehr gescheut über sich selber, und nach=
dem Sie dem genialen Liebling aus lauter Affenliebe allen
Willen gelassen haben, dann kommen Sie hinternach und
bemerken, daß er seine großen Talente schlecht angewendet
habe; hier geb' ich aber kein Pardon, und sage, das höchste
und einzige Talent ist die kühne Ueberwindung der Ver=
kehrtheit Ihrer eitlen Natur.

Schleiermacher wollte ich mit Ihren Briefen bekannt
machen, weil ich glaube, daß er Ihnen vielleicht auf manches,
was Sie gern wissen möchten, eine genügende Antwort
geben dürfte.

Noch eins bitte ich; wenn Sie manches nicht verstehen
von dem, was ich Ihnen in diesen Blättern sage, so fragen
Sie; glauben Sie sicher, daß es der Mühe werth ist, und
ich erwarte dies auch von Ihnen, Sie sind mir's schuldig.
— Ich hab' Ihnen gesagt, es giebt keine Besserung, als
nur Geist; dann: „Gebet sei die sinnliche Kraft des Geistes"
— haben Sie das genau verstanden? — Es liegt so viel
Schönes drin, und ich werde Ihnen noch darüber sprechen.
— Sie meinen, Varnhagen hab' ein warmes Herz, wir
beide aber haben kalte Herzen! Nein, ich hab' kein kaltes
Herz. Ich bin warm im Empfangen, aber kalt im Geben,
aber nur äußerlich, denn innerlich muß mein Geist glühen,

„Nämlich, bei allen ihren Untugenden, Launen, Begehungen, die ich
erkenne," sagt er, „von denen ich zu leiden habe, kann ich sie doch
innerlich nicht aufgeben, wie man eine Verwandte nicht aufgiebt, auch
wenn man böse mit ihr sein muß. Sobald sie will, sobald sie sich
wieder zu mir wendet, bin ich für sie da, findet sie mich wieder als
den, welchen sie verlassen hat; ich bin ihr gern zu allen Diensten
bereit, und helfe ihr zu allem Guten. Vertrauen that ich ihr aber
von jeher nicht; dagegen hatte mich früh ihres Bruders Clemens
Bekanntschaft gewarnt." (Siehe Briefe von Stägemann u. s. w. S. 273.

wenn er sich regen soll; ach, von Ihnen verlange ich nur,
daß Sie Ihre edle Liebe allein und konzentrirt auf sich
selbst richten, dann haben Sie mir Genüge geleistet; und
danach urtheilen Sie auch, ob ich kalt bin. Fragen Sie
mich über das, was Sie nicht verstehen.   Bettine.

Ich wollte Ihnen eigentlich anders schreiben, als was
auf diesen Blättern steht, ich wollte Ihnen Mittheilungen
machen über mich, und wie ich mich unwiderstehlich von ganz
eigenthümlichen Stimmungen lenken lasse, und wie gerade
dadurch, daß ich das Ungewöhnliche sanktionire, Kräfte in
mir entspringen, die mir Erleuchtung geben; ich wollte Ihnen
sagen, wie ich fühle und überzeugt sei, daß alles, was wir
inner uns erfahren, eine Mittheilung aus einer höheren
Welt sei, durch die unsere Neigungen zu ihr entwickelt
werden, und daß, wenn wir dieser Neigung nachgehen, und
ihr das Göttliche nicht entziehen, daß sie uns auch dahin
führe, und daß ich glaube, daß mich meine Liebe zu Ihnen
zum Göttlichen führt.

Sie sind der erste Mensch, dem ich mich wirklich als
Sklave gegenüber fühle, durch Sie hab' ich erfahren, was
das ist, die Lust der Treue, die giebt was sie vermag, ohne
wieder zu verlangen; im Anfang war mir's peinlich, aber
jetzt schon möcht' ich's nicht mehr anders, es ist mir tausend=
mal lieber, als wenn es so zwischen uns bestände, daß wir
gleiche Rechte hätten. Ich weiß, daß ich mich auf alles
gefaßt halten muß; Sie haben mir alles vorausgesagt;
sollte ich so elend sein, daß ein Vergreifen an meiner Liebe,
ein Mißhandeln meiner Würde, oder ein Verketzern und
Mißdeuten meiner Dienste und Gesinnungen mich wort=
brüchig machen sollte? — Sollte ich Sie darum verläugnen
können? Ich glaub' es nicht, aber verzeihen Sie mir, Fürst
Pückler, wenn die Möglichkeit dazu in mir liegt, und denken

Sie, welche hohe Eigenschaften der reine Wille und die
Erkenntniß, daß wir Unrecht thaten, in uns pflanzen kann,
und verzweifeln Sie nicht daran, daß meine Gelöbnisse
immer mehr und mehr Festigkeit in mir gewinnen, und daß
wenn Sie Schiffbruch leiden, daß ich mich als ein guter
Schwimmer nicht allein retten will, denn dann wär' ich ein
böser Schwimmer. Nein, ich will ausharren an dem öden
Strand, an den Sie Ihr Schicksal verschlägt, und erwarten,
ob Sie meiner bedürfen, Ihren Unmuth zu beschwichtigen.
Und ich will mich nicht aufdringen, und nur dann, wenn
Sie fragen, will ich antworten; und das ist ja natürlich,
denn Gott spricht mit mir durch Sie, und belehrt und erzieht mich durch alles, was Sie von mir verlangen. Theile
ich Ihnen etwas Wichtiges mit, so glauben Sie mir, es ist
nicht mein Verdienst, ich hab' es auch zum erstenmal empfangen, Gott sendet mich als Boten, es Ihnen anzubieten,
und wären Sie nicht, so wär' ich dessen nicht theilhaftig.

Sie laden mich ein, durch Dick und Dünn mit Ihnen
zu gehen, das ist eine charmante Exkursion, und ich hab'
eine so närrische Ansicht davon, daß ich mich immer im
Geist mit einem besammpelten Gewand hinter Ihnen tretschen
sah im Koth, und daß jeder Schritt von Ihnen mich ecla-
boussirt, und dem Hohngelächter der Straßenjungen aussetzt,
und das kommt mir so närrisch vor, daß ich mich ordentlich
drauf freue. Jetzt muß ich Ihnen aber auch bekennen, daß
es mir schon die ganze Zeit, als Sie mir von dieser Probe
sprachen, vorkommt, als haben Sie sich eine kleine Bosheit
gegen mich unwillkürlich zu Schulden kommen lassen, die
Sie in eine willkürliche Treueprobe umzuwandeln geneigt
sind, um sie zu entschuldigen. Liebenswürdiger Schelmenfürst,
wie retten wir Sie, sich, dann vor Ihren und meinen
Feinden, die sich meine Freunde nennen? — Soll ich etwa
sagen, ich hätte es selbst gethan? Sie müssen am besten

Auskunft geben können, ob das möglich ist mit Wahrschein=
lichkeit zu behaupten. Gar zu gern hätte ich heute dem
Schleiermacher einen Theil Ihres Briefs gezeigt, hätte ich
Erlaubniß dazu gehabt.

Was Ihre Herzenskälte anbelangt, so sagt die mir zu,
ich bin auch kalt in gewissem Sinn, und würde Sie anders
wohl nicht vertragen.

Treu aber kalt

Ihre unterwürfige Dienerin

Bettine.

44.

Pückler an Bettina.

Muskau, am 13. Januar 1834.

Es giebt Dinge, die man erst recht spät verstehen lernt.
So fange ich jetzt erst zu verstehen an, warum Goethe seinen
Gott Vater bei Empfang des Mephistopheles sagen läßt:
„Du darfst auch da nur frei erscheinen. Ich habe Deines
Gleichen nie gehaßt." Der Schalk ist in sich nichts Uebles,
und auch göttlicher Natur, und da ich gar viel vom (NB. un=
schuldigen) Schalk an mir habe, so ist mir diese Erkennt=
niß lieb.

Eigentlich entsteht ja daraus nur der Humor, und
hundertmal habe ich mich bei ernstester Rührung darauf
ertappt, unwillkürlich auch die lächerliche Seite davon spottend
zu bemerken — ja physisch selbst äußert sich das, da bei
der tiefsten und innig liebevollsten Erregung ich oft in
krampfhaftes Lachen ausbrechen muß.

Früher hat mich das manchmal beunruhigt, jetzt ist es
mir leicht und licht darüber geworden, obgleich ich dennoch
recht gut weiß: daß der Schalk auch sündigt, wenn er aus

seiner Unschuld heraustritt. Darüber, wie über alle Sünde, ist aber er nur selbst, der Gott in ihm, kompetenter Richter.

Du hast nun vom Schalk noch weit mehr als ich, und sündigst auch damit, vermuthe ich, eben so oft als ich.

Wir beide werden uns aber von nun an in dieser Hinsicht verstehen, denn wir kennen unseren Humor. Deine funkelnden Augen schreckten mich immer ab, denn es liegt etwas Dämonisches in ihnen, aber es steckt doch ein ehrlicher Dämon dahinter. Nicht wahr?

Meine Augen sind unschuldiger! So viel ist gewiß.

Den 14.

So eben kommt Dein Brief, auf den ich diesmal nur kurz antworten kann. Ich verstehe alles recht gut, erkläre Dich aber noch deutlicher über das Beten. Ich liebe überall den Punkt auf's i.

Du siehst wohl, daß ich mir ein hohes Ideal stelle, wenn ich ihm auch noch nicht sehr nachstrebe, denn sonst würde ich mich ja gar nicht für einen Sünder halten, wenn ich nicht wüßte, daß alles, was nicht Tugend wird, Laster, id est Thierisches ist; ich sündige nicht mehr als die Meisten thun, aber ich fühle auch, daß die Meisten im Pfuhle stecken, und daß wer das würdigen, daß der Geist herrschen soll, erkannt, nun keine Ruhe und kein Glück mehr, selbst sinnliches, als auf dem Wege nach vorwärts finden kann. Ich gehe aber leider auf diesem Wege immer nur noch wie ein Holländer: Pötchen vor Pötchen, den Berg hinan.

Was Du über Varnhagen sagst, ist schief. Erzähle mir aber noch etwas von ihr. Hat sie nie meiner gedacht? Dies Stillschweigen kränkt meine Eitelkeit. Was Du über die „Tutti Frutti" sagst, ist ziemlich richtig. Nur nenne es nicht meinen genialen Liebling. Es ist, was ich sehr beklage, weder eins noch das andere.

Verstehst Du denn meine Briefe ganz? Nicht immer, wie ich zuweilen aus Deinen naiven Antworten ersehe. Abieu, ich muß schließen, und der Himmel behüte Dich, gute Sklavin.

45.

Bettina an Pückler.

Den 13. Februar 1834.

Ich würde nicht gewagt haben Ihnen zu schreiben, wenn ich nicht von dem, was Sie bald durch die Zeitung ersehen werden, ein Augenzeuge gewesen wäre.

Schleiermacher, der einzige herrliche Geist, der Freund, der so reichlich Liebe hatte, für jeden, wie er es bedurfte, ist nicht gestorben, er hat nur mit kindlicher, spielender Anmuth den Leib abgelegt, und in dem Augenblicke, da es dem Geist gelungen war sich abzulösen, hat er einen so mächtigen feurigen Schwung zum Himmel genommen, daß kein ähnliches öffentliches Beispiel ihm an Erhabenheit kann an die Seite gestellt werden.

Fünf Tage war er krank, schon in den ersten Tagen sagte er lächelnd zu den Seinen, er werde nicht leben bleiben; am sechsten Tage verlangte er seine Kinder zu sehen, um sie zu segnen; man versagte es ihm, weil man fürchtete, es könnte ihn zu sehr erschüttern; er ließ sich's gefallen, trug einem Freund auf, den Kindern zu sagen, sein letztes Gebot sei an sie: „Liebt Euch untereinander," ordnete an, daß seine zwei ältesten Schulfreunde an seinem Grabe reden sollten, und blieb ruhig bis zum andern Tag. Gegen Morgen, wo er abermals verlangte die Kinder zu sehen, versagte man es ihm aus Furcht, er werde es nicht ertragen. Da sah er nach der Uhr, es war 9 Uhr; er sagte: „Geht nun alle weg, damit Ihr nicht jammern müßt, wenn ich sterbe." Sie wollten nicht gehen, nun forderte er Brot und Wein, „aber schnell, schnell!" rief er laut und dringend; als man es ihm brachte, setzte er sich auf im Bett, betete stark. Im Nebenzimmer, obschon die Thüre zu war, hörte man deutlich, wie er sagte: „Die Gnade Gottes hat mich durchdrungen, so daß meine geistige Natur stark ist." Dann reichte er das Brot und den Wein, reichte es Allen, und sagte jedem die Worte: „Nehmet hin und esset, das ist mein Leib, der für Euch gegeben ward, und trinket Alle, das ist mein Blut, das für Euch vergossen ward." Dann ließ er sich selbst das Brot und den Wein reichen durch seinen Schwiegersohn, und indem er befahl, man solle das übrige Brot und Wein unter seine Kinder austheilen, legte er sich sanft auf die Achsel seiner Frau, und schloß ohne einen schweren Athemzug die Augen für immer.

Meine letzten Gespräche, die ich mit ihm hatte, waren alle über Sie, nach Ihrer Erlaubniß hab' ich ihm die bedeutenden Stellen Ihrer Briefe mitgetheilt. Er hat manches sehr wichtige, sehr geheimnißreiche Wort mit mir darüber gewechselt, er hat mich ermahnt, ich solle deutlicher mit Ihnen sprechen, damit Sie mich nicht mißverstehen könnten. Das letztemal, als ich ihn sah, sagte er: er wünsche, daß ich mehr mit dem Geist sein Herz lieben möge. Er bot mir an, die Korrektur meines Buchs zu übernehmen, er verlangte, ich solle mich nicht von der zwischen Ihnen und mir eingegangenen Verbindlichkeit losmachen. Er umarmte mich, und sagte: ich habe ihm wohlgethan durch alles, was sich zwischen uns ergeben habe.

Dieser Freund ist mir also geblieben bis zur Todesstunde — ich habe keinen mehr in Berlin, und vielleicht auch keinen mehr in der Welt. Ich werde mich also, wenn es möglich ist, und so bald es möglich ist, von Berlin

losmachen, und werde niemand zurücklassen, der es bedauern
wird; und wenn ich mich einst von der Welt losmachen
werde, so wird mein Andenken gar bald mit versinken; zum
wenigsten fühle ich mich nicht geneigt, es fortan irgend
wie durch Liebe oder Geist einzuprägen, da ich immer auf
leichten, sandigen Grund stoße, der keinen Eindruck lang zu
bewahren im Stande ist. Nicht wahr?

Eben gehe ich hin, um seinen Leichnam mit Blumen
zu schmücken.

Dieser Geist, der nicht mittheilen durfte, was er wußte,
denn die Welt war nicht reif dazu; denn wie Christus
sagte: vieles hab' ich Euch noch zu sagen, aber jetzt seid
Ihr noch zu schwach, daß Ihr es nicht fassen könnt, so
weiß ich, daß dies von Schleiermacher auch wahr ist. Von
ihm allein hab' ich gelernt; und von niemand anderem,
und was ich nur ahndete, das machte er mir zur Gewiß=
heit, und was er ahndete, das gab mir eine helle, klare
Ansicht der Zukunft, so daß ich gewiß weiß, daß alles
geistige Leben nur Freude, Seligkeit ist, und daß Sympa=
thie der Geister das höchste Glück ist auf Erden.

Bettine.

46.

Pückler an Bettina.

Muskau, den 14. Februar 1834.

Meine gute Bettina, ich bin recht herzlich betrübt über
Schleiermacher's Tod! Für alle ein großer Verlust, für
Dich der größte, und auch für mich sehe ich es für ein
wahres Unglück an, diesen Mann nicht genauer gekannt zu
haben, und grade jetzt, wo ich vielleicht in eine nähere
Berührung, wer weiß ob nicht segensreiche, mit ihm hätte
treten können. Und doch sonderbar — dieses Abendmahl
auf dem Todtenbette spricht mich nicht an. Ich finde es

so handwerksmäßig. Versteh' mich wohl — ich tadle mich
bloß, daß ich diese Ansicht habe, in Demuth will ich nicht
wagen über einen großen Todten zu urtheilen. Nähere
Bekanntschaft mit ihm hätte mich vielleicht aufgeklärt, doch
würde ich immer schwer den Theologen in ihm haben vergessen können, wenn dieser nämlich aus seinem Thun und
Reden hervorgeblickt hätte, und war das nicht oft der Fall?

Warum bist Du so ungerecht zu sagen, Du habest
keinen Freund mehr? Viele magst Du durch eigene Schuld
(wenngleich unschuldige vielleicht), verloren haben, ich werde
immer derselbe für Dich bleiben, wie Schleiermacher, obgleich
wir in der Wesenkette uns verhalten mögen wie Apollo und
der Frosch, (ich meine Schleiermacher und mich), aber eben
deshalb, der Oberste und der Unterste können am besten
bei Dir aushalten.

Sehr recht hat er gehabt Dir zu rathen, deutlicher mit
mir zu sprechen, ich verstehe nur das ganz Deutliche, Offene,
Klare, Du bist mir alle Augenblicke unverständlich. Vollkommen auch Schleiermacher's eignes Wort, das Du anführst: er wünsche, daß Du mehr mit dem Geist sein
Herz lieben mögest. Wenn er Dir umgekehrt gesagt hätte,
daß Du seinen Geist mehr mit dem Herzen lieben solltest,
würde ich es sehr gut verstehen.

Ich jammere sehr, daß er todt ist! Denn ich fühlte
wahrlich ein Bedürfniß nach ihm. Vielleicht hätte ich mich
nachher nicht befriedigt gefunden, aber ich fühlte mich sehr
zu ihm hingezogen. Sage mir also einfach und wahr
die wichtigen, geheimnißvollen Worte, die er über mich mit
Dir gewechselt. Sie werden, wenn auch auf vielleicht an
sich unfruchtbaren, doch grade jetzt gut dafür präparirten
Boden fallen.

Ruhe mit des großen Mannes Asche! Wo mag sein
Geist jetzt wirken? Ist er mit Anderen zusammengeflossen,

oder sieht er noch selbstständig in Vergangenheit und Zu=
kunft? Es löst uns doch wirklich niemand die dunkeln
Fragen. —

Sage mir aber alles, was Du von Schleiermacher
lerntest, was er ahndete. Das Ende Deines Briefes unter=
schreibe ich mit voller Brust, das ist W a h r h e i t. Es
sind die schönen Worte: „Ich weiß gewiß, daß alles geistige
Leben (in seiner Vollendung) nur Freude, Seligkeit, sein
wird, und daß Sympathie der Geister (schon hier) das
höchste Glück des Menschen ist.“

Hättest Du, den Hingeschiedenen mit Blumen schmückend,
doch auch eine für mich auf sein Grab gelegt, darin hätte
ich Herz gefunden.

Lebe wohl.   H. P.

47.

Bettina an Pückler.

Den 20. Februar 1834.

Am Mittwoch früh um 10 Uhr war er gestorben, am
Sonnabend um 2 Uhr wurde er begraben. Bis dahin bin
ich bei der Leiche geblieben, die von Myrthen, Orangen=
bäumen und Blumen umgeben war. Auf seiner Brust lag
die vernützte Bibel, die er seit 25 Jahren im Gebrauch
hatte. Ich habe zwar keine Blumen, aber ein Myrthen=
reis, was zwischen der Bibel und seiner Brust lag, hab'
ich für Sie aufbewahrt, indem ich zugleich das Gelübde
gethan habe, Ihnen zu dienen nach meinen Kräften.

Während der drei Tage strömte das Volk, um seine
Leiche zu sehen; das Gedräng war so stark, daß man nicht
mehr durch die Hauptthüre konnte, man mußte Auswege

durch die Keller suchen. Ich führte die Leute aus und ein, damit sie nicht zu lange verweilten. Wie viel Thränen, wie viel Gebete strömten da! — Die Studenten wollten hart sein, es übernahm sie aber doch, sie beteten und weinten auch.

Ich weiß nicht: mir schwindelte; der Duft der Blumen, das vermischte Seufzen, Segnen, Beten, Klagen aller Stände und Alter, die Erinnerung an die bedeutenden Dinge, die er noch in seinen letzten Gesprächen mir mitgetheilt hatte, dies alles machte einen wunderlichen, traumartigen Eindruck auf mich, der mich jetzt, indem ich schreibe, noch betäubt.

An Sie hab' ich in jenen Augenblicken auch gedacht, es ist so natürlich, daß man die im Geist berührt, mit denen man glaubt sich geistig berühren zu können.

Am Begräbnißtag hatten die Studenten eine Ehrenwache von sechzig Marschällen bei dem Leichnam, um das zuströmende Volk, welches ihn noch sehen wollte, in Ordnung zu halten. Um 2 Uhr Mittags schloß man den Sarg; eine große Bibel in Gold und Sammet eingebunden, welche ihm die Studenten geschenkt hatten, lag auf dem Sarg, auf diese befestigte ich einen Lorbeerkranz. Dann war der Sarg noch mit Kränzen von Myrthen und Rosen geschmückt.

Der Prediger Strauß als Rektor der Universität hielt in Gegenwart der Geistlichkeit (selbst die katholische war dabei), nachdem die Studenten einen Choral gesungen, eine feierliche Rede mit großer Wahrheit, ergreifend und tröstend, indem er sich selbst als seinen Schüler bekannte, der nach einem Zwiespalt mit neuer Zuversicht zu ihm zurückgekehrt sei.

Der Sarg war in den Hof gebracht worden; unter einem feierlichen Aufruf aller Studenten: „Hoch" wurde er erhoben, und hinter dem Leichenwagen, der von den Gymnasien begleitet war, bis auf die Grabesstätte getragen. Ich kann Ihnen nicht ausdrücken, welche wunderliche Sensation dies Hochrufen der nah an 2000 Studenten auf mich machte, die zwischen ihren Marschällen aufgereiht, den Sarg umgaben. Es war als ob die Flamme seines Genius zum letztenmal durch diesen elektrischen Ruf aufzuckte, und über seinem Sarge spielte; ich weiß gar nichts, ich hatte nicht Wohl und nicht Weh davon, mir schwindelte; ich fühlte meine Geistesschwäche deutlich.

Alle Behörden, die ganze Universität, Freunde und Bekannte folgten zu Fuß, niemand bediente sich der Wagen, es waren mehrere hundert, sie mußten alle umkehren, weil sie wegen der Volksmasse nicht zum Thor hinaus konnten. Schon vom frühen Morgen an waren alle Plätze besetzt, wo der Zug vorüber mußte, der von Hunderttausenden in stiller Rührung begleitet wurde; während vier Stunden war die Stadt wie ausgestorben. Der Kirchhof aber wurde vor Mitternacht nicht leer, denn alle, die vor dem Gedränge nicht zum Grabe gekonnt hatten, besuchten es später; sein ältester Schüler, ein Prediger Pichon, den er am Tag vor seinem Sterben dazu bestimmt hatte, hielt die Rede an seinem Grabe; er liegt neben seinem Sohn Nathanael, an dessen Geburtstag er gestorben ist.

Ich will nun Ihren Brief beantworten, und möchte gern so ganz deutlich, offen und klar sein, wie Sie es verlangen. Ich empfand wohl, daß die lange Pause in unserem Briefwechsel ein Zeichen sei, daß Ihnen meine Gedanken nicht zusagen, da Sie sonst alles mit Eifer ergreifen, was Sie sich aneignen können. Sie suchen im Wissen den Weg des Lebens. Da haben Sie Recht, denn das Leben ist immer neu; wir gehen durch alles Geistige durch, um das noch

Unergründete zu erlernen, das ist der Genuß und die Nah=
rung, die das geistige Leben bedingt.

Sie meinen, Sokrates sei schöner gestorben als Schleier=
macher? — Denken Sie sich einen idealischen Freund,
dessen Geschichte, Natur, und Wirkung in allem überein=
stimmend sei mit dem, wonach Ihr Geist strebte, denken
Sie sich in allen Bedürfnissen Ihrer Seele und Ihres
Herzens durch i h n befriedigt, in allen Forschungen auf
i h n zurückgeführt, in allen Zweifeln durch i h n aufgeklärt,
in Ihren Ahndungen von i h m überzeugt: und jetzt im
Augenblick des Sterbens, da sich Ihr geistiger Blick schärft,
während der irdische erlöschend ist: und dieser Freund, der
alles von Ihnen wahr gemacht hat, was er Ihnen ver=
heißen, hat Ihnen auch gesagt: „Esse mein Fleisch, und
trinke mein Blut, auf daß Du lebest in Ewigkeit, denn
wer mein Fleisch ißt und mein Blut trinkt, der bleibt in
mir, und ich in ihm“; sollte wohl in diesem Augenblick,
wo die Seele ringt, sich dem Freund anzuschließen, ein
Zweifel in Ihnen entstehen an seiner Verheißung? —
Nein! — Wenn Schleiermacher je gezweifelt hätte an
diesem Geheimniß (was er nie gethan hat, weil es die
Wurzel seiner philosophischen Erkenntniß war), so würde er
doch in diesem Augenblick, wo er so scharfsehend, die Wahr=
heit desselben tief empfunden haben. — Er hat also nicht
„h a n d w e r k s m ä ß i g“ das Abendmahl genommen, sondern
aus heißer s i n n l i c h e r Begierde nach einer Kost des
überirdischen Lebens, in das er im Begriff war überzu=
gehen.

Ich habe mich bemüht, so deutlich und einfach Ihnen
die Wahrheit darzustellen wie möglich; ich hoffe, daß Sie
hiebei keinen Widerspruch empfinden, und daß Schleier=
macher vor Ihnen gerechtfertigt ist.

Was könnte mich an Sie fesseln, wenn nicht die ana=

loge Natur? — und daß Sie ebenso und nur so erfassen werden, wie ich erfassen und glauben muß. O, ich möchte bei Ihnen sein, und mit Ihnen leise ohne alle Nebengründe alles besprechen, und wie aller Geist aus der kindlichsten, einfachsten Anschauung entspringt.

Nehmen Sie vorlieb mit dem, was ich Ihnen hier sage: Schleiermacher ist mit feurigen Liebkosungen, in denen Sinn und Geist nicht mehr getrennt waren, seinem göttlichen Freund nachgeeilt; das müssen Sie im Genuß des Abendmahls erkennen, und nicht ein Aeußerliches.

Für den Himmel werden wir neu erschaffen. Wir sind die einzigen Geschöpfe, die Geist werden. Unsere geistige Vorbildung hier auf Erden begründet unsere Individualität jenseits. — Dies Streben in der Wissenschaft, in der Er= kenntniß, ist der sinnliche Trieb sich weiter fortzubilden. In wem dieser Trieb nicht lebendig ist, der stirbt ab, wie der Baum abstirbt, dessen Triebe stocken.

Sie sagen, Sie würden schwer den Theologen Schleier= macher haben vergessen können? Damit meinen Sie wohl eine geistliche Repräsentation in seinem Thun und Reden, was mit Heuchelei Verwandtschaft hat? — Da sind Sie ganz im Irrthum, ein solches verträgt sich nicht mit seinen ungeheuren Geistesgaben; ein Mann, der sich so fühlt in der Kraft seines Geistes, der mußte Er selbst sein, der konnte nicht repräsentiren; nur diejenigen, die ihren Platz im Geist nicht auszufüllen verstehen, die suchen durch den Schein ihn auszufüllen, und sich zu ergänzen. Schleier= macher war als Theologe, als Gottesgelehrter weit mäch= tiger als unsere Zeit; die beiden großen Weltmeere: Weltweisheit und Himmelsweisheit waren in ihm ineinan= der übergeströmt. Er konnte daher nicht heucheln. Heuchelei ist Müßiggang des Geistes, sein Geist aber war nach allen

Seiten hin bewegt und in Anspruch genommen. Nicht umsonst hatte er den hohen Sinn, der Scharfsinn war; nicht umsonst hatte er die Selbstverläugnung, die bloß denken lehrte, ohne eigene Lehre stiften zu wollen. Er mußte wohl, daß alles Denken nur ein Ziel haben könne, nämlich die Wahrheit. Wie konnte ein solcher außer der Wahrheit handeln? — Ihm war der Schlüssel gegeben in dem großen Scharfsinn. Nicht in Jedem liegt diese Fähigkeit, also nicht Jeder ist berufen wie er, den Glauben aus dem Denken zu entwickeln.

Und es wäre Wahnsinn, indem wir seinen höheren Standpunkt über uns anerkennen müssen, an der Aechtheit und der Treue seines Strebens zweifeln zu wollen, und Frevel zu glauben, einem solchen Streben könne die Wahrheit nicht zu Theil werden. Er hat nicht geirrt, er hat nicht falsch gesagt, er hat die Quelle der Wahrheit in sich gehabt, er war ein Fürst unter den Geistern, dem Alle unterthan sein mußten.

Schleiermacher war auch mein Freund. Was in meiner Seele vorging, war ihm wichtig. Er würdigte meine Gedanken; sie entsprachen meistens seinen spekulativen Forschungen, und waren ihm in dieser Beziehung oft überraschend und doch erwartet. Was ich Ihnen in meinen letzten Briefen mittheilte über Geist, Gebet, inneren idealen Menschen, entspricht seiner Philosophie. Er verlangte auch, daß Sie erkennen, wie alles, was die sinnliche Natur in uns gestaltet, eine Vorbereitung geistiger Organisation ist, daß alles, was diese geistige Organisation in uns stört, böse ist; und daß nur d a s böse ist, was sie stört. Darauf können Sie fest bauen: es mag nah oder fern sein, d e n n, was wir als Christenthum bekennen, sobald es der inneren Liebe zum Ideal entspricht, so bald es dieser Nahrung giebt, das Ideal in uns zur Herrscherwürde bestimmt, so

ist es auch der gerade Weg zur göttlichen Liebe, die allein
Weisheit und Christus ist.

Gebet ist Denken, Denken führt zur Wahrheit, darum
heißt es auch: höret nicht auf zu beten, so werdet Ihr
erhört werden; das heißt: höre nicht auf zu forschen, so
wirst Du erhört werden, Du wirst Geist empfangen, der
allein göttliches Geschenk ist. — Nicht wahr, das verstehen
Sie? — Dem entspricht auch, was er den Tag vor seinem
Sterben zu seiner Frau sagte: „Mütterchen, ich bin doch
eigentlich in einem Zustand, der zwischen Bewußtsein und
Bewußtlosigkeit schwankt, ich kann meine Gedanken nur mit
Anstrengung sammeln, aber in meinem Innersten habe ich
die schönsten Augenblicke, ich habe immerwährend die tiefsten
spekulativsten Gedanken, die aber mit den seligsten religiösen
Empfindungen ganz eins sind." —

Was Sie in Ihrem Brief mir andeuten, das Sie nicht
verstanden haben von Schleiermacher, heißt so: — „richte
Deinen Geist mehr auf mein Herz, wie auf meinen Kopf,
forsche mehr nach meiner Liebe, wie nach meinen Gedanken."

Adieu, ich habe Ihnen diesmal genug mitgetheilt; Ihre
Freundschaft ist mir ein köstlicher Schatz. Denken Sie,
daß hiezu ein ganzes Leben unverbrüchlicher Treue gehört,
um daß ich desselben theilhaftig bleibe; jede Tugend macht
groß, und wenn Sie auch keinen anderen Vortheil hätten,
als groß durch Ihre Treue an mir zu werden, so wär' dies
der Mühe werth. — Ich lege das Myrthenreis von seiner
Brust bei, bewahren Sie es unter meinen Briefen, es sei
Ihnen ein Zeichen, daß ich Sie gern des Himmlischsten
theilhaftig machte, und so wird es auch kommen, wenn Sie
ausharren; Sie werden nämlich fortschreiten in der Er=
kenntniß, und das ist der Weg zur Seligkeit.

Bettina.

Schleiermacher wußte voraus, daß er am Geburtstag seines Sohnes sterben würde, er war dabei so heiter und gleichgültig, als ob es die einfachste Sache sei in Bezug auf sein Leben; er äußerte nur ein paarmal Bedauern über den Schmerz der Seinigen.

48.
Bettina an Pückler.
Den 22. Februar 1834.

Ich will Ihnen gerne mittheilen, was ich von Schleier= macher gelernt und erfahren habe. Die kleinen Ereignisse in unserem Umgang tragen sein Gepräge, nämlich der Liebe, der Selbstverläugnung, und des hohen, freien Denkens, ja selbst das Unbedeutendste war so, das hab' ich oft em= pfunden, und das gab seinem Umgang einen himm= lischen Reiz.

Also jede kleine Anekdote, wie sie mir einfällt, will ich Ihnen aufschreiben. Sie werden ihn lieben lernen, und dies ist kein kleiner Vortheil für Sie, denn durch die Liebe werden Sie ihn auch verstehen lernen, oder besser noch: in seinem Geiste denken lernen. Lassen Sie sich aber auch nicht ab= wendig machen durch Andere; Sie wissen es ja einmal, daß er ein großer Geist war, und ein solcher ist immer nur in der Wahrheit und in Gott.

Man hat Schleiermacher'n viel Böses über Sie hinter= bracht; ich weiß, von wem es ausgegangen ist, und daß es in Bezug auf mich war; ich hab' ihn trotz aller Hindernisse Ihnen wieder zugewendet, und ein merkwürdiges Gespräch hab' ich in dieser Hinsicht mit ihm gehabt.

Schleiermacher hat mich sehr geliebt, und seine Seele war oft durstig nach mir, und er hat es verschmerzen müssen, daß ich eine Zeitlang so ganz auf Sie gerichtet

war, daß ich ihn vernachläſſigte. Er hat mich oft traurig
darum angeſehen, doch gab er mir Recht, da ich ihm ſagte:
„Ich habe eine Ehrfurcht vor ſolchen Menſchen, an denen
die Sünde offenbar wird, denn ſie ſtehen ſchon darum in
einem höheren Vertrauen mit Gott wie jene, welche ihre
Sünde ſich und Anderen läugnen; und was iſt dieſe Tugend
anders, als die Verläugnung der Sündhaftigkeit?" — Er
gab mir Recht, er liebte mich auch darum, und bei dem
Witz, den der kühne Geiſt als Ausbeute gab in unſeren
Geſprächen, überkamen ihn heilige Schauer. Ich ſagte ihm:
„Zwiſchen mir und Pückler iſt keine Sünde, alſo ſiehſt Du
wohl, daß wenn er ganz ſündhaft wäre, ſo könnte ich mich
um ſo weniger ſeinem Umgang entziehen, weil dieſer ſich
zwiſchen mir und ihm zum heiligen ſündenfreien Tempeldienſt
geſtaltet. Denn überall bedrängt ihn die Sünde, ſo iſt er
doch in dem, was ich von ihm weiß, ſündenfrei. Und ein
Sünder iſt mir ein heiliger Gegenſtand, deſſen Verhältniß
zu Gott mir Schauer erregt, gegen die kleinen Naturen,
die da ängſtlich den Pfad einer Tugend wandeln, um nicht
verdammt zu werden." — Schleiermacher widerſprach nicht.
Er ſagte nach ernſtem Nachdenken: „Du haſt Recht. Chriſtus
hat den Sünder mit tiefem Ernſt geliebt; und er iſt es,
um deſſentwillen er Menſch geworden und gelitten hat, und
den er ſo liebte, daß er ſinnlicherweiſe ſeinen verklärten
Leib ihm geboten, bis er (der Sünder) ſelbſt verklärt ſein
würde." Ich hab' noch mehr mit ihm geſprochen, was ſich
nicht wiedergeben läßt, denn Witz und Scherz waren meiſten=
theils die Träger aller geiſtigen und myſtiſchen Genüſſe. —
Er ſagte oft zu mir, wenn ich ſo recht übermüthig war:
„Gott hat Dich in ſeiner beſten Laune geſchaffen," und da
freute er ſich meiner, und ſegnete mich von Herzen. Ein=
mal fragte er: „Ich möchte wohl wiſſen, was Du ſündigen
könnteſt?" Ich ſagte: „Ich habe das göttliche Feld der

Sünde nur durch Dich kennen gelernt, und dafür kann ich Dir nie genug danken, denn es ist mein bester Tummel= platz." O, wie freudig war er da, wie liebte er mich, er küßte mich, er segnete mich. Er sagte oft: „Die Dummheit allein ist Sünde, denn Bosheit ist Dummheit, die Fleisch geworden ist, so wie die Liebe Weisheit im Fleisch ist." —

Wenn mich meine eigene Ohnmacht quälte, (denn ich kann nur aus Schwäche das Schlechte in mir walten lassen, nicht aus Mangel an besserer Einsicht,) daß ich mich schlecht fühlte, und mich nicht über mich selbst erheben konnte, dann ging ich zu ihm, und warf alles, was mich in mir selber kränkte, vor ihm hin, und sagte: „So bin ich." — Da fühlte ich die Liebe in ihm, die sich meiner Aufrichtigkeit freute, und das machte mich gesund. Eben so warf ich ihm auch vor, was mir in seinen Handlungen nicht über= einstimmend schien mit der Hoheit seines Geistes, und alle= mal empfand ich, daß er mit hoher Geduld sich selbst be= herrschte; und ich erkannte deutlich, wie seine geistige Natur die Oberhand bekam über alles Schlechte. — Einmal sagte er zu seiner Frau, die über jemand schmähte, daß er den Fehler der Heftigkeit nicht abgelegt habe: „O schweige! — Hast Du je erfahren und hast Du an Dir erlebt, daß man einen Fehler ablegen kann? Es ist genügend, daß man in der Erkenntniß das Gute von dem Bösen in sich schei= den lerne, daß die Erkenntniß dem Bösen widersage, und das Gute als ihr Eigenthum, ihre Habe, in Anspruch nehme. Das ist der Saamen, der dann jenseits in uns aufblühen wird. Dieser ewige Wille zum Guten, dies Bedürfniß unserer Natur wird einst unsere Natur werden, aber sagen können wir nicht, so lang wir in diesem irdischen Leib sind, daß wir uns einer Sünde freigemacht haben, — denn wer am längsten sich in einer Tugend geübt, der wird unvermuthet wieder in die Sünde verfallen, ohne den Geist, denn wenn der wächst, so überwächst er die Sünde, wie die Frucht das Unkraut überwächst, und allmählig mächtiger wird."

Nicht wahr, dies ist alles schön und brauchbar, und ganz unserer Natur angemessen? — Und ich bin wirklich Ihr Freund, indem ich's Ihnen mittheile. Bleiben Sie mir gut, ich werde Ihnen vergelten.

Bettine.

Verlieren Sie nicht den Myrthenzweig, und schreiben Sie mir, ob ich diesmal nicht undeutlich war.

49.

Bettina an Pückler.

Den 26. Februar 1834.

Ihr Brief vom 13. und 14., der mir heute am 26. zukam, giebt viel Stoff zur Antwort. Hat der Zufall mit diesen meinem Herzen so theuren Blättern gespielt, daß sie 14 Tage unterwegs blieben? Oder hat der unschuldige Schalk dem unschuldigen Sklaven durch das Verrücken des Datums einen Streich gespielt, und es so gewendet, als habe der Arme versäumt am heiligen Sonntag pflichtgemäß seinem Herrn zu schreiben? da ihm doch die ganze Woche hindurch das Ausbleiben des Briefs eine schmerzliche Entbehrung war.

Sie sagen: „hundertmal habe ich mich bei ernstester Rührung darauf ertappt, die lächerliche Seite davon spottend zu bemerken."

Ich glaube: diese Rührung von Ihnen mir angethan; gerührt werden veranlaßt ein Uebergehen in eine andere Welt, ein Verwandeln. Dem Schmetterling, der aus der Chrisalide zum blauen Himmelsdom streift, ehe er die Luft

gewohnt ist, zittern ihm noch die neu bemalten Schwingen,
so wie er es aber vermag, verwandeln sich diese zaghaften
Empfindungen in hohe Begeisterung, er wird Genie, und
schwingt sich unbekümmert um Warnung oder Lehre oder
Antheil immer wirbelnd fort im neuen Element. Es ist
ihm seliges Behagen, daß das Göttliche ihm Lebensgenuß
ist. Er sinkt nicht aus der ersten Anregung von Rührung
zurück zum Spott und krankhaften Lachen, er rückt
vorwärts zu höherer Thätigkeit. Daß jedes Gefühl augen=
blicklich Thätigkeit sei, das ist die wahre Gesundheit. Mache,
daß Dein Geist stark sei, die Weisheit Gottes zu verdauen,
so hast Du alles; der Sonnenaufgang erleuchtet alles,
macht alles lebendig, feurig, weckt Lust, Kraft, Naturtrieb,
die Blumen öffnen den Kelch, und der Samen, vom Licht
der Sonne durchwärmt, fliegt hinzu, um in ihm zu er=
zeugen. Hier ist keine Pause zwischen Rührung und leben=
digem Fortleben.

Sei ganz Natur, und sei Wächter zugleich, daß diese
sich in vollkommene Schönheit ausbilde, und Du wirst er=
füllt sein, daß keine Spur müßiger Rührung Dir ein krampf=
haftes Lachen erregt.

Ich hab' es gesehen an allen Deinen Fehlern, daß es
der Trieb Deiner Natur ist, mit dem Ideal Deiner selbst,
mit Deinem Genius im Umgang zu leben. Bleib dabei,
und Du kommst zum göttlichen Ziel jenseits.

Seien Sie ein feuriger Liebhaber Ihrer eigenen höheren
Natur, lassen Sie nichts mit sich in Berührung kommen,
als nur das Schöne; halten Sie sich selbst zurück, die
eigene idealische Natur nicht zu verletzen. Hier setze ich
Ihnen einen Vers aus einem alten Lied her, das mir eben
einfällt:

„Die Rose blüht, ich bin die fromme Biene,
Und rühre zwar die keuschen Blätter an,
Daher ich Thau und Honig sammeln kann,
Und also bin ich wohlgemüth,
Weil meine Rose blüht."

Sie glauben, der Schalk in mir sei noch ärger als in
Ihnen, und daß ich auch mehr damit sündige; meine Anlage zur Sünde mag wohl stärker sein als die Ihre, wenn
auch nicht meine Leidenschaft. Ueberschwinge ich meine
schlechte Natur, so ist es aus Liebe und Treue zu Ihrer
schönen Natur. Die Aufgaben, die mich jetzt über das
Gemeine erheben, hab' ich durch Sie, und das ist meine
Wolluft, es ist meine beste Seligkeit, Herr über mich zu
sein, während die Liebe mich zu Ihrem Sklaven macht.

Was nun die Unschuld Ihrer Augen betrifft, so pflichte
ich bei, daß dies der unwiderstehliche Ausdruck derselben sei,
und da meine nicht unwiderstehlich sind, so mag ihr Ausdruck auch nicht so unschuldig sein.

Sie fragen mich über Gebet.

Ich sage, Gebet sei die sinnliche Kraft des Geistes, das
was das Innere zum Göttlichen, zum Geist erhebt. Es
soll nie aufhören uns zu begleiten, dies Selbstgefühl des
Erhabenen in uns.

Haben Sie nie bei Forschen nach Wahrheit, bei Erkennen und Bekennen derselben, eine sinnliche Kraft in sich
empfunden, die sogar sich Ihrem Körper mittheilte? — Da
ich als unschuldiges Kind beichtete, und ich kam aus dem
Beichtstuhl, da empfand ich die Luft um mich her verän-
dert, und ich empfand meinen Leib als ein verklärtes Gewand. Es ist das sinnliche Ausströmen des Geistes, der
mit dem Göttlichen in uns verkehrt. Es ist Licht, was die
reine Natur ausströmt, und sich von der Finsterniß
scheidet.

Sie sollen die Erhabenheit Ihrer Natur stets empfin=
den, das nenne ich sinnliche Kraft des Geistes, Gebet.

Sie sagen ferner, daß Sie sich ein hohes Ideal stellen,
sonst würden Sie sich nicht für einen Sünder halten, daß
Sie aber nicht mehr sündigen als die Meisten thun. —
Gott hat in Sie die Leidenschaft für's Göttliche gelegt,
und es wird einst kommen, daß Ihr inneres und äußeres
Leben ein Liebkosen dieses Göttlichen ist, daß jeder sinnliche
Genuß eine Beziehung auf dieses Göttliche hat, daß Denken
und Sein in diesem Göttlichen sich vereine. Vergleichen
Sie sich daher nicht mit anderen Sündern, sondern denken
Sie an das, was Sie lieben, und das Opfer wird Ihnen
leicht werden.

Ich weiß, daß Ihr ganzes Leben eine sinnliche Basis
hat; Sie sollen nicht Schiffbruch leiden in falschem Stre=
ben; Sie müssen ahnden, was ich meine. Denn ich ver=
stehe Sie ja so klar und deutlich, Sie müssen sich in meinen
Worten verstehen.

Ob Andere so viel sündigen als Sie, das geht Sie
nichts an, Sie haben Ihrem inneren Ideal Liebe geschworen,
lassen Sie die Sehnsucht nach diesem nicht in sich ersterben,
bilden Sie die Treue dieser Leidenschaft in sich aus, so
werden Sie mit Begeisterung und Selbstbeherrschung thun
und lassen, was dem zukommt.

Sie meinen, was ich über Varnhagen sage, sei schief;
ich kann mit vollkommen gutem Gewissen sagen: alles, was
ich von ihm weiß, ist s ch i e f. Gott, der ihm den Odem
eingeblasen, der wird ihn wohl auch verstehen, und wissen,
was draus werden soll; mir ist und bleibt er mildestens
ausgedrückt, ein unerfreuliches Räthsel, das mich nicht zum
Auflösen reizt. Ich gönne es ihm, wenn er in Ihrem
Gefühl gerechtfertigt ist, nur geben Sie ihm nicht preis
zu wissen, daß ich Ihnen von dem geringsten Interesse

sein könnte. Von den Varnhagen hab' ich nichts Bedeu=
tendes über Sie gehört, außer das was sehr unbescheiden
von mir war, Ihnen mitzutheilen.

Einst sagte sie, sie habe ein treffendes Portrait von
Ihnen gemacht. Ich erfuhr nichts Erfreuliches. Noch an
demselben Tag sah ich sie von Theilnahme an Ihrem
Glück, einen Prozeß gewonnen zu haben, in Thränen zer=
fließen. Sie war gutmüthig, konnte besser lieben als hassen,
aber sie bedurfte dazu einer Unterstützung, die ihr oft
mangelte; in der späteren Zeit war sie noch mehr zur Liebe
geneigt, es that ihr wohl, wenn ich Gutes von Ihnen
sprach; jene Briefe des 6. und 18. Februar 1832 an Sie,
die in der Sammlung aufgenommen sind, sind Folgen von
Gesprächen, denn ich finde meine eigenen Worte darin
wieder. So war sie abwechselnd in Laune und Ansicht.
Je näher sie dem Grabe kam, je inniger wurde sie; die
Sonne von jenseits reifte sie schnell, sie streckte sich auf
ihrem Todtenbett wie ein inniges Kind unter großen
Schmerzen zum letzten süßen Lebewohl aus, und besonders
segnete sie in versöhnender Liebe diesen Varnhagen. Dieser
Segen wird an ihm nicht verloren gehen, so viel Wider=
sprechendes auch in ihm herumkreuzt.

Wann kommt denn endlich Ihr Buch, und wann die
Prüfung? Auf beide warte ich mit Sehnsucht.

Bettine.

50.

Pückler an Bettina.

Muskau, den 27. Februar 1834.

Ich danke Dir herzlich, liebe Bettine, für Deinen letzten
Brief, der von eben so tiefem Interesse ist, als klar und
vernünftig — ganz wie ich mir Deine Briefe wünsche,

denn Du haft wohl Recht, nur auf dem Wege einer ge=
funden Kenntniß fuche ich das Heil, alles Schwebeln und
Webeln ift meiner Natur durchaus zuwider, und entfernt
mich ohnfehlbar, obgleich ich es niemanden verdenken will,
der diefen Weg anfprechender für feine Individualität findet.
Der meine kann es nimmer werden.

Die Myrthe, die Du mir fendeft, halte ich hoch wie
den Ruf der Studenten, die irdifchen Ueberrefte eines edeln
Menfchen, und wäre es auch die Myrthe, die mir felbft
eine baldige Hochzeit mit dem Tode bedeutete, ich würde
fie nur defto lieber und ehrfurchtsvoller anfchauen. Es
wird mir immer deutlicher, daß Schleiermacher grade der
Mann war, der mir hätte über den Berg helfen können,
und es mißfällt mir, daß Du mich nicht auf das dringendfte
im Leben an ihn gewiefen, und allein haft übernehmen
wollen, was dem Meifter weit beffer gelungen wäre. Doch
hat das Wenige, was Du mir von feinen Aeußerungen
mittheilft, fchon manches in mir aufgehellt. Seit ich dies
vernommen, und anderes über Schleiermacher gehört, was
ich früher nicht wußte, namentlich: daß er aus der Herrn=
hutifchen Gemeinde ausgegangen, und diefer Richtung immer
treu geblieben — nehme ich meinen Ausdruck „handwerks=
mäßig" demüthig zurück, obgleich ich diefe finnliche Liebe
zu Chriftus noch nicht recht wieder verftehen kann, denn
Du weißt, als Kind theilte ich fie, und ich muß ihre
Aeußerung in den letzten Stunden daher immer noch mehr
als eine füße und liebenswürdige Schwachheit anfehen, als
daß ich ihr einen großen Werth beilegen könnte; doch will
ich keineswegs behaupten, daß mir nicht auch noch hierüber
ein ganz anderes Verftändniß aufgehen könne.

Bezweifeln muß ich aber Deinen Ausfpruch, daß im
Tode der Menfch fchon höher und geiftiger ftehe, als im
kräftigen Leben; die allgemeine Schwäche, welche bei naher

I   14

Auflösung die ganze Organisation bewältigt, muß in diesen Momenten auch den Geist verdunkeln, obgleich eine gewisse Gefühlsrichtung dem Streben des Lebens bleiben wird, und gewisse magnetische Schauer von unklarer Natur eintreten mögen, wobei es denn ganz natürlich ist, daß, im Begriff stehend, alles Irdische zu verlassen, die ganze Seele sich dem Jenseits mit heißerer Inbrunst zuwendet. Zu lernen möchte aber aus einem so einseitigen und befangenen Zustande wenig sein. Nicht der Tod, das Leben lehrt.

Wie lebhaft aber fühlte ich die Wahrheit jenes schönen Worts, daß Bosheit nur Fleisch gewordene Dummheit, wie Liebe Weisheit in Fleisch sei. Das ist herrlich, wie so vieles andere, was Du von ihm anführst, und ich hier nicht unnütz wiederholen will. Nur darin stimme ich nicht mit Dir überein, daß ein solcher Koloß der Geister wie Schleiermacher in irgend etwas als unbedingte Autorität gelten müsse. Für mich giebt es keine Autorität, als die, welche mich überzeugt, und das ist eben, wie mich däucht, das sichere Zeichen: daß es mir um Erkenntniß Ernst ist.

Ich bitte Dich, mir von Schleiermacher's Worten aus dem täglichen Leben, so viel Du kannst, und so treu als es Dir möglich ist, mitzutheilen, und mir auch diejenigen seiner Schriften zu empfehlen, in denen er sich, nach Deiner Meinung, am treusten, und seiner Gesinnung wie seinem Wissen am entsprechendsten, geoffenbart hat.

Was mich nun betrifft, so hat das Böse sich mir nur selten und ohne Gewalt über mich genaht, desto mehr die Sünde, und wenn ich sie früher trotzig zur Schau trug, so hat sich das jetzt so sehr geändert, daß mich eigentlich jetzt das zarteste Gewissen plagt, und ich wie ein Kind vor allem erröthe, von dem ich fühle, daß es, wie Schleiermacher sagt, meine geistige Organisation stört; das wird auch hoffentlich zur Fortdauer führen, denn es ist schon lange auch mein Glaube gewesen, daß nach diesem Leben eine förmliche geistige Wiedergeburt im Geiste durch göttliche Macht nur dann eintreten kann, wenn wir sie erworben haben, und die in uns gelegten Keime absterben, wenn wir sie nicht pflegen.

Lebe jetzt wohl, liebe Bettina, und sei immer gegen mich ganz offen, klar und einfach, ohne Kunst und ohne Falsch.

Mein Buch (es verdient zwar diesen Namen gar nicht) wird dem Inhalt dieser Briefe nicht recht entsprechen; bedenke indeß, daß alle vier Theile desselben vorher geschrieben wurden, und wenn in den letzten schon der Anklang eines Fortschrittes sichtbar werden möchte, ein neues unfehlbar noch deutlicher Spuren davon tragen würde.

Aber leider fürchte ich, wird die Eitelkeit mir immer noch hie und da einen häßlichen Streich spielen, denn sie ist meine große Feindin.

Der Himmel behüte Dich.

H. P.

51.

Pückler an Bettina.

Muskau, den 3. März 1834.

Hier, meine gute Bettine, sind endlich die unglücklichen „Tutti Frutti," die ich Dir gar nicht schicken würde, hättest Du sie nicht verlangt.

Die Probe, die ich Dir damit auferlegt habe, besteht darin:

1. daß ich in dem Sendschreiben an Varnhagen mich ein ganz klein wenig über Dich liebevoll lustig gemacht

habe, (und Du siehst, selbst meine treue Julie kommt nicht ganz unangefochten weg.)

2. daß ich über den vermaledeiten Hofpedanten Steffens eine Stelle Deines Briefes mit einigen kleinen selbstgemachten Variationen eingefügt habe.

Was ich nun probiren will, ist ob Du dies lustig und ohne Zorn mit Klugheit aufnehmen wirst, und macht Dir Steffens, Dich erkennend, Vorwürfe, nicht mich verläugnen oder tadeln, sondern ihm die Wahrheit derb zu sagen den gehörigen Muth haben wirst.

Im Uebrigen erwarte ich Dein Urtheil mit viel Interesse, wenn Du jenes Buch eines solchen zu würdigen anders der Mühe werth hältst, was mich keineswegs wundern würde, wenn es nicht der Fall wäre.

Mir wirst Du doch immer treu bleiben, wenn Du auch mein Buch wegwirfst.

H. P.

52.

Bettina an Pückler.

Den 3. März 1834.

Mir scheint die Tugend der Selbstverläugnung von allen Seiten zur Uebung auferlegt. Sie strafen mich mit Worten, „daß ich Sie nicht auf's dringendste im Leben an Schleiermacher" gewiesen, und daß ich allein habe übernehmen wollen, was „dem Meister weit besser gelungen wäre." Wie Unrecht Sie mir thun, werde ich Ihnen nicht begreiflich machen, doch das hat nichts zu sagen; während ich ein Verständniß mit Ihnen suche, lerne ich viel und Sie auch, manchmal glückt es. Erstens wissen Sie nicht, wie viel ich gethan habe, um Sie mit Schleiermacher zusammenzubringen, welche Vorur-

theile gegen Sie herrschten, welche Feinde gegen Sie sprachen.
Zweitens können Sie überzeugt sein, daß Sie nie in ihm
gefunden haben würden, was Ihnen durch mich bescheert
wird, und was ich in ihm erfaßte; denn keiner, nah oder
fern, hat mit ihm verhandelt, und in wenig Minuten oft
himmlische Feuerfunken aus ihm herausgeschlagen wie ich;
und ich sage Ihnen, der einfachen Lebensbasis seines Geistes
würde noch heute widersprochen werden, wenn sie so ausgesprochen würde, wie sie wirklich war. Drittens wären
Sie auch gar nicht geeignet, den Weg zu machen, auf dem
Sie ihm näher gekommen sein würden. Schleiermacher
hatte große Neigung zu mir, und doch gehörte meine Kühnheit, mein Witz, meine wirklich genialen, oft übermüthigen
Wendungen dazu, ihn mittheilend zu machen. Ich konnte
ihm das scheinbar Barockste, Extravaganteste sagen, und
wenn er sich nun darauf äußerte, so sah ich tief in seine
Seele, als in den Spiegel meiner eigenen, — ich lernte
nichts Neues, ich erkannte mich nur selber. — Seine Freude
an dem, was ich ihm mittheilte, brachte ihn zur Erwiederung; in den letzten Tagen, wo ich bei ihm war, sagte
er mir: „Es ist mir sehr lieb, daß Du bei mir warst,
daß Du mit mir gesprochen hast; es war mir sehr nothwendig, sehr wichtig." — Und wenn ich Ihnen nun mittheilte, was wir grade an dem Tag miteinander gesprochen
hatten, so würden Sie es vielleicht für Schwebeln und
mystisches Nebeln erklären, was doch nur in Folge
dessen, was in unseren Gesprächen schon verhandelt worden,
höchst einfache, verständliche Wahrheit war. Gewiß ist es,
daß mein Denken, mein Sprechen mit ihm oft großen Einfluß auf meine Briefe an Sie hatte, und daß ich nicht
berücksichtigte, daß dies alles nicht so auf Sie übergehen
könne. Ohne Sie zu kennen, ahndete er dennoch, ich müsse
einfacher mit Ihnen sein, er gab mir dies auf die feinste

Weise zu verstehen; er hielt nämlich eine ganze Predigt hierüber, und ich empfand deutlich, daß mehreres, was ich ihm aus einem Brief an Sie mittheilte, die Veranlassung dazu war; das war auch natürlich, Schleiermacher selbst verstand mich oft schwer, er mußte also voraussehen, daß es mit Ihnen eben so kommen könne; und wie schön deutete er an, daß dies die Kunst der Liebe sei; nicht in „fremdem Gewand und unbekannten Ausdrücken, sondern in dem einverständigsten, wie Kinder, die in einer Wiege erzogen sind, und deren ein jedes des anderen einfachste Gebärde verstehe, so solle der Geist einwirken." — Ich aber habe nie Ahndung gehabt, daß Sie mich nicht verständen, wenn ich Ihnen schrieb; es ist mir alles so deutlich wie das Abc, und es ist nichts von Mystizismus, von dem Sie zu glauben scheinen, er sage meiner Natur zu, sondern der ganze Cyklus der Ewigkeit ist wie das Korn in die Erde gesäet, das bald durchbricht, grünend, wachsend, zur Blüthe steigend, und eine Aehre tragend.

Ich will mich daher in dieser Hinsicht bessern, so sehr ich kann; Schleiermacher hat mich oft seinen Plato genannt, und mir gesagt: so wie Socrates sich habe gefallen lassen von jenem ausgelegt und gedeutet worden zu sein, so müsse er sich auch von mir gefallen lassen, und Ihnen kann ich wohl sagen, daß er mich mit süßen Lobsprüchen überhäufte, und mir sagte: „Du hast Plato's Geist, Du bist aber viel gescheuter wie er, und sagst größere Dinge, und sprichst die Wahrheit tiefer und doch anmuthiger aus." Ja, Fürst Pückler, dies hat er mir gesagt, und mehr süßes Lob hat er mir gegeben, so fein, so tief, so reizend. O, die Grazie des Geistes ist auch eine himmlische Gabe, und erregt zum göttlichen Lieben. — Sie werden es nicht mißverstehen, daß ich dies nicht aus falscher Bescheidenheit vor Ihnen verberge, es hat mich ja so glücklich gemacht, es

macht mich noch so glücklich, daß es wohl verdient im Vertrauen Ihnen mitgetheilt zu werden.

Wenn ich Abends an sein Zimmer kam, ich sah Licht,
er war allein, er saß auf dem Sopha am Schreibtisch, ich
sagte: „Schleiermacher, ich bin da." — „Komm," rief er;
in tausend Farben spielte da der Witz, und in dem Witz
die Weisheit. Oft dachte ich an Sie bei diesen Gesprächen,
und wie Sie mich nicht kennten, und wie Sie überrascht
sein würden, mich und ihn in diesem zärtlichen Muthwill,
vom Geist getragen, geschaukelt, spielen zu sehen. Und
dann, wenn ich recht übermüthig war, sagte er: „Gott hat
Dich in der besten Laune geschaffen." — O, wie traurig,
daß er fort ist! Niemand hat mich auf mich selbst angesehen und erkannt als dieser, der gleich da er mich zum
erstenmal sah mir gut war. Oft ging er mir auf der
Straße nach, und frug mich, ob ich denn nicht mit ihm
näher bekannt werden wolle? Ich gab ihm zur Antwort,
er sei noch zu jung, er müsse erst 60 Jahr alt sein; damals
war er 56 Jahr alt. An seinem sechzigsten Geburtstag
kam er zu mir, und erinnerte mich daran. Mein Näher-
kommen war nichts wie Scherz und Uebermuth; nie setzte
dies ihn in Verlegenheit; auch selbst mitten unter seinen
steifen Amtsverbundenen, oder auch unter den ihn umgebenden Studenten; manchmal warf ich ihm etwas vor,
was mir in seiner Rede auf der Kanzel mißfallen; darauf
ging er ein in Gegenwart und zum Erstaunen der Anderen,
und gab mir Recht. — In späterer Zeit, da ich öfter zu
ihm kam, sagte er mir zuvörderst, was er alles in mir
ahnde, und daß wir im Geist mit einander verwandt seien.
Er predigte mir nicht das Christenthum, sondern sagte: „er
begreife sehr gut, wie ich ein Heide sei." O, wär' ich
doch listiger gewesen, und hätte ihn dies entwickeln lassen,
allein ich widersprach. — Oft hatte ich tiefen Kummer, ich

lief dann zu ihm; ohne zu sagen, was mir fehle, legte ich mich an die Erde zu seinen Füßen; da mußte ich vor ihm alle meine Schmerzen ausringen, und da war er so tief bewegt, denn er war zärtlich, und seine Worte, seine Fragen, zeugten von einem so subtilen scharfen Geist, und so großer Liebe, daß es mich schauerte; ich sagte nichts, aber ich fühlte, daß mein lautes Weinen und seine freundlichen Reden e i n e himmlische Musik waren. In solchen Tagen war er mäßig; wenn ich aber wiederkam, dann brach heißere Liebe hervor, und er bat mich, mich fester an ihn zu schließen, und von allem anderen, was mich kränke, abzu= lassen.

Er sagte oft, man kann nicht genug lieben; und nur die Liebe erzeugt Geist. Und was einer auch denkt und erfindet, es ist immer einseitig und leblos. Aber in der Liebe wird jeder Athemzug zu Geist. — Sein Geist hatte einen Leib und eine Seele, und dies alles sah ich deutlich. Ich sah, daß er wunderschön war. Denn sein Geist hatte Gebärden und Mienen; er hatte einen Leib, den ich ganz deutlich erkannte. Dies wird Ihnen vielleicht deutlich, wenn Sie sich an seine unscheinbare Gestalt erinnern, und daß er von dieser zu einer höheren, idealen Erscheinung appel= lire, durch Geist, durch Gefühl, durch Willen, und beson= ders durch Sehnsucht sich schön empfunden zu fühlen. Wer nun so geistig sinnlich war, dies zu verstehen, der hatte ihn ganz in seiner idealen Natur, wie es seinem ganzen Wesen, seiner geistigen Richtung zukam. Gute Nacht! Es ist Mit= ternacht, morgen schreib' ich weiter.

Ihr Brief giebt mir noch Stoff zu manchem Wichtigen, doch bin ich im Zweifel, was ich berühren soll, indem Sie mir deutlich zu verstehen geben, daß ich bisher Ihre Geduld mißbrauchte, oder wohl gar daß ich könne falsch gegen Sie gewesen sein; ich weiß wohl, daß ich nicht immer ent=

schieden deutlich in meinen Briefen war, aber das hat einen einfachen Grund.

Um Ihren Forderungen zu willfahren, werde ich Ihnen noch mancherlei, was mir grade jetzt beifällt, aufschreiben.

Vor mehreren Jahren sagte er zu mir: „Du bist ganz durch und durch sinnlich, aber Deine Sinnlichkeit konzentrirt sich nie, und das ist grade das Schöne daran."

Einmal traf ich ihn in der Akademie bei den Gyps= abgüssen der Antiken; ich führte ihn vor einen Jupiters= kopf, taufte diesen in seiner Gegenwart im Namen Gott Vaters, Sohnes und heiligen Geistes, und sagte: „Schleier= macher, Sie sind Zeuge, und wird es nichts mehr gelten, daß dieser sollte den Frommen zu Lieb in der Rumpel= kammer abgedankter Götter bleiben; ich denke, der Thron im Himmel kann ihm unter solcherlei Vorwand nicht mehr abgesprochen werden, an den so viel elende Mittelglieder von Bös und Gut Ansprüche zu haben glauben." — Was möchte dies für einen Eindruck auf ihn gemacht haben? — Er sah mich an, scherzhaft, bald ernsthaft, dann tief be= wegt; ich sagte: „Gieb mir die Hand darauf, daß dieser zwischen uns beiden ein Göttlicher ist." — Er gab sie mir; — dergleichen regte ihn tief an, es war oft nur scheinbar Laune, und dennoch sprach der edelste Geist sich drinnen aus. Wer kann das wiedergeben? — Und wer kann mir wiedergeben, was sich zwischen ihm und mir noch hätte ge= stalten können? — Welche Wärme drang in meinen Geist, blos weil er lebte und vorfühlte was ich wolle; wie steigerte das meine Zuversicht im Treffen, im kühnsten Wagen. Wie ergötzte ihn diese edle Freiheit im Geist. — Immer mehr verwandelte sich alles in ihm in Liebe und in Genuß. Ob ich ihm sagte: Dein Geist entzückt mich, oder: Dein Auge hat alle Seligkeit des Geistes in sich, das war ihm beides rührend lieb; er liebte, er küßte mich, er bat mich ihm zu versprechen, daß ich ihn lieben wolle.

Jeden Freitag ging er in die griechische Gesellschaft; ich holte ihn ab, um ihn zu begleiten, weil ich dann unterwegs mit ihm sprechen konnte, ohne daß es ihm Zeit kostete. Da haben wir manches Wunderliche miteinander gesprochen. Wer kann das wiedergeben, wenn das flüchtige Salz der Begeisterung, das von keiner Zaghaftigkeit gehemmt war, in uns aufbrauste. Wir liebten einander, weil wir den Geist und seine Einwirkung spürten. Hand in Hand gingen wir die langen Straßen bei dunkler Nacht oder bei Mondschein, oft blieben wir auf der Brücke stehen, und sahen den Mond im Wasser, während wir etwas miteinander besprachen; und dann, wenn wir am Ziel waren, küßte er mir die Hände, und drückte mich an's Herz.

Wenn ich Ihnen nun auch nicht sagen kann, was Schleiermacher da gesagt haben könnte, so ist doch gewiß meine Stimmung, meine Anschauung im Einklang mit seiner tieferen Ueberzeugung; wie wären wir sonst einander so lieb und wichtig geworden. Schleiermacher war viel zu feinfühlend, und das Element der Wahrheit ihm zu wesentlich, als daß er mit mir irgend eine Berührung hätte dulden können, wenn diese nicht auch in mir gewaltet hätte. — Er wich keinem Scherz, keinem Ernst aus, in allem ergriff er das Leben. Meine Liebe hätte er nie zurückgewiesen, unter welcher Gestalt sie sich auch zeigte. Er sagte: „Es kommt drauf an, daß man alles v e r s t e h e, nicht daß man es z u r ü c k w e i s e. Durch die verschiedenen Geister lernt man die verschiedenen Welten genießen; und in den verschiedenen Berührungen erzeugen sich tausendfältige Früchte. Mehr verlangt Gott nicht, als daß er in keiner Erscheinung verläugnet werde, sondern vielmehr genossen." Freiheit war ihm der höchste Beweis göttlicher Weisheit.

„Wir sollen Kinder Gottes werden, das heißt: wir sollen frei werden." — Das war ihm christliches Ziel; Wenige haben ihn im ganzen Umfang des Sinnes verstanden. —

Einmal sagte ich zu ihm: „Schleiermacher, Du wärst gewiß der herrlichste Mensch auf Erden geworden, aber eines fehlt Dir!" — Alles war gespannt es zu wissen. Ich sagte: „Du hättest müssen die Milch meiner Brüste trinken, dann hätte sich Deine Weisheit vollkommen und ohne Anstoß entwickelt." Ich ging noch weiter, und entwickelte noch mehr das Wie und Warum. Man fand mich sehr anstößig gegen Sitte und Geist. Ihn aber ergötzte dies, er sagte tiefe Wahrheiten, die alle Bezug hierauf hatten. Unter anderen auch dies: „Wenn wir erst einmal unsere Vorstellungen benutzen dürfen als Sprache, und wenn nichts mehr in der Form für unschicklich gilt, was im Geist nicht unschicklich ist, da nichts in ihm unschicklich ist, was werden wir da einander alles sagen können, und was denken können, welche Begriffe werden uns da aufgehen, und wie werden's die Geister durch und durch fühlen, die sich lieben, daß sie für einander geschaffen sind."

Ach, wie bin ich geschlagen, daß ich ihn nicht mehr habe, diesen Freund, diesen Geliebten meiner Seele; diesen Propheten der Seligkeit, — diesen scharfsinnigen Wissenden, dem nichts unbekannt, nichts unbegreiflich war, auch die Sünde nicht, — der sich immer inmitten des Vertrauens fühlte, nie außer ihm. — Wer ihm was mittheilte, in den war er eingegangen, als wenn er ein Theil von ihm selbst wäre. Und Mensch sein war ihm das Höchste. — Ach, wer ersetzt mir's, daß ich nun so unbekrittelt meinen launigen Einfällen nachgehen konnte, da so viel Seliges draus erwuchs? — Nicht wahr, das war ja allein schon so groß, so einzig, wie er ganz aufnehmend, ganz erfassend war, wie nichts in ihm war, das als Positives dem Aufnehmen

fremder Individualität sich entgegengestellt hätte. Ja, dies
ist in einem so entschiedenen Geist zugleich die seltenste
Eigenschaft, nur durch Liebe erzeugt, und giebt eine Ahndung,
wie Gott den Menschen in sich aufnimmt. —

Ahndungen sind immer die ersten Keime hoher Weis=
heit; wer sie verfolgte, dürfte bald zu größerer Erkenntniß
gelangen.

Hier schreib' ich Ihnen zum Schluß zwei Gedichte ab,
das eine als ich an einem Sonntag aus seiner Predigt
kam, das andere seine Antwort, die er mir eine halbe
Stunde darauf schickte:

> „Ob ich Dich liebe, weiß ich nicht,
> Seh' ich nur einmal Dir in's Gesicht,
> Kann ich nicht sagen, wie mir geschicht.
> Ob ich Dich liebe, weiß ich nicht.
>
> Ob ich Dir traue, weiß ich nicht,
> Entgeht mir Deine Lehre nicht,
> Thu' ich auf eignen Geist Verzicht.
> Ob ich Dir traue, weiß ich nicht.
>
> Ob ich Dich kenne, weiß ich nicht,
> Ich glaub', was Deine Lippe spricht,
> Dein Geist ist mir das höchste Licht.
> Ob ich Dich kenne, weiß ich nicht.
>
> Ob treu Dein Kind bleibt, weiß es nicht,
> Daß nie ihm Deine Lieb' gebricht,
> Ist was sein Flehn zum Himmel spricht.
> Ob es Dir treu bleibt, weiß es nicht."

Schleiermacher's Antwort.

> Ob Du mich liebest, weißt Du nicht?
> Ich weiß es wohl,
> Wenn so Dein Flehn zum Himmel spricht.

Schaust Du mir offen in's Gesicht:
So weißt Du wohl,
Ob Du mir trauest oder nicht.

Glaubst Du, was meine Lippe spricht,
So weißt Du wohl,
Wie meine Liebe Dir nicht gebricht.

Ob Du mir treu bleibst, weiß ich nicht,
Doch weißt Du wohl,
Gleich bleib' ich mir und ändre nicht.

Entgeht Dir meine Lehre nicht,
So weißt Du wohl,
Mein Geist sei nicht Dein höchstes Licht.

Was kann ich Ihnen hienach noch erzählen wollen? Wenn Sie diese kunstlosen Reime mit dem einfachen Sinn, den sie enthalten, so fassen wie ich, dann wird, wenn Sie es zusammenhalten mit dem spielenden Scherz, der durch uns ging, es nicht verfehlen Sie tief zu rühren. Nehmen Sie es als Geschenk meiner Treue an.

Bettine.

53.

Bettina an Pückler.

Den 6. März 1834.

Guter Fürst Pückler.

So spielt der Zufall meiner Neugierde mit; eilig lasse ich das Paquet holen, und um gleich auf Ihren Wink mir die Probe gefallen zu lassen, greife ich nach dem ersten Band, als in welchem ich das Sendschreiben an Barnhagen vermuthe, fasse aber den zweiten, ich greife daher nach dem zweiten, und fasse wieder den zweiten, ich greife wieder nach dem ersten, der bleibt aber der zweite. Soll ich Ihnen nun den zweiten Zweiten zurückschicken, oder ist vielleicht eine Auswechslung hier zu machen, da Sie leicht an jemand anders die zwei Ersten geschickt haben könnten?

Indessen blätterte ich Ihr Buch gleich an der bewußten morastigen Stelle auf. — Ist dies nun das Dicke oder Dünne, wozu Sie mich in einem früheren Briefe auf= fordern durchzuwaten? — Doch:

> „Leiht mir Zephir seine Flügel,
> Rett' ich mich auf jenen Hügel."

Das heißt: kann ich mich mit etwas Wind über den Sumpf hinausschwingen, so thue ich's gewiß, und lasse Sie allein drin sitzen. Man wird eine ganz artige Vorstellung bekommen von dem Inhalt unsrer Korrespondenz, und dem= nächst auch von unserem Umgang, und demnächst wieder von meiner Frechheit. Sie haben aber ganz Recht voraus= gesagt, daß es mich keineswegs weder stören wird an Ihnen, noch beleidigen oder unangenehm sein, obschon es mir auch nicht im mindesten angenehm ist. Einen Vortheil hat es jedoch, es beweist Ihnen deutlich, wie oberflächlich Sie die= jenigen angreifen, an denen Sie sich rächen möchten, und welche Blößen Sie sich dabei geben, und was kann den Beleidigtsten besser rächen, als daß Sie sich dabei Blößen geben.

Sie müßten Steffens ein bischen genauer kennen, um ihn schlagend anzugreifen, und kennten Sie ihn genauer, so ist viel gegen wenig zu wetten, Sie würden Ihre Blätter nicht damit besudeln, grade ihn als Repräsentant einer so allgemeinen Zeitschwäche preiszugeben. Schleiermacher sagt: der Teufel ist nichts. Ja wohl ist er nichts, aber eben daß dies Nichts die Seele, die auf alles, auf Gott an= gewiesen ist, in Beschlag nimmt, das ist ja der Teufel. Wir sehen deutlich, daß Steffens, der ein Philosoph ist, das heißt auf die Allheit in Gott ausgeht, diesem Teufel, dem Nichts, gebunden ist, im Hofleben, im Ehrgeiz, im Selbstgenuß,

in der Selbstüberzeugung. Alles wird ihm in dieser Beziehung zur Versuchung, der er nicht widerstehen kann. Als
die Juden keinen Führer mehr hatten, der Vermittler war
zwischen Gott und ihnen, da machten sie sich ein goldnes
Kalb, und um einen Gegenstand zu haben, zu dem sie ihre
Gebete richten konnten. Die Philosophen sind seitdem gewahr geworden, daß sie den fehlenden Gott nicht mehr
außerhalb, sondern im Inneren suchen mußten; da waren
sie nicht faul, jeder wollte zu dieser Allheit in sich selbsten
kommen, und wollte der Menschheit durch sein Inneres beweisen, daß die Allheit (die Gottheit) von ihm ausgehe,
und vergaß dabei wieder im Inneren zu forschen, weil er
nur das Aeußere im Auge hatte, und so kam er um seinen
Gott und das All, und blieb dem Nichts, dem Teufel, gebunden.

So geht es den meisten Philosophen und allen ihren
Anhängern, Aaron macht das goldne Kalb, und die Anhänger
umtanzen und beräuchern es. — Und da ist Hegel so gut
wie Steffens. Nur wer nicht mehr und höhere Weisheit
vertragen wollte, als die Menschheit unter der Bürde ihrer
Vorurtheile begriff und verdauen konnte, der hatte göttliche
Weisheit, wahre Philosophie, die aus dem Innern strömt,
wo eine freundliche Ehe ist zwischen Herz und Geist,
und eine gedeihliche häusliche Erziehung für alle menschlichen Kräfte; so war Schleiermacher. Denn das ist göttliche Weisheit, daß sie nur das giebt, was der Tag bedarf,
darum lehrt auch das Gebet fordern „gieb uns unser täg-
liches Brot", aber nicht mehr; darum sammelten die Juden
in der Wüste das Manna nur für heute und nicht für
morgen, denn sonst verdarb es alles. —

Wenn Schleiermacher auf die Kanzel trat, so lehrte er
grade, was die Gemeine unter den stehenden Religionsbe-
dingungen begreifen konnte; so lang der Vogel noch nicht
aus dem Ei geschlüpft ist, so lang ist brütende Wärme die

wahre Weisheit, ihn zu erziehen, später; wenn er durchge=
brochen, dann sieht der Vogel das Licht, den unermeßlichen
Aether; Freiheit ist da gewiß der Keim aller höheren Ent=
wicklung. Da ist es wieder die Aufgabe der göttlichen
Weisheit, die schützende, pflegende Brutwärme, mit der sie
selbst ihn früher erzog, ihn verachten zu lehren, und nur
auf eigene Kraft sich verlassend, den Aether zu durchkreuzen,
dem Lichte zuzufliegen. — Wer sich nun berufen glaubt,
der Menschheit zu dienen im Geist, und wollte nicht alle
Weisheit der Liebe in sich konzentriren zu dem selbstver=
läugnenden Geschäft, was hier wesentlich ist, sondern wollte
vorgreifen, bloß um zu beweisen, wie viel höher er stehe,
als alle Anderen, wär' der nicht dummer als eine Brut=
henne, die früher die Eier aufpickt, als die Brütezeit vor=
über ist? — Und sollte man nicht billig eine solche Weis=
heit im Verdacht haben, sie sei Afterweisheit? — Drum,
Fürst Pückler, so wenig Steffens das Recht hat, den sehen=
den Augen das Licht zu verbieten, so wenig hatte Hegel
das Recht, ihren neugeborenen Blicken ein goldenes Kalb
aufzurichten, so wenig hat einer das Recht, einen neuen
Propheten zu fordern, der alles von vorne anfange. Erst
wenn wir das ganze Christenthum in uns aufgenommen
haben, einfach, wie das Ei die Mutterwärme, dann wird
der Geist, der allemal der heilige Geist ist, uns fliegen
lehren gleich ihm. — Im Christenthum sind Mysterien;
der eine Theil der Menschheit hängt an ihnen mit Aber=
glauben, ohne ihre zukünftige Entwickelung zu ahnen, der
andere Theil verläugnet sie, weil er glaubt, daß jede Wahr=
heit nur der Fähigkeit seines Begriffes könne angemessen
sein; und doch ist gewiß, daß das Fliegen dem im Ei ein=
geklemmten Vogel eben so wenig einleuchtet, als uns vor
der Hand die Mysterien der Religion; daß wir aber eben
so sicher auf die beseligendste Befähigung durch diese

rechnen können, als wir auch mit unseren leiblichen Augen und Verstand sehen und begreifen, wie dem eingekerkerten Vogel die für ihn ungeahnte Erzeugung in das Element der Lüfte sich ergiebt. Hätte die Religion diese Mysterien nicht, dann könnten wir wohl verlangen: „es komme ein anderer Schäfer seine Schaafe zu weiden!" — So aber ist nichts anderes zu thun, als diese Mysterien nur: nicht zu verwerfen, oder zu übergehen, sondern uns eine Zeitlang ihnen zu vertrauen, ob vielleicht hiedurch eine Wirkung auf uns übergehe, und ob durch diese Wirkung sie endlich unserem Verstand einleuchten, als Weisheit eines neuen, eines himmlischen Elementes. —

Im Anfang meines Briefes stellte ich Ihnen das Nichts auf, als den Gegensatz von dem All, und Sie werden keineswegs läugnen, daß Ihr ganzes Begriffsvermögen bis hieher mit diesem Nichts beschäftigt war, und daß es tausenderlei Schwenkungen darin machte. — Denn das erste, was Ihrem Geist begegnen mußte, wenn Sie auf die Wirklichkeit des Alls stießen, wäre, daß Sie zugleich Ihre völlige Nichtigkeit empfänden mit jenem göttlichen Gegensatz. — Nun wohl, Pückler, was ist nun für ein Unterschied zwischen Ihnen und jenem Anderen, der auch im Nichts herumschwärmt? — Sie geben ihm einen tüchtigen Schub, weil er Ihnen mit seinem Umhergaukeln zwischen die Beine kommt. — Sie rächen sich, weil er von Ihnen sagt, Sie verdienen nicht, daß man Sie gut nenne, und geben Sie denn nicht einen Beweis hiedurch, wie wenig gut Sie sind, da Sie ihm gleich in's Gesicht speien, rechts und links, bloß weil er dies sagt? — Nein, ich hab' nie eine so närrische Kompagnie gesehen, Sie und Ich und der Steffens. — Die Strafe, die mir dafür geworden ist, daß ich Sie mit nichtigen Dingen unterhalten habe, hab' ich verdient. Warum mußte ich Ihnen aus dem ganzen Reich geistiger

Berührungen grade dies zukommen laſſen, was doch Ihrem
höheren Seelenzuſtand keineswegs angemeſſen war; taktlos
war's im höchſten Grad. Und ich behaupte Sie zu lieben?
— Kann die Liebe ſolche Mißgriffe thun? — Nein, Selbſt=
liebe war's, Eitelkeit, wie es denn im Reiche des Nichts
durchaus keine anderen Bethätigungen giebt, als die auf
Nichts auslaufen. — Von Ihnen war's eben ſo verkehrt,
durch den Druck Schwarz auf Weiß forterben zu wollen,
ſo weit und ſo breit als möglich, Ihre verkehrte und un=
tüchtige Weiſe einen Menſchen zu rügen wie Steffens iſt
oder jeder Andere. Waren Sie weiſe genug das Wahre
zu ſagen, ſtatt dem Unwahren von Steffens, ſo waren Sie
zu groß, um ihn an ſeiner Nichtigkeit bloßzuſtellen; hatten
Sie dazu kein Talent, ſo machten Sie es noch ſchlimmer
als er, und alles, was Sie ſchlecht an ihm ausſtellen, ſtellen
Sie hiedurch in ein grelleres Licht an ſich ſelbſten. Ich
ſelbſt aber bin die Urſache von allem, was mir um Ihrer
ſelbſt willen ſo weh thut, daß ich Sie ſehen muß auf
dem Boden der Gemeinheit ſchwelgen in Ihrer eigenen Ver=
kehrtheit; daß Ihnen die ſchlechte Mahlzeit noch obendrein
gutſchmeckt, die Sie ſich bereiten. Sehen Sie, ich bitte Sie
herzlich um Verzeihung, daß ich an alle dem Unheil Schuld
bin, und wenn Ihre höhere Natur begreift, wie ſehr ich
mich an Ihnen verſündigt habe, da ich doch aufgefordert
war, Sie zu lieben, und da mein ganzes Streben auf Sie
gerichtet war, und konnte das Antlitz, das mir die Ehr=
furcht der Liebe einflößte, ſo ganz vergeſſen, um trivial zu
ſein; ja, wenn Sie dies einſehen, ſo iſt doch zum wenig=
ſten das für Sie gewonnen, daß Sie ſich von Anderen
nicht mehr ſo leicht verführen laſſen, denn ich ſelbſt gab
mir das heilige Verſprechen, nichts mehr, was die niederen
Leidenſchaften Ihrer Natur in Aufruhr oder Gährung bringen
könnte, zu berühren. Und noch einmal, verzeihen Sie es

mir, mitsammt allen niedrigen Folgen, die es noch für Sie
haben kann, und rechnen Sie darauf, daß ich es mir zur
Pflicht machen werde, auf jede Weise in Demuth dessen ein-
gedenk Ihnen würdiger in Zukunft zu dienen, und nicht zu
murren, was Sie oder Ihr böser Dämon noch über mich
verhängen. Ja gewiß, es ist Ihr böser Dämon, nicht Sie
selber, und zu diesem ehrenvollen Amte haben Sie mich ja
erhoben ihn zu bestreiten, ich aber habe mir einen bösen
Fehler hiebei zu Schulden kommen lassen. Und wenn ich
Soldat wäre, so würde ein solcher Fehler als Verrath
bestraft.

Wenn ich Ihnen in früheren Briefen von dem göttlichen Genius, dem innewohnenden, sprach, daß der allein
walten solle, und daß der äußere Mensch, der scheinbar sich
aller Kräfte bedient, um alles Aeußere zu regieren, sich
diesem inneren unterwerfen solle, und ganz in den höheren
Willen dieses Göttlichen in sich selbst solle übergehen, so
daß er das Regiment nach außen hin verwerfe, weil er
bloß diesem inneren nachzugehen habe, so hab' ich eben das
gemeint, was wir beide hier versäumten. Nämlich Sie
sollen wissen, und ewig vor Augen haben, daß Sie höher
und größer sind als jede Handlung, die nicht aus den höchsten Beweggründen hervorgeht, und daß eine solche also
Ihrer göttlichen Natur unwürdig ist. Und so sündhaft und
verworfen Sie sich auch fühlen möchten, so steht dies mit
diesem göttlichen Ideal in Ihnen gar nicht im Widerspruch,
sondern beweist vielmehr für die Wahrheit dessen, was ich
behaupte, indem man sich nur versündigen kann an sich
selber.

Adieu, nicht ungeduldig über mein ungehobeltes Phantasiren. Ich habe heute, wo ich Ihr Buch empfing, noch
nichts gelesen wie die berührte Stelle und die Einleitung,
also auf's nächstemal mehr, und weniger abstrakt. Ich bitte,

15*

verſäumen Sie nicht mir zu ſchreiben, wie ich's mit dem doppelten zweiten Band halten ſoll. Bettine.

Ich habe geſtern noch das Sendſchreiben geleſen bei Savigny. Da geht mir's ganz gut, und Sie hätten mich immer ein Bischen ärger mitnehmen können. Die Poſt geht. Nächstens mehr.

54.

Pückler an Bettina.

Muskau, den 9. März 1834.

Ja wohl ſind wir eine närriſche Kompagnie!

Doch wir beide mein' ich damit nur. — Herr Steffens gehört nicht mehr dazu, als ein Hund, der mir zwiſchen die Beine kommt, und dem ich einen Fußtritt gebe, daß er auf die Seite fliegt.

Will er kläffen, oder Andere, deſto ſchlimmer für ſie, denn hinſichtlich des Beißens möchte ich leicht beſſer begabt ſein als ihre ganze Clique. Auch fällt es mir nicht ein, mich in dieſer Hinſicht für gut ausgeben zu wollen. Mein Grundſatz iſt darin, Gutes mit Gutem, Böſes mit Böſem. Weiter bin ich noch nicht. Was Dich närriſche Perſon betrifft, ſo haſt Du meinen für Dich ganz harmloſen Scherz, eben weil er Dich nicht im entfernteſten richtig trifft, und treffen ſoll (ich meine den Steffens'ſchen), viel ſchiefer, ja ſchwerfälliger genommen, als ich erwartete, und abgerechnet daß Du darüber quaſi grob wirſt, was ich bei Weibern einmal nicht leiden kann, haſt Du nie mehr à tort raiſonirt; beſonders mußte ich über die Anwendung Deines Gleichniſſes vom Vogel im Ei lachen, der dort auch nicht begriffe, ſagſt Du, wie er einſt werde fliegen können. Aber darum iſt eben der Vogel im Ei ſo geſchickt, ſich dort mit dieſem Problem auch keineswegs den Kopf zu zerbrechen, sondern lieber mit dem Kopfe das Ei, sobald die Zeit dazu kommt. Nein, wir Menschen gleichen vielmehr dem schon ausgekrochenen Vogel, der mit seinen kleinen Fleischstümpfchen, die einmal Flügel werden sollen, Versuche anstellt, sich ein wenig in der Luft zu heben, aber jedesmal wieder unge= schickt herab purzelt.

Ich habe jetzt nicht Zeit auf das Andere zu antworten, nur irrst Du, wenn Du mich so ganz oder wenigstens mehr wie Dich selbst im Nichts befangen glaubst.

Wahrscheinlich ist die Verwechslung mit Varnhagen's Exemplar vorgegangen, oder Oberst Wulffen, Adjutant des Prinzen Karl.

Eine gute Seele bist Du doch, daß Du die Erste warst, die mir von Berlin antwortete. Dafür meinen besten Dank.

Uebrigens hast Du allerdings sehr Unrecht gehabt, mir Steffens beleidigendes Wort mitzutheilen, sobald es nicht aus dévouement geschah, und das war keineswegs der Fall, aber ich absolvire Dich; wir sind alle schwache Men= schen, und ich der Schwächste.

Wie kannst Du am Schlusse sagen: ich hätte Dich noch weit besser mitnehmen können (im Sendschreiben); könnte ich denn das wollen? Was sich liebt, das neckt sich, aber weiter geht es nicht.

H. P.

P. S. Recht hast Du, daß wir das Christenthum erst ganz verarbeiten und verstehen lernen sollen, ehe was Neues kommt. Aber eben deswegen, sage ich, weil wir es in 2600 Jahren nicht verstanden, bedürfen wir eines neuen Propheten, der uns das Verständniß so löst, daß wir nicht mehr zu zweifeln brauchen. Vielleicht vereinigt sich Deine Seele mit der Schleiermacher's, und Ihr werdet dann jener neue Missionsgesandte. Ich, bin ich bis dahin kein Thier geworden, so folge ich Euch.

55.

Pückler an Bettina.

Muskau, den 12. März 1834.

Liebe Bettine,

Hätteft Du mir nicht selbst einen sehr zweideutigen Brief geschrieben, so würde ich viel Vergnügen über einen von Houwald empfunden haben, der mir von Deiner Freude bei Empfang meines Buchs sprach, und sich schließlich selbst eines ausbittet.

Er sagt: Du verdienteft einigen Trost und Freude, da Du hintereinander drei Deiner theuerften Freunde, Arnim, Goethe und Schleiermacher verloren. —

Nimm Dich in Acht, daß Du den armen Hanswurft, der ihnen in meiner Person bei Dir nachhinkt, nicht auch verlierft. Gewiß geschieht es, wenn Du meine „Tutti Frutti" nicht bewunderst, diesen Knochen, den ich in schaden= frohem Uebermuth dem Volke hingeworfen, um ihn zu be= nagen, oder sich die Zähne daran auszubeißen. Heut früh habe ich ein Anathema der Kirchenzeitung, förmlich mit dem offiziellen Kirchensiegel gesiegelt, erhalten! Gleich einer Mah= nung des Vehmgerichts oder der Inquisition. Es ist wirk= lich zum Todtlachen.

Andere höchst komische Briefe, über die Wuth gewisser Leute, laufen ebenfalls bereits ein; was mich aber gefreut hat, der König liest mein Buch, und hat sich bis jetzt keineswegs unvortheilhaft darüber geäußert. Das würde mir, bleibt's dabei, wegen der Persönlichkeit des Königs, nicht weil es der König ist, sehr schmeicheln.

Ich bin unterdessen mit dem dritten und letzten Theil

auch schon fertig geworden, und eine Novelle habe ich mit vielem eigenen Wohlgefallen daran geschrieben, daher ich auch hoffe, sie wird Anderen gefallen.

Jetzt freue ich mich auf die Rezensionen, böse und gute, denn ich sehe das ganze Schriftstellern wie eine Komödie an, die ich spiele, einmal weil man mir nichts anderes zu thun geben will, und zweitens auch anderes mich nicht so anspricht. Ich bin aber doch etwas betrübt, daß meine erste Probe, die ich mit Dir angestellt, nicht so abgelaufen ist, wie ich gehofft. Ich hatte die Absicht noch ein Portrait von Dir zu entwerfen, wobei Du gar nicht übel gefahren wärest. Ich werde es aber jetzt unterlassen; Du bist, und ich hätte es nie geglaubt, im Inneren des Herzens nicht das, wofür Du Dich ausgiebst.

Der Mann, welcher Deinen ersten Theil erhalten, wird Dir ihn zustellen, und sich den zweiten dafür ausbitten. Ich sehe das für eine wahre Himmelsschickung an. Der Mann ist eine der ehrlichsten, naivsten Seelen, die es giebt, und ein Jude, er bedarf zu seinen Studien höchst dringend Unterstützung und Protektion. Die erste lasse ich ihm mit schwachen Kräften zuweilen angedeihen, die zweite (hauptsächlich in Empfehlungen für Privatlektionen) kannst Du ihm vielleicht mit dem Eifer, den Du in solche wohlthätige Dinge legst, gewiß angedeihen lassen. Ich bitte Dich überdies sehr darum. Ich selbst nahm latei=nische und griechische Stunden bei ihm, lernte selten, zahlte aber immer. Solche Freuden verschaffe ihm mehr. Es ist ein ganz eigner Mensch, von einer Unschuld und Redlichkeit, wie sie selten sind, und auch vom Carolath'schen Hause protegirt. Lebewohl.

H. P.

56.

Bettina an Pückler.

Den 12. März 1834.

Wenn Sie in Ihrem Schreiben vom 9. März mich nicht der Grobheit beschuldigten, so würde ich mich nicht unterstehen, Ihnen so schnell wieder zu schreiben, indem ich wohl weiß, daß bei den vielseitigen Berührungen Ihnen die meinige einseitige am wenigsten interessant sein muß. Zudringlich möchte ich eben so wenig sein als grob, und ich bitte den Stellen meines Briefes, welche zu diesem Irrthum Anlaß gegeben, eher jede andere Auslegung als diese der Bosheit, welche sich als Grobheit äußert.

Ich hab' einen so großen Abscheu vor Grobheit, daß ich wohl eher, wenn sie mir in Anderen nahe trat, sie nicht zu bemerken schien, als ein Ding der Unmöglichkeit; und viel zu beschämt, irgend einen Menschen eines solchen Verraths an eigner Würde zu bezeihen, viel weniger einen Freund.

In meinen kindischen Versuchen meine Gedanken vor Ihnen auszusprechen, mag ich mich wohl lächerlich ausnehmen, das Lächerlichste wär' jedoch, wenn ich einen höheren Werth auf diese Mittheilungen legen wollte, als sie Ihnen haben könnten, und somit verdamme ich mich in Wissen und Denken als unwürdig, und bekenne, daß ich mich selbst nur allzusehr in Nichts befangen fühle, während ich dies bei Ihnen nur in Bezug auf das, was Sie von Steffens wüßten, zu bemerken wagte; indem dies wirklich die nichtige Seite von ihm ist. Er hat aber noch andere Seiten.

Meine Schuld Ihnen Steffens beleidigendes Wort mitzutheilen, will ich nicht verläugnen, weder vor Ihnen noch vor sonst jemand, und wehre mich nicht, die Schmach, welche daraus erwachsen kann, zu tragen. Ich habe daher auch

unumwunden gestanden, daß ich Ihnen alles gesagt, und
den Fluch der Frommen, und die Verachtung derselben über
meine allen Anstand beleidigende Ausdrücke ohne zu murren
über mich ergehen lassen. Dieses ist ja auch der Wahrheit
am gemäßesten; denn vertheidigen kann ich Sie nicht,
aber daß die Schuld meine ist, das kann ich auch nicht ver=
läugnen. Es würde ja wohl die elendeste Verkehrtheit sein,
wenn ich Sie mit meiner Liebe und Anhänglichkeit belügen
wollte, und unterdessen meine Sünden auf Ihre Rechnung
bringen.

Ein Freund setzt für den anderen das Leben ein, trägt
Mühseligkeit und Schmerz für ihn, aber er verräth ihn
nicht. Ich bin zwar weit entfernt, mir den Vorwurf der
Freundschaft zwischen uns anzumaßen. So oft Sie auch
die Güte hatten, sich in Ihren Briefen meinen treuen
Freund zu unterschreiben, so werden Sie bemerken, daß
ich mich niemals als Freundin unterschrieb, weil ich die=
sen schönen mit so viel Vorrechten als auch Verpflichtungen
belehnten Namen nicht mißbrauchen wollte, ehe ich sie ver=
dient zu haben beweisen konnte.

Bei dieser ganz geringen Prüfung werde ich mich daher
nicht falsch erzeigen, und ohne Prätension, wie man mich
auch anbellt, das thun, wozu mich die einzige Gewalt, der
ich mich füge, nämlich mein rechtliches Gefühl, auffordert.

So hat man mich auch, als ich an einem Abend in Ge=
sellschaft das Sendschreiben an Varnhagen vorlas, versichert,
daß Sie mich meisterhaft wahr geschildert, und daß man
Ihnen durchaus einen witzigen Scharfblick, der in kleinen
Zügen oft die tiefste Erkenntniß bewähre, nicht absprechen
könne; da ich aber den Vergleich mit dem Vogel Strauß
vorlas, so schrie man allseitig: „O wie dumm! Da hätte
der Autor Ihnen doch einen besseren Witz in den Mund
legen können;" nachdem man ausgetobt hatte über den alber=

nen Vergleich, sagte ich, daß die ganze Schilderung rein aus
Ihrer Erfindung hervorgehe, bis auf den verurtheilten
dummen Witz, den habe ich wirklich selbst gemacht. Hier=
über lachte man allseitig erst recht von Herzen, und ich
kann wohl sagen, daß ich mich mit der ganzen Kompagnie
recht königlich über meine Dummheit lustig machte.

Nehmen Sie diese Beweise meiner Aufrichtigkeit ge=
fällig auf, obschon ihnen kein großes Verdienst beizulegen
ist; von der ganzen menschlichen Gesellschaft für albern ge=
halten zu werden, thut mir nicht weh, auch lerne ich mich
allmählig über das Vorurtheil hinausschwingen, daß die
Welt mehr Gutes von mir glauben solle, als ich bisher
bewiesen; wenn ein einziger Mensch existirte, der an Ge=
müthskraft alle Menschen überragte, und nur im Geheim=
niß seines eigenen Geistes sich in seiner Liebe aufgewogen
fühlte, wenn dieser nachsichtig mit meinen Schwächen mich
dennoch liebte, was soll ich da nach dem Urtheil anderer
Menschen fragen? Der Schleiermacher war mir gut bis zu
seinem letzten Athemzug; wir haben oft aus einem Glase
getrunken, wir haben oft in einem Gedanken geschwelgt, wir
haben oft mit einem Blick uns verständigt über das, was
Worte dem Geist nicht so leicht nachahmen konnten, und da
kam es denn weiter nicht vor, auf diesem Feld geistigen Ge=
nusses, unsere Verdienste gegenseitig abzuwägen. Der herr=
liche bis in die feinsten Gefühlsnerven ausgebildete Sinn
Schleiermacher's für fremde Individualität war mein höchster
Genuß, und machte mich ihm zugleich trotz meiner Mangel=
haftigkeit genießbar. — Verstanden zu werden ist der höchste
Genuß; wo dies aber nicht stattfindet, ist auch nichts zu
verlieren. So ist es mir daher kein Opfer, den übrigen
Menschen für n i c h t s zu gelten, da ich ihnen vorher ja
noch nichts gegolten hatte.

Den ersten Theil Ihres Buches hab' ich heute gelesen.

Wenn ich mich enthalte, Ihnen ein Urtheil darüber zu sagen, so ist es bloß gerechte Bescheidenheit, indem Sie über Gegenstände sprechen, von denen ich keine Kenntniß habe. **Eine elektrische Wärme, die das beste Zeugniß ist, daß Sie aus der Wahrheit des Willens sowohl wie des Geistes sprechen,** hat mich wohlthätig berührt. Wahrlich! — wär' ich auch geeignet, Ihnen die höchsten Lobeserhebungen zu machen, und daß diese aus meinem Munde auch Werth für Sie hätten, ich könnte Ihnen nichts Höheres aussprechen; daß der ganze Mensch den Moment seiner Anschauung auch als sein intimstes Gefühl ausspreche, ist ja nur das Einzige, was es wahr macht, und ich freue mich Ihnen sagen zu können, daß mich dies Gefühl beim Lesen des ersten Bandes beinah ununterbrochen begleitete.

Manche heitere Färbungen Ihrer Laune, die bloß der magische Wiederschein Ihrer tieferen Rührung sind, werden nur von solchen verstanden werden, die Sie lieben, und die hiedurch vorbereitet sind von dieser Rührung mit ergriffen zu werden. Es ist nun die Frage, ob Sie geliebt werden, oder ob dieser geheime Zauber, keinen Gegenstand findend, an dem er sich berühre, unverstanden versinken müsse.

Von dem, was Ihr Witz, Ihr Küchensalz für einen Geschmack dem Ganzen giebt, hab' ich nichts zu sagen, indem ich in flüchtiger Furcht nicht beurtheile, sondern nur träumend mich äußere. Möchten Sie diese Zeilen bewegen, wenn möglich mein letztes Blatt, das was Ihnen grob darin erscheint, anders auszulegen; und zu verzeihen, daß ich schon wieder geschrieben. Sie haben wohl die kleine Paste von Schleiermacher erhalten?

Bettine.

57.

Bettina an Pückler.

Den 16. März 1834.

Ich kann Ihnen betheuern, daß ich den Ausfall gegen
Steffens nicht wegen mir, sondern wegen Ihnen so streng
und doch nicht streng genug gerügt habe. Ich lasse mir
sehr gern gefallen, was Sie über mich verhängen, denn es
ist eine Befestigung meines inneren Willens für Sie; und
Sie möchten mir das anthun, was ein Anderer Ihnen am
wenigsten verzeihen würde, so können Sie überzeugt sein,
es wird keinen Einfluß auf die Treue haben, die ich Ihnen
gelobte. Sie bedrohen mich im Gegentheil mit dem Ver=
lust Ihrer Freundschaft, und sagen, „ich soll mich in Acht
nehmen, daß ich sie nicht verliere." — Nein, Fürst Pückler,
ich werde mich nicht in Acht nehmen. Wie ich merke, so
sind Menschen genug, die Ihre Gunst durch Schmeichelei
zu erwerben verstehen; Ihre Gunst — um die haben wir
nicht gewettet. Auch die gebe ich auf, um dem Dienst der
reinsten Liebe und Treue ein Genüge zu leisten. Die
Augen werde ich Ihnen aber nicht öffnen, denn das werden
Sie selbst thun. Sie haben einen viel strengeren Richter,
einen viel weiseren als mich, und der Ihnen auch jeden
Schaden, den er Ihnen vorwirft, gleich wieder doppelt ersetzt,
und der sind Sie selber. Sie wollen nur erst den Tumult
aufgeregter alter Verkehrtheiten beschwichtigen, dann wird
Ihr edler Enthusiasmus für das Schöne, Hohe, Har=
monische die Oberhand gewinnen, und sich nicht lange
bei verkehrten Schmeicheleien aufhalten, die Ihnen unmög=
lich Genüge leisten können. Ich weiß es wohl, daß Ihre
Schwächen, Ihre Angewohnheiten, Ihre Vorurtheile noch
oft Gewalt über Ihr besseres Selbst erlangen werden. Daß
Sie Ihre imposanten Talente, Ihr feines Gefühlsvermögen,

Ihre herrlichen Naturanlagen noch oft kompromittiren wer=
den, das wird mich nicht Ihnen abwendig machen, oder mir
den Dünkel geben, ich sei besser als Sie, nein, im Gegen=
theil kann ich Ihre höhere Natur nicht hoch genug anschlagen,
da sie dem Verderb, der Gemeinheit u. s. w. Trotz bietet,
und nie hab' ich so innig empfunden, wie ich Ihrer besseren
Natur unterworfen bin, als in dem Augenblick, wo ich Sie
tadeln muß.

Sie haben längst in Ihrem Herzen verachten gelernt
Schwächen, von denen Sie erwarten, man solle ihnen hul=
digen. Ihr edler, zum Nachdenken geneigter Geist, der die
Einsamkeit liebt, der ernst, scharf und entscheidend das
Bessere fordert, der wird es auch erlangen. Ich hab' mich
nicht hineinzumischen.

Aber am 25. November vorigen Jahres forderten Sie
von mir „Ihnen die Wahrheit zu sagen, zu Ihrer
Besserung und Verwandlung, die Wahrheit aus
eigener Anschauung, und auch aus dem Urtheil Anderer."

Sie sagen: „Willst Du nun mein Sklave sein, der
mir die Wahrheit sagt, und sie für mich sorgsam aufsucht?
Ich weiß weder, ob Du den Willen, noch die nöthigen
Eigenschaften dazu besitzest, aber mit großem Dank wird
es mich erfüllen, wenn Du dem trocknen, nicht angenehmen
Geschäft Dich widmen willst."

Fürst Pückler, ich hab' Ihnen keinen Tadel zu geben,
ich kann Sie nur auf die Schönheit Ihrer großen Seele
anweisen, die sich in Obigem ausspricht. Seien Sie über=
zeugt, Sie werden durch sich selber das Wesentlichste, das
Gescheuteste und Belehrendste über Ihr Buch erfahren, und
ob Ihre Freundschaft auch davon abhängt, daß ich Ihre
„Tutti Frutti bewundere" so soll mich das nie verleiten, Ihrer
eigenen höheren Einsicht vorzugreifen. Freilich hab' ich
Freunde verloren, und hänge mit niemand mehr auf dieser

Welt zusammen, und lasse es auch über mich ergehen, daß dieser herrliche Keim der köstlichsten Freundschaft schon in seiner ersten Entwicklung wieder ersterbe, aber an Ihnen verzweifle ich doch nicht, und ob es auch nicht durch mich, mit mir, und zu meiner eigenen Glückseligkeit sich in Ihnen gestalte, so verkenne ich doch das Schönere, des hohen Adels Ihres Charakters Würdige in Ihnen nicht. Versagen Sie mir also den Trost und die Freude, zu denen Houwald Sie mahnt. Ich werde sie entbehren, ohne im mindesten in der Treue zu wanken, die ich Ihnen gelobt habe.

Bald wird ja doch der Weg uns weit auseinander führen, und wer weiß, ob wir uns wieder berühren, oder uns wiedersehen; da werden Sie mit sich allein sein, und nur mit sich selbsten, oder mit Verräthern; werden Sie also nicht zum Verräther am eigenen Selbst.

Ich leg' mich Ihnen zu Füßen, denn ich kann Ihnen nicht sagen, was ich denke und fühle.

Bettine.

Sie thun sehr wohl daran, daß Sie sich enthalten mein Portrait zu entwerfen, denn was Sie Gutes von mir wissen, das bleibe zwischen uns beiden ein Geheimniß, und ich wüßte nicht, was einen schlimmeren Einfluß malgré moi auf meine Liebe zu Ihnen haben könnte, was mich mehr erkälten würde, als öffentliches Lob, da im Gegentheil Ihr rücksichtsloser Tadel mich Ihnen nur treuer verbündet.

58.

Pückler an Bettina.

Muskau, den 16. März 1834.

Du bist ein Fuchs, Bettinchen! ein frommer Fuchs zwar, aber doch ein verteufelter Fuchs!

Das glaub' ich, daß Du Dummheit gern auf Dich nimmst; das Opfer ist nicht größer, als wenn der Apollo von Belvedere sich einen Buckel von Haberlumpen machte, und dann herzlich lachend eingeständе, daß er bucklig sei.

Ich werde sehen, ob Du wirklich meine Dienerin bist, wenn andere besser prüfende Gelegenheiten kommen.

Uebrigens wird bald der selige Pastor Lafontaine ein Kind gegen mich in der Vielschreiberei sein, da ich bereits die zwei letzten Theile der „Tutti Frutti" fertig habe, und 10 Bogen von einen neuen Buche.

Bei meinen übrigen Geschäften und starken Korrespondenz ist dies wirklich ein eiserner Fleiß. Glücklicherweise schmiert kaum ein Schnellschreiber von Metier rapider als ich, und da ich es mit den Gedanken ebenfalls nicht genau nehme, so geht es.

Dein gutes Urtheil über Theil I. hat mich wirklich nicht wenig gefreut und mir geschmeichelt, denn Dein Urtheil, wenn es ungetrübt aufrichtig ist, hat um so mehr Werth für mich, da Du mich bisher (als Skribler meine ich) immer nur wie einen Wurm betrachtest hast.

Ich werde aber jetzt an Dir hinaufkriechen.

Lebe wohl und bleibe treu, hold und gewärtig

Deinem

guten Bekannten (Freund werde ich mich nicht mehr zu sagen unterstehen) H. P.

59.

Pückler an Bettina.

Muskau, den 19. März 1834.

Von Geschäften ermüdet, schreibe ich diesmal nur zwei Worte.

Es ist eine höchst merkwürdige Eigenthümlichkeit Deines großen Geistes, die ich schon früher bemerkt, daß Du keinen Spaß verstehst.

Ist es möglich, daß Du mein Verlangen: die „Tutti Frutti" zu bewundern, wenn Du nicht meine Gunst verlieren willst, am Fuß des Buchstabens nehmen kannst? C'est trop fort.

Aller Ernst ist dagegen in Deinem Briefe sehr schön, und ich werde ihn beantworten, sobald ich Zeit habe.

Dein aufrichtig und stets ergebener
H. P.

60.

Bettina an Pückler.

Den 23. März 1834.

Gern hätte ich Ihren Brief vom 16. März gleich beantwortet, aber ich war so müde wie die Krieger nach dem Streit.

Ich bin kein Apollo, der sich einen falschen Buckel macht; es ist mein Ernst, daß ich von der Nichtigkeit meines Geistes überzeugt bin. Ich kann nämlich nicht wie ich will, was ich gern durchbringen möchte. Dazu langen meine Kräfte nicht aus; was ich an Geist habe, ist nicht Gewinnst meiner Kräfte und Anlagen, sondern zufällig. Da müßte Geist erst etwas gelten, wo man vermöge seiner das Bessere erwirbt.

Sie geben mir die angenehme Aussicht, daß sich nächstens

noch besser prüfende Gelegenheiten für mich ergeben werden; hierauf diene Ihnen Folgendes: Muthwillen ist mir ein himmlisches Element, am meisten wenn ich selbst der Gegenstand bin; so hab' ich das genommen, was Sie über mich an Varnhagen sagen. Und — bin ich verblendet, oder ist es wirklich die graziöseste Stelle Ihres Buchs? — Ich habe dabei die Bemerkung gemacht, daß die Leute mit großem Vergnügen sich über mich lustig machen; dies schätze ich mir zur Ehre, und habe dabei mein eigenes Amüsement. — So ist es zwar sehr abscheulich von Ihnen, daß Sie mich beim Publikum anschwärzen, als sei ich leichtfertig, und schriebe Ihnen grobe Zweideutigkeiten, aber ich muß doch drüber lachen. Wenn ich Ihnen also nicht zu gering bin, so lassen Sie immer Ihren Uebermuth an mir aus, ich werde es Ihnen nicht übel nehmen, und werde Ihnen mit Vergnügen Recht geben; es liegt mir nichts dran, daß man mich geringschätze, aber die Hochachtung der Leute, die mich ebenso leichtsinnig verdammen würden, ist mir unerträglich, und so hab' ich Ihnen nur Dank zu sagen, wenn Sie ein Bischen über mich losziehen.

Von Ihrer Novelle prophezeihe ich mir Gutes; nicht möglich, daß sich hier Ihr schönes Talent verläugnen sollte. Sie tanzen, Fürst Pückler, nach einer einfachen, scheinbar unbedeutenden Melodie, so daß man leicht verführt werden dürfte, nicht darauf zu achten, wer aber die Anmuth, die hier in freiem Spielraum sich bewegt, zu schätzen weiß, wird vollkommene Befriedigung finden. So denke ich mir Ihre Novelle eine sich selbst bezaubernde Zauberei, in welcher Ihre unschuldige Grazie sich mit Selbstgenuß und ohne Hinderniß deployiren wird. Nein, ich bin gar nicht in dem Fall Sie als „Skribler" für einen Wurm zu achten, wie Sie sich selbstgefällig auszudrücken belieben, deswegen würde es auch ein Umweg sein, an mir hinaufzukriechen.

Alle Tugend wird nur äußerlich geübt, wer die Tugend innerlich übte, der wär' ein Gott. Ist man gereizt, so ist man nicht mehr gerecht. Sie können am wenigsten Gerechtigkeit fordern, weil es Ihr Lieblingsspiel ist zu reizen, ja wär' es nur Spiel! — Es ist aber Unart. Gott allein ist gerecht, warum? — Weil er verzeiht. Wer nicht verzeiht, der ist ungerecht. Rache ist blind. Krankheiten stecken an, es ist die Frage, ob die Ansteckung nicht von Ihnen ausgeht, nämlich, daß Sie zuerst ungerecht waren, und das Publikum Ihnen vorwerfen könnte: Du hast uns blind gemacht, und ungerecht gegen Dich, mache uns nun wieder sehend und gerecht. Sie müßten doch antworten: Du lieber Gott, ich bin selber blind, denn ich bin rachgierig und ungerecht. — Ich erwarte mir nun von Ihrer Novelle, daß sich aus dieser der versöhnende Genius emporschwingen wird, und Sie mit dem Publikum durch Rosenketten verbinden, daß sanfte Melodieen die Bosheit der Betheiligten einlullen werden, und daß Ihre Freunde unbetheiligt Ihren Triumph feiern können.

An meiner Korrespondenz mit Goethe habe ich bisher mäßig gearbeitet, ich hatte viel Unterbrechung, Schleiermacher's Tod hatte mich sehr untüchtig gemacht, auch körperlich bin ich angegriffen, so hab' ich denn eine geraume Zeit unbenützt verstreichen lassen; viel hab' ich nicht mehr vor; wenn ich nicht müde und abgespannt wäre, so wär' ich in vierzehn Tagen zu Rande. Sie haben Vergnügen geäußert über das, was ich Ihnen in Muskau vorlesen durfte; die Korrespondenz mit Goethe übertrifft doch alles Frühere, es ist ein Heiligthum, ein Schatz von wahrhaftiger Natur in ihrer unverkümmerten Unschuld, sie spricht sich in allem aus, wie der offene Kelch einer Blume; wer ihre Geheimnisse versteht, wird sie würdigen. Sie erinnern sich wohl noch, daß Sie mir damals erlaubten, es Ihnen zuzueignen.

Nachher wurden Sie mir bös, und jagten mich zum Tempel hinaus. Wie steht es denn jetzt mit uns? Und was ist erlaubt und was verboten? — Denn ich wünschte nicht etwas zu thun, was Ihnen mißfalle, oder auch Ihnen ganz gleichgültig wär'.

Schicken Sie mir gefälligst den Theil meiner Korrespondenz bis zu meinem unseligen Erscheinen in Muskau; ich möchte gern damit mein Buch schließen, erstens was ich an Goethe's Todestag geschrieben, zweitens mit dem Aufsatz über das Monument, und drittens eine Anekdote, worin ich beschreibe, wie ich mich ohne Goethe zu kennen, heftig in ihn verliebe. — Damals in Muskau war ich so zerrissen, daß es mir unmöglich war, jene Briefe durchzusuchen, jetzt bin ich ruhig, und ich fühle, wie wesentlich es zu der Vollendung meines Buches beitragen müsse, daß ich es über mich gewonnen habe, Sie an jene Unzeit zu erinnern, und zu bitten, mir die Briefe anzuvertrauen. Ob Ihnen die Briefe lieb sind oder gleichgültig, das ist mir einerlei; sobald ich diese kleinen Notizen, die ich damals mit wunderbar aufgeregtem Gedächtniß schrieb, benutzt habe, werde ich alles unverletzt in Ihre Hände zurückgeben. Ich bitte also darum, Fürst Pückler.

Hier schenke ich Ihnen auch eine Anekdote: Goethe geht mit dem Herzog auf die Jagd. Der Herzog fragt: Willst Du mir nicht meine Flinte tragen, ich bin so müde? — Goethe ist selber müde, und will ihm die Flinte nicht tragen; ein Weilchen drauf sagt Goethe zum Herzog: Trage mir doch einen Augenblick meine Flinte, ich komme gleich wieder; er geht in's Gebüsch, der Herzog wartet, aber Goethe kommt nicht zurück; so muß sich der Herzog entschließen, beide Flinten zu tragen. Sie waren Freunde, das beweist meine Anekdote, und der Herzog hatte hier

Goethe etwas zu danken, was er nirgend anders genossen
haben würde. Bettine.

————

61.
Pückler an Bettina.

Liebe, hochverehrte Seele!

Du hast mich mit den weiteren Prüfungen abermals
falsch verstanden. Ich meinte es himmelweit anders —
doch will ich es hier zum Ueberfluß versichern, daß ich mich
nicht wieder unterstehen werde, Dich zu ändern, — Du bist,
wie ich wohl sehe, auf diesen Punkt zu sensible.

Die drei Briefe werde ich aufsuchen, und Dir zuschicken,
ehe ich abreise, Du kannst Dich darauf verlassen. Hättest
Du nur wie andere vernünftige Menschen, Datum, Rand
und Unterschrift gehörig in Deinen Briefen, so fände man,
was man haben will, im Dunkeln, so aber ist es eine Arbeit,
die jedoch ihren Lohn mit sich bringen wird, da ich bei
dieser Gelegenheit alle Deine Briefe wieder durchlesen
werde. Sei aber ja eilig und fleißig mit Deinem Werk!
Es taugt nichts, wenn es so lange erwartet wird, wie ich
bei meiner Schartecke hinlänglich gewahr geworden bin —
Si licet parva componere magnis.

Die Anekdote, die Du mir von Goethe schenkst, kann
unmöglich wahr sein. Ich würde an des Herzogs Stelle
zwar nie Goethe die Flinte zu tragen angeboten oder viel=
mehr zugemuthet haben, aber hätte ich es gethan, für die
grobe Erwiederung den jungen Goethe auch gewiß zum
Teufel geschickt.

Ich erlaube Dir hierüber zu raisoniren, so viel Du
willst.

Meine Novelle war ein Spaß; ich habe mir im Gegen=
theil vorgenommen, noch viel Wahnwitzigeres zu schreiben

als bisher, wie ein litterarischer Hund, der toll gewor=
ben ist.

Seit Schleiermacher todt ist, scheint Dein Eifer mich
zu bekehren es auch zu sein. Ich glaube wahrhaftig, Du
hast mir nur so geschrieben, um es dem guten Seligen
zeigen zu können. O, ich kenne Dich, Spiegelberg!

Aber eben weil ich Dich kenne, und Du mir kein X
für ein U mehr machen kannst, liebe ich Dich sehr.

Eine Zueignung Deines Werks an mich, den armen
Tänzer im engen Kreise, wird die schmeichelhafteste Ehre
sein, nur mach' es gnädig, und spiele mir nicht gar zu
schlimm auf!

Lebe wohl, und sei munter wie Dein getreuer Bekannter

H. P.

————————

62.
Bettina an Pückler.

Den 2. April 1834.

Es kommt darauf an, Fürst Pückler, wer von uns sich
irrt in dem Anderen; Sie verlangen ich soll nichts au
pied de la lettre nehmen, und ich verlange das Gegen=
theil. Offenbar ist meine Art zu sein ein untrüglicherer
Wegweiser als die Ihre; glauben Sie was ich Ihnen
schreibe, und nur nicht mehr oder anders; alles was ich
Ihnen geschrieben habe, ist wahr. Es hat mich gekränkt,
daß Sie Ihrer unwürdige Gegenstände in Ihrem Besitz=
thum von gesellschaftlicher Achtung molestiren; aber betheuern
kann ich Ihnen, daß ich mit Freude und Lust gelesen habe,
was mich berührt, ja sogar war es mir eine Art Begei=
sterung wie ein Knappe, der zum erstenmal von seinem
geliebten Herrn mit zu einem Geplänkel gegen den Feind
genommen wird; ich habe denn auch treulich den Schild
vorgehalten, und nach meiner Ansicht als ein Neuling zwar

gethan, was die Treue erfordert, aber vielleicht mit nicht
gehöriger Umsicht; Sie irren sich, wenn Sie glauben, ich
sei in diesem Punkt sensible, und die Gesellschaft, so weit
ich hineinreiche, könnte Ihnen den Gegenbeweis führen.
Gestern sah ich die Familie Steffens zum erstenmal seit
Ihr Buch erschien in einer Gesellschaft; sie thaten zwar,
als haben sie von der berüchtigten Stelle keine Kennt=
niß; ich lieh ihnen daher selbst das Buch, und sagte: alles,
was Sie gegen sich drinne finden werden, ist von mir dem
Fürsten Pückler geschrieben; sie meinten, es seien doch Lügen;
ich sagte, ich habe nicht geglaubt, daß es Lügen seien, son=
dern komische Wahrheit, aber doch gab ich zu, daß es Unrecht
von Ihnen so zu schreiben. Nun meinten sie: daß Sie
mich ja aber auch nicht geschont hätten; ich sagte, das hätten
Sie bloß zu einer kleinen gymnastischen Uebung in der
Freundschaft so eingerichtet, und ich hoffe, es solle noch
besser kommen. Viele Stimmen erhoben sich gegen Sie,
und man sprach geheimnißvoll von bösen Dingen. Ich konnte
nicht widersprechen, weil man mir nichts mittheilte; ich sagte:
der Fürst Pückler mag sein wie er will, so weiß ich, daß er
besser ist, wie ich, und das weiß ich von Anderen aber nicht.

Dies oben schrieb ich Ihnen zu meiner Vertheidigung,
so etwas wird mir schwer; jede Zeile möchte ich wieder
ausstreichen, ich schäme mich, mich zu rechtfertigen in Dingen,
die eigentlich meine Stärke sind, nämlich ohne Argwohn
dem was ich liebe mich zuzueignen. Ja: ohne Argwohn
und ohne Ansprüche; und dann: nicht zu klagen, wenn
ich betrogen werde, sondern ewig fortzufahren, wie ich meinen
Weg einmal genommen habe; ich habe mir hiedurch zwar
kein Glück bereitet, im Gegentheil hab' ich auch noch die
Verachtung derer zu tragen gehabt, gegen die ich so gehandelt
habe; viele Jahre von Treue und Selbstverläugnung sind
vergessen um einer einzigen Verläumbung willen, der man

das Ohr geliehen; da muß man dann schweigen, wenn ein fortwährendes Leben und Charakter nicht überzeugt. Die ersten Opfer bringt man im Verborgenen, das hat den Vortheil, daß sie den, dem sie gelten, auf eine sittliche Probe stellen; verdient er eine solche Liebe, so ist er hell= sehend, und hat Kenntniß und Gefühl davon, auch wenn es ohne alle äußeren Beweise wäre.

Sie fragen, warum ich Ihnen nicht mehr von Schleier= macher schreibe? Mein letzter Brief vor Empfang der „Tutti Frutti" war bloß von Schleiermacher, ich hatte sein Bildniß in einer Paste unter Glas hinzugefügt. Sie haben mir nicht ein Wort mehr als Antwort geschrieben, daraus folgerte ich, daß Sie nicht mehr geneigt seien von ihm zu hören; übrigens ist es ja auch nicht Schleiermacher, der Sie bekehren kann, sondern Ihr eigenes Geschick, und wer dem nachgeht, der geht Ihrem Heil nach.

Wenn Sie meinen, ich habe Ihnen nur so geschrieben, um die Briefe dem „guten Seligen" zu zeigen, so irren Sie, denn ich habe ihm **niemals** einen einzigen Brief an Sie von mir, aber wohl manche Stellen aus den Ihrigen (und zwar mit Ihrer Erlaubniß) gezeigt, eben um eine Bahn zu brechen, daß Sie unmittelbar mit ihm bekannt werden, und sich einen Freund an ihm erwerben möchten; meine Briefe würden dazu nichts beigetragen haben, vielleicht im Gegentheil, darum hab' ich sie ihm auch nicht gezeigt.

Sie nennen mich **Spiegelberg!** Glauben Sie vielleicht sich in mir zu sehen? O, dann möge meine dunkle Natur Ihr Bild in seinen höheren Tendenzen recht hell wieder= strahlen. Sie sagen, ich kann Ihnen kein X für ein U machen, da haben Sie Recht, ich hab' es nie gekonnt und werd' es nie können. Das ist so wahr, daß sie keck allem Glauben beimessen können, was ich Ihnen sage; und daß

Sie gewiß irren, wenn Sie anderes glauben, oder anderes
schließen.

Ich habe Ihnen den Vorschlag gemacht, mir meine
Briefe zu schicken, welche ich Ihnen vor meiner Reise ge=
schrieben; ich wollte Sie nicht auffordern, das lästige Ge=
schäft zu übernehmen, diese Blätter selber zu durchwühlen;
wer weiß, welchen neuen Widerwillen Sie daraus brauen;
ich weiß gar wohl, daß alles in einem unantastbaren lieben=
ben Sinn geschrieben war, der einmal sein Recht an Sie
würde behauptet haben, in späteren Zeiten vielleicht, wenn
wir entschieden getrennt waren; jetzt da Sie mir dieselben
nicht selbst überlassen wollen, so frage ich: ob Sie fürchten,
ich würde Sie nicht zurückgeben? — Nein, Fürst Pückler,
ich würde sie Ihnen augenblicklich zurückgegeben haben, so
wie ich ein kleines schlummerndes Kindchen würde wieder
in seine Wiege gelegt haben. Mein Zutrauen zu Ihnen
ist die Wiege meiner unschuldigen Liebe zu Ihnen, die jetzt
in sorgenlosem Schlummer zu Ihren Füßen liegt, und
grade so süß schläft im heimlichen Bewußtsein und Genuß
dieser Nähe. Ungern hab' ich daher die Frage um meine
Briefe gethan, ich habe sie im Gefühl dort bei Ihnen zu
liegen, wie man die Hand hinlegt, da wo ein entrissenes
Gut noch einem zu eigen schien. Wollen Sie also diese
Briefe selbst durchlaufen, so bitte ich mir alle die zu schicken,
in welchen ich mich an Goethe wende, oder von ihm spreche;
ich werde Ihnen alles unfehlbar zurückschicken, und zwar in
bälbigster Kürze; es sind ein paar kleine Notizen darin, die
mir nothwendig sind, um mein Tagebuch abzuschließen, ferner
würde es auch ein sanktionirender Abschluß für meine Kor=
respondenz mit Goethe sein, mit diesem Brief, den ich un=
bewußt an seinem Todestag geschrieben; endlich möchte ich
den Aufsatz über Goethe's Monument, welcher sich unter
diesen Briefen befindet, durchsehen, um das was nothwendig

ist, sagen zu können, und auch nichts Widersprechendes mit
dem, was ich gleich nach Goethe's Tode in so hellem Bewußtsein schrieb. — Argwohn hat nur der, der sich selbst
etwas vorzuwerfen haben möchte, ich habe mir nichts gegen
Sie vorzuwerfen, mithin vertraue ich Ihnen ganz; machen
Sie es doch auch so, und vertrauen meinen Worten, und
glauben Sie an keinen Hinterhalt. Bedenken Sie doch,
ich verglich Sie einmal mit einem Tiger. Nun, in Muskau
zeigte mir der Tiger seine ausgestreckten Pratzen ziemlich
grimmig, und ich legte meine Briefe damals sehr ruhig
hinein; das wär' mir eine triviale Komödie, wenn ich diese
Briefe in dem Augenblick, wo ich kein Vertrauen mehr zu
Ihnen hegen könnte, zurückverlangen sollte, denn dann hätten
sie auch allen Werth für mich verloren, und bei einem
solchen Verlust, der mein tiefstes Innere zerreißen würde,
ist die Welt, der ich nie etwas war, auch weniger als
gar nichts.

Die Anekdote, welche ich Ihnen von Goethe und dem
Herzog schrieb, hab' ich aus der höchst interessanten Korrespondenz von Goethe und dem Herzog mit dem höchst geistreichen Merckel, welcher in Darmstadt Minister werden sollte
und sich erschoß; mein Onkel erlangte diese Briefe durch
eine Erbschaft meines Großvaters. Diese und ähnliche
Züge werden von dem Herzog sehr launig mitgetheilt, von
Goethe mit überschwenglichem Muthwill vertheidigt, und von
der Herzogin scherzend unterstützt; sie sagten, sie wollten
Merckel hiedurch vorbereiten, als künftiger Justizminister in
schwierigen Fällen zu entscheiden; der herrliche Herzog war
unantastbar in seiner Würde, gerade weil er keine Furcht
darum hatte; als Freund war er bloß Mensch, und hatte
daher einen Genuß, der sonst den Fürsten unter keiner
anderen Bedingung zu Theil werden könnte. Ein großer
Verlust ist es, daß man diese Briefe verbrannte, und hätten

Sie keine solche Antipathie, so würde ich Ihnen eine noch viel kühnere Anekdote erzählt haben.

Sie rathen mir freundlich an, meine Herausgabe zu beschleunigen, das liegt nicht in meinen Kräften, ich bin fleißig so viel ich kann, ich war jedoch bisher sehr untüchtig, und habe durch Schlaf allmählig meine verschiedenen Aufregungen wieder beschwichtigen müssen; dazu kommt noch, daß jeder Brief, den ich von mir und Goethe in Reih' und Glied bringe, mich auf's neue aufregt, und daß alles, was noch außerdem mich berührt, schmerzlich damit einklingt. Savigny's reisen in wenig Monaten nach Griechenland, um ihre Tochter dem Fürsten Schinas, mit dem sie schon seit acht Jahren verlobt ist, und der jetzt erster Minister in Griechenland ist, zu vermählen; da werde ich auch bei manchen zeitraubenden Angelegenheiten in Anspruch genommen, die mir Tage und Wochen meiner Arbeit unterbrechen. — Meine Wohnung, die mir lieb ist, weil ich mit Arnim sie bewohnte, ist mir aufgesagt; sie soll neu gebaut werden, Schleiermacher ist todt, so hab' ich keinen Freund mehr hier; die Nähe von Ihrem Aufenthalt wird durch Ihre Reise, von welcher ich zwar nicht weiß wohin, aufgehoben; so ist mir denn gleichsam die Thüre gewiesen, dadurch, daß nichts mit mir zusammenhängt. Wie glücklich wär' ich, wenn ich von den Befehlen eines anmaßenden Freundes abhinge, so hätte ich eine Heimath; in diesem Augenblick hab' ich die Neigung des Maulwurfs.

Jetzt komme ich zur letzten Antwort Ihres Briefs; was meinen Sie damit, daß ich's gnädig machen soll, wenn ich Ihnen mein Werk zueigne? — Ein Meisterstück werde ich allerdings machen, wenn mich mein Genius, der mir das Schönste zuflüstert, nicht früher verläßt; aber wer wird mich verstehen? — vielleicht Sie selbst nicht. — Doch um Ihnen einen Begriff von dem zu geben, was mir vor-

schwebt, so halten Sie sich an den Inhalt dieses Briefes.
Dieselbe Bitte werde ich in meiner Zueignung erneuen,
daß Sie nämlich Ihr Vertrauen in mich bewahren möchten,
so lang als Sie selbst einen Werth darauf legen, und daß Sie
dies schöne Geschenk, (denn dafür halte ich mein
Buch,) als Beweis gelten lassen, daß Mißtrauen und Arg=
wohn nicht der Lohn dafür sind. Dies ist das Einfache,
was ich Ihnen zu sagen gedenke; öffentlich liegt alles darin,
was Ihnen meine unumwundene Achtung zusichert; und
heimlich und im Inhalt des Buches selbst liegt eine Rüge,
die Ihnen selbst nur wie ein verborgener Talisman wohl=
thätig sein kann, und ich hoffe, daß dies Buch einst laut
mit Ihnen sprechen werde, und Sie führen, freundlich wie
ein Kind, das der hohen Unschuld unbewußt unbefangen,
Sie in sein Paradies einladet.

Davor haben Sie sich ja nicht zu fürchten. Leben
Sie wohl. Bettine.

Ich hab' viel Schönes, viel Ernstes, über Ihr Buch
gehört von einem unbefangenen aber gescheuten Mann, von
einer geistreichen und bei Hof viel geltenden Frau; das
hat mir viel Freude gemacht. Mehrere machen jetzt die Be=
merkung, daß die Unschuld bei dem großen Sünder
durchleuchtet.

———

63.

Bettina an Pückler.

Muskau, den 6. April 1834.

Dein Brief, Spiegelberg, denn wirklich der Name ist
gut, weil in Deinem Reichthum sich Tausende spiegeln
können — Dein Brief ist sehr liebenswürdig, und ich bin
stolz darauf, eine solche treue und kräftige Bundesgenossin
an Dir zu haben.

Wenn ich übrigens sagte: ich kennte Dich, und Du könntest mir kein X für ein U machen, so war dies abermals nur Ironie, und zwar gegen mich selbst gerichtet; denn Wenige haben weniger Menschenkenntniß als ich, und Wenige sind leichter anzuführen, was auch sehr natürlich ist, da ich fast nur in der Phantasie, und nie in der Wirklichkeit lebe.

Deine Schilderung der ersten Entrevue mit den Steffens hat mich lachen gemacht. Es freut mich, daß sie mir nun auch eine Aehnlichkeit mit Lou geben, und mich geheimnißvollen Bösen anklagen wollen. Das ist mir schon recht, und sie mögen nur damit herauskommen. So leicht bin ich indeß nicht zu entamiren, und bis jetzt hat darin wirklich ein sonderbares Schicksal über mich gewaltet. Jeden, der mir eine Grube graben wollte, sah ich immer noch selbst hineinfallen. Vielleicht ist es Mephistopheles, der seinen guten Freund beschützt.

Um so mehr schätze ich aber ächte und treue Freunde, wie Du bist, die nicht aus höllischen, sondern christlichen Gründen mich tragen und dulden wie ich bin, und auch mit Erfolg an meiner Besserung arbeiten.

In dieser Hinsicht habe ich indeß auch selbst schon eine gute und noble Eigenschaft. Auch ich bin treu im Guten wie im Bösen, und dabei stets ein Ritter ohne Furcht, wenn auch nicht ohne Tadel.

Ich glaube, es fehlt unter uns nur wenig, um uns einst ganz zu verstehen. Auf Dein Werk und Deine Zueignung freue ich mich sehr, wiederhole aber die Bitte, es gnädig zu machen, so wie ich mit Dir; denn nach meiner Ueberzeugung kannst Du Dich gar nicht über das beklagen, was ich über Dich drucken ließ, denn es war gut und freundlich gemeint, obgleich neckend. Und Steffens betreffend, glaubte ich Dich hinlänglich meine Freundin, um recht gern Parthie

mit mir gegen ihr zu machen, der mich so lieblos unbekannt
angegriffen. In dieser letzten Voraussetzung fürchte ich
jedoch mich ein wenig geirrt zu haben, denn Du willst es
mit keinem verderben, und hast auch ganz Recht darin.
Nur die Phantasten wie ich, verbeißen sich ganz auf eine Seite.

Aber genug des Geschwätzes. Lebewohl, (nicht mehr
Sklavin, aber gute und liebe Bekanntin, der Deinige, und
meine die Nämliche.)

P. S. Tausend Dank für die Wachspaste Schleiermacher's. Ich habe sie mit der Myrthe in's Allerheiligste
gelegt, und schätze beides höher als Du vielleicht denkst,
in Bezug auf den erhabenen Todten wie auf die gute
Lebende.

Anekdote von Goethe bitte ich. Vielleicht finde ich
nachher, wenn es noch derber kommt, daß ich mich doch bei
Beurtheilung der ersten geirrt habe. Adieu, mein liebes
Beschwörerauge.   Dein zahmer Tiger.

64.
Bettina an Pückler.

Ich hatte wirklich mit Sehnsucht auf Ihren Brief gewartet, und in Hoffnung am Sonntag durch ihn geweckt zu
werden, legte ich mich am Sonnabend vergnügt schlafen. Nun
hab' ich ihn, diesen Brief. Sie haben aber vergessen mir
zu antworten, nämlich ob Sie mir meine Briefe, die
vor der Bataille von Muskau geschrieben sind,
anvertrauen wollen? ich verspreche sie nach acht Tagen
zurückzusenden; es ist auch nur wenig, was ich daraus
wissen, nicht abschreiben will. Ein paar helle Erinnerungen kurz nach Goethe's Tod, die ich in den Briefen
an Sie bezeichnet, nicht ausgeschrieben, habe, sind mir
durchaus wichtig, um mein Tagebuch abzuschließen, und ein

Ganzes daraus zu machen. Ich habe mein Wort noch nie gebrochen, und werde es auch diesmal nicht, wenn ich Ihnen verspreche, sie unversehrt in Ihre Hände zurückzugeben. — Seien Sie also gütig, und gewinnen es über sich, mir zu lieb die kleine Mühe zu übernehmen, diese Briefe wohl versiegelt gleich an mich zu senden.

Sie gehen bald weg, ich möchte bis dahin mein Buch fertig haben, um es noch in Ihre Reisetasche zu packen, drum bin ich auch so fleißig, daß ich mir kaum gönne vom Schreibtisch aufzustehen. Unter allen Menschen sind Sie der einzige, dem ich das Buch gönne, übrigens bringe ich ein großes Opfer, daß ich's der Welt gebe. Sie fürchten immer noch, ich könne Ihnen in der Zueignung einen schlimmen Streich spielen, das kann ich aber nicht, selbst wenn ich wollte. Ich habe keinen anderen Beweggrund mit Ihnen zu verkehren, als nur guten Willen, und Sie wissen ja selbst, daß ich mir Gewalt anthun muß, Ihnen mit diesem nicht beschwerlich zu fallen.

Der Welt zu lieb thue ich nichts, wie sollte ich daher ihr jemand im geringsten preisgeben, dem ich selbst im Willen so manches Opfer gebracht habe; Sie wissen vielleicht davon nichts, doch ist es wahr, und ich habe hievon den größten Vortheil; ich habe den wahren Grund einer ächten Freundschaft hieburch kennen gelernt, die darf sich keine Bedingungen machen, im Gegentheil kommt es ihr zu, sich ganz zu verläugnen, und jedem Mißverhältniß ausgleichend zu begegnen; denn sonst wäre sie eine Pagodenfreundschaft, die beifällig mit dem Kopfe nickt, wenn sie angestoßen wird; sehr sonderbar, daß die kleinen sitzenden chinesischen Pagoden, die so freundlich grinsen, mir schon oft die Idee gaben wahrer Repräsentanten der Freundschaft, wie sie heut zu Tage gäng und gäbe ist.

Der Welt zu lieb thue ich's also nicht, aber es macht

mir doch Freude, es vor ihr auf eine feine Weise auszu=
sprechen, daß ein inneres schönes von ihr ungeahntes Leben
in Ihnen ist, dem ich dieses Buch am liebsten schenke. Ach,
versprechen Sie mir doch auch, daß Sie es nicht obenhin
lesen wollen, sondern es gern in allen seinen Modulationen
kennen lernen wollen. Obschon jeder Brief an sich ein
schönes Heiligthum kindlicher Unschuld ist, so bilden sie wieder
untereinander abgeschlossen Perioden, die zusammen eine
Krone bilden, die, das Ideal ästhetischer Größe, das kräftigste
Leben schmückt; so kommt mir das Ganze vor wie eine
Linde in der Blüthe, wo jedes einzelne Blümchen Duft
haucht, mit den anderen zusammen aber ein schirmendes,
wollustverbreitendes Dach bildet.

Ich habe mir Druckpapier allein besorgt; das Buch
soll anmuthig werden auswendig und inwendig, Beihülfe
hab' ich von niemand, auch die Correktur besorge ich allein;
so sitze ich in meiner Einsamkeit wie der Prophet in der
Wildniß, und die Druckbogen sind die Raben, die mich in
der Einsamkeit heimsuchen.

Sie schreiben: „es fehle unter uns wenig, um uns
einst ganz zu verstehen“ — ein warmes Herz versteht
leicht, ja, es greift dem Verständniß vor, denn was
liebe ich in Ihnen anders als die Schönheit, die in Ihnen
möglich ist?

Noch eine kleine Rüge erlaube ich mir über Ihren
letzten Brief; Sie sagen: „Lebewohl (nicht mehr Sklavin),
aber gute, kluge und liebe Bekanntin.“ — Damit bin ich
nicht zufrieden, es ist ein Eingriff in meine Rechte; ich hab'
mich Ihnen als Sklavin gegeben, mich von diesem Platz
wegzudrängen steht Ihnen nicht zu; der Platz, den Sie mir
dafür anbieten, gilt mir nichts; — eine freiwillige Er=
niedrigung kann mich nicht demüthigen, aber wenn Sie
glauben diese aufheben zu müssen, und mir einen höheren

Rang anzuweisen, um mir Ihre Zufriedenheit zu beweisen, das demüthigt mich allerdings. Obendrein müßte ich mit dem Sklavenstand Vortheile und Vorrechte aufgeben, deren ich im Umgang mit Ihnen gar nicht entbehren kann. — Es bleibt also beim Alten, und sei nicht an solchen Einrichtungen gerüttelt, die schon so manches Gute und Freundliche zwischen uns erzeugten.

Nun habe ich noch eine närrische Bitte, nämlich um Ihre Handschrift. Man hat sich zu verschiedenen Malen an mich gewendet, um etwas von Ihrer Hand zu haben, man glaubte, ich würde kleine unbedeutende Billette von Ihnen haben, die hab' ich nicht, denn alles, was ich von Ihnen besitze, hängt mit Stimmungen und Gefühlen zusammen, die in mir Epoche machten, und so sind mir grade die, die das Gepräge der höchsten Gleichgültigkeit haben, am wichtigsten, da ich mich ihrer denn nicht entäußern kann; schicken Sie mir daher drei bis vier Blättchen, worauf geschrieben steht, was Ihre Grille grade eben zirpt, damit ich das sehnsüchtige Verlangen nach Ihrer Handschrift befriedigen kann. Sogar aus London sind Bitten um Ihre Handschrift hieher gekommen.

In einem Irrthum sind Sie befangen, Sie vergessen nämlich, daß meine Unvorsichtigkeit Ihnen das Gehässige von Steffens mitgetheilt hat, und glauben nun, dieser sei Ihnen mehr Feind wie Andere, von denen man Ihnen nichts mittheilte; Steffens mag noch der unschuldigste Ihrer Widersacher sein; und nun stellen Sie sich immer noch auf die Hinterfüße gegen ihn, der unter seinem philosophischen Doktorhut gar nicht nach Ihnen hinzuschielen sich Gewalt anthut; um Ihre Eitelkeit zu beschwichtigen, will ich Ihnen erzählen, daß manche Leute meinen, es sei ihm mit der kleinen Schlappe, die Sie ihm anhängten, Recht geschehen; unter diesen bin ich nicht; ich bin der Meinung, man kann nur jemand Recht thun, wenn man ihm Gutes thut. Sie meinen abermals: ich wolle es mit niemand verderben; das paßt gar nicht auf mich, denn ich wüßte keinen Menschen, der mich verderben könnte, so hab' ich mich also auch nicht zu fürchten. Aber wohl hab' ich von Jugend auf die Empfindung gehabt, daß Leute, die mich beleidigen wollten, mich immer nur zum guten Willen gegen sie stimmten; und es giebt nur wenige und äußerst seltene Fälle, wo man mich beleidigt, dazu gehört aber Steffens nicht.

Nun bitte ich noch einmal um Ihr Vertrauen wegen meinen Briefen; schicken Sie mir sie, und bauen auf mein Wort, daß ich Ihnen dies Pfand, wenn Sie es als ein solches achten, sehr gern in Händen lasse; aber wenn Sie diese Gefälligkeit mir nicht erzeigen, so muß ich mein Tagebuch, das ich bis zur Bekanntschaft mit Goethe führen wollte, unvollendet lassen. — Wenn Sie mir nicht trauen wollten, das wäre sehr unrecht; ich bin wahrhaftig unfähig etwas gegen Ihre Neigung zu thun, noch viel weniger könnte ich Sie durch eine Intrigue überlisten wollen.

Adieu von Herzen.

Können Sie wohl denken, daß ich vor lauter Arbeit ganz schmal und matt werde; ich will froh sein, wenn ich mit dem Leben davon komme.

65.

Bettina an Pückler.

Den 27. April 1834.

Ich danke Ihnen herzlich, daß Sie die Mühe übernommen haben, mir die Briefe zu schicken; in der ersten Viertelstunde ist mir gleich in die Hände gefallen, was mir wesentlich ist. Ich hab' bei dem Suchen in diesen

Briefen die Bemerkung gemacht, daß Sie mich ganz richtig behandelt haben, und auch, daß Sie viel Geduld, Nachsicht und Schonung für mich gehabt haben. Ich freue mich, daß mein Gefühl für Sie aufrichtig ist; daß es mir Freude macht, Ihnen dankbar sein zu können für die Art, mit der Sie alles von mir aufgenommen. Nein, es ist nicht möglich anders, als daß von unserem Verhältniß Ihnen und mir einst nur angenehme Empfindungen bleiben.

Ich schreibe nur kurz, weil die Zeit mich drängt, und ich ja doch um Ihretwillen so fleißig bin. Mit nächstem schreibe ich mehr. Ich habe Ihnen nie verboten sich meinen Freund zu nennen; ich hab's im Gegentheil immer gern gelesen.

Bettine.

In acht Tagen hoffe ich die Briefe zurückzusenden.

Ihren Augustin hab' ich nach Hamburg geschickt.

„Goethe's Briefwechsel mit einem Kinde"; so ist der Titel meines Buchs. Ach, es ist so zierlich, so unschuldig, so feurig, so bescheiden, so kühn, so naiv, so inspirirt, wie sollte das nicht erfreuen! Und ich meine auch, Jeder müsse in meinen Enthusiasmus einstimmen, und dies alles schenke ich Ihnen, das freut mich doppelt. Nein, fürchten Sie nichts, es ist gewiß schön, kein Uebermaß, keine Lüge, alles schön.

66.

Bettina an Pückler.

Berlin, 4. Mai 1834.

Erlauben Sie, daß ich etwas von dem, was ich kurz nach Goethe's Tod in Briefen an Sie geschrieben, und worunter sich auch die Beschreibung des Monuments befindet, als Schluß meines Tagebuchs aufnehmen darf?

Obschon ich im voraus überzeugt bin, daß Sie nichts dagegen haben werden, so möchte ich doch nichts ohne Ihre
bestimmte Einwilligung abschreiben. Sobald ich Ihre Antwort habe, werde ich gleich die Briefe zurücksenden.

Ich könnte Ihnen noch manches Interessante über Ihr
Buch sagen, wenn mich die Zeit jetzt dazu kommen ließe,
zum Beispiel sind sehr viele Menschen, von denen ich es
nicht erwartet hätte, ganz mit Ihren religiösen Ansichten
einverstanden.

Bedauern Sie mich, daß es mir so wenig gegönnt ist,
mit Ihnen zu sprechen, und bleiben Sie mir freundlich
gesinnt.

Bettine von Arnim.

67.

Bettina an Pückler.

Den 25. Juli 1834.

Der Ruf aus Frankfurt hat mir viel Freude gemacht,
ich beantworte ihn herzlich. Mein Buch ist am Schluß;
wär' ich nicht sehr krank geworden, so könnte ich's Ihnen
heute mitschicken. Das hat mich behindert die letzten Bogen
drucken zu lassen, und die Zueignung zu schreiben, ohne
welche ich es nicht schicken mag. Ich hatte aber den Auftrag gegeben, daß wenn ich sterben sollte, daß es Ihnen
dennoch zugeeignet werde, der dritte Band aber dem Lord
Byron.

Gehe es Ihnen wohl im anderen Welttheil, in dem
Sie wohl kein Ruf so leicht ereilt. Die Fürstin ist traurig,
daß Sie so weit reisen; ich bin gewöhnt alles, was mir
leid thun könnte, nicht zu beachten. Sollten die Meeres-
ungeheuer Sie verschlingen, so verschlingen sie die Freude

an meinem Buch mit, an dem mir nichts mehr liegt, wenn Sie es nicht lesen und lieben. Ja, ich möchte es so gerne schicken, unfertig wie es ist, wenn ich nicht fürchten müßte, daß es Sie nicht mehr erreicht, und daß es dann in fremde Hände käme, da ich mich doch verpflichtet habe, keinen Bogen eher wegzugeben, bis eine Uebersetzung in's Englische, welche Mrs. Austin übernommen hat, beendigt ist.

Vielleicht schicke ich doch, was fertig ist; dann bitte ich aber dringend, es nicht aus Ihrer Hand zu lassen.

Adieu.

68.

Bettina an Pückler.

Berlin, am 15. August 1834.

Warum schreibt der Freund nicht, wenn er abreist, (wenn's ein Geheimniß ist, so werd' ich's nicht verrathen), und wo ich den Rest des Buches sammt der Zueignung, die sich gewaschen hat, hinsenden soll?

Was Schönes von dem Buch gesagt werden kann, sag' ich selber, und glaub' es auch, sonst würd' ich nicht gewagt haben, es Ihnen öffentlich zu schenken. Das hindert nicht, daß es vermaledeiet werde, noch eh' es gelesen ist. Ich hab's für Einen geschrieben, wenn's dem gefällt, ist mir's einerlei, wie es die Welt aufnimmt.

Verstanden und geliebt sein, ein unerreichbar Glück, man verfolgt's auch über's Meer.

Wenn ich dächte, ich sollte den nicht wiedersehen, oder vergessen werden, von dem ich erwarte, daß er mich verstehe, das wär' das beste Mittel einzuschlafen und nicht wieder aufzuwachen. Halb und halb denke ich, ist's so, und darum bin ich auch schon ziemlich schläfrig.

Adieu, vergesse über Deinen Ausschweifungen Deiner Sklavin nicht.

69.

Bettina an Pückler.

Berlin, den 11. September 1834.

Sei menschlich, und gieb mir ein Zeichen, daß Du lebst; meine Philosophie würde sehr in's Gedränge kommen, wenn sie mit mir über den Abgrund setzen sollte, den man Verzweiflung nennt.

Dein Blatt aus Paris vom 1. September bleibt mein Schlafkamerad, bis neuere Zeilen von Deiner Hand, die meine Sorgen beschwichtigen, es von seinem Platze verdrängen; o wüßte man Dich erst wieder da, wo Du ruhig bist, und außer dem Bereich böser Feinde, und manchmal Deines Sklaven gedenkend, und könnte er einmal wieder Deine Hand küssen. — An Rothschild schicke ich die noch fehlenden Bogen des Buchs, und die Zueignung sous bande; möge es Dir zu guter Stunde kommen. Letztere ist mit edler List geschrieben; mir gebricht's nicht an Muth mit Dir durchzugehen bis hinab zur Unterwelt; schwebt doch der ewige Geist über uns, und verheißt dem sehnenden Verlangen belohnende Zukunft. Ich lerne lieben durch Dich, ich hoffe im Himmel in dieser Kunst zu bestehen, und Dir den Beweis davon ablegen zu dürfen.

Schreib' um Gotteswillen zwei Zeilen nach Frankfurt am Main im Haus Brentano, wohin ich heute reise; schreib', daß Du gesund bist; wenn Du wüßtest, wie peinlich mir's ist, nicht zu wissen, wo Du bist, wohin Du gehst, wie mich's oft in einsamen Stunden mit schmerzlicher Ungeduld erfüllt, Du hättest Mitleid, Du der einzige unter Allen, der mir lieb ist.

70.

Bettina an Pückler.

Den 5. Januar 1835.

Ich bin sehr glücklich; giebt es etwas Beseligenderes als aus der Einfalt der früher verlebten Jahre wie aus dem Centrum der Gluth in neu geweckte Flammen aufzuschlagen? — So war's gestern, da ich in der Begeisterung Dinge sah und schrieb, so einfältig, daß man sagen würde: Du fabelst. Und ich weiß Einen, den wird es anregen wie leise Erinnerung an's gelobte Land; der wird's empfinden wie die Seele den Instinkt vom Paradies; und dieser Eine ist der Einsiedler von Muskau, der strenge Beherrscher des kurzen Rasen, und mein Herr. — Ich konnte heute Nacht nicht schlafen vor den vielen Blüthen, die alle aus einer Gedankenwurzel meiner Kindheit sich hervordrängten.

Nein: es geht nichts verloren, was göttlich ist; und göttlich ist alles, was unschuldig ist; und unschuldig ist alle vorurtheilslose Wahrheit.

So ist Unschuld die vorurtheilslose Erkenntniß unseres Inneren, und so das unbedingte Vertrauen auf den göttlichen Instinkt; und so das begeisterte Hingeben an Mächte, die außer uns sind, und ohne scheinbaren Grund uns beherrschen.

So sind wir denn beide unschuldig. Sie in dem Streben, die Wahrheit ohne Vorbehalt auszusprechen, und ich, daß ich, ohne zu schwanken, dem einen Trieb folge, mich Ihnen zu weihen, daß ich es wie ein göttliches Gesetz achte, Ihnen unterworfen zu sein, und wie höchsten Frevel, dies Gesetz zu verletzen. In mir ist ein Gewissen rege geworden, zugleich mit Ihrer Macht über mich, es mahnt mich jeden Augenblick, und selbst auf scheinbar gleichgültige

Handlungen hat' es Einfluß. Wenn ich mich diesem Ein= fluß nicht entziehe, so fühl' ich mich erhaben über die Men= schen, und meine Geisteskräfte unendlich gesteigert; wenn ich ihn verläugne, so weiß ich, daß ich sündige gegen meine eigene Würde, und gegen den göttlichen Geist, der sich durch diesen Einfluß mir giebt.

Es würden mich hier wenig Menschen verstehen, selbst von Schleiermacher glaube ich, er würde zucken und glauben auf falsche Spuren zu treffen, wenn ich ihm mit einfachen Worten die Fabel meiner Seele mittheilte; das heißt: das was sie innerlich fordert und thut, ohne Rücksicht auf Lehre oder Gesetz. Und doch liegen auch im Schleiermacher die Organe hiezu.

Ihnen hab' ich schon mehrmals Spuren von dem mit= getheilt, was sich mir aufdrängt; Sie haben's immer auf= genommen und verstanden in einem Sinn, wie es auch wahr ist, aber nicht so, wie es auf anderes hinweist; doch wär' mir's nicht möglich mit Ihnen zu verkehren, ohne dies innere Leben als Hauptbasis anzunehmen; ich würde zum Lügner an Ihnen werden, so wie ich es an mir werden würde, wenn ich diesen Keim des selbstbildenden Lebens in mir erstickte.

Ich verzage schier, und doch ist's so einfach, was ich sagen will; auf die Gefahr hin, daß Sie mich mißver= stehen, muß ich Ihnen dennoch das Tiefste darlegen, und erwarten, ob auch Ihnen einleuchtet, daß es ein göttliches Geheimniß ist, was in uns wirkt.

Je gewaltiger der Glaube, je tiefer die Weisheit, die diesem Glauben entspricht. Der Glaube ist ein Blick der Weisheit; ist mein Glaube umfassend, so ist der Blick meines Geistes ungebunden und ohne Vorurtheil gegen den Glauben.

Gott hat das Ohr gebildet zum Hören, und das Auge

zum Sehen, und was wir durch die Sinne begreifen, das
hat er erzeugt; und dann sagen wir: „Dies glaub' ich
nicht, denn es wär' Unsinn zu glauben, daß Gott Mensch
geworden wäre." Nun denn: wär' es nicht noch viel größerer
Unsinn zu glauben, daß der Mensch Gott werden solle? —
Ist es nicht ein viel unbegreiflicheres Wunder, daß der
Mensch Gott werde, als daß Gott Mensch geworden sei,
welches eine doch das andere bedingt; denn Gott ist Mensch
geworden, damit ihn der Mensch fasse, und dieser kann
nur Gott werden wollen, und sonst nichts, denn dies allein
ist Wille in ihm, alles andere ist Ohnmacht und Unterwerfung an eine Despotie, die Sie mit dem Namen Teufel
bezeichnen, die ich aber das Element nenne, aus dem sich
das Leben erzeugt, was nach der Gottheit strebt.

Was kann Friede werden, was Ruhe, als nur der
Kampf? Was kann sich in's Göttliche umwandeln, als nur
das Ungöttliche, ja, an was beweist Gott seine Macht als
nur an der Sünde? Dies alles werden Sie mir bejahen;
es ist zu einfach, um nicht den Augenblick begriffen zu
werden, zu tief in uns begründet, als daß wir den mindesten Zweifel hegen sollten.

Sie nennen sich einen Sünder, und zugleich sprechen
Sie Ihre Sehnsucht nach dem Göttlichen mit Leidenschaft
aus; der Christus, der Ihren weltlichen Neigungen, Ihrem
irdischen Handeln ein steter Vorwurf ist, der schon 1834
Jahre vom Erdboden verschwunden — den wünschen Sie,
er möge nur selbst wiederkommen, in seiner einfachen
menschlichen Gestalt, die nicht blendet, nicht den stolzen
Blick des Auges bricht, dem wollen Sie freudig folgen in
seiner Weisheit und Herrlichkeit: Sie verlangen es trotzdem, daß die Sünde ihre Macht an Ihnen noch nicht verloren hat? — Warum verlangen Sie denn aber nach
Christus? — Hat denn die Welt keinen anderen Helden

geboren seitdem? Oder vordem? Dessen Weisheit mit
Ihren Bedürfnissen besser im Einklang wäre? — Der
sich nicht für einen Gott ausgiebt, und doch edel ist, und
alles Große will, aus reinem Willen zur Schönheit? —
Warum verlangen Sie denn nach Christus, der ja deutlich
gesagt hat: Ich bin Gottes Sohn — da Sie doch
glauben: er ist nicht Gottes Sohn; und der also einen
Irrthum oder einen Betrug, nach Ihrem Glauben, be=
gangen hat? — Warum verlangen Sie nach einem Men=
schen, der uns mit seltsamen Geheimnissen umgeben hat;
der gesagt hat: Esset mein Fleisch, und trinket mein Blut?
Da doch in dieser Aufforderung für Sie keine göttliche
Ueberzeugung liegt? —

Sie haben eine Leidenschaft zu diesem längst verscharrten
und verwesten Christus. Erst hat Ihr Verstand Kraft ge=
wonnen, selbst zu urtheilen, da haben Sie eingesehen, daß
die Macht der Begeisterung in diesem guten Menschen ihn
dazu bewegte, sich für Alle aufzuopfern, daß er weise war,
und daß er nur das Edle wollte; aber er war nicht Gott;
(freilich war er nicht Gott; er war nur Mensch,
aber um so mehr ist er Gott.) Nachdem Ihr Urtheil
nun gereift ist, nachdem Sie Ihre Vernunft gebraucht haben,
und entschieden haben, daß andere Menschen größere An=
sprüche an Ihre Liebe haben wie er, nachdem böse Neigungen
Gewalt über Sie gewonnen haben, und der Teufel, wie
Sie sagen, mächtig in Ihnen geworden ist; nun sehnen
Sie sich nach ihm trotz dieser Macht. Sie fühlen, wär' er
hier, Sie würden nie weiter wollen, als in seiner Nähe
sein; alles Neue, alles Schöne, wär' Ihnen nichts gegen
einen Spruch aus seinem Munde. O, Fürst Pückler, ist
denn die Macht dieses Menschen nicht gewachsen seit seinem
Grabe? Da er damals doch nur einfältige Fischer an sich
zog, die unschuldig waren, und empfänglich für das Gute;

und jetzt verderbte Sünder, die selbstherrisch sind, voll Selbst=
liebe, geschwächt durch Nachgiebigkeit und Befriedigung aller
unedlen Begierden, die ihn verläugnet haben und vergessen,
diese jetzt entzündet, daß sie mit Vertrauen an seine Brust
fallen möchten, daß sie es für das einzige Labsal ihrer
nie befriedigten Sehnsucht halten, von ihm belehrt und an=
gehaucht zu werden.

O, glauben Sie immer nicht, daß er Gottes Sohn ist,
wenn Sie's vermögen; wenn diese Liebe zu ihm nur in
Ihnen wächst, dann ist es doch gewiß, daß er Sie liebt
und anerkennt, und die Macht seiner Heilungen an Ihnen
übt, und wie könnte Ihnen da Weh geschehen? — In
Ihrem Herzen die Zuflucht zu dem heißgeliebten Freund,
und bald würden Sie eins mit ihm sein, und würden nicht
mehr bezweifeln, wer er ist.

71.

Bettina an Pückler.

Den 16. Januar 1835.

Wer sich mischt unter die Kleie. Ich begreife nicht,
welche Lust Sie anwandelt, durch diesen Quark zu waten;
Varnhagen ist eine Spinne, der Sie, wie eine Fliege, in's
Netz lockt, um Ihnen die Flügel zu verkleben. Oder er
glaubt, der Platz sei für Sie gut genug, weil er auch dabei
ist; er kann freilich nicht einsehen, (was aber doch wahr
ist,) daß seine Gesellschaft Ihnen nur schaden kann; warum
schenken Sie Ihr Vertrauen einem Manne, der Ihnen gar
keines einflößt? — Warum folgen Sie nicht Ihrem In=
stinkt, der immer wieder wach in Ihnen wird? — So wie
Sie jetzt zum Publikum stehen, ist es ganz unzuläßlich, sich
in einzelnen Bruchstücken preiszugeben, und so das Interesse

abzuftumpfen, ftatt es zu reizen; mehr fage ich Ihnen nicht hierüber. Die Fürftin habe ich inftändig gebeten, Ihre Manuftripte zurückzuhalten, und Ihnen Vorftellungen dagegen zu machen, daß Sie fich nicht in diefen Moraft verfenken.

Ihre Zeilen von Toulon haben mich erfreut. Mit Mrs. Auftin bin ich nicht brouillirt, ich hab' ihr den freundlichften Brief gefchrieben, und ihr mein Buch zum Gefchenk gemacht als Zeichen meiner Achtung, da fie es nicht überfetzen will. — Man wird es aber doch überfetzen, nur wird man mir für's Monument nichts geben wollen, und ich werde diefe fünf Monate umfonft gewartet haben.

Daß Sie mir Freund bleiben, ift mein fehnlichfter Wunfch. Ich denke Ihrer oft und fehr ernft; wenn Sie wiederkommen, fo möchte ich Ihnen allen ungerechten Ab= bruch erfetzen können, das wär' mir das befte Glück, obfchon ich mich auch dahin befcheide, Ihnen nicht vor Anderen zu gelten; was ich aber von Ihnen fordere, das ift gewiß Ihr eigenes Befte; es geht mir über alles, über mein eigenes.

Bettine. *)

72.

Pückler an Bettina.

Den 18. Februar 1835.

Liebe, thörichte, unerträgliche Bettine!

Du haft in der Fülle Deines Dafeins fo viel empfun= den und fo vieles begriffen, von dem Taufende keine Ahnung

---

*) Es war eben der „Litterarifche Zodiakus" von Theodor Mundt, mit Beiträgen von Pückler und Varnhagen angekündigt worden. Bet= tina hoffte hier wieder, aber vergeblich, Pückler von Varnhagen zu entfernen.

haben; Eins nur scheint Dir nie recht klar und lieb ge=
worden zu sein, eben deshalb vielleicht, weil es Dich in
seiner nüchternen Durchsichtigkeit angewidert hat, — (wie ja
von den Menschen der Diamant fast nur deshalb geschätzt
und gepriesen wird, weil er Licht= und Farbenblitze sprüht) —
dies Eine verdrießliche nämlich: daß selbst das Ueber=
menschliche ein Unmenschliches ist. Nur das Leben allenfalls
mit den Menschen und dem eignen Menschen darinnen, läßt
sich begreifen, das heißt menschlich wissen und haben. Gott
ist das Unbegreifliche, und Ewiges, Unendliches bleibt das
Unerfaßliche, Alles Göttliche wird uns unter den Händen
zum Schemen. Und jenes Leben selbst, was am Ende unser
einziges Besitzthum, und mit allem, was es in sich faßt,
und was daran geknüpft ist, unser einziges gegenwärtiges,
irdisches Glück ausmacht und begründet: es wäre uner=
träglich, wir würden damit enden, es zu hassen, es von uns
zu werfen, oder mindestens es zu allen Teufeln zu wün=
schen, wenn es sich uns aufdränge als Ein süßer Kuß
(— es müßte denn auf solche Weise geschehen, wie die
Natur uns wirklich ohne Aufhören küßt, das heißt im Schlafe
und hinterm Rücken, so daß wir es äußerlich nicht inne
werden —), oder als Eine ununterbrochene Seligkeit. Denn
nur dieser schaale Wechsel von Anspannung und Abspannung,
dieser trübe Kreislauf von Lust, Leid und Indifferenz, von
erwachender, unbefriedigter und ersterbender Sehnsucht, vor
dem der kindlich begeisterte Geist zurückzuschaudern pflegt,
wie vor einem gespenstischen Molche, ist, was der Mensch
zu ertragen vermag in seiner Beschränktheit, ist das, was
ihn, weil es Gesetz und Typus seines Wesens ist, wahr=
haft und dauerhaft glücklich macht, obschon er es nicht zu
lieben versteht. Alles andere ist Wahn, ist Illusion, ist
Traum; es mag Vorschmack des Himmels sein, der sich
uns öffnen wird zu seiner Zeit, handgreiflich und voll süßer

Befriedigung, aber es ist nicht die Erde, die wir in unsere Arme schließen, an unser Herz drücken, in die wir uns, wenn alles nicht fruchtet, begraben und zur Ruhe begeben können.

73.

Pückler an Bettina.

Den 22. März 1835.

Suleika-Dreas, phantastisch Räthselwesen,
Durch ihn in Dich vertieft, mit Geist und Glut erfüllt,
Da liegt Dein Buch; mit Dir durchlebt hab' ich's im Lesen,
Und klar steht vor der Seele mir Dein Bild.

Zu seinen Füßen hat Dich Liebesdrang gebettet,
Und, Mahadö. hat er Dich huldvoll angeblickt;
Nun er sich jetzt zum Urquell hat zurückgerettet,
Ließ er im Staube hier Dich hochbeglückt.

Wohl Euch! als Zweie jetzt, als Eines einst vereint,
Seid ihr ein Doppelstern, der Vielen gar nicht scheint,
Und Tausenden als unbegriffnes Wunder leuchtet.

Genug, wenn Wen'gen ihr das Lieb' und Rechte seid.
Hast Du ein Denkmal ihm zum Zeugniß Dir errichtet,
Fühlt Mit- und Nachwelt Beiden doppelt sich verpflichtet.

74.

Bettina an Pückler.

Das Ende des dritten Bandes ist noch nicht gedruckt. Die Zueignung ist heute Nacht zum Theil geschrieben, sie wird Dich freuen, vielleicht beende ich sie in diesen Tagen, so schicke ich sie schriftlich nach. Da ich mich verpflichtet habe, vor Weihnachten keinen Bogen aus Händen zu geben, so bitte ich darauf Rücksicht zu nehmen. Meine Briefe hätte ich gern mitgeschickt, allein die Fürstin rieth es mir ab, aus Furcht, daß sie verloren gehen könnten. Der dritte Band schließt (mit Erlaubniß) mit Bruchstücken aus meinen Briefen über Goethe an Dich. Abieu, und verzeihen Sie, daß ich zweimal Du gesagt habe.

Das Ende des zweiten Bandes fehlt auch, denke Dir das Schönste hinzu, bis es das gute Glück in Deine Hände spielt.

B.

75.
Pückler an Bettina.

Athen, März 1836.

Bettina!

Man schreibt mir von Berlin: Du hast mein An=denken von Dir entfernt, ich sei todt für Dich. — Dazu habe ich gelacht.

O nein, ich gehöre unseren dämonischen Frauen an. Von der Einen, die im Himmel ist, lasse ich nicht, die Andere, die auf der Erde ein maskirter Engel wandelt, darf von mir nicht lassen!

Wäre es möglich, daß die alberne Neckerei mit der Chézy Dich gekränkt? O Bettina, nur was sich liebt, das neckt sich.

Oder, daß ich die hohe Ehre, welche Du mir erzeigst, durch nichts beantwortet?

Sobald ich Afrika betreten (aus Europa mocht' ich nicht), schrieb' ich Dir von Algier einen langen Brief, in dem auch der Dank nicht vergessen war. Du kannst ihn bald gedruckt lesen, und daß er so spät kommt, ist nicht meine Schuld.

Ich lese hier Dein schönes Buch, im blühenden Unkraut sitzend am Fuß des Parthenon. Der Schwiegersohn Deiner Schwester hat es mir gegeben. Ich freute mich auf die Nichte, und fand sie im Grabe, und diesen (denn ich wollte es sehen), einen prächtigen, sehr seltenen, großen Nacht= schmetterling in tiefstem Schlaf mit ausgebreiteten Flügeln. Ich griff ihn, legte ihn auf meine Hand — er träumte bewegungslos fort. Endlich wollte ich, mit dem naiven Kannibalismus des Menschen, ihn tödten und zum An= denken aufbewahren, da erwachte er, und wirbelte grade auf zum Himmel wie eine Frühlingslerche.

Leb' wohl, und denke mein wie ehemals, denn ich bin derselbe

treue Freund.

Nachschrift.

Lassen Sie uns einander gut gesinnt bleiben, was wir auch für Fehler und Verstöße in den Augen Anderer haben mögen, die uns nicht in demselben Lichte sehen.

Diese Worte sind für die Vernünftigen, nicht für die Thörichten.

Briefwechsel

zwischen

Pückler und Gräfin Ida Hahn-Hahn.

~~~~~~~~

Auch hier treten sich zwei verschiedene Geister entgegen, und gewiß werden die klaren geistvollen Briefe der Gräfin Ida Hahn=Hahn nicht minderes Interesse erregen, als die eigenthümlichen aus der Tiefe der Seele entströmten Mittheilungen Pückler's.

1.

Pückler an Gräfin Ida Hahn-Hahn.

Warmbrunn, den 10. September 1844.

Gräfin Hahn.

Ich hatte zwei Ihrer früheren Werke gelesen — und
sie gefielen mir nicht, denn obgleich geistreich, glaubte ich
Affektation und Manier, gesuchte Originalität darin zu fin=
den, mit einem Worte Unnatur, die ich hasse, besonders bei
Frauen. Hierauf lernte ich Sie auch persönlich flüchtig
kennen, da ich aber mit Vorurtheil Ihnen entgegentrat, blieb
der Eindruck, den Sie auf mich machten, unbedeutend, wenn
auch günstiger als der Ihrer Schriften, denn ich fand Sie
viel einfacher, als ich Sie mir vorgestellt, und fühlte über=
dies eine rege Theilnahme wegen Ihrer traurigen Begeben=
heit mit Dieffenbach, wobei ich Ihrem so würdevollen Be=
nehmen die vollste Gerechtigkeit widerfahren ließ.

Alles dies war durch die Zeit ziemlich verwischt, als
mir gestern Abend Ihr Roman „Sigismund Forster" zu=
fällig in die Hände fiel. Ich ergriff das Buch ohne In=
teresse, mehr um es nur zu durchblättern, als es zu lesen,
aber bald, auf seltene Weise angezogen, änderte sich alles
in meiner Meinung über Sie, und als ich die letzte Seite
Ihres Buchs schon bei hellem Tagesschein beendet, denn es
giebt leider keine Fensterladen in meinem elenden Gasthof,
hätte ich gern Ihre Hände geküßt, und vielleicht wäre dann

18*

eine dankbare Thräne nicht bloß der Rührung, sondern der innigsten, wohlthuendsten Befriedigung darauf gefallen, weil es einen fühlenden Menschen wohl immer tief bewegen muß, Geist, Herz und Talent zu einem so schönen Kunstwerk aus= geprägt zu sehen, einer Produktion, die ich in dieser Dich= tungsart zu dem Klassischsten, in sich Vollendetsten zähle, was seit langer Zeit in Deutschland erschienen ist. Nur George Sand in Frankreich ist Ihre Rivalin, unter unseren weiblichen Schriftstellern weiß ich keine zu nennen.

Der Ausdruck eines so kindlichen Enthusiasmus mag Ihnen vielleicht sehr gleichgültig sein, ja er mag vor der Welt sogar seine lächerliche Seite haben, aber es giebt Dinge, die einem weh thun, wenn man sie nicht aussprechen darf, und da ich Ihnen unwissend so großes Unrecht ge= than, wenn auch nur in meinem Inneren, mußte ich Sie deßhalb um Verzeihung bitten.

Und nun mögen Sie mich gern wieder vergessen, ob= wohl es doch in diesem oder jenem Augenblick als eine freundliche Erinnerung in Ihnen auftauchen wird, daß Sie durch eine Schöpfung Ihres Geistes einen aufrichtigen Men= schen beglückt haben, der, wenn er Sie zu würdigen fähig war, dabei wahrlich nicht der banalen Menge nachbetet, und überdies an ein Talent wie das Ihrige, weit höhere Forderungen stellt, als jene. Also ganz, sage ich, wird der Eindruck dieses Briefes nicht bei Ihnen verlöschen, „denn begraben können wir viel, aber tödten nichts."

Auf das Begrabenwerden in Ihrem Andenken bin ich jedoch vollkommen gefaßt.

Ihr neuer, aber deßhalb nur desto eifriger Verehrer

H. Pückler.

2.

Gräfin Ida Hahn-Hahn an Pückler.

Neuhaus, den 21. September 1844.

Ihr Brief hat mich sehr amüsirt, sehr gefreut. Erst der Ausdruck eines vollkommen unmotivirten Widerwillens, und hernach einer ehrlichen und freundlichen Anerkennung: das ist so recht natürlich und hübsch, wie es mir bei den Menschen gefällt. Grämen kann ich mich nun einmal nicht, wenn die Leute meine Schriften nicht mögen. Das ist ihre Sache. Meine Sache ist — sie zu schreiben. Wo das Echo nicht wohnt, kann man die schönste Musik machen, und es erfolgt kein Wiederhall. Grämt Sie das? — mich nicht! — Trifft man auf ein Echo, so lautet das freilich lieblich, und die Musik, die man selbst gemacht und gar so schön nicht gefunden hat, kommt einem melodisch und bedeutungsvoll vor, wenn sie uns als Wiederhall entgegenklingt. Ach, es ist doch ein wundervolles Glück, schreiben zu können! Was da für elektrische Funken, für erfrischende Lüfte, für goldene Fädchen durch den Raum fliegen, und eine Geisterbrücke bilden, vermittelst welcher bekannt und unbekannt, fern und nah, fremd und befreundet mit einander verschmelzen. Wie fühlt man sich dann so recht im Gleichgewicht des eigenen Seins, und im Mittelpunkt des All-Seins, befähigt, den freien Geist walten zu lassen in der Macht, die man übt, und in der Anregung, die man empfängt. Welch eine Befriedigung liegt in der Gemeinschaft des Verständnisses, das nach Wahrheit ringt, und zur Schönheit strebt. Nein, Fürst, ich finde Ihren Enthusiasmus mit nichten „kindlich" — wie Sie herabsetzend ihn nennen — sondern sehr vernünftig; denn das Beste, was der Mensch thun kann, ist ganz gewiß: sich seinen edelsten Empfindungen hinzugeben, und das ist die Bewunderung und die Liebe. Daß Ihre Bewunderung meinen

„Sigismund" trifft, ist mir gar lieb; — aber was soll ich mich weitläuftig dafür bedanken? Vielleicht kommt Ihnen auch dies wieder wie „Unnatur" vor. Hergebracht ist es freilich, für eine Aufmerksamkeit, ein Lob, eine Artigkeit 2c. mit vielen charmanten Phrasen zu danken. In mir ist Wahrheit zu Haus; da wollen die Phrasen gar nicht gedeihen. Die Welt ist nun einmal so beschaffen, daß, wenn ein Mensch in der unendlichsten Gleichgültigkeit gegen ihre trivialen Lobhudeleien oder ihre banalen Verketzerungen, aus der Essenz seines Wesens heraus, sich giebt und ausspricht: so nimmt er sich dermaßen fremd und verwunderlich aus, daß seine Natur als Unnatur erscheint. Darüber beklage ich mich wahrlich nicht, wenn mir das passirt. Aber herzlich haben Sie mich lachen machen, daß Sie sagen: „Auf das Begrabenwerden in Ihrem Andenken bin ich gefaßt." Halten Sie mich denn für eine ägyptische Pyramide, daß ich mumifizirte Menschenbilder in mir aufspeichern sollte? Nein! in meinem Andenken l e b t man, oder man ist gar nicht drin, und ich hoffe denn doch, Sie trauen mir zu, daß ich die Anerkennung eines wahrhaft geistvollen Menschen genug zu würdigen weiß, um ihm herzlich verpflichtet zu bleiben in meiner Erinnerung.

Möge es Ihnen wohl gehen in dieser unbehaglichen Aequinoktium-Naturkonfusion.   Ida Hahn-Hahn.

3.

Pückler an Gräfin Ida Hahn-Hahn.

Berlin, den 1. Oktober 1844.

Ihr Brief ist lieb und gut, meine theure Gräfin, und ich bin um so dankbarer dafür, da ich auf den meinigen kaum eine Antwort hoffte, denn Sie sind gerade stolz genug dazu. Ich liebe aber diese Eigenschaft an Ihnen, wahr-

scheinlich hauptsächlich beßwegen, weil sie mir fehlt, und
bessere Naturen, (zu denen ich mich rechne) lieben immer
am meisten das an Anderen, was sie selbst nicht besitzen,
während neidische und gemeine nur das Gleichartige mit
Gefallen betrachten.

In dieser Hinsicht habe ich nun Mehreres an Ihnen
zu bewundern; was aber Ihren etwas boshaften Witz am
Ende Ihres Briefes betrifft, so erkenne ich zwar die vis
comica darin bereitwillig an, muß aber die Wichtigkeit des
Gedankens durchaus bestreiten — denn existiren muß ich
jedenfalls in Ihrem Andenken, weil das Faktum meiner
Begegnung da ist, so lange Sie mich nicht gänzlich vergessen
haben, was nicht von Ihrer Willkür abhängt. Sie können
also dies Andenken willkürlich nur frisch und lebendig
erhalten, oder es in sich zu begraben suchen, wenn Sie
jenes nicht der Mühe werth halten. Uebrigens gleichen wir
alle ein wenig Pyramiden; mit der breiten irdischen Basis
beginnend, und immer schmaler und spitzer dem Himmel
und unbekannten Jenseits zuwachsend. Und bergen wir nicht
auch alle Mumien in unserem Innern? Was sind die ver=
blichenen und verbleichenden Erinnerungen an so manches
Abgestorbene anders! In des Menschen Seele wechseln, wie
überall, Geburt und Tod fortwährend, und gar viele Mu=
mien bleiben darin zurück, bis wir selbst zur Mumie wer=
den, welche letztere unangenehme Begebenheit ich jedoch uns
Beiden so spät als möglich wünsche.

Apropos aber von Mumien, sehr begierig bin ich auf
Ihre ägyptischen Briefe (die eben bei mir anlangen), weil
ich dies Land liebe, und zufällig gerade jetzt auch darüber
Reminiszenzen zum Druck befördert habe. Die meinigen
sind alt, wie ich selbst, und handeln von vergangenen Zeiten,
die Ihrigen gewiß ebenso frisch als die Neuzeit, die Sie
beschreiben, und auf diese Weise mögen wir uns wohl gegen=

seitig kompletiren, wenn unsere Ansichten sich nicht zu sehr widersprechen, was ich nun bald erfahren werde. Zugleich liegt „Cecil" auf meinem Tische. Wenn er dem „Forster" gleicht, werde ich gewiß ebenso wenig Affektation darin finden als in Ihrem liebenswürdigen Brief, für den nochmals meinen Dank.

H. Pückler.

P. S. Besuchen Sie, Weltreisende, doch auch einmal en passant das nicht zu weit von der Straße abliegende Muskau. Es würde meiner Eitelkeit sehr schmeicheln, Ihnen dort meine einzigen Werke zu zeigen, denen ich in der That einiges Verdienst beimessen darf. Denn es ist ein Verdienst, Wüsten zugänglich zu machen, und das Gefühl des Schönen in rohen Naturen zu wecken. Ueberhaupt wo man zu schaffen sucht, ist Verdienst, der Stoff sei welcher er wolle. Nur das gegebene Pfund nicht vergraben! Das ist die größte Sünde. Wie schön wissen Sie sich davon frei zu halten. Glück auf!

4.

Gräfin Ida Hahn-Hahn an Pückler.

Greifswald, den 21. Oktober 1844.

Das ist doch seltsam, wie Sie mich so gar nicht kennen! Solch ein kluger Mann, und so ganz und gar nicht! Vielleicht sind Sie eben zu klug, so daß Sie sich für meine schlichte Natur den Maßstab gar nicht — wie soll ich sagen? — gewöhnlich genug ausdenken können. Sie meinen immer, es müsse noch etwas dahinter sein; aber da ist nichts. „Zu stolz, um Ihren Brief zu beantworten" halten Sie mich; und ich antworte Jedem, der mich ob mündlich ob schriftlich anspricht, dem Unbekannten, dem Unbedeutenden so gut wie dem Bedeutenden. Es nicht thun nenne ich nicht Stolz, sondern Unart. Ueberhaupt, wenn Sie meinen Stolz „be= wundern", so kann ich nur darauf erwiedern, daß ich keines anderen mir bewußt bin, als des Stolzes der Genügsamkeit, der sich in seiner Sphäre befriedigt fühlt, und in dem Bewußtsein sie errungen zu haben, und seine besten Kräfte in ihr zu gebrauchen, ein wundervolles Glück findet. Be= wußtsein des Glücks macht eine durcharbeitete Seele nie stolz, aber ruhig. Ich bin ruhig. Daß der Pöbel mich stolz nennt — gleichbedeutend mit übermüthig — begreif' ich, und gönne es ihm. Was weiß der Pöbel von den Seelen! Aber Sie — das hat mich frappirt. Indessen sollten Sie mir auch einen kleinen Vorwurf durch die Be= merkung zugedacht haben, daß Sie „nicht stolz sind", so erlaube ich mir doch Ihnen zu sagen, daß mir das sehr leid thut; — denn alsdann sind Sie vermuthlich eitel. Dies ist's jedoch nicht, was ich eigentlich heut Ihnen sagen wollte, sondern daß ich Ihren ersten Theil „Aus Mehemed Ali's Reich" eben mit dem größten Vergnügen gelesen habe. Wie mir die philanthropischen Reisebeschreiber komisch vor= kommen, die nicht mit Lamentationen aufhören können, daß der Fellah nicht genug Fleisch zu essen habe, und nicht ge= hörig schreiben lerne — eben so freut es mich, daß endlich einmal Jemand den Orientalen vom orientalischen Stand= punkt aus betrachtet, und den pedantisch liberalen euro= päischen fallen läßt. Sie haben natürlich viel länger als ich Aegypten beobachtet, und in mancher Hinsicht genauer kennen gelernt, so daß Sie mehr Details geben können als ich, aber eben darum interessirt es mich unbeschreiblich, daß unsere Bücher in demselben Moment erscheinen, und im Wesentlichen ganz übereinstimmen, während sieben Jahre unsere Reisen trennen, und wir sie unter so ganz verschie= denen Verhältnissen gemacht haben. Bei manchen Stellen Ihres Buchs sprach ich ganz vergnügt zu mir selbst: Gott=

lob, daß meine Briefe schon erschienen waren, sonst würden mir die Kritiker gewiß vorwerfen, ich hätte dem Fürst Pück= ler nachgeschrieben. Aber weßhalb wollen Sie uns im Vor= wort einbilden, alberne Kritik hätte Sie so lange von der Herausgabe zurückgehalten? Das scheint mir unmöglich! Nun, welcher Grund es auch veranlaßt habe — ich bin sehr damit zufrieden, denn meine schwache Stimme findet in der Ihren, Fürst, eine sehr willkommene Verstärkung meines Lobgesanges auf das alte wunderherrliche Aegypten; und nur in dem einzigen Punkt begegnen wir uns nicht, daß Sie von der europäischen Civilisation des Pharaonen= reichs mehr hoffen, als sie meiner Ansicht nach leisten kann. Lassen Sie nur bald die nächsten Theile folgen, und leben Sie wohl.

Ida Hahn=Hahn.

5.

Pückler an Gräfin Ida Hahn=Hahn.

Muskau, den 18. November 1844.

Wenn wir uns nicht kennen, theure Gräfin, so glaube ich, ist dies noch mehr von Ihrer Seite als der meinigen der Fall. Denn wenn ich Sie stolz nannte, so war ich weit davon entfernt, dies in dem albernen Sinne des Pöbels als Vorwurf zu meinen, weil es vielmehr ein ernstes tiefgefühltes Lob in meinem Munde ausdrückte. Sie sind stolz, weil Sie, wie Sie ganz richtig andeuten, ganz und gar nicht eitel sind, weil Sie wirklich sich in Ihren Dich= tungen als einen großartigen wenn auch etwas schroffen Charakter zeigen, und diese Abwesenheit der Eitelkeit be= wundere ich an Ihnen doppelt, als Frau und als Autor — um so mehr vielleicht, da ich selbst mehr eitel als stolz bin, und (wenigstens Leute meiner Art) das am meisten bewundern, was sie selbst nicht besitzen. Wir haben nur das mit einander gemein, was mich auch so sehr anzieht, daß wir Beide gern in Menschenherzen grübeln, und diesen wunderbaren, so oft fast unerklärlich bleibenden Proteus bis in seine tiefsten Abgründe erforschen und zergliedern möchten. Da ich nun wohl die Lust dazu, aber nicht das poetische Vermögen wie Sie besitze, so ergänzen Sie mir anmuthig, was mir fehlt.

Mit Ihren Reiseberichten bin ich weniger zufrieden, es ist dies Thema zu frivol für Sie, doch freut es mich, daß wir über manches, Aegypten betreffend, so gut übereinstimmen, und Sie irren sich auch, wenn Sie meinen, ich erwarte so viel Glück für die Orientalen von europäischer Civilisation. Mehr umgekehrt, doch würde die gegenseitige Annäherung und Verschmelzung beider Prinzipe der ganzen Menschheit zu Statten kommen. Diesmal will ich Sie nicht so lange aufhalten als das letztemal, empfangen Sie aber gleich freundlich die wiederholte Versicherung meiner hohen Verehrung.

H. Pückler.

P. S. Wenn Sie mich einmal hier besuchen wollten, würden Sie mich besser kennen lernen, und mir eine große Freude machen. Ich gebe jedoch zu, daß beides vielleicht zu wenig Werth für Sie haben kann.

6.

Gräfin Ida Hahn-Hahn an Pückler.

Greifswald, den 22. Januar 1845.

In Gedanken hab' ich Ihren Brief schon ein paarmal beantwortet; jetzt soll es in der Wirklichkeit geschehen, theurer Fürst. Denn ich bin Ihnen sehr dankbar für Ihre freund-

liche wiederholte Einladung nach Muskau; darum dankbar,
weil ich meine, daß Sie mir zeigen wollen, was Ihnen so
recht lieb und Ihre intimste Schöpfung ist; — und daraus
schließe ich auf eine gewisse Theilnahme für mich, denn
den gänzlichst gleichgültigen Leuten gegenüber kommt man
nicht zu einem solchen Wunsch — ja man kommt überhaupt
zu nichts mit ihnen. Nun wär' es wohl natürlich, daß ich
sagte, ich würde im Frühling nach Muskau kommen; aber
jetzt muß ich Ihnen eine enorme Mangelhaftigkeit meiner
geistigen Organisation eingestehen: ich verstehe nichts von
der Gartenkunst, das heißt, ich habe nicht den Blick, der in
einer Gartenanlage die Versinnlichung einer Idee erkennt
oder erräth, wie Sie doch einer solchen eben so gut als
einem Buch, einem Gebäude u. s. w. zum Grunde liegen
muß. Vielleicht rührt es daher, daß ich noch nicht genug
Gärten oder nicht die rechten gesehen habe. Sag' ich Ihnen
nun gar, welche Gärten mir am besten gefallen, so werden
Sie mich vermuthlich gränzenlos verachten; aber ich muß
es doch thun! es sind die von Versailles, von Schönbrunn,
es ist der Garten Boboli in Florenz; und weshalb die?
weil ich in ihnen einen Grundgedanken zu erkennen vermag:
der stolzen Feierlichkeit eines großartigen Fürstenhauses
kommen sie mit ihren Hallen und Sälen von Laub und
Bäumen entsprechend entgegen. Hör' ich von ihnen schmä=
hend sagen, sie seien steif und öde, so muß ich mich immer
verwundern, denn für mich sind sie aus dem Kern einer
Idee herausgewachsen, und folglich nicht leer. Sehen Sie,
so kümmerlich ist bei mir das Gartenkunst=Organ entwickelt.
Giebt's in Muskau schöne Bäume und Wasser, so bin ich
entzückt; die verzaubern mich, denn sie machen so still; aber
ob sie rechts, ob sie links, ob so oder anders gruppirt stehen
— ist mir einerlei. Gräßlich stupid, nicht wahr? — Ach
Fürst, wie können Sie à propos meiner Reisebriefe, die

Ihnen nicht gefallen, sagen: dies Thema sei „zu frivol“
für mich? Ich verstehe unter einem frivolen Thema eins
ohne geistigen Inhalt. Aber, großer Gott, wo giebt es
denn ein geist= und inhaltreicheres, als die Bilder der
Schöpfung, wie sie sich in den verschiedenen Ländern der
Erde gleichsam als erläuternde Illustrationen zu dem ernsten
und ohne sie schwer zu verstehenden Text der Historie ent=
falten? In meinen Augen ist ein tiefer Zusammenhang
zwischen der Natur eines Landes und dessen Menschen in
ihren zwiefachen auf materielle und geistige Entwickelung
gerichteten Bestrebungen, und Kunst und Religion sind nur
Blüthen und Früchte desselben Baumes, der grade nur auf
diesem Grund und Boden Wurzel fassen, und grade nur
unter Einwirkung dieser Bedingungen und ihrer nothwen=
digen Gegensätze gedeihen konnte. Weil ich mit einer sol=
chen Ansicht die Welt betrachte, darum reise ich gern, denn
mir ist’s in allen Dingen ein tiefer, heiliger Ernst, um zur
Wahrheit, das heißt zur Erkenntniß des innewohnenden
Geistes der Erscheinungen zu kommen. — Adieu, lieber
Fürst! Licht sei es um Sie in dieser grauen nebelhaft be=
drückten Zeit, und in Ihnen alle Zeit.

Das ist mein Neujahrswunsch.

Ida Hahn=Hahn.

7.

Pückler an Gräfin Ida Hahn=Hahn.

Muskau, den 24. Januar 1845.

Sie sind wirklich sehr artig und freundlich, liebe Gräfin,
mir so regelmäßig auf jeden Brief zu antworten, und haben
es auch richtig errathen, daß ich Ihnen aufrichtig gut ge=
worden, weil ich in Ihnen ein wahres und edles, uneigen=
nütziges Streben, mit einem häufigen freudigen Gelingen,

erkannt habe, und das liebe und ehre ich, wo ich es finde,
doppelt aber, natürlich, wo solches Streben durch Grazie und
Geist meiner Individualität besonders anmuthig wird, mich
ergreift und rührt. Dazu kommt, daß ich Ihnen Unrecht
that, und viele Andere Ihnen noch Unrecht thun. Da nun
Wenige im Leben hiedurch mehr gelitten als ich selbst,
(denn verkannt und verläumbet zu werden schmerzt auch
stärkere Charaktere als ich besitze), so zieht mich auch das zu
Ihnen, denn ich habe viel Weibliches in meinem Charakter
— im Guten und Schlimmen. Ich sagte Ihnen dies, glaub'
ich, schon, und daß Sie dagegen viel Männliches haben,
wieder ein Grund der Neigung für Sie bei mir, wenn
auch à l'envers. Uebrigens beleidigt Ihr letzter Brief
meine Eitelkeit fürchterlich. Sie scheinen mich für einen
versteinerten Gartengott zu halten. Im Sinne der Alten
könnte ich mir dies zum Theil gefallen lassen, aber wie
Sie es verstehen, ist die supponirte Einseitigkeit bemüthigend.
Zweitens beweisen mir Ihre Aeußerungen über dieses Thema,
daß Sie das einzige gute Buch, das ich geschrieben, nicht
gelesen haben, sonst würden Sie wissen, daß ich von Ver=
sailles sage: Unter allen Dingen, die ich in der Welt ge=
sehen, gehört Versailles zu den wenigen, die meine Erwar=
tung völlig übertroffen haben. Und das deshalb, weil Ver=
sailles auf die großartigste Weise seinem Zweck vollkommen
entspricht. Es ist das personifizirte Königthum Ludwig's des
Vierzehnten, und dieser Fürst ist wiederum in meinen Augen,
vielleicht kein großer Mann, aber gewiß der größte König,
der je existirt hat. Eben so verehre ich die Villen Italiens
und die der Alten, die Pliniana zum Beispiel nach der
Beschreibung. Wie könnte ich so etwas steif und öde nennen!
Aber der Genre paßt nicht für unseren armen und doch
wesentlich romantischen Norden. Daher finden Sie der=
gleichen auch nicht in der weiten 5000 Morgen bedeutenden

Gegend, die Sie, eigentlich ganz unpassend, meinen Garten
nennen. Sie finden dort aber nur uralte Baumriesen aus
der Wendenzeit, Fluß und Seen, Wiesenmatten und bebuschte
Hügel, und eine Kunst — wenn solche überhaupt vorhan=
den — die sich hinter Natur unbemerkbar verborgen hat.
Dann allerdings auch Gärten in der Wohnung unmittel=
barer Nähe, wo die Laune herrscht, fortgesetzte Zimmer so
zu sagen unter freiem Himmel mit blühenden Wänden, mit
Springbrunnen, Blumenkörben und Kunstgegenständen meub=
lirt. Unter diesen ist ein ziemlich großer regelmäßiger fran=
zösischer Wintergarten längs einer 500 Fuß langen Gewächs=
und Treibhäuser=Enfilade. Wenigstens ist dies der Zweck,
wenn auch erst, aus Mangel an Zeit und Geld, nur halb
vollendet. Dies letztere ist mein Kummer, und vielleicht ist,
ehe Sie noch diesen Brief erhalten, schon das Ganze ver=
kauft, und ich beginne bereits eine neue Facette am Dia=
mant oder Kiesel meines Lebens zu schneiden! Bleibt es
aber beim Alten, so besuchen Sie mich — ich müßte mich
sehr irren, oder wir werden uns verstehen lernen; denn wir
haben zwei große Berührungspunkte: wir suchen beide auf=
richtig die Wahrheit, und wir sind beide natürlich, das
heißt wir geben uns wie wir sind, stolz oder eitel genug,
um auch unsere Mängel nicht zu verbergen. —

Adieu, theure Gräfin, und wenn Sie's hinnehmen wollen,
auf gute Wahlverwandtschaft.

H. Pückler.

P. S. Frivol nenne ich das Reisen und Reisebeschrei=
ben, weil es in der Hauptsache sich um äußere Eindrücke
dreht. Der tiefste Stoff ist die menschliche Seele. Das
ist Ihr Beruf. —

8.

Gräfin Ida Hahn=Hahn an Pückler.

Greifswald, den 8. Februar 1845.

Ich muß Ihnen schleunigst antworten; — aber gar nicht, weil ich „sehr artig bin" (wie Sie so gut sind zu sagen): sondern weil ich ein bischen mit Ihnen disputiren oder dis= kutiren muß. Ihre Gartengötterei oder Gartenabgötterei darf heute ruhen, denn ringsum liegt hoher weißer Schnee, und da friert's mich nur zu denken an einen Park voll Wiesen, die jetzt Schneeflächen — voll Seen, die jetzt zu= gefroren sind. Was mich so enorm in Ihrem letzten Brief frappirt hat, ist dies: daß Sie durch Verkennung so viel gelitten haben wollen. Das glaub' ich nicht! das heißt, verkannt mag man Sie wohl haben, allein was geht das Sie an? Was geht überhaupt Verkennung, Unrechtthun, Verläumbung u. s. w., den tüchtigen und verständigen Men= schen an, der davon getroffen wird? Das kann und kann, und das werd' ich nie begreifen! Sie sagen es aber doch ganz ernsthaft — ob aus innerer Ueberzeugung? weiß ich nicht, weil ich Sie nicht kenne, aber genug, Sie sagen es so ernsthaft, daß ich, eben weil ich Sie nicht kenne, es als den Ausdruck Ihrer Ueberzeugung betrachten muß. „Durch Verkennung gelitten;" auf mein Wort, Fürst! ich bin vor Erstaunen petrifizirt. Wenn man vom Pater Jean Battiste, der jetzt für den Karmel sammelt, sagte, er sei ein Betrüger, er sammle für sich — ja, dem könnte die Verläumbung in= sofern schaden, daß sie seine gute Absicht momentan durch= kreuzte; positive Zwecke kann sie verdächtigen, praktische Nütz= lichkeit hemmen; aber wollen Sie denn n ü tz e n? Ich dachte, Sie wollten w i r k e n. Wer im Gebiet des Geistes thätig ist, ohne sich einem bestimmten Fach der Forschung und des Studiums gewidmet zu haben, der darf nicht den Zweck

des Nutzens, sondern nur das Ziel der Wirksamkeit vor
Augen haben; — der braucht von der Welt nichts, als
ihre und seine geistige Kraft, und was hat mit der die
Verkennung zu schaffen? Und wie käme er überhaupt zur
Kraft, wenn sich ihm kein Antagonismus entgegenstemmte?
wie könnte er sie entwickeln und bewähren, wenn er keinen
Widerstand träfe? Heißt's rund umher: Ja, ja! — ach
welch ein schläfrig Dasein, ohne Nerv, ohne Reiz! —
Aber in die spröde Masse hinein zu arbeiten wie in das
Gestein, mit dem unüberwindlichen Muth einer unüberwind=
lichen Ueberzeugung: da sind Goldadern, und du wirst
sie treffen! Das ist doch eine Wonne für den Menschen
— und sind Sie denn nicht ein solcher Mensch? Sie fin=
den meinen Charakter männlich: ist das Gefühl persönlicher
Selbstständigkeit männlich — so ist er's. In meinen Augen
ist es für Mann und Weib ein nothwendiges Element der
Entwickelung, denn es ist die einzige unzerstörbare Basis,
auf der man Fuß fassen kann. Klingt Ihnen das hart
und schroff? ich muß es mir gefallen lassen, denn man
legt immer etwas den Maßstab des eigenen Charakters an
den fremden. Da ich invulnerable bin, wenn mein Herz
nicht getroffen wird, so setz' ich das auch bei Anderen vor=
aus; und da ich nicht begreife, was mit dem Quellpunkt
unseres Seins, mit dem Herzen, Verkennung u. s. w. zu
schaffen hat, so begreif' ich auch nicht, wie man durch die=
selbe verwundet werden könne. Und so nehmen Sie denn,
bitte! diesen Brief nachsichtig als einen Ausruf des Erstau=
nens hin, daß Ihnen, lieber Fürst, dergleichen hat passiren
können.

Gott behüt' Sie.

Ida.

—————

I.   19

8.

Pückler an Gräfin Ida Hahn-Hahn.

Muskau, den 13. Februar 1845.

Wer viel kräftiges Blut vermöge seiner Organisation
absetzt, hat viel Herz, und ein volles Herz giebt auch viel
Selbstständigkeit. Wohl Ihnen, die Sie das alles besitzen!
Ich bewundere und liebe Sie darum. Mir aber, theure
Gräfin, ich mache unwillig das Geständniß, mir fehlt es
etwas am Herzen. — Ich habe wenig davon, es ist nur
einem Strohfeuer vergleichbar. Wer kann sich anders machen
als er ist? Ich bin ein Kind der Phantasie, ohne bleibende
Eindrücke, und daher wenig schöpferisch, aber dafür beweg=
lich wie der Schmetterling. Ihr divinatorischer Instinkt
diktirt Ihnen also ganz richtig in die Feder: „daß Sie
durch Verkennung so viel gelitten haben wollen, das glaub'
ich nicht." Sie meinen dies zwar im Grunde anders, in
Beziehung auf mich, aber Sie haben es getroffen, und in's
Schwarze. Ich mache mir aber leider aus nichts etwas, wenig=
stens nicht viel, am wenigsten aber aus dem Verkanntwer=
den, das mich im Gegentheil sonst sehr amüsirte, und oft
von mir absichtlich hervorgerufen wurde. Da dies aber zu=
weilen Schaden bringt, habe ich mit dem egoistischer werden=
den Alter mich mehr enthalten. Doch bleibe ich bei großer
Wahrheitsliebe (und der Widerspruch ist nur scheinbar) ein
geborner Komödiant, der fortwährend abwechselnde Rollen
spielt, nicht um damit anzuführen, sondern nur aus natür=
licher Lust daran. Ich kann mich in jede Lage und Ansicht
versetzen, und ganz ehrlich in diesem Sinne sprechen und
schreiben, bis ich mich auf einer anderen Staude niederlasse.
Es geht mir dabei fast so wie den ehrgeizigen Schwärmern,
die mit ganz hinlänglichem Bewußtsein es doch möglich
machen sich selbst und Andere zu betrügen. So habe ich
gehandelt, als ich mir plötzlich gegen Sie das sentimentale

Air eines durch Verkanntsein tief Gekränkten gab, ich weiß
selbst nicht mehr recht, warum; vielleicht wollte ich Ihnen
selbst dabei ein wenig auf den Zahn fühlen; denn daß Sie
mich interessiren, ist wahr, und deswegen möchte ich lieber
mit Ihnen als einer Anderen Komödie spielen in dieser
divina comedia der Welt. Zugleich aber, da ich mich
selbst im Ganzen doch nicht vollständig verstehe und in
Ihnen einen scharfen analytischen Geist finde, bin ich schänd=
lich eitel und eigennützig genug (ich sage es in der That
mit Beschämung), um lebhaft zu wünschen von Ihnen ein
Gutachten über die wahren Bestandtheile meines Inneren
zu erhalten, wie man in Krankheitsfällen — denn ganz ge=
sund fühle ich mich nicht — einen großen Arzt konsultirt.
Nun seien Sie großmüthig, starke Frau, lassen Sie mich um
Ihren Geist umherflattern, wie der Schmetterling um die
stätige glänzende Flamme. Leuchten Sie mir willig, dann
bleibt mein die Sorge, daß ich mich nur daran wärme, nur
Ihres Glanzes freue, nicht daran verbrenne. Ueber das
Verkanntwerden sind Sie nun hoffentlich beruhigt und auf=
geklärt, schreiben Sie mir aber bald wieder, lassen Sie die
süße Gewohnheit Briefe von Ihnen zu erhalten nicht mehr
für mich abnehmen. Adieu.   H. Pückler.

    Wo liegt denn eigentlich Greifswald? Ich höre in Pom=
mern. Sie sind doch kein pommersches Fräulein gewesen?

9.

Gräfin Ida Hahn=Hahn an Pückler.

Greifswald, den 15. Februar 1845.

    — (liegt in dem ehemaligen schwedischen Pommern, bei
dem alten hochberühmten Stralsund herum. Und warum
sollt' ich kein „pommersches Fräulein" gewesen sein? sind

nicht eigentlich alle Fräulein gewissermaßen aus Pommern? und kommt es Ihnen ehrenvoller für mich vor, daß ich geboren, erzogen und verheirathet gewesen bin in dem alten Wendenlande Mecklenburg?) —

Bei Ihren Briefen geht mir's so: bald möcht' ich mich ärgern, bald herzlich lachen, bald mitleidig die Achseln zucken, bald nachdenklich sagen: das ist doch sehr richtig und sehr fein; und schließlich ganz muthlos: was soll ich einem Mann gegenüber, der ein so angenehmer Komödiant ist! — Als ich Sie vor drei Jahren sah, schrieb ich nach meiner Weise den ersten Eindruck auf, den eine persönliche Bekanntschaft von Bedeutung auf mich macht: „Fürst Pückler kennen gelernt; ein sehr artiger Komödiant im guten Styl; könnte mich vielleicht interessiren — aber ich habe kein Herz zu ihm". — Vielleicht finden Sie dies ungeheuer vorschnell und absprechend. Aber die Seele hat ihren Instinkt, so lange sie unbefangen ist, und das ist die meine bei einem ersten Zusammentreffen immer: da nimmt sie gleichsam den allgemeinen Contour der fremden Erscheinung in sich auf. Farben, Nüancen, Lichtpunkte, Schatten, kommen später hinzu, mildern, verhüllen, lichten — doch der Grundzug bleibt, denn der Seeleninstinkt ist eine geistige Atmosphäre, die zwischen den Menschen hinweht, und deren Einwirkung Jeder empfindet — nur daß nicht Jeder klar darüber wird. Und da lese ich gestern in Ihrem Brief: „ich bin ein geborner Komödiant" — und „ich möchte lieber mit Ihnen als einer Anderen Komödie spielen." Ich wiederhole Ihnen: ganz muthlos ließ ich die Hände mit dem Brief sinken, so wundersam erscheint mir diese Ehrlichkeit oder diese Frivolität — nein, das ist's auch nicht! — diese unbewußte Verachtung der Wahrhaftigkeit. Es ist meine größte Freude, wenn ein Mensch mich in die geheime Werkstatt seines Innern schauen

läßt, wo Genien und Dämonen an der Gestaltung seines
Lebens arbeiten, und mit über= und unterirdischem Licht
gegen einander kämpfen; — denn ohne solchen Kampf geht
es vielleicht für göttliche Menschen ab, für reinmenschliche
nicht, und das sind meine Menschen, und es ruht ein
Segen auf solchem Kampf! — Aber Sie sagen höchst ge=
lassen: meine innere Werkstatt ist leer, ich schmücke sie aus
von außen mit willkürlichen Nebelbildern, das ergötzt mich
und vertreibt mir die Zeit. Nun seien Sie aufrichtig: was
kann, was soll ich Ihnen anders darauf antworten als —
nichts? Ah bah! es ist dumm von mir, daß ich Ihnen
ganz ernsthaft antworte! aber mir ist, obwohl ich bei Ihrem
Brief gelacht habe, doch gar nicht scherzhaft zu Muth, weil
ich Sie nicht verstehe; also sind Sie mir eine Etüde, und
die muß man doch ernst behandeln, während ich heimlich
immerfort denke, daß es Ihnen mit nichts Ernst ist. Das
nenne ich eben kein Herz zu Jemand haben. Ich traue
ihm dann keine Innerlichkeit zu, kein Sein im Dasein, und
das beängstigt mich. Man hat solche Märchen, wo Men=
schenkinder in der Wiege gegen Geisteskinder ausgetauscht
sind. Letztere wachsen nun auf unter den Menschen, mit
schönen Gaben und Fähigkeiten, nur — ohne Seele, darum
machen sie den Menschen nichts als Herzeleid, so ihrer Na=
tur nach, nicht aus Absicht. Sind Sie wohl so ein Geister=
kind? — Oder sind Sie ein Komet, ein Wandelstern, der
rastlos durch die unendlichen Räume strebt, um den inneren
Schwerpunkt zu finden, der ihn einreiht in das friedliche
Chaos der Gestirne? Ach, wenn ich von uns kleinen Men=
schen in die große Unendlichkeit hinüberschaue, dann muß
ich sagen: sei der Eine Komet, sei der Andere Fixstern, —
in der großen Gesammtweltordnung hat Jeder seinen Platz;
— aber das mag Ihnen als eine leere Phrase erscheinen.
— Oder sind Sie wie die Wüste voll Mirages? — Guter

Himmel, was rath' ich herum? und Sie — Sie amüsiren
sich sehr darüber. Ade!   Ida.

10.

Pückler an Gräfin Ida Hahn=Hahn.

Muskau, den 17 Februar 1845.

Jetzt, meine theure Gräfin, kommen wir uns wirklich
näher, und doch vielleicht nur um auf immer zu scheiden!
Mein Geist hatte die Stelle in Ihrem Tagebuch mich be=
treffend magnetisch gelesen, und darum schrieb ich Ihnen, ich
sei ein Komödiant — aber der Schluß war mir ent=
gangen: „Ich habe kein Herz zu ihm." Dies fürchte ich,
entscheidet; denn Ihr Grundsatz ist vollkommen, auffallend
der meinige: jeden Menschen nur nach den ersten fünf
Minuten, ich möchte fast sagen Sekunden, zu beurtheilen,
und es ist dies eine Naturgabe, die wir Beide zu haben
scheinen. Ich muß leider hinzufügen, daß ich mich in dieser
Art der Beurtheilung nur äußerst selten geirrt, und sonder=
bar, in diesen wenigen Fällen nur im vorausgesetzten Guten,
nie im Schlimmen. Sie werden also nach meiner Ansicht
nie ein Herz zu mir bekommen, wenn Sie auch verleitet
werden könnten, mich gern zu haben. Es wird dann nur
Täuschung sein, und doch ist dies Schade! Ich habe nichts
über Sie in mein Tagebuch geschrieben, weil ich keins halte,
aber meine Empfindung war anders. Ich fühlte auch, daß
wir Beide sehr heterogener Natur seien, aber ich sah mit
Achtung und deshalb mit Neigung auf diese Natur. Sie
schien mir gar nicht im Einklang mit dem, was ich damals
von Ihren Schriften kannte, ja bedeutender, doch verwischte
sich dieser Eindruck bald, weil ich damals von mir persön=
lichen sehr lebhaften Interessen absorbirt war.

Seitdem haben Sie mich durch „Forster" und dessen Folge
sehr nahe berührt, ja tief gerührt, und seitdem möchte ich
sagen, daß ich Ihre Seele liebe. Eine unglückliche Liebe,
da sie nicht erwiedert werden kann. Spiele ich Komödie
mit mir selbst, wenn dieser Gedanke mir fast eine Thräne
in's Auge drängt? Gott weiß es, soviel ist gewiß, meine
Komödiantenrolle auf dieser Welt ist mehr eine tragische
als eine lustige. Es ist der Humor von der schmerzlichen
Seite, das Salomonische Einsehen in das Nichts (ohne die
vermittelnde Weisheit des guten Judenkönigs), weshalb auch
nichts mir mehr dauernde Freude noch Kummer verursachen
kann. Es ist jetzt ein Mann von der Welt geschieden, mit
dem ich eine große Wahlverwandtschaft hatte, der Graf
Radezinsky. Es ist sehr möglich, daß ich ende wie er.
Eins will ich noch hinzufügen, als wesentlich für meine
Charakteristik (da Sie doch Menschen gern studiren), nämlich
daß ich von jeher, und immer mehr, die Einsamkeit liebte,
die Gesellschaft mir fast immer drückend war, und ich mich
nie wohler befinde, als mit meiner Seele allein. Ich muß
also doch wohl eine haben! Gott erhalte Sie. H. P.

Nachschrift.

Ich habe Ihren Brief noch einmal gelesen und ihn
geküßt wie ein Narr, weil ich auf eine Stelle kam, die ich
das erstemal nicht aufmerksam genug gewürdigt, und die
mich besser über mich selbst belehrt als die ganze Hegelsche
Philosophie: „Oder sind Sie ein Komet, ein Wandelstern,
der rastlos durch die unendlichen Räume strebt, um den
inneren Schwerpunkt zu finden, der ihn einreiht in das fried=
liche Chaos der Gestirne?" Ja, Gräfin Ida, das bin ich ganz
und gar, Sie brauchen sich nicht weiter um mich zu be=
kümmern, Sie haben das arme Räthsel schon errathen, und
Gott schenke mir in einer anderen Existenz den Ruhepunkt,

den ich in dieser nicht mehr finden kann. Wunderbar! Lady Hester Stanhope, die mehr unter den Sternen lebte, als auf der Erde, sagte mir fast das nämliche: als ich in einer jener syrischen Nächte — die wir kennen — mit tausend blühenden Rosen um uns und Myriaden von Sternen über uns bis zum Morgen an ihrer Seite in wilden seltsamen Gesprächen zugebracht hatte. Es war keine **bonne fortune,** denn die Frau zählte 70 Jahr, doch denke ich ihrer fast mit noch mehr Liebe als Verehrung. Gute Nacht, es wird bald Tag sein. **Nomen et omen.**

Es ist mir lieb zu hören, daß Sie eine geborne Wendin sind, weil ich auch ein Wende bin. So haben wir wenigstens eine spezielle Landsmannschaft mit einander gemein. Die Wenden sind Slaven, innerlicher und ernster Natur.

11.

Gräfin Ida Hahn-Hahn an Pückler.

Greifswald, den 22. Februar 1845.

So? jetzt soll ich mich nicht mehr um Sie bekümmern — so sagen Sie in der Nachschrift Ihres Briefes, den ich erst heut' in diesem Augenblick bekommen habe. Heißt das, daß ich Ihnen nicht mehr schreiben soll? daß Sie Ihrer kleinen Schauspielerrolle mir gegenüber satt sind? — oder heißt es, daß ich Ihnen von anderen Dingen als von „dem armen Räthsel" Ihres Seins erzählen soll? — Aus beidem wird nichts! ich will Ihnen schreiben, und noch dazu über Sie selbst mit Ihnen sprechen. Aergert Sie das, so werfen Sie den Brief in's Feuer, und antworten Sie mir nicht. „Ich habe kein Herz zu ihm" — so steht's geschrieben. Warum nicht? frage ich mich. Weil er den Menschen so sehr verachtet, daß er ihm nie als Mensch, sondern nur als Schauspieler entgegentritt. Ist das denn wahr? kann das so sein? kann denn der Wust von Welt dermaßen Ihren Geist übertäubt und Ihre Innerlichkeit zersetzt haben, daß nicht eine Konviktion, nicht eine lichtende und beseelende Idee, nicht ein glühendes Gefühl, nicht eine flammende, ewig neu aufzitternde Sehnsucht wie Goldadern zwischen den vererzten Trümmern eines reichen, bunten Lebens strahlen sollten? Und wenn das ist, so ist diese eine Konviktion, oder diese eine Sehnsucht ja der Punkt des geistigen Morgenroths, wo Ihnen die Sonne der Wahrheit aufgeht — der Brennpunkt, in welchem alle Strahlen Ihres inneren Wesens sich dermaßen konzentriren, daß Sie einen Schwerpunkt, ein Herz bilden, aus dem Ihre Existenz Ihren Lebensathem schöpft. Wenn das ist, so müssen Sie glauben, daß es anderen Menschen eben so geht wie Ihnen, daß sie auch eine Idee oder eine Sehnsucht haben, um die sie sich mit Liebesarmen schlingen, und dann — mögen diese so fern von den Ihren liegen, wie der Orion vom Sirius — dann werden Sie sie doch genug achten, um ihnen mit Wahrheit zu begegnen, und nicht mit diesem unerträglichen Komödiespiel, das keinen Theil befriedigt und keinen täuscht. Wenn das nicht ist — Fürst, lieber Fürst, das macht mich so traurig, daß ich's nicht glauben kann — und wenn ich sage traurig, so meine ich traurig, denn ich nehme es ernst mit den Dingen — deshalb traurig, weil ich es für die Bestimmung aller Menschen halte, zu einer inneren Befriedigung zu gelangen, und weil die reichbegabten oder höheren Naturen dieser Bestimmung leichter nachkommen können, als die beschränkteren — denn die leben meistens für und in materiellem Glück und Genuß, und das ist doch nur eine Phase der inneren Befriedigung — und weil Sie, wenn es nicht wäre, den Diamant Ihres Lebens aus der Hand hätten fallen, und leichtsinnig und achtlos dahinrollen lassen. Es muß Etwas, Etwas in Ihnen

der Quellpunkt sein, was nicht Schauspielerei ist, und was
Ihrem Leben die Richtung gegeben! das ist gleichsam der heilige
Altar, zu dem Orest vor den Furien flüchtete, und den
müssen wir Alle wie ein Votivbild mit uns herumtragen;
thun Sie denn das nicht? und warum nicht? sind Sie zu
träg, zu gleichgültig, zu müde, zu stumpf, oder was sonst?
— Von „Salomonischem Einsehen in das Nichts" sprechen
Sie als von Ihrer Eigenthümlichkeit. Lieber Fürst, zu
wem sagen Sie das? — Wer wie ich immer auf den
Grund der Dinge zu gehen strebt, kein Untertauchen auf
den Grund des Meeres, kein Auffliegen in die Lüfte, kein
Wühlen im Menschenbusen fürchtet — ja der findet da
unten Schlamm, und da oben tödtende Atmosphäre, und
im Menschenbusen — Gott weiß was! Der kommt zu Er-
kenntnissen und Verständnissen, daß ihm die Augen übergehen, und daß er auf seinen Knieen betet: „nur kein Licht,
mein Gott! nur kein Licht! es thut den wunden Augen zu
weh." — Umsonst! Wo Geist ist, das heißt Streben nach
Erkenntniß und Verständniß der Dinge, da ist Kämpfen
und Ringen; aber es ruht ein Segen auf dem Kampf!
und haben wir das Nichts erkannt, was uns fesselte oder
drückte oder entzückte, so schütteln wir es auch um desto
leichter von unseren Flügeln, und fliegen befreit in die
Sphäre hinauf, wo im Ringen nach Wahrheit wohl Wunden
und Schmerzen, doch keine Vernichtung uns erwartet. Jene
sublime Einsicht in das Nichts, die macht uns erst recht
wahr, erst recht weltverachtend, erst recht menschenliebend,
mein lieber Pückler — ach, und wenn ich Ihnen dies alles
so aus dem vollen Herzen heraus sagen könnte, wie ich's
jetzt schreiben muß, so würden Sie mir die Hand geben
und sprechen: „Ja, so meine ich es auch; und ich hab' doch
ein Herz, aber in meiner Weise, und nicht für alle Welt."
— Und warum sollt' ich verleitet werden, Sie gerne zu

haben?" Was ist da zu verleiten? Wenn Sie mir sagen,
daß Sie „meine Seele" lieben, weshalb soll Ihr Geist mir
nicht lieb sein? Sind Geist und Seele nicht Bruder und
Schwester? er schafft draußen, sie daheim, und dann
kommen sie zusammen, und erzählen sich traulich ihre faits
et gestes. So würde meine Seele sich gar nicht „ver=
leitet," sondern auf einem sehr guten und angenehmen Wege
vorkommen. — Graf Radczinsky? ich kannte ihn nur seinem
preiswürdigen Leben und Wirken nach; aber gestorben ist
der Mann doch, dabei muß ich bleiben, wie Jemand, der
krank an Leib und Seele ist, und so krank zu werden —
Gott verzeih' mir! es klingt hart! — kommt mir immer
wie ein wenig dumm, oder beschränkt vor: weil das Gang=
liensystem in Unordnung ist, wirft man das Leben weg!
— Nein! der Einfall behagt mir nicht von Ihnen; aber
Ihre Freude über meinen Vergleich mit dem Kometen, die
freut und rührt mich: solch ein ungeheures Bedürfniß hat
der Mensch, in seiner Eigenthümlichkeit aufgefaßt, und in
seinem innersten räthselvollen Wesen begriffen und ergriffen zu
werden, daß er, wo er davon den leisesten Anklang findet, gleich
wie erlöst sich fühlt, und einen warmen Frühlingshauch durch
die Seele wehen spürt. Wie sollte Lady Esther, wie sollten
alle Menschen, welche vom Menschen mehr zu kennen und
zu würdigen wissen, als einen Namen, einen Rock, oder
wenn's hoch kommt ein Talent, Ihnen nicht Aehnliches sagen?
Sie sind ein Komet! es sind nicht jene Revolutionen über
Sie gekommen, welche alle Elemente erst in's Chaos, und
dann zur Begründung einer neuen Welt zusammendrängen;
und wie Sie sind, müssen Sie Ihre Laufbahn vollenden;
glänzend genug ist sie. Ich bin ein kleiner, winzig kleiner
Fixstern; ich sehe Ihrem Lauf nach, und denke, daß Sie
schon zu Ihrem Ziel gelangen werden, und macht's Ihnen
Müh' und Unruh' — ja, lieber Pückler, ein Leben voll

edler Unruh' ist das beste Leben; dafür leb' ich, darauf
sterb' ich, geb' es Gott! — Adieu. Ich hab' recht con
amore geplaudert. Ja freilich bin ich eine Wendin! Das
slavische Blut ist gut, hat Anmuth und Gaben, aber es ist
sehr leichtblütig, das kann ich nicht läugnen.

Adieu, mein lieber Pückler.

Ida H.-H.

12.

Pückler an Gräfin Ida Hahn-Hahn.

Muskau, den 25. Februar 1845.

Wahrlich, Sie sind eine gute Frau, ein schöner und
edler Geist, und ich stärke mich an Ihnen, obgleich ich nicht
im Stande bin die Dinge so ernst zu ergreifen als Sie.
Jeder muß aber seiner Natur folgen, und es ist wohl die
größte Kunst im Leben, diese gehörig verstehen und behandeln zu lernen, zufrieden, nicht aber begnügt mit ihr, und
ihrer möglichen Ausbeutung alle seine Kräfte widmend; eben
deshalb aber jeder anderen auch ihr Recht gönnend, und
sich an gleicher Ausbildung selbst des Heterogenen, als
wieder eines verschiedenen Kunstwerkes erfreuend. Was
naturgemäß ist, ist schön, und ein recht gesunder Sinn soll
Gott und die ganze Welt mit Liebe und Achtung umfassen,
selbst das Böse, das Uebel in seiner Nothwendigkeit verstehen lernen. Nur mit sich selbst darf, ja soll man immer
unzufrieden bleiben, denn unsere Bestimmung ist s t r e b e n,
nie e r r e i c h e n. Das letztere wäre Tod. Also eben weil
mir Vieles, Vieles fehlt, und ich mich herzlich gering
anschlagen muß, wird doch im Grunde mein Leben dadurch
reich, ein ewiger Wechsel der Stimmungen, der jenes
Schauspielerische in mir hervorbringt, das keine absichtliche
Rolle, sondern Natur ist — also nicht zu verachten, nur
immer mit dem Geiste, dem ewigen, dem wahren Gotte,

zu befruchten. Denn der Geist, der die ganze Welt durch=
dringt, alles belebt und alles schafft, ist Gott, und wie er
sich mit der Materie überall vermischt, entsteht das unendlich
verschiedene Individuelle, die Welt, das Leben Gottes!
Und die Individuen schaffen sich wieder ein Gottbild nach
ihrem eigenen idealisirten Bilde, und streben nach dem
Göttlichen, das höher oder niedriger zur Erscheinung kom=
mend, bewußt oder unbewußt, doch in allem ruht. Das
ist das Leben der Einzelnen, und im All liegt das Leben
Gottes.

Dies ist meine Ansicht des Seins, und sie lehrt in
ihren Konsequenzen Liebe, Gerechtigkeit und Duldung; aber
eben weil sie in der Unendlichkeit weilt, und in ihr auf=
geht, erscheint ihr das Spezielle, Irdische, Zeitliche von keinem
so großen Moment, und obwohl sie Allen gern gerecht wird,
imponirt ihr doch keine Autorität, sie folgt kühn nur dem
eigenen Geist. Wenn ich nun mit Salomo vom Einsehen
in das Nichts spreche, so meine ich damit eigentlich das All.
Les extrêmes se touchent. Weil die Ewigkeit darin be=
steht, daß alles vergeht, daß alles auf einer gewissen, noth=
wendigen Täuschung beruht, so schlage ich das Einzelne nicht
allzuhoch an, und nenne das Ganze die divina Comedia,
in der ich meine Parthie bestens zu kultiviren suche, und
im Zusammenspiel auch die Mitagirenden bestens zu unter=
stützen für meine Pflicht halte. Ich sage alles dies nur,
nicht etwa um Ihnen etwas Neues zu lehren, sondern
damit Sie meine Richtung immer besser kennen lernen,
weil ich Sie einmal, liebe, eifrige Ida, zu meinem Beicht=
vater erkoren, und wenn ich auch verschiedene Saiten gegen
Sie anklingen lasse, doch so wahr und aufrichtig wie ein
unschuldiges Kind mich Ihnen zeige. Den rothen Faden
sollen Sie schon erkennen, und Sie werden ihn am besten
mit dem Worte Kindlichkeit eben bezeichnen können.

Und würde ich hundert Jahre alt, dies wird immer das Wesentliche meines Charakters bleiben, vielfach thöricht, niemals weltklug, Sklave der Stimmung, muthwillig und schwärmerisch, heute sinnlich, morgen innerlich, vor allem aber immer mit Welt und Leben spielend, das Spielwerk mit Leidenschaft verfolgend, und es eben wieder so leicht wegwerfend, um ein neues mit gleicher Hitze zu ergreifen, weinend, wenn es unversehens zerbrochen wird, und den anderen Tag über die vergossenen Thränen lachend. So bin ich eigentlich zum Reisen geschaffen, wie der Komet. Apropos davon, warum wollen Sie aus meiner guten Lady Stanhope durchaus eine jüdische Esther machen? sie hieß Hester Stanhope, eine merkwürdige, herrliche Frau, die mich zu ihrem Adjutanten ernannt hatte, wenn der Messias kommen würde, und auf dem prädestinirten Pferde, (das sie seit 20 Jahren füttern ließ) mit ihr in Damaskus einreiten. Ich wäre im Gefolge gewesen, und Geister sollten mir die Kunde bringen, und mich selbst zur rechten Zeit durch die Lüfte nach Daher Dschahu. Die Welt nennt dies verrückt, aber es war Methode in dieser Verrücktheit, und nichts darin alberner, als unser eigener Glaube an altes und neues Testament ist. Ach, und wie wenig gescheidte Leute habe ich gefunden, die werth gewesen wären, dieser Verrückten die Schuhriemen aufzulösen! Ich liebe überhaupt die Verrückten, ob aus Vorliebe für orientalische Sitten, oder weil ich selbst manchmal kleine Anwandlungen dieses Zustandes fühle, lasse ich dahingestellt sein.

Ueber des Grafen Radczinsky Ende freveln Sie nicht, Gräfin. Wenn er aus schlechter Verdauung gestorben ist, so war es, daß er die heutige Zeit, die schwere Periode des Ueberganges, eine Häutung der Menschheit nicht verdauen konnte. Er starb freiwillig mit völligem Bewußtsein wie Cato, und das ist immer großartig. Beider Männer

Philosophie war jedoch zu einseitig, das gebe ich zu, es ist aber dies gerade, oft wenigstens, das Eigenthümliche der kräftigsten Naturen. Ruhe und Ehre seiner Asche. — Ich wundere mich fast über die langen Briefe, die Sie mich schreiben machen, ich, der täglich seine Korrespondenz verwünscht, und schon manchmal eine ganze Monatsfracht Briefe in's Feuer geworfen hat, um der Antwort überhoben zu sein. Aber idem non est idem, und es schmeichelt wohl meiner Eitelkeit, daß ein Wesen, das ich so hoch über mich stelle, ein herzliches Interesse an mir zu nehmen scheint, selbst trotz der ominösen Tagebuchstelle. Und ich bin auch so eitel wie ein Kind!

Ihr treuer Verehrer H. P.

Nehmen Sie kein Aergerniß am Schluß meines Briefes, stolze Ida. Ich weiß recht gut, daß Sie nur ein anatomisches Interesse an meiner Seele nehmen. Mir thut es aber wohl, mich seziren zu lassen, sonst hielte ich nicht so still.

14.

Gräfin Ida Hahn-Hahn an Pückler.

Greifswald, den 23. Februar 1845.

Es gehen mir Gedanken durch den Kopf über Ihr Wort: „sehr möglich, daß ich ende wie Graf Radezinsky." Gestern nahm ich es auf die leichte Achsel; heute mein' ich: es giebt Bilder, Gedanken, Vorstellungen, welche der Mensch nicht in sich aufkommen lassen sollte, denn es spinnen sich aus ihnen geheimnißvolle Fäden, die ihn umstricken und lenken, und aus denen sich ein Etwas webt, das ich Verhängniß nenne. Dies meine ich immer, aber heute in Beziehung auf Sie, lieber Fürst, und auf jenes Wort. Nicht wahr, das ist Ihnen auch zur Ueberzeugung geworden, daß

es im Menschen etwas Dämonisches, Ursprüngliches, Unbe=
rechenbares giebt, welches unabhängig von aller Kultur ist,
aller Erziehung, allem Willen, aller Erkenntniß ein unfaß=
bares Element in der Essenz seines Wesens bildet, und sich
zuweilen so unabweislich gebieterisch Platz macht, als wolle
es den Machtspruch thun: ich bin das eigentliche Lebens=
prinzip im ganzen Triebewerk und Geäder Deines Da=
seins; ich bin die Urkraft, aus der Deine kleinen Gaben
und Kräfte geboren sind; Du verläugnest mich häufig, Du
dankst mir nie — dafür will ich jetzt einen Tribut. Und
dann ist es, als fielen von den Sternen die Schickungen
auf uns herab. Aber! aber! ob sie nicht geboren, ange=
lockt, gefesselt, verwirklicht werden durch jene inneren Mirages,
auf die das Auge unwiderstehlich wie auf einen Zauber=
spiegel mit dem verführerischen Bilde des Geliebten hinge=
wandt wird? ob nicht eine Macht in uns den Wellenstrahl
a u ß e r uns herausfordert, gleichsam um sich mit ihm zu
messen? — denn auf's Erliegen ist man doch nie vorbe=
reitet. Und welch eine Sympathie zwischen den Fäden von
hüben und dem Anknüpfungspunkt drüben obwaltet, vermöge
welcher diese sich in die Ferne hinausschwingen, um das
Unerwartete in den Kreis des Alltäglichen — das scheinbar
Unmögliche in den der Wirklichkeit zu verlocken? — Und
glauben Sie nicht auch, daß in jeder Menschenbrust das
Zauberlied der alten thessalischen Zauberinnen ruht, womit
sie den Mond für ihre magischen Künste vom Himmel
herab sangen? Sie mögen mir antworten: wo in unserer
dürren kalten Welt, in unseren ausgewüsteten und hohlen
Menschen klingt solch ein Zaubersang? Ich sage: man hört
nur den eigenen, den fremden nicht; in dessen Sphäre
kann man vielleicht hineingewirbelt werden, vielleicht das
Gestirn sein, welches aus dem Himmel herabgesungen wird:
dann f ü h l t man den Zaubersang, aber man h ö r t ihn

nicht — denn das geht ja alles, alles in jenen Urtiefen
vor, wohin unsere Sinne, unser Witz, unsere Forschungen
so wenig bringen, daß wir nicht einmal wissen, mit welchem
Maßstab wir ihr beikommen sollen, während wir doch wissen,
daß sie in uns ihre Stätte hat. — Das ist Ihnen wohl
zu mystisch — was? und doch kommen Sie mir recht vor
wie ein Mensch, in dem das Dämonische thätig ist — nur
müssen Sie unter dämonisch nicht etwa teuflisch, überhaupt
nichts absichtlich Böses verstehen, sondern eben nur Einfluß
und Wirkung geheimer Kräfte, die sich dem Willen ent=
ziehen; und das scheint mir das Unvollkommene in Ihrer
Organisation, daß Sie Ihren Willen nicht gehörig geübt
haben. Weil der nicht da war, die gesammelte Kraft nicht
da war, die selbstbewußt spricht, jenen Platz muß ich meiner
Individualität nach erringen, von ihm muß ich ausgehen,
dann komm' ich zum Ziel! — drum war auch keine rechte
Basis da, auf die Sie Ihre hätten gründen können, und
darum lockte der schlichte grüne Kranz der inneren Befrie=
digung Sie nicht, um all Ihre Kräfte anzuspannen. Es
gehen Ihnen Affekte durch die Seele, Neigungen, Wallungen,
Gedanken, rauschend oder leise, wie der Moment sie bringt;
— aber haben Sie wohl je eine tiefe Leidenschaft in einer
Liebe, für eine Wahrheit gekannt? ich zweifle. Wenn Sie
die Welt und die Erde durchpilgert, und nicht die Perle
gefunden haben, welche jeder Mensch als das Palladium
seiner Pilgerfahrt in seiner Brust aufnehmen möchte, so
sind Sie müde, satt und trübe, und der Griff zum Pistol
liegt sehr nah — aber haben Sie es denn der Perle bis
dahin gegönnt, in der Muschel Ihres Busens langsam,
langsam, nach Art der Perlen, zu wachsen? und wäre es
nicht schöner, würdiger, ernster, wenn Sie das versuchten?
— — Hören Sie, wenn Sie jenes Wort absichtlich gesagt
haben, um meine Gedanken zu beschäftigen, so ist Ihnen

I.   20

das vollständig gelungen, wie Sie sehen, denn ich bin immer .de bonne foi bei allen geistigen Berührungen, und ich frage Sie, weshalb sollte ich es nicht sein? Ich verliere ja nichts dadurch, und Sie verlieren höchstens ein paar Minuten Zeit, indem Sie diese Zeilen lesen. Ich müßte Sie vielleicht um Verzeihung bitten, lieber, guter Fürst, für die Unbefangenheit, mit der ich zu Ihnen über Sie spreche; aber Sie mit Ihrer unerhörten Klugheit, werden schnell erkannt haben, daß ich nicht aus Unbescheidenheit, oder um weise zu predigen, so spreche, sondern lediglich aus dem Wunsch mich in Ihrem Charakter zurechtzufinden. Das wird mir schwer — und doch interessirt es mich, und vielleicht grade deshalb: der Gegensatz hat immer einen großen Reiz. Und dann glaub' ich, daß Sie vermöge Ihrer feinen, geistigen Organisation das Fremde gut und fein auffassen — NB. wenn Sie Lust und guten Willen haben — das ist mir angenehm, und deshalb schicke ich getrost diese Nachschrift zu meinem gestrigen Brief mit herzlichem Gruß Ihnen zu, und rechne muthig auf jenen guten Willen.

Ida Hahn=Hahn.

Sobald ich ein Buch schreibe, schreib' ich keine Briefe. Ich sag' Ihnen dies zur Beruhigung für die Zukunft über ein fortgesetztes Brief=Bombardement.

15.

Pückler an Gräfin Ida Hahn=Hahn.

Muskau, den 26. Febr. 1845.

Gott, Sie sind ja ein wahrer Engel, liebe Ida! Die Theilnahme, welche Ihren zweiten Brief diktirte, rechne ich Ihnen hoch an, und werde immer dankbar dafür bleiben.

Sie irren sich aber diesmal in mir. Ich bin keineswegs
lebensmüde, mache im Gegentheil gern und viel Ansprüche
noch an's Leben; wenn ich mich also je todtschieße, so geschieht
es nicht aus Ueberdruß a m, sondern aus Liebe z u m Leben,
nämlich um wieder jung zu werden. Möglich wäre es auch
aus speziellen Gründen, bei Umständen, die zu tragen ich
mich nicht gewachsen fände — umsonst ist uns nicht das
Vorrecht gegeben, die zeitliche Form willkürlich zerbrechen
zu können. Auch kann ein solcher Akt aus dämonischen
Gründen bestimmt werden — denn wem sprachen Sie vom
dämonischen Element, das ich so oft mit seiner überwiegen=
den Macht empfunden! Dies ist eins der mannigfachen
Mysterien, deren Schleier wir zu lüften unfähig sind.
Ich halte es aber ganz einfach mit dem alten Glauben für
einen fremden Einfluß. Der Menschen Freiheit steht auf
schwachen Füßen, und ich glaube an einen fortwährenden
Einfluß höherer Mächte. Ueberhaupt wie Tag und Nacht
wechseln, wende auch ich mich mit gleichem Interesse der
Tag= und Nachtseite der Natur zu. Das Mystische ist
mir weder fremd noch zuwider, nur mit den positiven Reli=
gionen sehe ich es nicht gern in Verbindung. Es ist dann
nicht mehr frei von fremder Autorität, es tanzt wie ein
Affe oder Bär auf Kommando, und nicht mehr aus freier
Lust. S i e halten also das Dämonische für eine eigene
ursprüngliche Eigenschaft, ich für eine fremde Einwirkung
geistiger Natur, vielleicht liegt die Wahrheit in der Mitte
und beides concurrirt. Ich muß Ihnen übrigens sagen,
daß ich ein Sonntagskind bin, in der zwölften Stunde ge=
boren, und wurde deshalb schon als Kind vom Grafen
St. Germain mit großem Interesse betrachtet, als er sich
eine kurze Zeit lang bei meinem Großvater hier in Muskau
aufhielt. Ich habe in der That einen großen Hang zu
jenen Dingen, die kein Verstand der Verständigen sieht,

und weit entfernt nicht an Wunder zu glauben, kommt es mir im Gegentheil oft vor, als sei alles nur Wunder um uns her. Oft ist man auch wieder schrecklich prosaisch, es ist wahr, und ich kann daher beinah mit Recht von mir sagen: Ich glaube an alles und an nichts, weil eben alles relativ und subjektiv im Leben ist. Ich lasse mich nun gern gehen in dieser Hinsicht, wie mich die Wellen eben tragen, und nehme wie das Chamäleon die Farben von der Umgebung an. Gehe ich von diesem Grundsatz ab, so sind die Folgen gewöhnlich unbehaglich.

Uebrigens haben Sie ganz Recht, es mag daher kommen, daß ich meinen Willen nicht gehörig geübt habe, und des= halb fast keinen mehr haben mag. Ich kann nicht läugnen, daß ich, in hypochondrischen Stunden, mein Leben als ein ganz verfehltes ansehe, durch eigene und Anderer Schuld. Aber der Geist hat doch gelebt, ist sich in scharf abge= gränzter Individualität bewußt geworden, auch nicht ohne Wirkung in der Welt geblieben. Was kann man am Ende mehr, und vielleicht ist es besser, ohne viel Grübelei und feste Vorsätze nebst Ueberlegung der rechten Basis, sich ganz zwanglos seiner Natur hinzugeben. Man riskirt dann wenigstens nicht eine ganz falsche Basis, mit dem besten Willen sich zu gründen, das größte Unglück, was dem Menschen begegnen kann, denn dann ist er wirklich geistig kastrirt.

Ob ich je eine tiefe Leidenschaft in einer. Liebe für eine Wahrheit gekannt?

Nein, weil es nach meiner Ansicht keine objektive Wahr= heit giebt.

Aber für die jedesmal spezielle, von mir als solche an= gesehene Wahrheit, für Gerechtigkeit zum Beispiel in diesem Sinn, kann ich wohl in Feuer gerathen und Opfer bringen, bis zur Leidenschaft. Daher kommt es aber, glaube ich, nicht, wenigstens würde sie nicht immer andauern, wie alle meine Leidenschaften etwas vergänglicher Art sind, was ich übrigens nicht preise. Es ist eben wie die Fabel von der Eiche und dem Rohr, jedes hat seinen Moment, wo es im Vortheil steht. Alles vereint hat niemand allein, und darum heißt es: Es ist nicht gut, daß der Mensch allein sei — und hier mögen Sie das Mangelhafte meiner Natur finden. Ich war immer allein! und nach der redlichsten Prüfung muß ich sagen, daß die Umstände mehr Schuld daran gehabt haben als die Fähigkeiten meines Wesens, als sich dessen Knospe öffnete. Jetzt ist die Blume verblüht, und kann hier keinen neuen Frühling mehr erleben, bevor sie abgefallen ist. Es ist aber immer nicht übel, daß ich dem Tode nun mit eben der Hoffnung und mystischen Sehnsucht entgegensehen kann, wie das Kind dem Leben. Darin liegt noch Federkraft und das Gefühl der göttlichen ewigen Jugend.

Was mich erschreckt, theure Gräfin, ist Ihre Drohung, nicht mehr Briefe schreiben zu wollen, wenn Sie ein Buch schreiben. Bitte, dann bereiten Sie wenigstens meiner lieben kindischen Eitelkeit die Freude, mich nicht als den Helden — so toll bin ich nicht — aber als eine mit eingreifende Person in Ihrem nächsten Roman zu schildern. Adieu.

Ihr treuer Wende.

P. S. Ich bin besser wie Sie, denn ich schreibe ein Buch, und Ihnen dennoch. Aus dieser Bemerkung müssen Sie aber mit Ihrer Menschenkenntniß gleich ersehen, welche Freude Ihre Briefe für mich sein müssen, da Sie mich selbst voraussetzen lassen, daß die meinigen Ihnen lieb sind.

16.

Gräfin Ida Hahn-Hahn an Pückler.

Greifswald, den 2. März 1845.

Aus dem Disputiren kommen wir wohl schwerlich heraus; und es ist nur dabei übel für mich, daß ich immer sehr deutlich fühle, wie wir nicht auf gleichem Fuß während des Scharmützels stehen — Sie, lieber Fürst, immer in der Luft, leicht, umfassend, vielseitig, vague: ich auf der Erde, schwerfällig, einseitig, ernst; das harrassirt mich zu überwinden. Wie ist es nur möglich, daß Sie ganz gelassen sagen können: „ich liebe die Verrückten." Sie sind ja kein Irrenarzt, Sie legen ja keine Anstalten der Art an; Mitleid und Hülfe ist ja die einzige Art von Liebe, die man mit jenen Armen haben kann! mich erbarmen sie auch, wie alle Elenden, die Geschöpfe Gottes sind wie wir; aber sie lieben, von Geist zu Geist — nimmermehr! Gehen Sie doch mit Ihrer Lady Esther! — (klingt ja viel besser als das harte Hester, und ist doch derselbe Name, orientalisch geschrieben, wie Athos und Hathor.) — Weil's im Abendland keine Mirakelweiber giebt, so wollen Sie diese orientalisirte und in ihrer heißen wilden Einsamkeit fanatisirte Abendländerin dazu machen. Sie haben mit ihr eine Nacht voll Rosenduft, Sternenglanz und Nargileh verplaudert, das hat Ihnen unendlich besser gefallen, als eine Soirée in Berlin, und nun legen Sie mit geschickter, geschäftiger Phantasie all den Unsinn zu Sinn zurecht. Es wird mich ohne Zweifel sehr in Ihrer Meinung herabsetzen, allein ich muß doch ehrlich gestehen, daß alles verrückte Wesen und Treiben, und vollends wenn Methode darin ist, mir ein Gräuel ist, als ein verzerrender Hohlspiegel des Geistes, der unfähig sich zu beherrschen, vielleicht sogar willkürliche Fratzen hineinmischt. All solch Geister-

und Seherwesen — den edlen Swedenborg mit seinen
einzelnen sublimen Ideen nicht ausgenommen — widert
mich an. Große Geister verstehen dermaßen Ursach und
Zusammenhang und Wirkung der Erscheinung, daß sie die
irdische Zukunft aus der Gegenwart vorhersehen und sagen
können: so begreife ich die Propheten des alten Testaments.
Aber dieser kleine Detailhandel mit Offenbarungen, prä=
destinirte Pferde, Adjutanten 2c. 2c., lieber Fürst, schickt sich
so etwas für einen nach Wahrheit ringenden Geist? Merk=
würdig mag sie gewesen sein — aber herrlich? Wo kein
inneres Gleichgewicht, ist keine Harmonie, und die vollendete
Harmonie ist Herrlichkeit. — Sie nennen mich schon wieder
„stolz", und diesmal — verzeihen Sie mir — ebenso **mal**
à propos wie das erstemal, wo ich „zu stolz" sein sollte,
um Ihren Brief zu beantworten. Jetzt soll ich „kein Aerger=
niß nehmen," weil Sie sich geberden wie ein eitles Kind,
und es harmlos eingestehen! Aber daß Sie wirklich kindlich
sein sollten — davon kann ich mich noch nicht recht über=
zeugen; es ist zu viel Bewußtsein in Ihnen. Doch kenne
ich Sie ja nicht! Manche Menschen, ich denke zum Bei=
spiel ein Cato, müssen auf einen Blick zu durchschauen
sein; das sind die absoluten Naturen, welche kaum anders
als einseitig, und daher auch einfarbig sein müssen.
Andere dagegen, die beweglichen, vielseitigen, impressionablen,
wie die Ihrige, mag man vielleicht nie ergründen. Ja!
reisen müssen Sie! und warum gehen Sie nicht nach dem
schönsten Lande der Welt, und zu dem edelsten Volk —
nach Spanien? Von dort ein Brief von Ihnen — wie
sollte der mich freuen! An Spanien denke ich oft mit
flammender Sehnsucht, und an die syrische Küste von
Beirut bis Jaffa. Werden Sie uns nicht Ihre syrische
Reise geben, nachdem Sie die ägyptische vollendet haben?
und sind Sie jetzt beschäftigt letztere zu vollenden? Ich,

mit der ungeheuren Einseitigkeit aller Menschen, die aus
Passion einen Beruf erwählt, kann nicht unterlassen zu
denken: wer ein Buch schreibt, ist halb selig — weil ich
es während des Schreibens bin — und so denke ich Sie
mir denn gern schreibend. Sagen Sie mir, daß ich Recht
habe. Ich gebe Ihnen darin Recht, daß „wir mit uns
selbst immer unzufrieden bleiben sollen," nämlich: unzufrieden hinsichtlich dessen, was wir leisten und thun,
als unsere Kräfte nicht erschöpfend, und unseren Idealen
nicht genügend; — aber nicht unzufrieden mit unserer
Richtung und unserem Streben. Wer über dreißig
Jahr alt ist, seine fünf Sinne hat, muß wissen, was er
will. Wer das weiß, ist zufrieden, denn er hat alsdann
eine Bussole für seine Kräfte. Wer das nicht weiß, ist
weder zufrieden noch unzufrieden — sondern gar nichts!
Nicht wahr, so meinen Sie auch? Wollen Sie mir schmeicheln,
lieber Fürst, indem Sie mich „hoch über Sich stellen"?
Das freut mich nicht; wir haben Alle neben einander
Platz in Gottes Welt.

Ihr Abscheu gegen Briefe erschreckt mich, drum brech'
ich plötzlich ab mit Lebewohl.

Ida H.-H.

———

Den 3. März 1845.

Wie gut, daß mein Brief noch nicht fortgeschickt war,
denn eben kommt der Ihre vom 28.! Freilich irre ich
mich in Ihnen, und werde mich auch noch zehntausend-
mal irren; hab' es Ihnen auch gestern schon gesagt! —
Sie sind solch ein chamäleonisches Geschöpf, mit dem nicht so
leicht fertig zu werden ist, wie mit uns anderen Menschen-
kindern; dazu ein Sonntagskind, über dessen Wiege St.
Germain, weiß der Himmel welche Sprüche und Segen

gemurmelt hat; — das alles macht mir paſſables Grauen,
und Sie werden wohl aus dem geſtrigen Blatt ſehen, daß
ich mich nichts weniger als behaglich Ihnen gegenüber fühle.
Es iſt mir ſo zu Muth: ich klopfe an, eine bekannte
Stimme ſpricht: Herein! aber ſieh da — es iſt ein frem=
der Menſch. — Auf der anderen Seite hab' ich die Ueber=
zeugung, daß Sie vermöge Ihrer ungemeinen Flexibilität
jede Eigenthümlichkeit gut verſtehen, und ſie gelten laſſen —
aber weniger als Achtung als aus Richtung. Mir iſt jede
beſtimmte Individualität recht, als eine Note in der
Symphonie des großen Alls, und darum hab' ich Achtung
vor Ihrem Recht; aber es wird mir ſchwer, mich urplötzlich
auf Ihren Standpunkt zu verſetzen, in Ihre Anſchauungs=
weiſe überzugehen, und zuweilen gelingt mir das nie, und
das Individuum bleibt mir fremd und fern, ſteht nicht in
meiner Welt, wurzelt nicht in meiner Erde, ſtrebt nicht nach
meinem Himmel, liegt außerhalb meiner Sphäre. Neulich
ſchrieb ich Ihnen bei Gelegenheit des Kometen: „ich bin
ein winziger Fixſtern;“ und ſehen Sie, Fürſt, ſo kommt
es mir vor: als hätten wir, Sie und ich, gar nicht daſſelbe
Sonnenſyſtem, dem wir uns anſchließen. Nur die eine
große Zentralſonne aller irdiſchen und geiſtigen Sonnen=
ſyſteme, nur den Urquell alles Seins, nur Gott, den ewigen
Geiſt haben wir gemeinſchaftlich — oder vielmehr: er hält
auch uns in dem Giron ſeines Alls. Aber ſonſt — jedes
Wort, das Sie ſagen, weckt in mir den Gegenſatz ganz
unwillkürlich. Sie werden meinen: Widerſpruch ſei Weiber=
art. — Mag ſein! ich widerſpreche nie, denn ich will
nie zu meiner Meinung bekehren oder überreden, ſondern ich
will ſie nur ausſprechen. Ich meine nur: meine Ant=
wort auf Ihre Sätze ſind eben Gegenſätze. Zum Beiſpiel
über den Tod ſagen Sie: „ich könnte mich todtſchießen, um
wieder jung zu werden.“ Ich ſage: nach dem irdiſchen

Tode lebt nur der Geist, und der ist nicht jung, nicht
alt. — — Und so viel, viel, viel anderes noch, dieser
schmiegsame Sinn, der sich nach jeder Umgebung modifizirt —
diese Bereitwilligkeit, „an alles, und an nichts zu glauben" —
Sie müssen höchst eigenthümlich organisirt sein, und das in=
teressirt mich über alle Maßen. Es liegt für mich ein un=
glaublicher Reiz in der Erkenntniß der Mannichfaltigkeit der
menschlichen Natur; sie macht den Blick frei und weit, und das
Urtheil gerecht, das heißt mild, während man, in gleich=
gültiger Abgeschlossenheit und Unbekanntschaft verharrend,
sehr leicht den eignen Horizont zur Gränze des Universums
macht. Aber nein, lieber Fürst, das brauchen Sie nicht
zu fürchten, daß ich Sie meinem nächsten Roman einver=
leiben würde, etwa wie der Sammler einen Schmetterling
für seine Kollektion aufspießt. Ich brauche den Menschen,
immer und ewig, und nie genug, und immer neu, und nach
allen Richtungen; er ist meine Liebe, mein Studium, mein
Reichthum, mein Glück: er ist der Marmorblock, für den
und an dem ich zugleich mit Wonne und Mühe arbeite;
aber diesen oder jenen Menschen mit Haut und Haar in's
Buch versetzen — das kann ich nicht! das kommt mir vor,
als ob ich ihn in meiner Hand sezirte, ohne ihm das rechte
Leben einhauchen zu können. Aus jeder geistigen Berührung
quellen frische Gedankenblumen und Ideenströme auf. Jeder
Geist hat die Magie der Wünschelruthe, die auf verborgene
Quellen weist, und Metalladern bezeichnet. Es ist sein
himmlischer Abkunftsstempel, daß er im Geben und Em=
pfangen immer reicher wird. Es soll mich innig freuen,
wenn Sie diese Gesinnung mir gegenüber immer haben,
und daraus werden Sie wohl sehen, daß Ihre Briefe mir
lieb sind, und daß ich Ihnen, lieber Wende, sehr gern
schreibe. Gott behüte Sie.

Ida.

Eben hör' ich, daß Sie Muskau an Rothschild ver=
kauft. Ist's wahr?

17.

Pückler an Ida Gräfin Hahn=Hahn.

Muskau, ben 5. März 1845.

Das versteht sich ja von selbst, liebe Gräfin, daß wir
zwei ganz verschiedene Naturen sind, aber eben darum, und
nur darum mögen wir uns wohl gegenseitig interessant
werden und bleiben können. Doch wundert mich wieder
eins in Ihrem Briefe. Sie sagen: „nach dem irdischen
Tode lebt nur der Geist, und der ist nicht jung, nicht alt."
Haben Sie wohl je darüber nachgedacht, was Geist ohne
Form sein würde? Nichts als eine Kraft, ohne Indivi=
dualität. Ohne Form, also Körper, Materie, ist weder
Individualität noch Leben möglich, und Gott selbst wäre
nur eine todte Kraft ohne die Welten ohne Ende als seinen
Körper. Das Geistige also, was uns und Andere belebt,
was die Bedinguiß unseres Lebens ist, muß wieder mit
Materie vereint ein neues Leben sich schaffen, oder schlafen,
denn ohne Körper kann es weder zum Bewußtsein noch zur
Erscheinung kommen. Wie? ist uns unbekannt, aber die
Nothwendigkeit unumstößlich, das Irdische wie das
Geistige überall. Ich habe also vollkommen Recht, nach
dem Tode auf eine neue Jugend zu rechnen, denn jeder
neue Anfang ist neue Jugend, und dieser ewige Anfang und
ewiges Ende ist die Ewigkeit selbst, die eine gräßliche Hölle
wäre, wenn man gleich dem ewigen Juden, sie in ein und
derselben Form ohne Anfang und ohne Ende ertragen müßte.
Denken Sie darüber nach. Man muß entweder selbst
denken, oder Anderer Gedanken glauben. Wer das letztere
vorzieht, und ich table ihn darum nicht, kommt in christ=

lichen Landen am kürzesten zum Ziel, wenn er katholisch wird; wer selbstständig ergründen und denken will, muß, ich sagte es Ihnen, glaub' ich schon, den Muth haben, ein Freigeist im schönsten Sinne des Worts zu werden. Sie sind männlich genug dazu.

Und nun von etwas Anderem. Sie glauben nicht, daß ich kindlich sein könne, weil zu viel Bewußtsein in mir sei. Vergessen Sie nicht, daß, deutlicher ausgeprägt als bei den meisten Menschen, zwei Naturen in mir geschieden sind. Die ursprünglich empfängliche und die reflektirende. Die eine ist und bleibt wahrhaft kindlich, die zweite nicht, aber sie kann die erste wie außer sich liegend betrachten und er= kennen. Doch dominirt allerdings bald die eine, bald die andere; hätten sie sich beide vollkommen durchdrungen, so wäre ich mehr als ich bin, aber nicht mehr kindlich. Sie sind vielleicht so weit, und verstehen daher nicht mehr, daß man sogenannte Verrückte lieben kann. Uebrigens war Swedenborg (den ich hoch halte) wenigstens ebenso verrückt als meine gute Hester, und eine viel weniger großartige Natur. Der Mann hatte überdies zu viel gelernt und studirt, was immer kleinlich und einseitig macht. Es ist einmal so, man erlangt nie einen Vortheil ohne Nachtheil auf einer anderen Seite.

Daß Sie die Propheten des alten Testaments als Seher der Zukunft in rationeller Weise hinstellen, ist gütig, denn sie haben nichts vorhergesagt, als was sich von selbst ver= steht, nämlich, daß alles ein Ende haben muß, was be= gonnen hat. Daß also Jerusalem und Thyrus einmal unter= gehen mußten, ist klar, eben so kann man heute noch ganz sicher prophezeihen, daß über London und Paris einmal der Pflug gehen, und Füchse und Hasen darüber hinlaufen werden; ich wage sogar zu prophezeihen, daß selbst das Königlich preußische Berlin nicht ewig sein wird, ohne jedoch deshalb eine Jeremiade anzustimmen. Diese alten Pedanten waren nicht einmal hohe Verrückte, und sind mir zuwider wie der größte Theil des alten Testaments, wenn ich es anders als eine interessante geschichtliche Urkunde betrachten soll. Darin aber bin ich mit Ihnen einverstanden, daß ich den Detail= wie den Engros=Handel mit Offenbarungen wenig goutire, aber mich doch ganz herzlich bei Anderen in diesen Standpunkt mit versetzen kann. Bei meiner lieben Hester rührte es mich, weil keine Spur von Intoleranz dabei war, und nichts ist meiner Natur mehr entgegen als diese, eben weil ich mir schmeichle, wirklich fromm, gottfromm, nicht götzenfromm zu sein.

Daß Sie mich ein eitles Kind nennen, macht mich ganz glücklich, denn das ist wahr, und ich ringe allerdings nach individueller Wahrheit — die objektive kennt nur Gott, das All!

Nach Spanien soll ich reisen? Sehr gern, aber ich habe gerade jetzt gar keine Lust zum Reisen. Im Gegentheil, ich, der immer strebte (obskur aber doch rastlos), ich habe jetzt Lust mein Leben ganz sinnlich orientalisch zu genießen im dolce far niente, in einem Jahre langen Kef, einsam und wollüstig, ohne allen Zwang der ekelhaften europäischen Gesellschaft. Ich habe mich genug abgemüht, wie ein dummer Europäer, und will nun genießen, so lange es noch geht. Daß ich demohngeachtet noch ein Buch schreibe, blos um meine Tagebücher aufzuarbeiten, ist albern genug, aber bestimmt die letzte corvée, die ich mir freiwillig auflege. Wie man die Passion des Schreibens haben, sein Glück darin finden kann, wie Sie, ist mir unerklärlich. Ich muß mich immer dazu zwingen, wie zu einem Wiener Tränkchen. Nur Briefe schreibe ich manchmal ganz ohne Unlust, manchmal, an Sie zum Beispiel und an ein paar Andere. Nicht viele wahrlich. Ueber das Unzufriedensein mit sich selbst, ha=

ben Sie meine Meinung ganz richtig ausgelegt, ich bin aber
eben jetzt wegen meines neuen Entschlusses sehr zufrieden mit
mir, und auch mit Ihnen, weil ich Sie complett liebe, als die
interessanteste pommersche Seele, die mir noch vorgekommen
ist. Gott! eine pommersche und eine lausitzer Seele auf
wendischer Basis in treuem geistigen Verein — wie seltsam
ist das Spiel der Welt! Ich sage Ihnen, öffnet die Ber=
liner Polizei unsere Briefe, so ist sie kapabel slavische Um=
triebe darin zu finden — und doch sind nie harmlosere
Briefe geschrieben worden. Ach Gräfin! ich mache alberne
Scherze, weil ich im Grunde tief betrübt bin. Kennen Sie
das? ich glaube kaum. Ihr fester, klarer Geist bedarf
solcher Palliative nicht; haben Sie vor allem Nachsicht, viel
Nachsicht mit mir, liebe Gräfin Ida, denn es ist wahr, Sie
kennen mich noch nicht, und Gott weiß, wenn Sie mich
kennten, welches Resultat dies für mich haben würde! Aber
verlassen Sie mich nicht — denn ich glaube beinahe, Sie
sind ehrlich — das Seltenste, was ich in der Welt kenne.
Schreiben Sie mir, und ohne Rücksicht, ohne Schonung; Sie
können es ja um so leichter, da Sie noch nicht in die
Wonne einer neuen Buchschöpfung übergegangen sind; dann
bescheide ich mich, comme certains maris, qui ne touchent
plus à leurs femmes, quand elles sont grosses. An der
Zeitungsgeschichte, den Verkauf Muskaus an Rothschild be=
treffend, ist nicht ein Jota wahr, nie die Rede davon ge=
wesen.

Tausend Freundliches.

H. P.

18.

Gräfin Ida Hahn=Hahn an Pückler.

Greifswald, den 10. März 1845.

Ich will gern glauben, daß Sie „tief betrübt" waren, als Sie mir am 5. schrieben, mein lieber Fürst, denn allerdings Ihr Brief ist sonderbar unruhig. Wie zur Aequinoktiumzeit der Wind in einem Tag oft um die ganze Windrose herumspringt: so kommt Ihre Seelenstimmung mir darin vor. Sie möchten und mögen nicht, Sie wollen und wollen nicht, alles ist Ihnen recht, und doch auch alles fatal, Sie wollen genießen — aber es schmeckt nicht recht! Sie wollen lustig sein — aber es klingt nicht recht! Sie wollen arbeiten — aber Sie haben keine Freude daran. Und das kann auch mit Ihnen gar nicht anders sein; denn, lieber Fürst, Sie können sehr viel — nur nicht Eines, und dies Eine ist grade die Hauptsache: Sie können nicht aus und mit dem Herzen leben, Ihnen fehlt dieser Quellpunkt, aus dem der Strom des Lebens sich immer frisch und voll alimentirt. Sie haben nun einmal kein Herz — wie Sie auch selbst mir schrieben — und da kann ich mir wohl vorstellen, daß das ganze innere Lebensgeäder mitunter in eine agitirte und doch müde Unruh verfällt. Das war es in dem Augenblick, als Sie mir schrieben, und obgleich Sie mir schrieben, Sie wären über Ihren Entschluß eines jahrelangen Kef sehr mit sich zufrieden. Worüber ich mich sehr wundere, und was mich einigermaßen rührt, ist: daß Sie mir schreiben, und immerfort wünschen, ich möge auch Ihnen schreiben, da ich bei meinem gänzlichen Nichtverstehen Ihres Wesens Ihnen unmöglich wohl thun kann — es müßte denn eine Wohlthat der Art sein, wie der Fieberkranke sie sucht, der nach einer kühlen, kalten Hand greift, um sie an seine heiße Stirn zu legen, weil ihn das momentan erfrischt. Allerdings, ich hab' eine kühle, feste Hand, und so wenig sie auch geleistet haben möge, das kann sie doch, und es rührt mich eben, daß sie dazu brauchbar ist, sogar für Sie. Auf der anderen Seite — wenn ich mir unser beiderseitiges Wesen vorstelle, wie ich mich kenne, und Sie, ja wie soll ich sagen? — Sie zu erklären und zu erkennen suche, so muß ich lachend sagen: Aber bei mir ist ja die warme Hand, das volle Herz, die tiefe Gluth, der Pulsschlag der Leidenschaft — und bei Ihnen ist nicht ein Funke von dem allen, dermaßen geht Ihnen alles auf in zersetzender, spielender, kombinirender, einschneidender Anschauung; folglich kann bei Ihnen wohl nicht von Fiebergluth die Rede sein. Ja, ja! dann muß ich lachen über mich selbst und meine Erklärung; allein ich kann mir keine andere geben, und es bleibt demnach bei der kühlen, erfrischenden Hand. — Ich meines Theils setze die Triebfedern der Handlungen und der Entwickelung in den Menschen. Wozu in mir kein Drang ist, das thue ich nicht, weil ich außer mir gar nichts sehe, was mich auch nur veranlassen könnte, meine Augenwimper wider oder ohne meinen Willen zu heben. Hätte ich nicht eine selige Freude am Schreiben, so ließe ich's fein bleiben, denn es macht mich zuweilen ganz matt und augenschwach am Schreibtisch zu sitzen. Hätt' ich nicht einen unbezwinglichen Trieb gehabt, mehr von der Erde zu sehen als der glebae adscriptus, so wär' ich fein still daheim geblieben, statt ermüdende Reisen zu machen. Bei mir geht nichts ohne animo. Fehlen Lust und Liebe, so fehlt alles, und mit Zwang kann ich weder zehn Worte sagen, noch drei Zeilen schreiben, in denen Sinn wäre. Ich staune es wie eine Taschenspielerei an, daß Sie mit Widerwillen schreiben. Aufrichtig gestanden — ich glaub' es nicht! Sie nennen wohl nur den Abscheu gegen die materielle Mühe so, und das kann ich begreifen. Als ich im vorigen Herbst meine „zwei Frauen", die jetzt bald in die Welt treten

werben, mit fliegender Feder und brausendem Herzen in
für mich ungewöhnlich kurzer Zeit schrieb, so voll und über=
voll war ich von dem Gegenstand — da sagt' ich biswei=
len Morgens, wenn ich aufstehend und noch schlafdumpf
war: Himmel! führ' ich nicht ein Hundeleben, nun gleich
wieder an den Schreibtisch zu müssen! — Aber, war ich
erst dran, so war ich halb selig, und Abends beim Ein=
schlafen dankt' ich Gott, daß morgen weiter geschrieben
würde. So ist das mit mir. Als ich aber las, daß Sie
ein Buch schreiben, „um Tagebücher aufzuarbeiten", sagt'
ich unwillkürlich ganz laut: Schämen Sie sich, Pückler! Ist
das eine Stimmung, in der man auf das geistige Wehen
horchen kann, das über das Weltmeer der Gedanken herüber=
gefahren kommt, um die Segel unseres Nachens aufzuwehen,
oder von unseren Flügeln den beschwerlichen Staub der All=
täglichkeit zu schütteln? ist das die Stimmung, in der wir,
unabhängig von Anderen und ichlos wie sonst nie, in
einer Region uns bewegen dürfen, die nichts als unsere
edelsten und besten Kräfte in Anspruch nimmt, und in der
wir uns zugleich krösusreich und kindlich genügsam zwischen
unvergänglichen Schätzen fühlen! Die Region thut sich
Ihnen auf, und hinein zu treten ist Ihnen eine „corvée"!
O, dann sind Sie derselben ja gar nicht werth, und wär'
ich der liebe Gott, ich sperrte Sie einmal aus; dann wür=
den Sie schon sehen, wie Ihnen leer und öde zu Muth sein
würde. — Dies erklärt mir aber manche Ihrer Bücher,
zum Beispiel die über Griechenland: Sie haben eben Ihre
Tagebücher aufgearbeitet! Ihre Briefe über Irland sind
aber unter einer anderen geistigen Konstellation geboren,
als unter solcher philisterhaft=gewissenhaften Verpflichtung,
die Ihnen überdies ganz wunderbar fremd steht. Ja ja,
mein Herr, ich zanke Sie aus! Ihre kleinen airs de dédain
sind sehr gut der Gesellschaft gegenüber, und zwischen Ihres

Gleichen; allein wenn die himmlische Muse sich Ihnen naht, da empfangen Sie sie doch hübsch wie Jemand, der sich geehrt fühlt durch Ihren Besuch. — Ach, Pückler, ich mag Sie eigentlich gar nicht leiden! es ist so etwas Entzauberndes an Ihrer Hand: woran sie streift, seh' ich eine Blüthe herunterfallen. Verzeihung! ich kenne Sie nicht, Sie sagen es ja auch! aber wissen Sie wohl, daß mir bisweilen zu Sinn ist, als möcht' ich Sie auch nicht kennen lernen? nicht mehr, nicht tiefer, als ich Sie eben jetzt kenne, wo ich mich ergötzend beschäftige mit den Wolkengebilden, die Sie vor mir aufsteigen lassen, mit den Licht= und Farbenschim= mern, in denen Ihre wellenschlagende bewegliche Natur sich vor mir ausbreitet wie ein See, oder wie ein Pfauenspiegel ein diamantnes schillerndes Rad schlägt. Wie können Sie nur einen so herzbrechenden, tragischen Ausdruck brauchen, wie: „Verlassen Sie mich nicht". Der Himmel mag wissen, was Ihnen dabei durch den Kopf geflogen ist! ich bin ja da, immer da; allein was kann ich Ihnen denn sagen, denn thun, denn helfen, denn sein, da wir so ent= schiedene Gegensätze sind? Mir scheint, Sie werden viel leichter meiner überdrüssig werden, als ich Ihrer; denn Sie sind für mich eine Etüde, und an der hat man immer voll= auf zu thun; aber was Sie an mir haben — weiß ich nicht! vor der Hand amüsir' ich Sie: das wird aber nicht lange währen. Der Nachsatz zu jenem tragischen Ausruf hat mich in die Seele hinein getroffen, dermaßen freute ich mich darüber: „ich glaube beinah, Sie sind ehrlich". Ich kann Ihnen nicht sagen, Pückler, wie mir das schmeichelhaft und ehrenvoll klingt, daß Sie es sagen, da Sie gewiß sehr wenig Menschen dafür halten, und leider! wohl mit Recht. Sagt man mir, ich sei klug, oder dies oder das, da mach' ich mir nicht so viel daraus; aber ehrlich — sehr viel. Dafür drück' ich Ihnen in Gedanken die Hand,

was ich bis jetzt noch nie gethan. — Lieber Fürst, ich bin
eine Person, die ihr eigenstes, innerlichstes Sein auslebt;
bei der ist nicht viel die Rede davon „Anderer Gedanken
zu glauben". Wollt' ich dies Thema ausführen, so käm'
ich weit, weit über die Gränzen eines Briefes hinaus. Ich
kann nur einen Glauben brauchen, der in mir geboren ist.
Auf ein Lehrerwort hin meinen Gott und meine Gedanken
von ihm — das nenne ich Religion — zurecht machen, das
hab' ich nicht gekannt; eben so wenig lasse ich ihn mir zu-
nichte machen. Da muß ich Ihnen denn sagen, daß die
Individualität nach dem Tode nicht eben von mir in Anspruch genommen wird. Der Geist Gottes beseelt das All,
ohne daß deshalb die Schöpfung seinen Geist verbrauchte.
In allem Geschaffenen ist ein himmlischer Funke, verdunkelt
hier, lichter da, strahlend dort, je nach der irdischen Be-
schaffenheit, in welcher er zur Erscheinung kommt. Leben
ist Streben nach Heimkehr zum Unendlichen, zum Anfangs-
und Endpunkt, ein Strom, der durch unzählige Thäler und
Länder und Ebenen und Völker und Generationen fließt,
und alle meinen: es sei gerade ihr Strom, und er ist es
auch, wenn er sich grade zwischen ihren Ufern, Gärten
und Küsten bewegt. Der Mensch wird nur von seiner
Welle getragen, und stürzt die in eine dunkle, unvermeid-
liche Schlucht hinein, so nennt er diesen Katarakt den Tod,
weil ihm dabei die sterbliche Hülle zerflattert. Außerhalb
dieser Hülle fasse ich den Menschen nicht mehr. Diese
Auferstehungen, diese Seelenwanderungen, diese Peregrina-
tionen durch andere Welten — ich fasse sie nicht, ich bedarf
sie nicht. Ich hänge nicht an meinem Ich; ich hänge nicht
an dem Gedanken, die Geliebten in irdischer Gestalt auf
einem schöneren Stern wiederzufinden; ich hänge nicht an
Genießen, Fürchten, Hoffen, Wissen, Wirken — oder was man
sich sonst ausdenkt für die Ewigkeit. Ich hänge nur an

Heimkehr in's Meer des Alls, ohne Form, ohne Gestalt, ohne Kleid. Das ist nicht christlich, und vermuthlich auch nicht philosophisch. Mit fremden Unsterblichkeitstheorieen hab' ich mich nie befassen mögen. Mein Leben ist unsterblich im Leben des Alls; doch es in eine Form zu bannen über diese Erde hinaus — ich kann's und kann's nicht! — — O ja, für Fürst Pückler, der die Weltgeschichte von 6000 Jahren in seiner Bibliothek hat, ist es kinderleicht zu sagen: Paris wird untergehen. Die Propheten des Alten Testamentes waren aber unwissende Leute, und doch sublime Dichter! und doch meisterhafte Historiker! und doch tiefe Welt = und Menschenkenner für alle Zeiten. Ach, dieser Moses, dieser David, dieser Salomo! welche leuchtende Offenbarungen von ewiger Weisheit fluthen ihnen durch die Seele! — — Ich breche ab. Adieu. Am 16. denke ich in Berlin zu sein, schreiben Sie mir dahin Hôtel de Rome; oder, wenn Sie sogleich nicht können, nach Dresden poste **restante**, wo ich vermuthlich am 21. eintreffen und länger bleiben werde.

Adieu, lieber Fürst.

Ida Hahn=Hahn.

19.

Pückler an Gräfin Ida Hahn=Hahn.

Muskau, ben 14. März 1845.

Ich will Ihnen etwas gestehen, meine gute, liebe Gräfin Ida. Ich habe bei zwei Stellen Ihres Briefes geweint wie ein Kind, helle, süße und schmerzliche Thränen! Aber nun mag ich Ihnen auch nicht wieder begegnen, denn ich würde mich vor Ihnen schämen, eine heilige jungfräuliche Scham, die ich aber von Angesicht zu Angesicht doch fliehe.

Aber schreiben wollen wir uns auch ferner; wenn auch

Ihnen nicht, wird es doch mir wohlthun. Ihren Brief
beantworte ich wohl ein anderesmal, nur soviel will ich
sagen, daß ich diesmal in allem mit Ihnen einverstanden
bin, auch in der religiösen Ansicht, die ja mit anderen Wor=
ten im wesentlichen nur die meine ist. Genug für heute,
Sie haben mich zu tief bewegt.

H. Pückler.

Ja wohl, warme Hand, volles Herz, und tiefe edle
Gluth — aber auch mein Herz ist nicht ganz so kalt als
Sie glauben. Es war einst anders, die Welt hat es auch
nicht ganz erkältet, aber sie hat ihm nur eine vorüber=
gehende Wärme gelassen! Ich liebe Sie, weil Sie diese
Wärme hervorzurufen verstehen. Liebe Ida, ja Sie sind
wahrhaft gut und ehrlich.

Muskau, den 15. März 1845.

Welches sind die Stellen Ihres Briefes die mich so
heftig bewegt haben? Brauche ich es Ihnen zu sagen, wenn
Sie sich noch seines Inhalts erinnern? Die erste habe ich
Ihnen schon angedeutet. Sie fängt bei der kalten, kühlen=
den Hand an; die doch eine so warme ist. Aber die andere
ist die: „Es ist so etwas Entzauberndes an Ihrer Hand:
woran sie streift, sehe ich eine Blüthe herabfallen." Ich kann
mir diese Worte auch jetzt nicht ohne die innerste Erschütte=
rung zurückrufen. Es ist mir wie Gottes Stimme am
Tage des jüngsten Gerichts, und doch in Milde gesprochen,
mehr in Wehmuth gemeint als im Zorn — denn Gott
weiß, daß nie ein übler Wille in mir lag! Aber das Wort
ist dennoch wahr. Das hat mein Herz getroffen, und
ich werde es nie vergessen, denn nie hat eines Menschen
Wort einen tieferen und schmerzlicheren Eindruck auf mich
gemacht! Oft denk' ich doch, ich verdiene dieses schreckliche

Urtheil nicht ganz. Ach! es wird mir noch viel zu sinnen geben. Ich will aber jetzt davon abbrechen, um Ihren Brief weiter zu beantworten. Was meine Schriftstellerei also anbetrifft, so sage ich Ihnen vorweg, mit der Wahrheitsliebe, die Sie an mir erkannt haben müssen, daß ich diese Schreiberei geradezu für nichts anschlage, daß mich der zum Theil erlangte Beifall auch nicht einen Augenblick bethört hat, und daß ich im Gegentheil, weil ich am besten weiß, daß ich den wahren Beruf zum Schreiben gar nicht habe, daß gar keine wahre Muse, sondern nur eine coquette und geschminkte Weltgöttin an meinen Schreibtisch tritt — eigentlich und wahrhaftig mich schäme noch mehr zu schreiben. Ich thue es wie eine, einmal angenommene, üble, aber im Grunde indifferente Gewohnheit, ohngefähr wie das Tabakschnupfen, und tröste mich damit, daß ich wenigstens die müßige Lesewelt auf etwas gentilere Weise unterhalte, als ein großer Theil unsrer plumpen, pedantischen Litteraten ohne Erziehung und Weltbildung; also wenigstens einiges beitrage, um einer geschmackvolleren Behandlung und einem gefälligeren, vornehmeren Styl wenn Sie wollen, Geltung zu verschaffen. Nun will ich auch nicht sagen, daß wenn ich einmal in der Arbeit bin, ich nicht auch zuweilen mit Eifer und einer Art Vergnügen schreibe; das geschieht aber von Natur thätigen Menschen, wie ich bin, bei jeder Gattung von Arbeit, selbst beim Ballspiel, selbst beim Holzhacken glaub' ich, wenn man einmal warm geworden ist. Sonderbar genug ist es aber, daß ich gerade die Sachen mit dem meisten Vergnügen geschrieben habe, welche die besten Autoritäten am wenigsten goutiren wollen, zum Beispiel einige Parthieen der „Tutti Frutti" und eben jene „Griechischen Leiden." Ich sehe sie deshalb nichts weniger als alles übrige für Plunder an, aber sie amüsirten mich wenigstens. Was ich hingegen mit vollständiger Langeweile geschrieben habe, ist mein letztes Buch, und doch

scheint dies zu gefallen, was mir leider auch nicht das min=
deste Vergnügen mehr macht, eben so wenig als Bewunde=
rung einer schönen Equipage, in der ich mich sehen lasse,
oder dergleichen, was mich sonst fieberhaft entzückte. Dies
ist kein affektirter dédain, ich bin aber leider, leider! dar=
über abgestumpft. Sie jedoch, meine gute Freundin, Sie
sollen mit Leib und Seele schreiben. Sie haben einen
Beruf dazu, und darum macht es Sie glücklich, und Sie
vervollkommnen sich und Andere damit, eben weil es Ihnen red=
licher Ernst damit ist. Doch ich! Ich glaube, Sie geben mir
eine Ohrfeige, wenn ich die Aufrichtigkeit so weit treibe
Ihnen zu gestehen, daß ich sogar ein wenig um's Geld
schreibe. Es ist mir so amüsant ironisch vorgekommen, daß ich
für meine bisherigen Scharteken zwischen 30 bis 40,000 Thlr.
gezogen habe, ich und in Deutschland, wo es Schiller
und Herder und Jean Paul, selbst Vulpius nie so weit ge=
bracht haben, und Goethe erst am Ende seiner Laufbahn.
Es war ein Sündengeld, ich habe es aber gut angewandt,
und meinem eigenen Vergnügen keinen Thaler davon ge=
gönnt, die einzig schickliche Buße bei ungerecht erworbenem
Gut.

Ihr Glaubensbekenntniß ist schön, Ihrem klaren Geiste
angemessen. Nur das Eine ist mir nicht recht klar, was
Sie sich unter dem Verschwimmen im Meer des Alls den=
ken, ohne Form und Individualität. In dem Meere schwim=
men wir immer, aber jeder Tropfen darin hat auch wieder
seine besondere Existenz. Wollen Sie nicht leben? Zum
Leben aber gehört Bewußtsein — zum Bewußtsein Be=
gränzung und folglich Form. Nicht Ihre Person lebt fort,
aber der Geist, der sie belebte, muß sich wieder einer Form
anschließen, um von neuem zu leben. Dies bleibt mein
Glaube; ein vages Verschwimmen ins Unendliche wär' keine
Heimkehr, es wäre ein ewiger Schlaf, den duldet das

Gottesgesetz der Geister nicht. Ewig alt und ewig neu
fluthet das Meer des Lebens ohne Anfang und ohne Ende.
Leben ist nicht Streben nach Heimkehr zum Unendlichen, es
ist Streben nach unendlichem Handeln im Endlichen. Schicken
Sie mir „die beiden Frauen“, wenn sie herauskommen, und
schreiben Sie nicht eins Ihrer sengenden Worte, sondern
eins mit der kühlenden, warmen Hand, auf das Titelblatt.
Ich will das Buch mit liebender Andacht lesen. Adieu.

H. Pückler.

20.

Pückler an Gräfin Ida Hahn-Hahn.

Muskau, den 16. März 1845.

Guten Abend, Gräfin Ida! Es wird nun bald dahin
kommen, daß ich nicht einschlafen kann, ohne mein Gebet an
Sie gerichtet zu haben. Immerhin, ich lasse mich gehen,
und da Sie, wie Sie selbst mir schreiben, eine Etüde aus
mir machen, so will ich Ihnen heute wieder eine Seance
geben. Setzen Sie sich also um ein halbes Jahrhundert
in der Welt zurück, und betrachten Sie ein Kind, ein
hübsches Kind, vom lebendigsten Geiste und der größten
Impressionabilität im Guten wie im Schlimmen; dabei
dennoch mit aller Anlage zu tiefem, ja schwärmerischem Gefühl, leicht zum Enthusiasmus gesteigert, von heftiger, inniger
Sinnlichkeit, heroisch, gewaltsam, eitel, vornehm in seiner
Essenz, aber offen und gutmüthig. Jetzt denken Sie sich
dieses wilde, aber anmuthige kleine Wesen, als den einzigen Erben einer großen, damals fast souverainen Herrschaft, von der so viel Tausende abhingen, von aller Welt
möglichst geschmeichelt, verführt und verdorben. Dazu einen
Vater, der sich so gut als gar nicht um das Kind beküm-
merte, ja dem es wegen seiner ganz und auffallend hetero-

genen Natur immer mehr zuwider wurde, ferner eine ganz
junge, fast noch kindische Mutter, die den Vergnügungen
der Welt sehr ergeben, mit ihrem Manne stets in Unfrie=
den lebend, sich im ganzen eben so wenig ihres Kindes
ernstlich annahm, als dieser, außer wenn Sie, **par bouffées**,
einmal wie mit der Puppe mit ihm spielte, ein anderesmal
nach Maßstab der eben gemachten Lektüre auf den Einfall
kam, es heute à la Rousseau, morgen à la Basedow,
übermorgen nach einem andern Schema zu erziehen, wobei
die unglaublichsten Experimente vorfielen, bis man der gan=
zen Geschichte dann wieder überdrüßig wurde, und nun
das Kind auf längere oder kürzere Zeit irgend einem
Offizianten oder einem **homme de confiance** aus der
Dienerschaft zu spezieller und unumschränkter Führung über=
gab. Von den schönsten und reinsten menschlichen Ein=
drücken, denen einer edlen und liebevollen Häuslichkeit, er=
hielt also dies arme Kind nie den entferntesten Begriff.
Vor den Eltern hatte es meist nur Ursach zu Scheu und
Furcht, und doch war es so empfänglich für Liebe und gute
Behandlung, daß es sich an eine alte Bauerfrau, die Amme
seiner Mutter, mit einer Leidenschaftlichkeit und Aufopferung
anschloß, die alle Welt in dem kleinen Erdwinkel, wo sich
diese simple story zutrug, in Erstaunen setzte, und noch
heute in manchen Legenden fortlebt. Das Kind hatte also
damals noch ein sehr warmes Herz!

Da als es neun Jahr alt war, ward es den Eltern
gar zu unbequem, und man sandte es, um es los zu sein,
in die erste beste Anstalt in der Nähe, welches eine herrn=
hutische war.

Nach überwundenem Schmerze, und immer noch liebes=
bedürftig, ergab sich der sonst so wilde und ziemlich unge=
zogene Knabe der neuen ihm hier entgegentretenden frommen
Richtung mit glühender Seele. Alles, was von Leidenschaft

in ihm war, wandte er dem jugendlichen Jesus, dem schönen
liebenden Heilande zu, der kindischen Spielerei jener Sekte
mit diesem Bilde bis in die äußersten Verirrungen folgend,
während Jesus Leidensnächten in süßen Thränen zerfließend,
und jubelnd sein Bild küssend, wenn er wieder auferstan=
den war. Es war wohl ein Glück noch, daß es so kam;
unser armes Kind wurde wenigstens durch diese aufrichtige
Empfindung vor einem Laster bewahrt, das ihm hier am
meisten drohte, dem der Heuchelei.

Einige Jahre später trennten sich Vater und Mutter
de bon accord, und nach einem kurzen, widrigen Aufent=
halt beim Vater, der nie ein Jota von der Natur seines
Sohnes zu verstehen im Stande war, ward dieses empfäng=
liche, heiße Kind rücksichtslos und theilnahmslos in das Eis
der Welt geworfen, wandernd von Anstalt zu Anstalt,
von Hofmeister zu Hofmeister, im fünfzehnten Jahr auf
die Universität, im achtzehnten zu einem Garderegiment,
im zwanzigsten auf Reisen, im dreißigsten in väter=
lichen Besitz. Dann hat es auch seine Zeit unter den
für Deutschlands Befreiung kämpfenden bons enfants
als dupe figurirt, ist auch eine Heirath aus Con=
venienz eingegangen, hat sich, unbefriedigt zu Hause, in
anderen Welttheilen umhergetummelt, dazwischen hunderte
von Intriguen und Liaisons, aber nie eine wahre Liebe ge=
funden, die es hier vielleicht nicht giebt, und ist endlich be=
trogen und betrügend, verrathen und verrathend, verspottet
und verspottend, nach so viel traurigen Erfahrungen, von
denen jede ihm „eine Blüthe nach der anderen abstreifte",
wie schon gesagt, mit dem von Ihnen verehrten Salomo
inne geworden, daß alles außer uns eitel sei!

Aber man gelangt, wenn früher die heilige Flamme
verwahrlost wurde, wenn der Wurm schon in die Knospe
drang, nicht zu so kalter Anschauung nach außen, ohne daß

nicht das Innere auch mit erkältet wird. Und damit ist zwar die Täuschung, mit ihr aber auch des Lebens Glück dahin.

In Ihren Schooß legt nun das arme Kind, noch einmal in jugendlicher Wallung, sein müdes Haupt, und weint sich aus über sein verfehltes Leben. Gönnen Sie ihm zuweilen diese Stelle, mehr verlangt es nicht.

Hermann Pückler.

21.
Gräfin Ida Hahn-Hahn an Pückler.

Greifswald, den 20. März 1845.

Wunderbarer Mensch, der Sie sind! welch einen Brief haben Sie mir geschrieben! Ich würde Ihnen danken, wenn sich für so etwas danken ließe. Es grämt mich, daß ich Ihnen neulich schrieb: Sie wären eine Etüde für mich. Das klingt so eisig, als hätt' ich's mit einer Leiche oder einer Statue zu thun; und ein Mensch, in dem das Gefühl so hell und klingend aufrauscht wie ein Frühlingsbach, dessen Eisdecke ein warmer Sonnenstrahl sprengt — solch ein Mensch hat doch ein Herz, und nicht blos in der Erinnerung, in der Trauer, in der Vergangenheit, nein! auch in der Sehnsucht wallt es in ihm auf; nur aber hat diese Sehnsucht keinen bestimmten Gegenstand mehr. Wenn ich jetzt an Ihre inneren Seelenzustände denke, wird mir sein als schaute ich in eine jener zauberhaften Tropfsteinhöhlen, in denen schöne, phantastische, barocke und anmuthige Gebilde, ja Altäre und Kapellen und Heiligenbilder stehen — aber alle versteint, weil der Strom des Lebens sich in Tropfen an dem harten Stein zerarbeiten muß, der sich ihm überall entgegenstemmt; — und dunkel alles, weil die Sonne nicht lichtend hineinschaut. Tritt zuweilen eine Fackel hinein, so sieht man wohl die versteinte Herrlichkeit, und das macht

sonderbar melancholisch. — Sie haben mich erschüttert durch
Ihren Brief! schon daß ich seine drei Abtheilungen auf
einmal erhielt, erschreckte mich. Was ist denn geschehen?
dacht' ich, als ich die drei Enveloppen abriß, um nur gleich
Anfang und Ende zu überfliegen. Der Anfang, daß Sie
geweint hätten, ergriff mich noch nicht sehr, denn ich weiß,
daß Ihre Natur unerhört impressionabel sein muß. Aber
in Nr. 2 zu finden: „nie hat eines Menschen Wort einen
tristeren und schmerzlicheren Eindruck auf mich gemacht" —
und später „dieses schreckliche Urtheil;" — und hernach
in Nr. 3 die ganze Skizze der Lebensgeschichte — das
klopfte mir so an's Herz, wie ich es mit dürren Worten
nicht sagen kann. Das widerrufen, was ich einmal gesagt,
kann ich nicht. Das Wort ist gesprochen, hat seine Wirkung gethan, weil es als Wahrheit erkannt ist — da giebt's
nichts zu widerrufen, zu beschönigen. Ich hab's gesagt,
weil es mir aus der Seele gequollen ist, und um dieses
Ursprungs willen haben Sie es mir verziehen — nicht
wahr, mein lieber Pückler? Sie haben begriffen, daß ich
nur aus dem Innersten heraus sprechen kann; wo nicht —
schweigen muß; denn in einem früheren Brief sagten Sie:
„Schreiben Sie mir ohne Rücksicht." Ich hab's gethan.
Nun sitz' ich da, und weiß gar nicht, was ich Ihnen sagen
soll! mir däucht, die Hauptsache ist gesagt. Lassen Sie sich
nur nicht deshalb von mir zurückscheuchen, und denken Sie
immer, daß ich ehrlich sei, und Ihnen sehr aufrichtig die
Hand reiche. Gewiß, gewiß will ich Ihnen schreiben, mög'
ich bei einem Buch beschäftigt sein oder nicht; das versprech'
ich Ihnen, und was ich verspreche, suche ich auch zu halten.
Es thut Ihnen wohl — sagen Sie — und jetzt bin ich
sogar bereit Ihnen zu glauben. Dafür werden Sie mich
vielleicht wieder auslachen! Ach, Pückler, zu leben ist doch
nicht recht mit Ihnen. N'importe! wie Sie sind, so nehm'

ich Sie auch. Wer einmal mit tiefer Zuversicht sein müdes
Haupt und sein verödetes Herz an meine Schulter gelehnt
hat, der hat ein Recht auf mich, und nicht bloß in jeder
Stimmung, nein, sogar in jeder Laune soll er mir will=
kommen sein. „Zwei Frauen“ sende ich Ihnen gleich wenn
ich sie habe, fürchte mich aber etwas hinein zu schreiben.
Es könnte nicht das Rechte sein. Gott weiß, ob meine
Hand auch immer in der normalen „kühlenden“ Verfassung
ist. Man muß sehr göttlich sein, um immer gleichmäßig
wohlthuend zu wirken. Mir aber gehen so manche Stürme
durch die Seele, daß sie sich einer stets gleichmäßigen Tem=
peratur nicht rühmen darf. Nun bleiben Sie mir nur ein
wenig gut, dann ist schon alles recht, was ich sage oder
nicht sage. Und glauben Sie mir, daß ich etwas Schönes
von Ihnen mit derselben Unbefangenheit anerkenne, wie ich
Ihnen scheinbar harte Sachen gesagt habe; und etwas
Schönes ist diese tiefe Wallung des Herzens, der ich Ihren
lieben, lieben Brief danke. Haben Sie Nachsicht mit diesem.
Ich leide so an den Augen, daß ich seit acht Tagen keine
Zeile geschrieben, und meine Reise drum ausgesetzt habe. Nun
geht's erträglich, und da will ich am 22. fort, nach Berlin
und am 26. nach Dresden, Juschallah! — Dies Augen=
leiden ist die größte Marter für mich. Verzeihung für dies
Geschmier. — Ja, das muß ich doch noch beantworten;
um die Form, in welcher der himmlische Funke, der jetzt
mein Ich beseelt, dereinst wieder zum Vorschein kommen
wird, bin ich nicht im Stande mich theilnehmend zu be=
kümmern. Und somit kann ich nur wiederholen: im Tode
geht mein Ich heim, und dahin, wo es kein Ich mehr giebt,
sondern nur ein Wir; denn Seligkeit will ich, und mein
Ich hat keine gekannt. Adieu, Pückler. Ich würde mich
freuen, in Berlin zwei Zeilen von Ihnen zu finden.

Ida.

Was nennen Sie meine „fengenden Worte?" bitte um ein Beispiel.

22.
Pückler an Gräfin Ida Hahn=Hahn.

Muskau, den 22. März 1845.

Indem ich Ihren Brief durchgelesen, liebe Gräfin, habe ich mich nur an eine Stelle festgesogen, und das ist die, wo Sie von Ihrem Augenübel sprechen. Darüber empfinde ich ein wahres Weh, empfand es ja schon, ehe ich Sie kannte, und dann wissen Sie wohl, daß nur die Leidenden das Mitleid recht kennen, ich aber habe nach einer Ver= kältung in Speier heftig an den Augen gelitten, und kenne keine seelennagenderen Schmerzen. Nun noch das Traurige dazu für Sie, die (wie ich auch) so ganz zu den Augen= menschen gehören — erinnern Sie sich an Carus und das Beste, was er uns unter manchem Haltlosen sagte — alles das schmerzt mich, denn ich habe Sie einmal lieb, obgleich Ihr letzter Brief von einer abschreckenden Nüchternheit ist. Und dann verfälschen Sie mir auch noch meine Briefe. Ich habe nicht gesagt, daß ich mein Haupt an Ihre Schul= ter lege, wie an einen Baum, sondern in Ihren Schooß, et je vous prie de croire que j'en connais la différence. Solche Prüderie ist Ihrer gar nicht würdig.

Nachher verstehen Sie nicht einmal, was ich unter Ihren „sengenden" Worten meine, nachdem Sie mir einmal gesagt, daß jedes meiner Worte, wie die des Satans, eine Blüthe abstreife! Und doch habe ich Ihnen das keinen Augenblick verdacht, sehr aber die jetzige Frage, die mir eine Gefühllosigkeit, und zugleich die Eitelkeit der Schrift= stellerin enthüllt.

Denn Sie dachten nur an Ihre Bücher in dem Augenblick, und wollten gern schnell wissen, welche gewaltige Stelle ich dort wohl so sengend gefunden — an die Thränen, die Ihr Brief mir erpreßt, dachten Sie nicht mehr. O Weiber, wer hat mich zur Tropfsteinsäule gemacht, als diese, von der eigenen Mutter angefangen! Warum kann ich doch von diesem weiblichen Elemente nicht lassen? Ich glaube, nur weil ich selbst ein halbes Weib bin, meine schlimmste Verdammung.

Ihr Brief hat mich verstimmt, unehrlich war er nicht, aber worse than that, nichtssagend.

Auch im philosophirenden Ende desselben verstehen Sie mich nicht. Wo habe ich gesagt, daß ich an eine persönliche Fortdauer glaube? Wir verlieren uns von neuem im All, das ist gewiß, und eben darum leben wir fort, aber selig werden wir darum nicht, ebenso wenig als wir es hier gewesen sind. Seligkeit giebt es, aber sie kann überall nur Augenblicke dauern, und haben Sie nie eine solche Seligkeit empfunden? Dann sind Sie noch weniger werth als ich. Adieu, Gräfin; ich glaube, wir sind nur noch halbe Freunde, und doch — . . Adieu.   H. P.

Den 23. März.

Indem ich Ihren Brief wieder durchlese, der mir gerade so vorkommt wie die gutmüthige Beschwichtigung eines Bettlers, stoße ich auf eine Stelle, die mir noch mehr beweist, wie flüchtig Sie meine Briefe lesen, und wie handwerksmäßig (Verzeihung) Sie den letzten beantwortet haben. Sie citiren mich, als ob ich gesagt hätte: „Nie hat eines Menschen Wort einen tristeren Eindruck auf mich gemacht" u. s. w. Nun muß ich Ihnen sagen, daß ich sehr zarter Natur gegen die Berührung alles Gemeinen bin, und wenn ich mich eines solchen Ausdrucks, wie ein Berliner Eckensteher, wirklich bedient hätte, gerade die Empfindung haben würde wie Jemand, der unversehens mit seiner wohlgehaltenen Hand in Theer gegriffen hätte. Ich habe aber geschrieben „tieferen" und bin sehr beleidigt, daß Sie mir so ohne Weiteres dergleichen ignoble Ausdrücke beimessen.

Wahrlich, Gräfin Ida, wenn ich nicht so traurig wäre über Ihre Augenschmerzen, ein Gedanke, der mich peinigt, so könnte ich jetzt recht böse auf Sie sein, obgleich ich doch auch mich nicht ganz gerechtfertigt dazu fühle — je crois, dieu me pardonne, que je suis amoureux de vous. Das fehlte mir noch, aber man schreibt sich manchmal in wahnsinniges Zeug hinein, und Sie haben eine ver-führerische Feder, das ist gewiß, sie mag nun gut, kränkend oder geringschätzend sein. Aber gerührt sollen Sie mich nicht wieder sehen. Ich werde von nun an, soviel davon in mir ist, meine mephistophelische Natur herauskehren. Einmal haben Sie mein Herz getroffen. Dann meinen Stolz. Ist es Ihnen denn bestimmt, alle Theile meiner Seele aufzurühren?

Ach! es lohnt der Mühe nicht.   H. P.

Also, wenn es Ihnen nicht mehr darum zu thun, wenn Sie keinen eigenen Drang dazu fühlen mir zu schreiben, so schreiben Sie mir lieber gar nicht, denn so gerne ich mich auch als Studium darbiete, als Almosen brauche ich Ihre Briefe nicht, und Ihre Schrift ist durchsichtig für mein scharfes Auge.

23.

Pückler an Gräfin Ida Hahn-Hahn.

Den 27. März 1845.

Sie sind weit vom rechten Wege abgekommen, aber lassen Sie uns einmal von Litteratur sprechen. Wie kommt es, daß die unsrige, rein Wissenschaftliches ausgenommen, jetzt so erbärmlich ist? Ich kann gar keinen deutschen Roman, Novelle, Erzählung mehr lesen. Welcher Mangel an Gedanken, an Erfindung, welche Unbeholfenheit und Geschmacklosigkeit tritt einem überall daraus entgegen! Nur Uebersetzungen, obgleich meistens schlecht gemacht, sind noch lesbar. Eben so erhebt sich unser Theater in seinen besten Produktionen höchstens zu einem schwachen Abglanz von Scribe. Eben darum hat mich Ihr „Forster" doppelt überrascht, und in ihm finde ich auch den Fehler nicht, welcher in anderen Ihrer Werke stark hervortritt. Er liegt meiner Meinung nach, in nicht genug ausgeprägten Individualitäten. Ihre Figuren haben etwas zu viel ein gewisses air de famille. Gräfin Ida Hahn-Hahn sieht allen etwas zu viel über die Schultern, und Ihre Damen und Herren sprechen daher zu oft über ein und denselben Leisten. Nehmen Sie Goethe vor sich. Faust, Gretchen, Mephistopheles, Martha, Wilhelm Meister, Mignon, Philine, der Graf, die Gräfin — wohin Sie blicken, auch nicht eine Spur von Aehnlichkeit, durch die der Autor schimmert, überall wahre abgesonderte ganz verschiedene Menschen. Ebenso bei Shakespeare, in vielleicht noch mehr göttlicher Schöpfung. Dies sind freilich Heroen, aber den Besten eben muß man nachstreben. Es ist dies übrigens ein allgemeiner Fehler weiblicher Schriftsteller, und selbst die Sand, das größte Genie unter diesen in unserer Zeit, ist nicht frei davon. So meisterhaft und hinreißend ihre „Consuelo" im ersten Theil angelegt ist, so wird sie doch in den folgenden wieder Madame Dudevant à ne plus s'y tromper.

Sie schrieben mir einmal, ich besorge, daß Sie mich, wie einen Käfer aufgespießt, in einem Ihrer Romane anbringen würden. O nein, schalkhafte Spötterin, es fällt mir nicht ein, weder zu besorgen noch zu wünschen, daß

Sie mich mit Haut und Haaren abgießen sollen, denn ich glaube, Sie könnten es nicht, wenn Sie auch wollten. Indeß wäre ein ähnlicher Versuch Ihnen doch anzurathen. Das Studium ein Individuum so zu schaffen, wie Sie sich vorstellen, daß ich sei, würde Sie deshalb fördern, weil meine Natur der Ihrigen so heterogen ist, daß es Ihnen kaum möglich sein würde mit der Ihrigen hereinzufallen, und es würde vielleicht eine rein objektive Schöpfung daraus hervorgehen. Denken Sie darüber nach. Sie haben keine Rivalin in Deutschland; einen Roman der Paalzow von A bis Z durchzulesen, könnte einem die Kolik geben, die Bacherach ist unbedeutend, die Frau Bremer nur für Förster und Amtmänner lesbar, die sentimentalen ganz ungenießbar, und meine Freundin Gurli Bettina ist etwas wahnsinnig. Also geben Sie sich dem Vergnügen des Schreibens nicht so rücksichtslos hin — es ist der Stoff in Ihnen, noch Bedeutenderes zu leisten als bisher.

Wie steht mir der Magister an, Gräfin Ida? Werden Sie je mich betreffend in verba magistri schwören? Nous verrons.

Sie könnten mir, fällt mir eben ein, auf das früher Gesagte einwerfen, wie Sie einen mir ähnlichen Charakter bilden sollten, da ich ja eigentlich gar keinen Charakter hätte. Aber ein so impressionables Wesen, das doch in allem Schwanken sich völlig selbstbewußt bleibt, könnte gerade recht unterhaltend gemacht werden, und neu erscheinen.

Es ist diesmal nicht die Eitelkeit, theilweise durch Sie verewigt zu werden, die mich antreibt, ich glaube wirklich, was ich sage.   H. P.

Als ich eben diese Zeilen fortschicken will, bekomme ich einen Brief qui m'a fâché tout rouge. Er ist von einer ehemaligen Hofdame, eine Gans, aber mit einem sehr

hübschen Körper, (und man muß in der Welt mitnehmen,
was man Gutes findet.) Diese also schreibt mir mit der
gedankenlosen Satisfaktion kleinlichen Neides, von der
plebejen Kritik, die neulich über eines Ihrer Werke in der
Augsburger Zeitung stand, und setzt hinzu: In Berlin
glaube man allgemein, ich stecke dahinter. Nun sagen
Sie mir, Gräfin, ist so etwas auszuhalten? Ich will mich
gar nicht sentimental dabei geberden, denn woher soll die
Welt wissen, daß ich Ihnen zu Füßen liege; sie mag im
Gegentheil in ihrem albernen Sinne glauben, daß ich gleich
ihr, Ihr Talent mit Neid betrachte, und Ihnen zu schaden
suche. So weit kann ich die Dummheit aus langer Erfahrung recht gut begreifen, aber mir, einem Schriftsteller,
der, wenn er auch noch so wenig Verdienst in Anspruch
nimmt, doch so viel an der Stirn trägt, daß er immer nur
wie ein Mann der guten Gesellschaft geschrieben, und sich
dadurch in Deutschland nothwendig ausgezeichnet hat —
mir zuzutrauen, einen solchen Aufsatz in solchem Kammer-
dienerstyl, von so plumper gehässiger Grobheit, ohne ein
Korn attischen Salzes, verfertigt oder soufflirt zu haben —
das ist wirklich beschämend, entmuthigend, je wieder für ein
so stupides Publikum noch eine Feder anzurühren.

Damit Sie nicht glauben, ich erfinde etwas dabei, und
Sie doch die Person nicht errathen können, schicke ich Ihnen
den Brief im Original, der Sie zugleich als das ergötzliche
Spezimen eines Liebesbriefes aus der vornehmen Berliner
Welt!! lachen machen wird; senden Sie mir ihn aber wieder
zurück. Daß Sie keinen Mißbrauch davon machen werden,
versteht sich von selbst.

Reflexion faite begehe ich allerdings ein Unrecht bei
dieser Indiskretion, aber wir sind in einem exzeptionellen Zustande, und da Sie mich einmal studiren wollen, müssen
Sie doch von allen Seiten Blicke auf mich werfen können.

Es wird schon noch schlimmer kommen, wenn ich erst recht zu beichten anfange, und Ihnen könnte ich alles in der Welt sagen und vertrauen.

Sie stehen so hoch über mir! Gute Nacht.

H. P.

P. S. Sie haben zwar nicht übel Lust, Ihr Studium meiner armen Individualität aufzugeben, aber ich lasse es nicht zu. Gräfin Ida, es geht Ihnen mit mir wie dem Schöpfer des Frankenstein. Er hatte einen Menschen auf ungewöhnlichem Wege gemacht, und das unvollkommene Wesen ließ nicht mehr von ihm. Sie nun haben mich zwar nicht geschaffen, aber Sie haben einen Todten in mir erweckt, und nur halb erweckt. Jetzt verlange ich die ganze Erweckung, und bis dahin hänge ich an Ihnen geistig, ja gespenstisch, auch wider Ihren Willen. O, Sie kennen mich noch lange nicht. Ich habe auch einen Willen. Wenn Sie mir nicht antworten, suche ich Sie selbst in Dresden auf. Schonen Sie Ihre Augen, denn im Punkte des Mitleids bin ich schwach, und darum bitte ich: haben Sie auch Mit= leid mit mir, dem Kälte weh thut.

Welche kleinstädtische Idee, daß ich mich mit Ihnen amüsiren will! O, Gräfin Hahn, Sie sind nicht so vor= nehm geboren als ich.

24.

Gräfin Ida Hahn=Hahn an Pückler.

Berlin, den 24. März 1845.

Da mein Brief Sie verstimmt hat, mein guter, lieber Fürst, so wage ich nicht Sie durch einen zweiten vielleicht noch mehr zu verstimmen. Der Ihre hat mich lachen ge= macht — aber ganz gutmüthig; besonders der Vorwurf der Prüderie. O Kind! Kind, das Sie sind! das in der ganzen Welt nichts sieht als Gegenstände, die ihm zu Amüsementsmaschinen dienen sollen! eine solche bin ich nun ganz und gar nicht. Adieu.

Adieu, lieber Pückler.

Ida.

Die Augen sind leidend nach wie vor; ich will sie in Dresden behandeln lassen. Dank für Ihre Theilnahme. Aber Freunde, weder halbe noch ganze, können wir schwerlich je werden, denn Sie sind einer von den Männern, mit dem eine Frau ewig Komödie spielen muß, um Freund mit ihm zu bleiben.

25.

Pückler an Gräfin Ida Hahn=Hahn.

Muskau, den 28. März 1845.

Ich habe Ihren Brief (die Antwort auf mein Post= scriptum) von Berlin erhalten, und ich gestehe, dieser wie der unmittelbar vorhergehende haben mich in Erstaunen gesetzt, das heißt ich begreife sie nicht, ich habe in meinem Charakter gar keinen Maßstab dafür, wenn sie keine Komödie sind. Es mag nun alles von Ihrer Seite sein wie es will, so bin ich Ihnen einmal herzlich gut geworden, und da tritt mir doch zuerst und vor allem wieder Ihr Augen= schmerz recht erschütternd entgegen! Denn ich mache kein Hehl daraus, ich halte den körperlichen Schmerz für den Menschen, der ihm auch noch seine Phantasie dazu leiht, für das größtmöglichste Unglück. Der geistige Schmerz, soweit ich ihn selbst beurtheilen kann, hat immer etwas Milderndes bei sich, denn wie ein Franzose schön sagt, „der vom Himmel kommende bessert, der von der Erde kommende erbittert,“ also in beiden Fällen eine Ableitung —

aber der körperliche Schmerz, er ist so gemein, und eben deshalb so fürchterlich, und hat keinen Trost als die Hoffnung, für die man im Moment des Leidens gerade abgestumpft ist, und nachher oft die Hoffnung nur durch die Furcht noch schrecklicher ersetzt findet. Etwas anderes aber wird der körperliche Schmerz, wenn er für ein Geliebtes getragen wird. Dann kann ich mir sehr wohl denken, daß er zur Wollust wird, und wie es Märthyrern in den schrecklichsten Qualen selig zu Muthe war. Da bricht eine höhere Kraft die niedere, und so könnte ich armer Sünder selbst, wenn ein Kuß von mir Ihre Augen zu heilen vermöchte, wohl recht heftige Qualen mit Freuden ausstehen. Ich habe nämlich dergleichen schon an mir erfahren; daß ich es eben in vollem Ernste auf Sie anwenden könnte — ist mir selbst kaum begreiflich. Doch der Enthusiasmus ist keine Verstandessache. Da ich jetzt nichts anderes thun kann, so flehe ich wenigstens alle Mächte, die darauf Einfluß haben können, (und was wissen wir darüber) mit heißem Herzen zu Ihrer Hülfe an — und nun zu Ihren beiden mir so wenig verständlichen Briefen. Also — das Resultat Ihres Nachdenkens mit geschlossenen Augen, Ihres recht eigentlich inneren Sinns bleibt: „Sie haben kein Herz zu mir." Sie sind zugleich überzeugt, daß wir weder halbe noch ganze Freunde werden können. Es ist vielleicht lächerlich, aber in meiner Naivität, in meiner Herzenseinfalt kann ich diese, mir wie gotteslästerlich vorkommenden Ausdrücke gar nicht begreifen, ich wiederhole es, wenn sie nicht eine fast strafbare Komödie sind. Wie? ein Mensch, den Sie nach und nach durch eine himmlische Theilnahme, durch Worte, die mehr als einmal sein Innerstes treffen, und absichtlich treffen, dahin vermögen, daß er Ihnen seine ganze Seele, wie man einen Körper dem Sezirmesser hingiebt, in jeder ihrer Falten offen darzulegen beginnt, dabei zu Ihnen auf-

blickt wie zu einer Madonna, die seiner Seele Leid mildern,
ihre Flecken rein waschen soll, und der so zu Ihrem Geschöpfe wird, was Sie pflegen und hegen — dem haben
Sie nachher die Eisenstirn zu sagen: Alles überlegt, habe
ich kein Herz zu Dir! Sind Sie denn kein Weib, sind
Sie eine bloße, bücherschreibende und Leidenschaften und
Herzensgefühle abstrakt sublimirende Essenz, ohne selbst ein
Herz zu haben? Nein, es geht wirklich nicht, Gräfin Ida,
mich so abzuspeisen, und am wenigsten unter dem Vorwand,
durch meinen Zorn über Ihre Gleichgültigkeit bestimmt zu
sein mir Lebewohl zu sagen. O nein! Wäre von einer
körperlichen Liebelei, von einer Intrigue zwischen uns die
Rede, mein Gott, glauben Sie, daß ich Sie drängen würde?
Trotz meines Alters brauche ich in dieser Hinsicht noch
immer nur den Fuß zu heben, und danke meinen leichten
Succeß hauptsächlich dem Umstand, daß ich mir so wenig
daraus mache, ob es diese oder jene ist. Aber hier handelt
es sich um ein rein geistiges Verhältniß, so geistig, daß
wir uns nicht einmal dabei in's Auge sehen, daß ich persönlich Ihnen gegenüber wahrscheinlich ein ganz anderer
Mensch sein würde, daß, wenn ich hundert und Sie achtzig
Jahre alt wären, es ganz dasselbe für uns wäre, aber es
handelt sich in diesem geistigen Element noch um etwas
Anderes, vielleicht um etwas Heiliges, um ein Bedürfniß
von meiner, um eine Pflicht von Ihrer Seite. Oder —
Sie sind nicht, was ich glaubte; Sie leben nur als das,
wofür ich Sie hielt, in meinem Geist, und sind nur ein
Schema. Dann Verzeihung, dann habe ich geträumt, und
mit mir selbst gesprochen, und recht unartig in meinem
Schlaf den Nachbar grob angefaßt. Dann, Ida, sind wir
wirklich und auf immer geschieden — der Fürst Pückler
aber wird sich ungemein freuen, irgendwo die interessante
Bekanntschaft der berühmten Gräfin Hahn-Hahn zu er-

neuern — sein Doppelgänger wird weinend, aber unsicht=
bar daneben stehen. Von ihm haben Sie dann nichts mehr
zu befürchten.

$$\text{H. P.}$$

_____

Ich denke nicht daran, liebe Gräfin Ida, mit Ihnen
cache, cache zu spielen. Zu allem Spiel bin ich viel zu
düster, sehr bedrückt, wenngleich nur von einer moralischen
Dyspepsie, der alles gleichgültig wo nicht zuwider ist.*) Meinen
letzten Brief an Sie habe ich vor drei Tagen in Muskau
geschrieben, als ich noch Herr von diesem (nun schon halb
vergessenen) Orte war, und da die empfangene Nachricht
des Verkaufs mich weit schneller zur Abreise trieb als ich
erwartet, so gab ich, statt auf die Post, den Brief meinem
vorausgeschickten Diener mit. Ich selbst bin erst gestern
spät Abends hier angelangt, und mit der angenehmen Nach=
richt zu Bett gegangen Ihnen gegenüber zu schlafen. Daß
wir so unbewußt in einem Gasthof zusammentreffen, nach=
dem Sie mir nicht einmal mehr schreiben wollten, ist immer
ein artiger Zufall, und da ich bedrückt bin, leidend geistig
und körperlich, so hätte ich nun, nach Ihrer eigenen Bewil=
ligung, volles Recht „mein Haupt in Ihren Schooß zu
legen." Demohngeachtet weiß ich doch nicht, ob es gut für
mich sein wird, daß wir uns sehen. Ihnen kann es keines=
falls etwas schaden, weil Sie gleichgültig sind, überhaupt
nicht impressionabel sind, und der Phantasie zwar mit der
Feder in der Hand gebieten, selbst aber nie durch sie be=
herrscht werden. Ich würde dabei zu sehr im Nachtheil
stehen, und wenn ich jeden Augenblick mir so ad oculos

_____

*) Vorübergehende Stimmung, hoffe ich, wenn nicht Alters=
schwäche.

demonstrirt sehen müßte, daß Sie kein Herz zu mir haben — wer weiß, es könnte mir doch am Ende sehr weh thun! Indeß Sie beurtheilen das alles besser als ich, Sie sind die überlegene Natur, entscheiden Sie also selbst.

Aber wenn Sie mich sehen wollen, so empfangen Sie mich allein (denn Ihr Cavaliere servente, Ihr Baron genirt mich, und wenn Sie ihm meine Briefe gezeigt, so will ich überhaupt nichts mehr von Ihnen wissen), also allein und Abends, mit heruntergeschraubter Lampe, oder mit geschlossenen Augen auf Ihrem Sopha liegend, am liebsten im Dunkeln, denn ich bin sehr befangen Ihnen gegenüber, schüchterner als ein schlecht erzogenes Kind.

Wenn Sie nun wirklich gut (woran ich meine Zweifel habe) und nicht alltäglich sind, so werden Sie auch alles so einrichten, wie ich es mir erbitte.

Vielleicht könnte ich Ihnen auch jetzt etwas nützen bei Ihren armen kranken Augen. Sie könnten mir diktiren. Ich schreibe schnell und unermüdlich, bin ganz zum Sekretair geboren, ich kann Ihnen auch, wenn gerade keiner Ihrer interessanteren Bewunderer da ist, vorlesen, ich lese recht gut, wenigstens deutlich. Also dabei wollen wir stehen bleiben. Ich präsentire mich bei Ihnen als Ihr Sekretair, und erwarte den Befehl, an welchem Abend ich meinen Dienst antreten soll. Werde ich nicht angenommen — so bin ich es auch zufrieden. Vous verrez qu'il n'y a rien dans le monde entier de plus accommodant que moi.

H. P.

_____

Dresden, den 31. März. Abends.

Sie sind unendlich gütig, liebe Gräfin, mir Ihre Cour=stunden mitzutheilen; da mir aber, aufrichtig gesagt, wenig daran liegt Ihre Statisten, Freunde oder Bekannte, kennen zu lernen, und Sie mir (was nach einer Korrespondenz wie die unserige allerdings auffallend ist) nicht einmal die kleine Gunst einer Privataudienz gewähren wollen, so muß ich, um nicht ungünstig über Sie selbst zu urtheilen, voraus=setzen, daß mir unzugängliche und unverständliche Gründe Ihr Benehmen regeln.

Wir werden uns also nicht anders sehen, als wenn wir uns etwa am dritten Ort begegnen, doch bitte ich, Ihr freundliches Versprechen nicht zu vergessen, mir die „zwei Frauen" zuschicken zu wollen. Ich werde mich bemühen, die dritte besser darin zu studiren als bisher.

H. Pückler.

Briefwechsel

zwischen

Pückler und Eugenie John
(E. Marlitt).

Die Beziehung Pückler's mit der gefeierten Verfasserin der „Goldelse" und des „Geheimnisses der alten Mamsell" gehört zu den ungewöhnlichen. Die frische Empfänglichkeit und Eindrucksfähigkeit, die Pückler sich bis in sein hohes Alter stets bewahrte, ließ ihn an die liebenswürdige und begabte Schriftstellerin schreiben, um ihr seine Bewunderung und Verehrung auszusprechen. Dabei reizte ihn das Inkognito, in das sich E. Marlitt hüllte, und er suchte hinter die Schleier zu bringen, die ihre Persönlichkeit verbargen. Es entspann sich ein anregendes, lebendiges, briefliches Verhältniß; daß es auch ein persönliches werde, worauf Pückler beeifert drang, verweigerte E. Marlitt standhaft und entschieden, und nahm keine seiner Einladungen, ihn auf Schloß Branitz zu besuchen, oder sonst seine Bekanntschaft zu machen, an. So blieb es ein idealer Verkehr, der für Pückler etwas ungemein Anziehendes hatte.

Die Briefe Marlitt's, voll feinem weiblichen Takt, einfacher Natürlichkeit, mit Verstand und Geist gepaart, durften hier nicht fehlen, und werden allen ihren Verehrern willkommen sein. Auch ist es keine Indiskretion mehr, da ja ihr wahrer Name und Aufenthalt unterdessen längst allgemein bekannt geworden ist. Kein Schriftsteller kann sich lange unter einem Pseudonym verbergen. „Eher bleibt ein Mörder unentdeckt als ein Autor," rief Alexander von Sternberg einmal aus; und er hat Recht, um so mehr wenn es sich um einen Autor handelt, der wie E. Marlitt der Liebling eines so großen Publikums ist.

1.

Pückler an Eugenie John.

Schloß Branitz, den 9. Februar 1868.

Schöne Unbekannte, und liebenswürdigste Schriftstellerin,

Gestatten Sie mir eine Bitte. Ihre Geschichte „das Geheimniß der alten Mamsell" hat mich so gerührt und entzückt, als wenig andere, die ich gelesen, und im Begriff eine lange Reise anzutreten, von der ich schwerlich wieder zurückkommen werde, da mein 82jähriger Geburtstag schon seit 2 Monaten vorüber ist — hege ich den lebhaftesten Wunsch, noch vorher Ihre persönliche Bekanntschaft zu machen.

Da ich Ihre wahre Adresse leider nicht kenne, so blieb mir nichts übrig, als den Redakteur der „Gartenlaube" zu ersuchen, diesen Brief an Sie zu senden. Weil ich nun Ihre reizende Photographie besitze, aus der eben so viel Herzensgüte als liebliche Schalkhaftigkeit herausblickt, so hoffe ich, daß Sie mir die Freude, Sie zu sehen, gönnen werden, umsomehr da ich die Ehre habe ein Kollege (wenn auch ein sehr untergeordneter) von Ihnen zu sein, nämlich als Verfasser einiger Bücher, denen das Publikum einst mehr Beifall schenkte, als sie ohne Zweifel verdienen. Es ist sogar möglich, daß Ihnen selbst eines oder das andere derselben vorgekommen ist, und haben Sie es durchblättert, so würde ich dies schon als ein schmeichelhaftes Glück an= sehen. Jetzt küsse ich Ihre Hand, wie die Wiener sagen, und erwarte von Ihrer Huld eine freundliche Antwort, die Ihre volle Adresse enthält, damit ich Sie auffinden kann, und gebe Ihnen mein Ehrenwort, im Fall Sie Ihr Inkognito beibehalten wollen (was ich für ein Talent wie das Ihrige sündlich erachte), das Geheimniß streng zu bewahren, oder wenn Sie befehlen, Ihren Brief zu verbrennen. Ich hole mir dann selbst bei Ihnen eine andere Handschrift als theures Andenken für die Spanne Zeit, die ich noch zu leben habe.

Mit allen herzlichsten Wünschen für Ihr Wohl
Ihr ergebenster Diener
der Verfasser der Briefe eines Verstorbenen.

P. S. Wenn Sie mich mit der erbetenen Antwort erfreuen, so bitte ich dieselbe an meinen sehr intimen Freund, den Fürsten Pückler-Muskau, Schloß Branitz bei Cottbus, Königreich Preußen, adressiren zu wollen.

2.

Eugenie John an Pückler.

Den 16. Februar 1868.
An den Verfasser der Briefe eines Verstorbenen.

Vorgestern erhielt ich durch Herrn Keil den Brief aus Schloß Branitz, der mich in der That freudig überraschte. Daß meine kleine Arbeit die Aufmerksamkeit des fürstlichen Autors erregt hat, dessen glänzende Leistungen ich schon als Kind rühmen hörte, und die ich zum Theil selbst kenne und bewundere, das ist für mich eine große Genugthuung, ein Sporn für weiteres Streben auf meiner litterarischen Laufbahn. Wie gern möchte ich die liebenswürdigen Zeilen

im Sinne des Absenders beantworten; allein ich bin gegen=
wärtig sehr leidend und in einer Weise zwischen meine
engen, stillen vier Wände gebannt, daß es mir unmöglich
sein würde, den berühmten Verfasser der Briefe eines Ver=
storbenen und seinen „sehr intimen" durchlauchtigsten Freund,
den Fürsten Pückler=Muskau, so zu empfangen, wie es sich
ziemt, und wie ich vor allem wünschen müßte. Bin ich
demnach gezwungen, für jetzt auf die Ehre und Freude, den
gefeierten Semilasso von Angesicht zu Angesicht sehen zu
dürfen, zu verzichten, so kann ich doch den Wunsch nicht
unterdrücken, noch einmal im Bild vor ihm zu erscheinen,
da man mir sagt, daß die kleinere Photographie weniger
gelungen sei, als die mitfolgende. Ich glaube zuversichtlich,
in meiner Absicht nicht mißverstanden zu werden — sie hat
mit Eitelkeit und Selbstüberschätzung durchaus nichts gemein,
und will einfach beweisen, daß mein Herz durch die wider=
fahrene Liebenswürdigkeit bewegt und erfreut ist.

Ich spreche dem Verfasser der „Briefe eines Verstorbenen"
nochmals meine volle Bewunderung und meinen freudigen
Dank aus, wie ich auch Seiner Durchlaucht, dem Fürsten,
in Ehrerbietung mich empfohlen halte.

E. Marlitt.

— · —

3.

Pückler an Eugenie John.

Schloß Branitz den 25. Februar 1868.

Schöne, und doch leider noch immer Unbekannte!

Als ich Ihren diplomatischen Brief mit der größeren
Photographie erhielt, und mich von neuem an dem schlauen
und doch gutmüthigen Ausdruck des Bildes erfreute, eben
so sehr aber von den holden Grübchen entzückt war, (welche

von jeher für mich einen besonderen Reiz hatten), las ich auf Ihrem Antlitz nur Güte, Geist und heitere Lebendigkeit. Dann aber erst kam der Brief an die Reihe, und ich ward nun recht traurig, meinen so herzlich erbetenen Besuch kurz und bündig abgewiesen zu sehen.

Also Ihr Inkognito wollen Sie durchaus nicht verrathen, nicht einmal einem Verstorbenen, der so innig wünscht, Sie zu sehen, zu hören, zu bewundern, und der, als der Erbe schon Entnommener, gar keine Besorgniß verrätherischer Indiskretion mehr einflößen sollte.

Das Geheimniß, gewiß oder ungewiß, bleibt immer anziehend — und mir ist es in der That gelungen, allen, die mich einst lasen, den Glauben beizubringen: ich sei der schon vielfach in der Welt bekannte zweideutige Sonderling, Fürst Pückler genannt, und doch — kann es vielleicht Leute geben, die bestimmt das Gegentheil wissen, oder zu wissen glauben, was eigentlich einerlei ist. Ueberhaupt aber: was ist nicht Räthsel auf dieser sonderbaren Erde, wo uns überall unlösliche Wunder umgeben. Wie wächst aus der kleinen Eichel die riesige Eiche, und wo ist die Eichel her, die auf keiner Eiche gewachsen ist, und wie auch entfaltet sich der bunte, prächtige Schmetterling aus der scheinbar schon halbtodten braunen Puppe, welche die häßliche Raupe zurückgelassen? Ja wir selbst — wo kommen wir her, und wo gehen wir hin? Ach, auf tausend noch viel wichtigere Fragen, wo ist die klare überzeugende Antwort? Mein Jugendfreund, unser tragischer Philosoph Schopenhauer, hat vielleicht Unrecht, wenn er gleich den alten Indiern, nur die völlige Vernichtung für die wahre und einzige Seligkeit hält, und doch zweifelt, ob sie weder durch den Tod, noch auch nach dem Tode zu erringen sei. Das ist fast noch schrecklicher als die Worte, welche Dante über den Eingang der Hölle schreibt: Voi che entrate, lasciate ogni speranza.

Ich hoffe, daß ich Sie durch eine solche Konversation nicht verstimme, liebliche Unbekannte, denn mein eigener Charakter, ich muß es bekennen, ist zur Hälfte weiblich, das heißt sehr elastisch und zugleich phantasiereich. Dies gehörig benutzend tröstet man sich, wenigstens momentan, tapfer über alles. Manchmal aber dauert der Schmerz doch auch länger, besonders wenn er eben ein zu empfängliches Herz betroffen, das immer gut ist, wenn es nicht durch die Schlechtigkeit böser Menschen verhärtet worden.

Da Sie nun von mir selbst erfahren, daß ich eine halbweibliche Seele besitze, können Sie um so offener und aufrichtiger an mich schreiben (oder an meinen Doppel= gänger) als an andere Männer. Da Sie aber grausam genug sind, mich armen Greis nicht persönlich sehen zu wollen, so gestatten Sie mir wenigstens eine längere, andauernde Kor= respondenz; es versteht sich, daß von Ihrer Seite, wenn es Sie langweilt, auch nur einige Worte von Ihnen mir schon wohlthun werden, ich aber Ihre gütige Erlaubniß erhalte, so viel zu schreiben als ich will, denn — ich ahne wirklich eine wahre Sympathie zukünftig unter uns, weil ich so unwiderstehlich schon jetzt eine solche für S i e fühle. Zugleich aber sehe ich nun auch ein, daß Sie vollkommen Recht haben, n u r a u s S c h o n u n g den alten Verstor= benen lieber gar nicht zu sehen, ihm aber doch großmüthig genug, eine Korrespondenz, gewissermaßen zwischen zwei Unsichtbaren, gewähren wollen.

Da Sie mich auch mit einer Ihnen ganz ähnlichen Photographie beglückt haben, gönnen Sie mir schon einen großen Vortheil bei dieser Korrespondenz, weil Ihr Bild bereits über meinem Schreibtisch placirt ist, und ich nun an Sie schreibend, die schalkhaften Augen fragen kann, was ich zu

äußern wagen darf oder nicht, damit sie mich nicht bös
anblicken, sondern immer huldvoll, und wo möglich vertrauend
auf mich niederschauen. Dies betreffend wage ich noch die
Bitte: mir Ihren Vornamen zu sagen, aber keinen fingirten,
sondern den wirklichen, mit dem man Sie als Kind und
junges Mädchen gerufen. Mich aber nennen Sie immer
nur den Verstorbenen, womit Sie der Wahrheit vielleicht
bald am nächsten kommen werden.

Um Ihnen jedoch keinen Zweifel an meiner kindlichen
Ehrlichkeit zu lassen, lege ich als dankbare Gegenleistung
die leider sehr ähnliche Photographie meines Doppelgängers
hier bei, die nach der Rückkehr aus unserer letzten Campagne
aufgenommen wurde, und zwar in Galla, denn „Kleider
machen Leute," eines unserer wahrsten Sprüchwörter!

Aber damit ich Sie nicht zu unbescheiden ermüde, nur
noch schließlich meinen innigsten Dank für Ihren aller=
liebsten Brief, der, bis auf die Weigerung mich bei sich
zu empfangen, den Augen und Grübchen ganz analog ist.
Erhalten Sie mir wenigstens immer die bewiesene gnädige
Gesinnung, welche ich insofern auch vielleicht verdiene, weil
ich mir bei allen meinen vielen Fehlern, doch zwei Tugen=
den glücklich erhalten habe: Dankbarkeit und Treue.

Herzlich Ihr Verstorbener.

P. S. Es geht mir wie den alten Frauen, denen man
immer vorwirft, daß sie ihre Briefe selten ohne Nach =
schrift absenden. Mir begegnet dies nur, wenn ich an
sehr interessante Personen schreibe, weil ich dann leicht ver=
gesse, was mich allein betrifft. Also noch eine dringende
Bitte: Es würde mir penibel sein, wenn ich bei etwaigem
ferneren Schriftwechsel, diesen immer durch die Redaktion
der „Gartenlaube" gehen lassen müßte. Mein Wunsch ist
daher, daß meine verehrte Gönnerin mir irgend eine Adresse

geben möge, die mir, wie ich ihr, ganz unbekannt ist, und durch welche ein Schreiben von mir dennoch sicher an Sie gelangt.

An Ihr heiliges Inkognito will ich dadurch gewiß nicht rühren, und deshalb auch nicht die mindesten Erkundigungen einziehen; denn erstens, leide ich nur sehr wenig an der Schwäche großer Neugierde, und zweitens, bin ich voll Respekt für Ihren Willen.

Die Adresse meines Doppelgängers haben ·Sie, und das jus talionis verurtheilt Sie, meine Gnädigste, zur Erwiederung des Gleichen, was die abscheulichen Deutschen W. w. W. nennen. Ich schäme mich fast dieser vulgairen Citation, und bitte fußfällig um Verzeihung für einen solchen 82jährigen Muthwillen!

Nun küsse ich Ihre Hände, trotz der Handschuhe auf dem Bilde, und mache endlich ein Ende, was Ihnen vielleicht an meinem ganzen Briefe am besten gefällt. „Ohe jam satis!"

4.

Eugenie John an Pückler.

Arnstadt, in Thüringen, den 4. März 1868.

An den Verstorbenen.

Da steht die Adresse, wie sie gewünscht worden ist; allein das Gefühl und die Feder der Lebendigen sträuben sich gegen diese Bezeichnung — sie soll deshalb zum ersten- und letztenmal geschrieben sein. Ich liebe das Schattenhafte, Wesenlose überhaupt nicht, und dann bin ich auch praktisch genug, einzusehen, daß ich bei einer solchen Umgangsweise bedeutend verlieren müßte. Was alles darf man dem Lebendigen anthun! Man darf ihn bitter reizen, schmerzlich verwunden, kränken, erzürnen, und geht straflos aus, sobald er keine Injurie oder körperliche Wunde nach=

zuweisen vermag. Der Verstorbene dagegen trägt den Nim=
bus der Verklärung über der Stirn, er ist gefeit und un=
verletzlich, und man muß sich streng hüten, ihm Böses nach=
zusagen, wenn man nicht für einen sehr ungebildeten Men=
schen gelten will. Ich bin mithin vollkommen in meinem
Recht, wenn ich, die Bezeichnung als „partheiisch" verwer=
fend, mir eine andere wähle, und infolge dessen besser meinen
Brief an „den Unsterblichen" richte. Freilich erscheint auch
da mein Standpunkt gewagt und bedenklich — ich stehe
gleichfalls einer Strahlenglorie gegenüber — indeß, die
Unsterblichkeit schließt ja menschliche Schwächen und Leiden=
schaften nicht aus, wie zum Beispiel der Haß, die Rachsucht
der alten griechischen Götter beweisen; mein unsterblicher
Korrespondent wäre mir dadurch näher gerückt, und ich
würde mich schon zu vertheidigen wissen, wenn er ja einmal
in die genannten Fehler verfallen sollte.

Der erste Stein zur Basis einer künftigen Korrespondenz
wäre somit gelegt; aber ich zweifle sehr, daß er je einen
Nachbar erhalten wird . . . . Haben Sie meine „Goldelse"
gelesen? Diese Frage mag recht unbescheiden klingen; sie
läßt sich jedoch durchaus nicht umgehen, und ich muß sogar
dringend bitten, im Hinblick auf den beabsichtigten Brief=
wechsel das kleine Buch schleunigst in die Hand zu nehmen.
Es kennzeichnet scharf und unabweisbar meinen Standpunkt
in sozialen Fragen, von welchem aus ich mit Luther sage:
Hier stehe ich — ich kann nicht anders, oder vielmehr ich
will nicht anders! Der Unsterbliche wird nach Kennt=
nißnahme der Tendenz nicht umhin können, mit dem Fürsten
Pückler ernstlich Rücksprache zu nehmen, und wie es dann
um die prophezeite Sympathie stehen wird, kann ich mir
recht gut sagen. Zwar ziehen Sie selbst eine Scheidelinie
zwischen sich und den Doppelgänger; allein die innige
Verwandtschaft der beiden Naturen läßt sich nicht verläugnen,

das hat der Unsterbliche am schlagendsten bewiesen, indem er mir das Bild des Fürsten schickte .... Die Photographie macht mir sehr viel Freude; sie hängt jedoch, ihrer Ausstattung gemäß, bereits in „der guten Stube", wie die ehrlichen Thüringer sagen. Dort ist sie an ihrem Platze, und ich werde mir allsonntäglich das Vergnügen machen, die aristokratische Gestalt voll prächtiger Orden zu bewundern. Das Konterfei meines „unsterblichen" Korrespondenten dagegen, dunkel gekleidet, wie ich ihn einmal flüchtig und von fern in München gesehen, würde ich in mein kleines Arbeitszimmer, über den Schreibtisch gehangen haben, an welchem nun einmal eine Widerspruchsvolle sitzt. Ich sehe die Sterne nur gern am Himmel — in dem Moment also, wo meine Augen das edle Gesicht des Unsterblichen suchen wollten, würde mich die sternbesäte Uniform der fürstlichen Photographie stets zum Widerspruch reizen — und Sie werden begreifen, daß ich Frieden haben will an meinem Arbeitstisch .... Was wird Ihr sehr „intimer Freund" sagen zu dieser wahrhaft spießbürgerlichen Aufrichtigkeit?

Ich könnte nun füglich diese Zeilen schließen, wäre nicht eben mein oppositionslustiges Naturell, das mich stets zwingt, ein angeregtes Thema nicht unerörtert zu lassen, und so will ich noch sagen, daß ich mit Schopenhauer und den alten Indiern durchaus nicht einverstanden bin, wenn sie die völlige Vernichtung für die wahre und einzige Seligkeit halten .... Nicht mehr denken und empfinden dürfen — wie entsetzlich! Ich will fortleben, und sei es auch in dem beständigen Kampf, den die Menschenseele mit dem irdischen Leben zu bestehen hat! Ein einziges Stocken der armseligen Blutwellen sollte urplötzlich den Gedanken, das Gefühl, alle Schätze der Erfahrung, des Wissens, die der Mensch in sich aufgespeichert und oft um schweren Preis erkauft hat, in das Nichts zerfließen lassen? Die Hoffnung, die für die Seele das ist, was das immer wieder zurück= kehrende Blut für das pulsirende Herz, sie sollte zurück= bleiben an der dunklen Schwelle, die wir Tod nennen? Nein, darin habe ich mir meinen Kindesglauben uner= schütterlich bewahrt, und ich freue mich auf den Augenblick, wo meiner Seele die Flügel losgebunden werden. Ueber das „Wie" der Fortdauer hege ich freilich meine ganz speziellen Ansichten, die sich schwerlich mit denen der himm= lischen Manna=Esser vertragen dürften.

Nach allem, was ich weiter oben dem Unsterblichen auseinandergesetzt habe, scheint es mir ziemlich überflüssig, schließlich noch meinen Ruf=Namen zu nennen; indeß, ich finde ihn hübsch, und aus dem Grunde sollen Sie erfahren, daß Vater und Geschwister mich Eugenie rufen.

Ich grüße den Unsterblichen herzlich, und sage Seiner Durchlaucht, dem Fürsten, meinen verbindlichsten Dank für die gnädigst gesandte Photographie.

E. Marlitt.

5.

Pückler an Eugenie John.

Branitz, den 25. März 1868.

Erlauben Sie mir zuerst, Sie meine geliebte und ver= ehrte Freundin zu nennen, obgleich ich Sie noch nie ge= sehen, aber überzeugt bin, daß ich Sie aus Ihren lieblichen Erzählungen, und auch aus Ihrer Photographie besser kennen und lieben gelernt, als durch eine oberflächliche gesellschaft= liche Bekanntschaft.

Und nun verwundern Sie sich auch nicht über mein langes Stillschweigen. Die Ursachen desselben sind sehr

einfach. Erstens: hat meine Krankheit eine üble Richtung
genommen, wie man es zu nennen pflegt, wenn sie gefähr=
lich wird, was mir zwar keine Sorge macht, aber doch
theils durch Schmerzen lästig wird, theils noch mehr durch
geistige Abspannung, wie momentanen Mangel an Gedächt=
niß, und überdem durch einen (für lebhafte Charaktere wie
den meinigen,) höchst unangenehmen langen Hausarrest, der
nun leider schon so viele Monate dauert, und wenn ich mich
ihm auf kurze Zeit einmal gewaltsam entreißen will, immer
noch nachtheiligere körperliche Folgen meines Zustandes her=
beigeführt hat.

Sie können sich nun denken, daß in dieser mißmuthigen
Verfassung Ihr prächtiger Brief magnetisch auf mich ge=
wirkt hat, obgleich Sie mich darin sehr zu verkennen scheinen.
Einmal: durch große Ueberschätzung meiner sehr anspruchs=
losen Persönlichkeit, dann aber diesem ersten wieder ganz
entgegengesetzt, durch die Voraussetzung eines abeligen
Hochmuths, was mich wahrhaft kränkt (aus Eitelkeit), weil
ich eher auf meine philosophischen Ansichten mir etwas
einbilden möchte, da diese mich von Vorurtheilen überhaupt
sehr frei machen, wiewohl ich nicht sicher bin, daß diese
Freiheit der Gesinnung in allem so ganz Ihren Beifall
finden wird — doch davon ein andermal mündlich.

Jetzt kehre ich zu meinen Entschuldigungen zurück, näm=
lich wegen der späten Erwiederung Ihres mir so unendlich
lieben Briefes. Also zweite Rechtfertigung: Sie hatten
mir befohlen Ihre „Goldelse" zu lesen, und obgleich mir das
Lesen jetzt oft schwer wird, gehorchte ich doch mit Freuden.
Nun aber ist die „Gartenlaube" so interessant, daß ich auch
die Aufsätze zwischen der „Goldelse" nicht überschlagen mochte,
und mir deshalb im Ganzen soviel Zeit raubte, was mich
dann länger aufhielt. Sie werden das nicht sehr galant
finden, aber ich achte und liebe Sie schon zu sehr, um

Ihnen je unwahr zu schmeicheln. Jetzt wissen Sie die drei Ursachen meiner späten Antwort. Eigentlich trägt meine Krankheit doch allein die Hauptschuld.

Nun schickte mir eine Dame, die meinen litterarischen Enthusiasmus für Sie kennt, vor einigen Tagen beiliegenden Journalartikel über Sie zu.

Er hat meine Anhänglichkeit für Sie, wo möglich, noch vermehrt, aber zugleich einiges darin mich tief betrübt, was ich jedoch für übertrieben halte. Schreiben Sie mir also die volle Wahrheit darüber. Sind Sie wirklich unbequem taub geworden, so giebt es ja viele Mittel dagegen. — Merkwürdig erschien es mir aber, daß ich früher drei sehr taube Personen, von großen Eigenschaften wie Sie solche besitzen, wenn auch verschiedener Art, sehr geliebt habe. Die Erste: war eine reizende junge trübgestimmte Frau, welche ich zu erheitern vermochte. Die Zweite: ein höchst liebenswürdiger russischer General, und die Dritte: mein Schwiegervater, der Fürst Hardenberg, preußischer Staatskanzler. Diese beiden Letzteren waren sehr lebenslustiger Natur, und daher auch lebhaft in ihrer Konservation, die leicht ermöglicht wurde durch eine kleine muschelartige Röhre, in die man nur leise hineinzusprechen brauchte, während die Kranken dieselbe dicht an's Ohr hielten. Ich habe kaum interessantere Menschen gekannt als diese drei.

Ich selbst, beiläufig gesagt, sehe, höre und fühle sogar unbegreiflicherweise noch fast ganz so wie in der Jugend, obgleich ich mich nie geschont, und nichts weniger als ein exemplarisches Leben geführt habe. Ich war indeß immer **bon Diable**, was ich auch noch heute einem frommen Heuchler vorziehe, welcher selten etwas Gutes thut, aber dafür jeden Sonntag oder Feiertag in die Kirche geht, um dadurch bequem in den Himmel zu gelangen — während ich bei der Mehrzahl unserer meist bigotten und einseitigen Prediger,

die man, im schädlichen Zuge sitzend, bis zum Ende an=
hören muß, für mich keineswegs weder etwas Anziehendes
noch wahrhaft Frommes finden kann, oft sogar nur das
Gegentheil.

Im katholischen Kultus (abgerechnet manchem Abge=
schmackten) ist doch noch oft mehr aufrichtige fromme Hin=
gebung vorhanden — wenn auch der sogenannte Glauben
an veraltete Religionen, im Lichte der Wissenschaft und
Erfahrung nach und nach immer viel schwächer werden
muß.

Was uns Beide betrifft, so wollen wir alles Verstecken=
spielen mit einander ganz aufhören lassen, und völlig wahr
unter uns denken und schreiben. In solcher Wahrheit ist ein
großer Genuß, den ich in meinem langen Leben schon einige=
mal empfunden, und mich nach einem gleichen mit Ihnen
jetzt wahrhaft sehne. Zeit bringt Rosen, und manche auch
ohne Dornen. Sie zum Beispiel können mich schelten,
und getrost mir alles sagen, was Sie an mir tadeln —
das werden niemals Dornen für mich sein! Nur glauben
und vertrauen Sie mir ohne Scheu und ohne Rücksicht,
das wird von mir auch nie gemißbraucht werden, und viel=
mehr ein wahrer Trost in Schmerz und Leiden für mich
werden.

Da meine Ihnen übersandte Photographie in voller
Toilette jetzt in Ihrer sogenannten „guten Stube" hängt,
wo Sie nur Sonntags hinkommen, so bitte ich, noch eine
andere hier beilegen zu dürfen, die eben so anspruchslos er=
scheint als ich wirklich bin. Ich halte dort ein Buch in
der ·Hand, und denken Sie sich dabei, daß dies Buch Ihre
Schriften enthielte, und bemerken Sie dann die gespannte
Aufmerksamkeit, mit der ich darin lese. Das wird mir
Freude machen, und ich hoffe nun mit Zuversicht, daß
dieses Bild, im dunklen Kleide, über Ihrem Schreibtisch

im Boudoir Platz finden werde — was ich allen früher erhaltenen Auszeichnungen freudig vorziehen will.

Lachen Sie nicht über diesen Enthusiasmus eines so alten Mannes, denn ich bin in Herz und Kopf wirklich noch eben so kindlich als in meiner Jugend, und darauf gerade fast stolz. Wem möchte ich das sagen als Ihnen — denn alle Fühllose würden mich verspotten, von Ihnen aber glaube ich das nicht, und d e r Glaube macht mich selig.

Ich adressire also heute meinen Brief direkt an Fräulein Eugenie John, Arnstadt in Thüringen, und wäre untröstlich, wenn jener beiliegende Artikel aus dem Journal mich in den nahen April geschickt hätte.

Beruhigen Sie mich bald menschenfreundlich darüber durch einen recht guten, lieben und ganz wahren Brief.

Darf ich nun noch die Bitte hinzusetzen, wenn Sie auch unzufrieden mit mir wären, doch immer mich in g ü t i g e m Andenken zu behalten als

Ihren

treu ergebenen Verehrer

H. P.

Was gäbe ich darum, wenn ich Ihre Antwort schon hätte! Haben Sie Mitleid, und lassen Sie mich nicht zu lange darauf warten.

6.

Eugenie John an Pückler.

Arnstadt, den 2. April 1868.

Ich habe den letzten Brief aus Schloß Branitz mit einem Gemisch von Freude und — Erstaunen begrüßt. Sie machen es mir zur Pflicht, Ihnen gegenüber immer wahr zu bleiben, und so bekenne ich denn, daß ich auf meine Zeilen keine Antwort erwartete, eben weil ich mich vollkommen wahr und rückhaltlos offen gezeigt habe.

Ein vorlauter Journalartikel hat Ihnen bereits von meinem Leben am Hof der Fürstin von Schwarzburg=Sondershausen erzählt; diesem Aufenthalt nun verdanke ich einen Schatz von Erfahrungen, kraft dessen ich sehr miß=trauisch geworden bin. Nicht daß ich mit diesem Ausspruch einen Schatten auf meine angebetete Fürstin werfen möchte — sie ist eine der edelsten, aber auch verkanntesten deutschen Frauen — ich war nur so vorwitzig, den Nimbus ihrer Stellung zum Prüfstein männlicher Charakterstärke und Ge=sinnungstüchtigkeit zu machen, und mußte dabei meine Ideale kläglich wie Wachs zerschmelzen sehen. Viele kamen mit geradem Rücken, aber gebückt gingen sie fast immer. — Dabei habe ich aber auch einsehen gelernt, daß es den Trägern aristokratischen Glanzes, gegenüber diesem Ver=götterungs= und Unterwerfungstrieb der Menge, fast unmög=lich gemacht wird, den rein menschlichen Standpunkt zu er=kennen, geschweige denn zu ihm zurückzukehren, und bin ich billig und unpartheiisch genug, zuzugeben, daß dazu außer=gewöhnliche Geisteskräfte, Großartigkeit der Auffassung, und ein hoher Grad von Selbstverläugnung und Edelsinn er=forderlich sind. An alle diese Eigenschaften mußte ich appelliren, wenn ein Briefwechsel zwischen Ihnen und mir zu Stande kommen sollte . . . . Sind Sie mir böse, daß ich an einem Erfolg gezweifelt habe?

Bezüglich des Festhaltens an meinem Pseudonym muß ich Ihnen ferner sagen, daß ich, bei dem lebhaften Wunsche, nur mit dem Schriftsteller, dem Verfasser der „Briefe eines Verstorbenen," in geistigen Verkehr zu treten, der An=sicht war, auch eine gewissermaßen objektive Stellung ein=nehmen zu müssen, so daß lediglich E. Marlitt, die Schrift=stellerin, Ihre Korrespondentin wurde. Nun freilich, wo mir ein unbekannter und sehr unberufener Biograph das Visir aufgeschlagen, müssen Sie, wohl oder übel, auch die Eugenie John mit in den Kauf nehmen. Sie wird Ihnen übrigens das Leben nicht schwer machen — durch Schelten, wie Sie meinen, am allerwenigsten. Zwar bin ich bereits in ein „gewisses Alter" getreten, allein nichts liegt mir ferner, als die Sucht, zu moralisiren; auch habe ich weder Geschick noch Neigung zum Cheftiften; ich fliehe die Kaffeegesellschaften, die Médisance wie das Gift, sehe die Jugend gern fröhlich, und fühle durchaus keine Sympathie für Katzen und Möpse — Sie sehen, ich bin keine von den g a n z Schlimmen. Sollte mir Ihre Anschauungsweise nicht gefallen, so werde ich mir erlauben, meine Gegenansicht zu entwickeln; aber das Recht der Freundin geltend machen, und s c h e l t e n werde ich nur, wenn Sie zum Beispiel das Krankenzimmer zu frühe verlassen, und damit Ihre Genesung verzögern, wie Sie bereits gethan.

Ich sollte meinen, ein Geist wie der Ihrige, bedürfe des Verkehrs mit der Welt nicht in dem Maße, wie Sie ihn zu wünschen scheinen. Phantasie, Wissen und ein Schatz köstlicher Reiseerinnerungen stehen Ihnen zur Verfügung — es genügt ein Wink, um die verschiedenartigsten Geister auf= erstehen, und Ihnen dienstbar zu machen — wie leicht wiegt dem gegenüber das Salongeplauder, der oberflächliche, ge= sellschaftliche Verkehr! Wie Ihre äußere Umgebung ist, weiß ich freilich nicht; aber ich kann mir denken, daß Ihr schöpferischer Geist und weltberühmter Geschmack auch um Schloß Branitz ein kleines Eden gezaubert haben; freilich, darüber hinaus sehen Sie doch immer nur in — die Sand= büchse des heiligen römischen Reichs, und der Gedanke könnte allerdings auch für mich etwas Niederschlagendes haben. Ich brauche Bergluft; meine Denkkraft verliert die Elasticität inmitten einer sterilen Gegend, und vorzüglich

jetzt, wo ein rheumatisches Leiden mich meist an das Zimmer
fesselt, könnte ich den Blick auf meine trauten Thüringer
Berge nicht missen. Bei dieser Gelegenheit habe ich eine
Uebertreibung meines indiskreten Biographen zu berichtigen.
Es ist nicht wahr, daß man mir die Feder in die Hand
geben muß, wenn ich schreiben will — in dem Fall wäre
ich das beklagenswertheste Geschöpf auf Gottes Erde; denn
es ist mir geradezu unmöglich, auch nur einen Federstrich
in Gegenwart Anderer zu thun — nicht das geliebteste
Gesicht dulde ich in meiner Nähe, wenn ich schreibe. Meine
Muse ist scheu, wie ich es wohl selbst im tiefsten Grund
meiner Seele sein mag; daher die unwiderstehliche Neigung,
in Einsamkeit und Zurückgezogenheit zu leben, die sich stets
geltend macht, sobald ich mir selbst überlassen bin. Einmal
auf das unbescheidene Terrain der Selbstbiographie gerathen,
will ich noch bestätigen, daß ich allerdings plötzlich schwer=
hörig geworden, und infolge dessen gezwungen gewesen bin,
meinen Beruf als Sängerin aufzugeben. Im Lauf der
Jahre, und bei großer Mäßigung im Singen hat sich das
Uebel wieder gebessert — wer langsam mit mir spricht,
braucht die Stimme nicht besonders zu verstärken. Neuer=
dings macht ein sehr tüchtiger Arzt abermals Versuche, das
Leiden gänzlich zu beseitigen; er spricht von völliger Wieder=
herstellung — ein schöner Gedanke, den ich indeß noch zurück=
weise. Ich habe mich klaglos in mein Geschick gefunden,
denn so unweise bin ich nicht, mich stürmisch gegen das
aufzulehnen, was sich einmal durchaus nicht ändern läßt;
ebensowenig aber bin ich auch geneigt, sanguinische Hoff=
nungen in mir zu hegen und zu pflegen.

Doch genug von mir. Ich habe Ihnen ja vor allem
herzlich zu danken für die gesandte Photographie. Warum
soll ich läugnen, daß sie mir viel lieber ist, als die andere?
Wenn ich auch weiß, daß Sie sich in den Freiheitskriegen

ausgezeichnet haben, wobei ich meine Bewunderung für Tapferkeit und ritterlichen Sinn gern eingestehe, so will mir doch auf dem „Sonntagsbild" der Denkerkopf mit dem tiefsinnenden Ausdruck über dem in den Vordergrund gedrängten Mordinstrument nicht gefallen. Die kleine Photographie hängt nun über meinem Schreibtisch, und ich sehe in der That vertrauensvoll nach ihr hinüber. Wenn auch immerhin eine vornehme Erscheinung, hat sie doch nichts Unnahbares, so daß ich nun gern und ohne Scheu Anregung und Belehrung bei Ihnen suche.

Was das von Ihnen berührte Glaubensthema betrifft, so bin auch ich der Ansicht, daß man bei dem katholischen Kultus mehr wahrgemeinte, oder vielmehr glühender empfundene Hingebung findet. Er macht die Phantasie zu seiner Helfershelferin, und bestrickt das Gemüth, indem er die Kunst ausbeutet, und ihre schönsten Blüthen über seine Gläubigen streut. Ihm verdanken wir deshalb auch so viele unsterbliche Thaten des Menschengeistes in der Musik, Malerei, Skulptur ꝛc. Den Hokuspokus der Priester abgerechnet, habe ich seinen Zauber selbst empfunden. Als Kind konnte mir nichts Schrecklicheres widerfahren, als wenn meine Großeltern mich in die weißangestrichene Kirche, in den beengenden Glasstuhl mitnahmen — ich langweilte mich entsetzlich, und meine ersten Eindrücke vom Gottesdienst waren demnach eher geeignet, allen Aufschwung in mir zu ersticken, und mir gegen das einen Widerwillen einzuflößen, was doch mein Halt, meine Stütze in späteren Zeiten werden sollte. In dem geheimnißvollen Halbdunkel einer katholischen Kirche, beim Anhören der Messe hätte ich mich nicht gelangweilt, das weiß ich . . . Wir sind in das Extrem gefallen. Wie die Revolution auf den Absolutismus die Anarchie folgen läßt, so hat die Reformation für den ausschweifend gewordenen Bilder- und Heiligenkultus eine be-

denkliche Dosis Nüchternheit und Prosa eingetauscht. Ich
weiß, dieser Ausspruch genügt den orthodoxen Altlutheranern,
um mich in Bann und Acht zu erklären; aber ich kann
mir nicht helfen, ich will doch tausendmal lieber den latei=
nischen Text einer Messe, den ich nicht verstehe, anhören,
als die groben schwunglosen Verse der meisten unserer pro=
testantischen Kirchenlieder, von denen ich mir obendrein ge=
fallen lassen muß, daß sie irgend eine unerträglich gellende
Weiberstimme, oder eine völlig ungestimmte männliche Kehle
neben mir absingt.

Und nun leben Sie wohl. Ich habe Ihnen viel vor=
geplaudert. Immer werden meine Episteln freilich nicht so
umfangreich ausfallen — denn ich habe mit meiner Feder
viel nachzuholen im Interesse meiner geliebten „Gartenlaube"
— aber Sie haben mir gesagt, daß Sie leidend sind, und
ein wenig Zerstreuung von meiner Antwort erwarten, und
da pochte die neu übernommene Pflicht denn doch zu energisch
an meine Seele. . . . . Möchten Sie bald wieder recht ge=
sund werden! Auf meinem Fensterbret blühen Veilchen,
und drüben auf dem Berge, über Wiesen und Büsche ge=
breitet, liegt der erste leise Duft des Frühlingskleides —
tausend Hoffnungen öffnen da draußen die Augen, und wir
kranken Menschenkinder wollen nicht zurückbleiben, sondern
hoffen, hoffen!

Schreiben Sie bald, mein verehrungswürdiger Korre=
spondent,

Ihrer ergebensten
Eugenie John=Marlitt.

7.

Pückler an Eugenie John.

Branitz, den 8. April 1868.

Meine theure, verehrte Freundin.

Ich antworte wieder spät, weil ich noch immer recht
krank bin. Dafür habe ich aber Ihren Brief desto öfter
gelesen, und es wird mir jetzt wirklich bange mein altes
Herz ganz an Sie zu verlieren.

Was Sie von den Hofleuten sagen, ist sehr richtig, an
kleinen Höfen noch viel schlimmer als an großen. Ich habe
dies Hofleben nie geliebt, und passe auch gar nicht dahin,
sowohl wegen meiner Fehler, als wegen meiner besseren
Eigenschaften, obgleich Anhänglichkeit für unser regierendes
Haus, und persönliche Gründe mich oft dahin führten.

Bitte, schreiben Sie mir, ob Ihre Freundin, die Fürstin
Schwarzburg eine Tochter der Fürstin Solms, (spätere Kö=
nigin von Hannover) war, ein reizendes Mädchen einst, in
die ich in früherer Zeit verliebt war. Ich bin in aller
Genealogie sehr unwissend, wie überhaupt sehr wenig lebens=
klug, auch zu wenig neugierig was Andere thun, und im
Ganzen nicht einmal geselliger Natur, aber — verliebt war
ich oft, und auch sehr sinnlich und phantastisch, wovon ich
selbst jetzt noch nicht ganz gebessert bin. Naiv bin ich
ebenfalls leider immer gewesen und geblieben. Das mögen
Sie mir, mit dem weiblichen Scharfsinn, wohl
schon abgelauscht haben, eben so wie meine unbegränzte Auf=
richtigkeit gegen die, welche mir lieb sind, und von denen
ich glauben darf, daß sie mir auch ein wenig gut und
symphatisch sind, oder werden können.

Nun fahre ich in der Beantwortung meines Kleinods,
Ihres Briefes, fort, Punkt für Punkt, wie ein pflichtschul=
diger Korrespondent, und hoffe so fortfahren zu können, bis

ich selbst zu Ihnen komme; doch darüber ausführlicher ein anderesmal, denn ehe ich die Freude habe in Ihr schalkhaft kluges, und dabei doch auch so gutes Auge zu sehen, haben wir noch Zeit zu einigen Briefen, wenn Ihr freund= licher Wille aushält, was ich hoffe, eben weil Sie gut sind, was jedes Wort in Ihren Schriften wie in Ihren Briefen bezeugt, und Sie würden nicht ungnädig lächeln, wenn Sie jetzt in meiner Seele lesen könnten, wie stolz ich auf diese Briefe und auf Ihre Güte für mich bin. So sehr ich aber die ausgezeichnete Schriftstellerin ehre, so ist mir doch Ihre eigene ganze Natur, wie sie meiner Phantasie geistig vorschwebt, die Hauptsache. Jedoch mich verkennen Sie fortwährend noch, glaube ich, und in Vielem. Wenn Sie zum Beispiel schreiben: „Ich sollte meinen, ein Geist wie der Ihrige, bedürfe des Verkehrs mit der Welt nicht in dem Maße, wie Sie ihn zu wünschen scheinen." — so denken Sie sich grade das Gegentheil von mir. Ich liebe die Ein= samkeit (allerdings oft zu Zweien, als Doppel=Einsiedler) mehr als die Gesellschaft, und ganz besonders die, welche man die große Welt nennt. Was ich vor allem liebe, ist die große Natur in allen ihren mannigfaltigen Reizen, und dabei so voll ernster Belehrungen, dann für meine Person aber auch möglichste Freiheit und Ungenirtheit, wel= chem starken penchant ich schon viel große Opfer in welt= lichen Dingen gebracht habe, welche die gewöhnlichen Men= schen des Interesses zu hoch schätzen, um nicht lebens= lang danach zu jagen. Sie Argwöhnische halten mich so ganz verschieden von sich! und ich ahne immer mehr Aehn= lichkeiten zwischen uns, nicht Gleichheit, aber chemische Wahl= verwandtschaft nach Goethe's Ansicht. Eins aber glauben Sie mir: Ich stelle Sie weit über mich, und deswegen liebe ich Sie, was auch Sie vielleicht bei näherer Bekanntschaft dahin bringen könnte, mir ebenfalls ein wenig gut zu wer=

ben, denn ich besitze, neben vielen Fehlern (für welche die Katholiken, bezüglich der daraus entstehenden Sünden, einen mildernden hübschen Namen haben) auch zwei gute Eigenschaften, die bei edlen Gemüthern ihre volle Geltung finden: Natürlichkeit, das heißt zu erscheinen wie man wirklich ist, und Wahrheit ohne Scheu, die daraus entsteht.

Sie sehen hiernach schon, daß ich zum Hofmann wie zum Diplomaten nicht im geringsten tauge, wie auch zum Schmeichler — nur aus Liebe, und zur Falschheit — selbst nicht gegen Feinde!

Da Sie meine kleine Schöpfung Branitz erwähnen, und allerdings mit Recht bemerken, daß sie nur aus einer Sand= büchse hervorgegangen, und noch davon mehr oder weniger umgeben ist — so ist es doch mein feurigster Wunsch, Sie — darf ich sagen: liebe, verführerische Eugenie — hier einige Wochen als meinen Gast verehren zu können. Ich kann Sie dazu abholen nach meiner Badekur in Wildungen, Anfang Herbst, wo noch die Blumen blühen, eine Jahres= zeit, die mit dem Frühjahr wetteifern kann, und mir, ich weiß selbst nicht recht warum, (vielleicht weil ich persönlich schon im Lebens=Winter bin) oft noch gemüthergreifender vorkommt als der heitere, vorstrebende, aber noch nicht ganz fertige Frühling, während der Herbst, schon im Abgang begriffen, das Vergangene klarer übersieht, und noch immer phantasiereich genug erscheint, um uns eine noch weit schönere Zukunft, beim Verlassen dieser hiesigen Station — wenigstens einzubilden. Manche Naturen leben mehr in der ferneren Zukunft als in der ausgedehnten Gegenwart (denn nur a u s g e d e h n t kann man die Gegenwart denken, weil sie sonst kaum eine Secunde lang w i r k l i c h e Gegenwart zu bleiben vermag); ein fort= während es Schwimmen in der Ewigkeit — denn steter Wechsel der Existenz ist das Leben — gewiß eine große

Wohlthat der Natur. Ewigkeit wäre die schrecklichste Hölle, wenn man immer dasselbe darin bliebe! Dies kann nur der ewig seiende Geist ohne Zeit und Raum — wenn es einen solchen giebt — flüstert mir der Skeptiker zu.

Wie denken Sie über alles das? Sie sehen, daß ich Ihnen hiermit hinreichenden Stoff zu fernerer Korrespondenz geben will, ich aber sehe (mich betreffend) ein, daß ich zu geschwätzig mit Ihnen werde, was sonst keineswegs mein Fehler ist, und fürchte mich wirklich diese Antwort auf Ihren Brief fortzusetzen, denn, wie alles Vortreffliche, erweckt er so viel Gedanken, daß man nicht fertig damit werden kann. Ich muß also doch noch einmal auf Ihren Brief zurückkommen, wo Sie sagen: „Ueber Ihr geschaffnes Eden müssen Sie doch immer hinaussehen in die Sandbüchse des heiligen römischen Reichs, und der Gedanke könnte auch für mich etwas Niederschlagendes haben!

Diese Entschuldigung, nicht hieher zu kommen, nehme ich aber nicht an, denn

1) ist es nicht so schlimm hier mit der Sandbüchse als Sie glauben,

2) ist mein hiesiger Park, der überall wo er fertig ist, nur eine üppige Gegend zeigt, und auch von mir geschaffene, theilweis ziemlich hohe Hügelketten und Seen von bedeutendem Umfang, sowie tausende schöner schon 30 bis 80 Fuß hoch gepflanzter Bäume, mühsam oft von weit hertransportirt, enthält —

3) so eingerichtet, daß er viele Aussichten hat, aber nirgends auf unschöne Gegenstände gerichtet, und außer meinem Schloß und dies umgebenden pleasure-ground und wohlgepflegten Blumengärten verschiedener Art, noch mit mehreren anderen Gebäuden mannigfaltig geschmückt ist, und endlich

4) ein Terrain von 2000 Morgen umfaßt, so daß man

Stunden lang darin umherfahren können wird, ohne die=
selben Wege je in gleicher Richtung zu passiren, also stets
mit neuen Prospekten, bald über Wasser, bald über frische
Wiesen, reiche Getraidefelder, oder im Halbdunkel eines von
der Sonne vergoldeten Waldes, belebt von fröhlich spielen=
dem Wild und einer Masse von Vögeln, welche die Ruhe
und Sicherheit, die sie hier finden, von nah und fern her=
beizieht, und uns dabei von allem Ungeziefer befreit, wäh=
rend sie früh und Abends durch ihren Gesang erfreut.

Einige Tage, und da Sie die Einsamkeit auch, gleich
mir, lieben, vielleicht auch länger, würden Sie es hier schon
aushalten können, und auf den Händen getragen, wie man
sagt, sollen Sie werden.

Von Herzen wünsche ich Ihnen volle Gesundheit, und
habe eine solche Ahnung, daß Ihr Arzt ausführen wird
was er hofft, und was mich auch Ihretwegen beglücken wird,
obgleich nach meinem wunderlichen Charakter, dieser kleine
Mangel Sie mir ganz sicher noch interessanter machen
wird.

Diesmal also, verehrte Eugenie, habe ich meinen Brief
von Anfang bis zum Ende wenigstens selbst schreiben kön=
nen, obgleich ich fast beschämt bin, Ihnen zuzumuthen zwölf
Seiten eng geschrieben lesen zu sollen, und zwar nicht rüh=
rend ergreifende Meisterstücke wie „Goldelse“ und „die alte
Mamsell“ — sondern nur Wahrheit ohne alle Dichtung,
und Worte ohne allen Reiz, aber doch aus dem Herzen
kommend, und dadurch vielleicht nicht ganz ohne allen
Werth.

Die unsichere Hand und die vielen Korrekturen verzeihen
Sie dem armen Kranken.

Ihr innig ergebener Herrmann Pückler.

8.

Eugenie John an Pückler.

Arnstadt, den 5. Mai 1868.

Diesmal hat unser Briefwechsel durch meine Schuld
eine längere Unterbrechung erlitten. Mein ziemlich reiz-
bares Gewissen will mir bereits seit einigen Tagen ein-
flüstern, die Augen meines sehr verehrten Korrespondenten
sähen ein wenig mißvergnügt auf meinen Schreibtisch herab —
da liegt freilich das neueste Manuskript für die „Gartenlaube", und hat ganz hübsch zugenommen an Seitenzahl und
Inhalt, während der Briefwechsel im Kasten trauern mußte.
Die linden Frühlingslüfte, unter denen draußen die braunen Knospen springen, hatten auch den fast erstorbenen
Schaffenstrieb in meiner Seele berührt, und plötzlich flatter-
ten alle Gebilde meiner Phantasie auf, und verlangten gebieterisch ihre Fixirung auf dem Papier. Seit einigen
Tagen sind aber auch sie wieder in die Flucht geschlagen,
und zwar durch ein wunderkleines, allerliebstes Menschenkind, das aus voller Lunge schreit, und sehr wenig nach
unterbrochenem Briefwechsel und angefangenen Novellen
fragt — der Storch kam in unser Haus geflogen, und
brachte meiner jungen Schwägerin ein Söhnchen. Da sitze
ich nun stundenlang in der verdunkelten Kinderstube, und
beobachte den kleinen Schreihals, und nichts gleicht dem freudigen
Interesse, mit welchem ich zu erforschen suche, aus was für
Augen dies junge Leben in die Welt schaut, ob die kleine,
gewölbte Stirn auch Raum hat für einen denkenden Geist,
wie die haarfeinen, krausen Linien in der winzigen Hand-
fläche verlaufen — ich lache über die Chiromantie, und
fühle nichtsdestoweniger eine abergläubische Freude, wenn ich
eine Zusammenstellung entdecke, welche die Zigeunermütter
eine glückliche zu nennen pflegen. Sie werden mir zugeben,

daß dergleichen physionomische Studien sehr wichtig für eine Tante sind, und dieselben als vollwiegende Entschuldigung hinsichtlich der verzögerten Zeilen gelten lassen.

Und nun nehmen Sie meinen herzinnigen Dank für Ihren letzten Brief. Ich verhehle Ihnen nicht, wie so ganz besonders lieb er mir ist, und daß ich ihm einen Ehrenplatz einräume unter den wenigen schriftlichen Andenken, die ich der wahren Freundschaft verdanke, denn Sie haben ihn ja, trotz Krankheit und Schmerzen, eigenhändig geschrieben — eine Bemühung um meinetwillen, die mich rührt und — stolz macht. Dieser letzte Ausspruch mag Ihnen beweisen, daß ich Sie nicht so sehr verkenne, wie Sie meinen; ich glaube im Gegentheil Ihren Charakter ziemlich richtig zu beurtheilen, und zwar gerade um deshalb, als ich die von Ihnen bestrittene Verschiedenheit unserer Individualität immer klarer und deutlicher erkenne. Sie sind jedenfalls viel edler und menschenfreundlicher als ich. Wie Sie selbst sagen, haben Sie sich eine gewisse Naivetät bewahrt — jene köstliche Eigenschaft, die wir eigentlich nach unserer Erdenwanderung ungeschmälert wieder in den Himmel zurückbringen müßten; mir ist diese beglückende Zuversicht, die treuherzige Anschauung von Welt und Menschen abhanden gekommen, ich bin sehr mißtrauisch und verschlossen — daher manche Härte und Schroffheit in meinem Charakter, die man mir schuld giebt, daher die mangelnde Fähigkeit, die arglose Hingabe, das blinde Zutrauen an Anderen auch nur zu begreifen. Sie laden mich zum Beispiel mit sorgloser Güte ein, nach Branitz zu kommen. Wie, wenn ich nun im persönlichen Umgang das unausstehlichste Geschöpf von der Welt wäre? Wenn ich Ihnen während der Tage meines Dortseins durch Widerspruchsgeist, häßliche Launen und dergleichen weibliche Schwächen Ihr schönes Schloß zu einem Ort des Schreckens machte? Das können Sie doch nicht wissen, der Sie mich nur aus zwei Werken und einigen wenigen Briefen kennen. „Das Papier ist geduldig" sagt der Volksmund, und Mirza Schaffy singt: „Merk' dir, daß oft der gröbste Schlingel die allerzärtlichsten Verse macht." . . Uebrigens danke ich Ihnen von ganzem Herzen für die freundliche Einladung, aber kommen — kann ich nicht. Ich bin zu leidend, um so weit reisen zu dürfen, auch kann ich weder meine Thüringer Berge, noch meine gesammte Häus=lichkeit einschachteln und mitnehmen — mein Herz ist so eigensinnig, ohne diese Umgebung nicht mehr leben zu wollen — und, was würden Ihre stolzen Hirsche und Rehe für Augen machen, wenn ein Menschenkind, mit völlig demo=kratischer Weltanschauung hinter der Stirne, in Ihrem aristokratischen Park umherwandeln wollte! . . . Ist es denn überhaupt absolut nöthig, daß wir uns persönlich kennen lernen? Ich sage entschieden: „Nein". Sympathie und Antipathie sind zwei hochwichtige Faktoren im Menschenver=kehr; sie wirken um so mächtiger, als sie, in einem gehei=men Versteck der Menschenseele ungeahnt lauernd, urplötz=lich hervortreten, und uns ein „Für und Wider" oktroyiren, dessen Gründe wir uns meist nicht einmal enträthseln kön=nen. Eine Stimme, die mir nicht sympathisch ist, kann die liebenswürdigsten Manieren eines Menschen für mich völlig wirkungslos machen, und es giebt einen Augenaufschlag, der mir das schönste Gesicht verdirbt. Das sind Eigenheiten unserer innersten Natur, über die wir nicht zu gebieten ver=mögen, und ich weiß selbst nicht, weshalb ich überzeugt bin, daß Sie in dem Punkt noch viel penibler und feinfühliger sind, als ich. Heine sagt einmal: „Die Schriftsteller sind wie die Johanniskäfer — in der Ferne leuchten sie, und nahe gesehen, sind sie armselige graue Käfer." Ohne „das Leuchtende" auch nur im entferntesten beanspruchen zu wollen, frage ich Sie dennoch: Warum wollen Sie den

grauen Käfer durchaus in der Nähe sehen? Ich läugne
nicht, daß der Briefwechsel mit Ihnen bereits zu meinen
Lebensfreuden gehört — wenn der persönliche Verkehr einen
Mißklang zwischen uns wirft, ist diese Freude mir verloren;
denn wir sind wohl Beide nicht fähig, uns dann noch
schriftlich etwas vorzulügen. Also — lassen wir's beim
alten, nicht wahr? Ich will Ihre getreue Korrespondentin
bleiben, der Sie alles sagen können, was Sie bedrückt und
erfreut; ein warmes Interesse und warme Theilnahme
sollen Sie stets finden, und wenn meine Briefe wirklich die
Macht haben, Sie ein wenig zu erheitern, will ich so viel
und so oft schreiben, als es Ihnen wünschenswerth. Das
nothwendige Lebenselement für unsere Korrespondenz wird
uns wohl nie fehlen, eben weil unsere Anschauungsweise
verschieden ist. So denken Sie sich zum Beispiel die Gegen=
wart ausgedehnt, und ich behaupte, es giebt gar keine. Das
zweisylbige Wort, das ich ausspreche, gehört halb der Ver=
gangenheit, halb der Zukunft an, der Ton, den ich singend
aushalte, ruht mit dem Anfang bereits in der Vergangen=
heit, während die Zukunft seinen Schluß noch in sich trägt.
Sie können die Beweisführung dieser Behauptung am
schlagendsten vor dem unerbittlichen Perpendikel der Uhr
finden — nennen Sie mir da einen Moment, dem Sie
die Bezeichnung „Gegenwart" geben möchten. „Vorbei,
vorbei!" sagt die Bewegung nach rechts, während sie nach
links in die Zukunft greift, und einen neuen Zeitpulsschlag
zu den bereits todten wirft. In dieser Zeitenflucht liegt
die Lebensbedingung für den menschlichen Geist — eine
endlose Gegenwart müßte ihn tödten. Wie der ewige Geist,
dem wir als winzige Fünkchen entsprungen, uns allmälig
befähigt, ihm schließlich wieder näher zu kommen, das heißt
über Zeit und Raum stehend, eine wechsellose Existenz zu
ertragen, das fragen wir vergeblich, und alles, was wir

darüber zu wissen glauben, oder vielmehr, was uns von
Kindesbeinen an durch Dogmen aufgenöthigt werden soll,
ist Hypothese. An dem Einzigen dagegen halte ich
unerschütterlich, und zwar mittelst der Vernunft. Die ge=
sammte Schöpfung in ihrem unverrückbaren Kreislauf, in
ihren unerbittlichen Konsequenzen ist ein einziger Gedanke;
ich kann ihn folgerichtig nur auf eine Abstammung zurück=
leiten, wenn ich auch weit entfernt bin, mir einen Kopf
dabei zu denken, dem er entsprungen. Die bildliche Dar=
stellung Gottes, und sei sie in der erhabensten Weise ge=
dacht, bleibt für mich stets wirkungslos — sie giebt Um=
risse und begränzt, und nimmt somit dem Gebild die Grund=
bedingung: die Wahrheit. . . . Ich bin aber auch hoch=
müthig genug, mir einzubilden, daß der Einzige um mein
kleines Dasein wisse; dabei verfalle ich jedoch nicht in den
Fehler jener Kleinigkeitskrämer, der anmaßenden Demü=
thigen in Christo, die da meinen, der Herr berufe seine
Heerschaaren zum Weltgericht um jeder Stecknadel willen,
die sie nachlässiger und mithin sündhafter Weise auf den
Boden fallen lassen.

Und nun ein herzliches Lebewohl! Für eine baldige
Nachricht über Ihr Befinden würde ich sehr dankbar sein;
dabei muß ich jedoch noch Eines bemerken: Ich habe Ihnen
zu Anfang dieser Zeilen gesagt, daß Ihre eigenhändige
Schrift den Werth der Briefe für mich erhöht; sollte aber
diese Bemühung auch nur die geringste nachtheilige Rück=
wirkung auf Ihren leidenden Zustand haben, so bitte ich
dringend, eine andere Feder zu beauftragen.

Ihre getreue Korrespondentin

Eugenie John=Marlitt.

9.

Pückler an Eugenie John.

Branitz, den 8. Mai 1868.

Ihre Briefe üben eine wahre Zaubermacht auf mich aus! Ich war in der letzten Zeit nicht nur fortwährend krank, sondern auch tief betrübt über Ihr Stillschweigen. Ihre rührende Erzählung hat meine Eroberung angefangen, und Ihre ganz eigenthümlichen Briefe haben sie in einem Grad vollendet, der mir auf der einen Seite fast bange macht, auf der anderen aber so süß wohlthut, daß ich mich diesem Gefühl hingebend überlasse. Fürchten Sie deshalb keine ermüdende Zudringlichkeit von mir. Die Empfindungen, die Sie in mir hervorrufen, vermehren nur meine Demuth Ihnen gegenüber. Ja, das Alter, wenn ihm ein jugendliches Herz geblieben, hat auch seine kleinen Vorzüge. Es ist treuer, dankbarer, und doch auch, bei tiefer Erregung, geduldiger und verständiger als die wilde Jugend, wie es die meinige in der Blüthezeit war — und die allerdings den Frauen am besten gefällt, dann aber oft ihr Unglück für's Leben herbeiführt. Ich habe in diesem Reich der Liebe von frühen Jahren an viel Erfahrung gemacht, und neben entzückenden Erinnerungen sind auch viel schmerzliche zurückgeblieben, bittere Reue und vergebliche Sehnsucht, durch eigene Schuld, und beschämender Kummer über das, was ich von der anderen Seite gelitten — denn es giebt auch böse und falsche Frauen in Engelsgestalt, wie nichtswürdige Männer, die nur aus Eitelkeit verführen, und dann ihr Opfer mit Hohn verlassen.

Doch lassen wir alle Vergangenheit ruhen, außer der nächsten, denn so alt ich bin, lebe ich doch immer noch ganz munter für die Zukunft, und in dieser ist jetzt mein innigster Wunsch, daß Sie mich als einen Ihnen sehr zugethanen Freund annehmen, wenn Sie auch recht bös-

artig, nur schriftlich meine Freundin sein wollen.
Hier, wie in allem will ich Ihnen gehorsam sein, denn ich
bekenne, obgleich es unklug sein mag, daß ich mich herzlich
danach sehne, von Ihnen beherrscht zu werden, und was
Sie mir auch anthun, es immer nur mit Liebe aufzunehmen.
Dabei fällt mir ein, daß, wenn ich von Sympathie für
Sie gesprochen, ich damit keineswegs gemeint habe, daß
wir uns ähnlich wären — ganz das Gegentheil; denn eben
die Verschiedenheit ist reizend, und ich ahne vielmehr, daß
wenn wir etwas in Streit kommen sollten, dies nur aus
den wenigen ähnlichen Punkten entstehen wird, wo wir uns
wirklich ähnlich sind. N'importe; die bald folgende Versöhnung wird desto anmuthiger sein. Etwas zanken schadet
überhaupt nichts unter Personen, die zusammen passen, nur
müssen sie gegenseitig immer aufrichtig gegen einander sein,
und sich lieber beleidigen, als der Wahrheit zu nahe treten.
Etwas schmeicheln ist erlaubt, wenn man dem Freunde oder
der Freundin dadurch gefallen will, denn solches Schmeicheln
kommt aus gutem Herzen.

Sie werden sich vielleicht über diese Ansichten wundern,
aber meine Tugend, die sonst ziemlich schwach ist, besteht
hauptsächlich in dieser mir natürlichen Wahrheitsliebe, die
von selbst falschen Personen oft für schlaue Verstellung gehalten wird; sie ist aber nur unbesiegbare Kindlichkeit der
Seele (wenn es eine solche giebt), bei mir aber gewiß
sehr wenig gescheidt in den Verhältnissen des Lebens auf
dieser mangelhaften Erde!

Ich gratulire zu dem hoffnungsvollen Kinde Ihres Herrn
Bruders, und danke sehr für den Ehrenplatz, den Sie
meinem letzten Briefe angewiesen haben.

Ueber Religionen im allgemeinen wünsche ich sehr mit
Ihnen einmal mündlich zu sprechen, schriftlich ist es da
unzulänglich — wie ich es auch für eine wahrhaft intime

und ganz befriedigende Bekanntschaft allein passend halte.
Aber im Augenaufschlagen werde ich mich üben, um Ihnen
nicht gleich zu mißfallen; ich glaube aber, ich werde gar
nicht daran denken, wenn ich Sie zum erstenmal erblicke.

Was ich von Ihnen denke, und hiernach über Sie fühle,
hängt nicht mehr von Ihrem Aeußern ab. Ich bin nicht
eben sehr gläubig, wie ich Ihnen wohl schon geschrieben,
aber daß ich freudig und mit bewegtem Herzen unbekümmert
die Augen gegen Sie aufschlagen werde, ist bereits gewiß
in mir. Man hat mich oft einen Sonderling genannt, und
ich bin es wirklich, aber dadurch vielleicht grade nicht sehr
liebenswürdig. Mir sind Sie jedoch so lieb, daß ich voll
Zutrauen zu Ihnen bin, obgleich ich sonst viel Timidität
in meinem Charakter habe, die mich auch vielleicht bei Ihnen
überraschen kann. Haben Sie dann Mitleid mit mir, und
folgen Sie, wenn ich Ihnen mißfalle, nur Ihrem guten
Herzen — nein, ich will diesen Gedanken nicht weiter ver-
folgen — er hat wirklich etwas Erschreckendes für mich,
und Sie haben vielleicht recht, daß ich armer, alter Sonderling mich nur mit der Feder begnügen muß, und Ihre
warme Hand nie drücken soll!

Gar viel möchte ich Ihnen noch schreiben, aber ich bescheide mich. Nur um eine baldige Antwort bitte ich.
Einige Zeilen genügen, sonst werde ich melancholisch, und
recht unglücklich.

Küssen Sie das kleine Wesen mit der gewölbten Stirn
für mich. Ich wünsche ihm alles Gute im Leben, wie
Ihnen, meine verehrte Freundin, und damit genug für
heute. Herzlich Ihr treuer Korrespondent

Herrmann Pückler.

10.

Pückler an Eugenie John.

Branitz, den 13. Juli 1868.

Verehrte Freundin — oder sind Sie das letzte nicht mehr?

Warum, ich beschwöre Sie, haben Sie auf meinen so herzlich liebevollen Brief vom 8. Mai nicht geantwortet, obgleich Sie eine fortgesetzte Korrespondenz mir versprochen, was Sie um so leichter konnten, da ich von Ihnen ja nichts verlangte, als nur wenige Worte in Erwiederung auf den längsten Brief von mir — nur als einen Beweis, daß Sie mich nicht ganz vergessen haben, und meine Briefe Ihnen nicht unangenehm sind.

Ferner wußten Sie, daß ich seit längerer Zeit schwer erkrankt sei, und der Schmerz, von Ihnen so ganz bei Seite geschoben zu werden; denn (seit beinahe zwei Monaten) keine Antwort zu erhalten, hat mich an Seele und Körper noch leidender gemacht, so daß selbst meine Aerzte über diesen Zustand immer bedenklicher werden. Derselbe ver= hindert mich auch, die mir so dringend empfohlene Bade= reise anzutreten, obgleich ich meine Equipagen nebst mehreren Dienern bereits vor mehr als vier Wochen von hier nach Wildungen abgeschickt habe, wo sie nun allerdings ganz unnütz verweilen, bis ich ihnen folgen kann.

Da es mir nun unmöglich scheint, holde Dichterin, daß Sie, nach Ihren Schriften und selbst Ihren Briefen an mich zu urtheilen, nicht ein gutes und biederes Herz haben, sollten — so kann ich mir nicht anders denken als: daß Sie meinen Brief vom 8. Mai gar nicht erhalten haben, oder selbst krank sind, was freilich noch viel trauriger für mich wäre! Ist die erste Voraussetzung richtig, so gestatten Sie mir armen Kranken wohl Ihnen eine Abschrift dieses Briefes hier beizulegen; wäre es aber Krankheit, die Ihre Antwort verhindert hat, so bitte ich innig, mir durch irgend

Jemand zu meiner Beruhigung schreiben zu lassen, wie es sich damit verhält, aber bald, ich bitte herzlich darum, denn Sie haben mich nun lange genug gemartert.

Mehr will ich jetzt nicht sagen. Aber sollten Sie mir wieder nicht antworten wollen, so wird Ihr Gewissen Ihnen später vielleicht Vorwürfe über diese Härte machen, die Ihnen dann weher thun könnten, als Sie jetzt noch denken mögen.

Verzeihen Sie so viel Aufrichtigkeit einem schmerzlich Leidenden, der Sie aus voller Seele verehrt, als wahrer Freund Ihnen zugethan ist, und den nichts mehr erfreuen würde, als Ihnen bei näherer Bekanntschaft gute Dienste leisten zu können, von welcher Art sie seien, denn ich war immer treu und hingebend für wahre Freunde.

Wenn mir nun endlich mein Zustand erlaubt die Reise nach Wildungen zu unternehmen, werden Sie so grausam bleiben, mir zu verbieten, Ihnen von dort aus meine alte Hülle in Person vorstellen zu dürfen?

Ich hoffe das Gegentheil, da meine Absicht ist, mich von da aus ganz in völlige Einsamkeit zurückzuziehen, und auch mein Branitz für immer zu verlassen, wo Sie mich nicht besuchen wollen, und es mit Spott eine Sandbüchse nannten. Armes Branitz, und noch mehr beklagenswerther Besitzer desselben! Ach, es ist doch traurig, zu Jemanden sich magnetisch hingezogen zu fühlen, und ihn doch nicht sehen zu sollen! Es geht damit wie mit dem Glauben. Nur was man selbst gesehen, glaubt man. Bitte, lassen Sie mich sehen und glauben, denn selbst Häßlichkeit, Alter und Krankheit würden mich von Ihnen nicht abschrecken, denn ich liebe Sie geistig, und übrigens verbürgt mir schon Ihre Photographie, daß Sie mir, und gerade meiner Persönlichkeit, irdisch ebenso sehr als geistig, gefallen müssen, selbst wenn ich Ihnen mißfalle, was sehr wahrscheinlich ist.

Ihnen von ganzer Seele alles Beste wünschend, von Kopf und Herz der Ihrige   Herrmann Pückler.

11.
Eugenie John an Pückler.

Ihr Brief hat mich sehr ergriffen, das läugne ich nicht, und wenn es Ihnen eine Genugthuung ist für den erlittenen Schmerz einer vermeintlichen Kränkung, so sollen Sie erfahren, daß ich mir so heftige Selbstvorwürfe mache, wie noch nie in meinem Leben. . . Armer Freund, wie konnte ich denn ahnen, daß Sie sich mein Schweigen so zu Herzen nehmen würden! Sehen Sie aber auch, daß Ihr Vertrauen zu mir doch noch auf sehr schwachen Füßen steht? Ich finde das ganz natürlich, denn ich bin gewohnt, die Festigkeit der Beziehungen zwischen zwei Seelen anzuzweifeln, so lange sie sich nicht an dem untrüglichsten Prüfstein, der da ist die Zeit, bewährt haben. Sie aber denken anders, und würden es mir höchst wahrscheinlich vor vier Wochen noch sehr übel vermerkt haben, wenn ich mich unterstanden hätte, Ihr Vertrauen zu mir anzutasten. . . . Sie beschuldigen mich, ich hätte Sie „auf die Seite geschoben" — welch ein häßlicher Gedanke! Darauf kann ich Ihnen nur antworten: Ich schließe mich sehr schwer an, ich suche nie die Freundschaft Anderer; aber wenn ich einmal das Versprechen gebe, treu zu sein, dann halte ich mich auch verpflichtet für alle Zeiten. Genügt Ihnen diese Versicherung?

Und nun will ich Ihnen auch sagen, weshalb ich nicht geschrieben habe. Das liebe Kind, dessen Geburt ich Ihnen anzeigte, ist uns nach kurzem Dasein und nach einem dreitägigen furchtbaren Todeskampfe wieder entrissen worden. Es war geistig und körperlich eine zu schwere Aufgabe für mich, das kleine geliebte Wesen in seiner Todesnoth sehen zu müſſen — ich habe unſäglich gelitten, und war infolge davon recht krank.

So wie ich mein Verhältniß zu Ihnen auffaſſe, halte ich's für meine eigentliche Aufgabe, nur erheiternd und anregend auf Sie zu wirken. Ich bin aber eine zu wahr= hafte Natur, um mit glücklichem Erfolge anders ſchreiben zu können, als ich geſtimmt bin, und deshalb mußte der Briefwechſel zwiſchen Ihnen und mir liegen bleiben, wollte ich nicht meinen verehrten Korreſpondenten mit einer leidens= vollen Epiſtel behelligen. Meine Beruhigung dabei war, Sie in Wildungen zu wiſſen; ich glaubte Sie inmitten vieler Zerſtreuungen, und war überzeugt, Sie bedürften augenblicklich meiner Briefe nicht. Das iſt nun freilich alles anders geweſen, und eben jener Vorausſetzung wegen klage ich mich an. Nichts ſchmerzt mich mehr, als Jemand, den ich hochſtelle, wehe gethan zu haben, und — ein ſo harter Kopf ich ſonſt bin, wenn es ſich darum handelt, Verzeihung zu ſuchen — ich bitte Sie herzlich, zu vergeſſen, daß ich Ihnen einen Schmerz zugefügt habe.

Was nun Ihre Anfrage bezüglich einer perſönlichen Zu= ſammenkunft betrifft, ſo ſage ich Ihnen als letzte Antwort noch einmal kurz und bündig Folgendes: Ich bin ſchwer= hörig, einſylbig im Geſpräch, und körperlich ſo leidend, daß ich an das Zimmer gefeſſelt bin. Schreckt Sie auch dieſe Erklärung, die jedweden Reiz im perſönlichen Umgang noth= wendig ausſchließen muß, nicht zurück, ſo hören Sie weiter. Ich lebe in ganz einfachen, bürgerlichen Verhältniſſen; das enge, kleine Haus, welches ich bewohne, umſchließt zwar eine glückliche Familie, es genügt ferner meinen Anſprüchen vollkommen; aber einen hocharistokratiſchen Gaſt in ſich auf= zunehmen, dazu iſt es nicht angethan. . . . Ich habe mich auch viele Jahre lang auf dem Parquet ariſtokratiſcher Salons bewegt, habe Hoftluft geathmet, und faſt ausſchließ=

lich mit Personen verkehrt, die gar keinen Begriff von jener bürgerlichen Einfachheit hatten, und deshalb den Anspruch an mich erhoben, dieselbe auch zu vergessen. Es ist mir trotzdem sehr leicht geworden, in meine Familienverhältnisse zurückzukehren, denn das ist ja der Boden, dem ich entsprossen, dem ich angehöre mit allen Fasern meiner innersten Natur; ich bin sofort wieder in ihm eingewurzelt, und werde ihn nur wieder verlassen in dem Augenblick, wo ich sterbe. Wenn ein Aristokrat diesen Boden betritt, so geschieht es stets unter inneren Opfern — eine gewisse Scheu wird ihm immer anhangen, wenn ihn das Beengende berührt; das mit der Muttermilch empfangene, und durch die Erziehung befestigte Vorurtheil läßt sich wohl verläugnen, nie aber ertödten, und deshalb — ich habe die Erfahrung unzähligemal gemacht — kömmt auch bei dem freisinnigsten Aristokraten urplötzlich ein Moment, wo er sich erinnert und — zurückschreckt. . . . Wenn ich mir denke, Sie könnten später auch nur einmal mit Mißbehagen an die Stunde zurückdenken, die Sie in meinem Familienkreis verlebt, so dreht sich mir das Herz um. Das ist die Stelle, wo ich verwundbar bin, das ist mein Stolz, das ist das Gefühl, welches meine Felicitas beseelt, in dieser Beziehung ist der genannte Charakter identisch mit meiner eigenen Seele.

Ich begreife eigentlich nicht, weshalb Sie eine persönliche Zusammenkunft so konsequent verlangen. Hat nicht ein Briefwechsel, wie wir ihn angefangen, tausendfachen Reiz? Ich lasse Sie in meiner Seele lesen, wie es vor Ihnen niemand gedurft hat — und auch Sie sagen, daß Sie vollkommen wahrhaftig mir gegenüber sind — nun wohl, bedarf es zu diesem geistigen Austausch der vier irdischen Augen, die sich anblicken? Ist es nicht ein köstliches Gefühl, zu wissen, daß draußen in der weiten Welt ein Mensch

lebt, dem ich durch ein starkes, geistiges Band gewisser=
maßen angehöre, und sind dazu die zwei Hände nöthig, die
sich in Wirklichkeit berühren? .... Und nun noch Eins:
Es kommen Viele, sehr Viele, aus aller Herren Länder, die
meine kleine Person kennen lernen wollen — sie alle werden
zurückgewiesen, weil ich so zu sagen mit der äußeren Welt
abgeschlossen habe — würde es nicht eine Ungerechtigkeit
und Inkonsequenz sein, wollte ich Ihnen allein gestatten,
mich zu besuchen?

Nach allem nun, was ich Ihnen hier erschöpfend aus=
einandergesetzt habe, sage ich schließlich — lediglich um die
Beschuldigung der Grausamkeit meinerseits zurückzuweisen —
Ich lege Ihnen nichts in den Weg, wenn Sie nach Arnstadt
kommen wollen; aber ich gebe Ihnen wiederholt zu bedenken,
daß Sie damit eine Lebensfreude, die uns Beiden gehört,
muthwillig auf's Spiel setzen: Nach einem gegenseitigen
persönlichen Mißfallen ist unser Briefwechsel vernichtet, und
Sie werden eine unerquickliche Erinnerung mehr in Ihre
beabsichtigte Einsamkeit mitnehmen.

Und nun — ich habe es freilich nicht verdient — bitte
ich um möglichst rasche Antwort. Ich ängstige mich sehr
um Ihren leidenden Zustand; lassen Sie Gnade für Recht
ergehen, und beruhigen Sie mich durch einige Zeilen. Dabei
bitte ich aber dringend, nicht selbst zu schreiben, wenn es
Sie angreifen sollte. Ich bin und bleibe

Ihre treue Korrespondentin

Arnstadt, den 16. Juli 1868.   Eugenie John=Marlitt.

12.
Pückler an Eugenie John.

Branitz, den 18. Juli 1868.

Meine theure, in jeder Hinsicht wahrhaft geliebte Freundin!

Vor einer Stunde erhielt ich Ihren Engelsbrief, den ich dreimal gelesen, auf den viele mich beseligende Thränen niederfielen, der mir aber Herz und Kopf so erschüttert und zugleich entzückt hat, daß ich nur wünschte: ich könnte Ihnen dies alles mit Ihren eigenen verführerischen Worten beschreiben, damit Sie selbst einen Theil meiner Gefühle für Sie, auch für mich empfinden könnten. Denn trotzdem, daß Sie meine Photographie besitzen, glaube ich doch, daß Sie mich noch immer ganz anders beurtheilen, als ich wirklich bin.

Ich wage zwar nicht zu behaupten, daß ich mich selbst vollkommen kenne — doch fühlte ich deutlich, daß beim Lesen der Stelle, wo Sie schreiben: „Sie könnten später auch nur einmal mit Mißbehagen an die Stunde zurückdenken, die Sie in meinem Familienkreis verlebt, so dreht sich mir das Herz um," daß, sage ich, dies lesend, mich ein süßer Schauer überlief. Ach, Du liebes herziges Kind! dachte ich, wie naiv verräthst Du mir da, daß Du viel stolzer bist als der in mir, auch irrig, vermeinte Aristokrat (wenngleich ich manchmal das Aeußere eines solchen scheinbar annehme), aber der süße Schauer hatte doch noch einen näheren Grund in meinem eigenen Herzen. Jene Worte aus Ihrem Brief, schienen mir auch zu beweisen, daß meine Sie betreffende Gesinnung, Ihnen nicht ganz gleichgültig sei, und das beglückte mich noch mehr als alles Uebrige. Irre ich mich in diesem Gedanken, so seien Sie großmüthig genug — es mir nicht zu sagen. —

Nun gestatten Sie mir noch die Bitte, Ihnen manchmal

den Vorhang von meiner seelischen Photographie weg=
ziehen zu dürfen. Sie sollen aber nicht zu prübe dabei
sein, sondern nur ganz menschenfreundlich, nach dem schönen
antiken Ausspruch: Nihil humanum a me alienum puto.

Also vor der Hand, um Sie nicht zu ermüden, nur
so viel: denken Sie sich in mir einen achtzehnjährigen Jüng=
ling, mit einem oft zu gefühlvollen Herzen und einer sehr
lebhaften Einbildungskraft, eben so schwärmerisch als sinnlich
geboren, aber hinsichtlich der Klugheit noch immer unter
oder vielmehr über dem schwäbischen Maßstab, (selbst heute
noch) wo er doch verurtheilt ist unter der Maske eines
83jährigen alten Greises umherzugehen, vor der Sie sich
— beiläufig gesagt, zu fürchten scheinen, und das aus der
ächt liebevollen Besorgniß: nicht gar zu sehr vor mir zu
erschrecken. Ich hätte dies, in Bezug auf Sie, nicht zu
befürchten, denn S i e möchten aussehen wie Sie wollten,
auf mich haben beinahe nur die Augen einen bewältigenden
Eindruck, weil ich das Innere darin lesen kann — und
seitdem sehen mich diese Augen fortwährend aus meinem
eigenen innersten Herzen an. Dennoch will ich Ihren
Wünschen, die mir vielleicht bald Befehl sein werden, jetzt
schon gehorchen, bis Sie selbst mich einladen uns irgend=
wo zu begegnen, und sei es auf der deutschen Nordpol=
fahrt, mit der ich in einiger Verbindung stehe, ich komme
sicherlich.

Und nun doch n o c h e i n e Lebensbitte: V o l l e s Ver=
trauen unter uns, Sie sollen es nie bereuen.

Ihr treuer Korrespondent
H. P.

Aber ob ich mich mit dem bloßen Korrespondenten
w i r k l i c h begnügen k a n n, ist mir noch sehr zweifelhaft. —
Denn ich glaube beinah, ich b e d ü r f e die letzten Jahre
meines Lebens fortwährend mit Ihnen zu verleben, doch

nicht in Thüringen, sondern im Orient, auf sehr gemäch=
lichen Reisen, oder in meiner dortigen Einsiedelei, die ich
Ihnen dann in meinem Testament vermachen will, wenn
Sie sich daselbst gefallen. Ah! quels châteaux en Espagne,
et pourtant, Dieu seul sait ce qui peut arriver!

P. S. Ich schrieb diesen Brief, noch immer etwas
krank, wieder im Bett. Verzeihen Sie daher die vielen
Korrekturen, denn ich bin noch zu schwach, um ihn noch
einmal abzuschreiben. Dennoch reise ich in drei Tagen ab,
und bitte Sie daher poste restante nach Wildungen mir
zu antworten, damit ich gleich beim Ankommen Wildungen
lieb gewinne, denn mein erster Gang wird nach der Post
sein, um Ihren Brief dort abzuholen. Adieu, cherissime
amie — je vous aime.

Doch diese armen, aber treuen Züge meiner Hand,
sollen Ihnen nie wieder vor Augen kommen. Thränen
stehen in meinen Augen, indem ich dieses schreibe, aber
mein Wort werde ich halten.

H. Pückler.

13.

Pückler an Eugenie John.

Wildungen, den 11. August 1868.

Verehrte Dichterin.

Vorgestern erst bin ich hier angelangt, weil eine Grippe
zu meinem Kranksein hinzugekommen, und ich deshalb nicht
eher fortkonnte. Ich eilte gleich, obgleich etwas schwach,
auf die Post in Wildungen, wo ich drei Briefe von Damen
poste restante fand. Das Herz schlug mir freudig — aber
die Täuschung war schmerzlich! als ich schon auf der Adresse
las, daß einer der Briefe von Rom kam, No. 2 aus Flo=

renz und No. 3 aus Bad Waldeck in Schlesien, von meiner
hübschesten und Lieblings-Nichte, welche unsere Prinzessin
Karl (bei welcher sie Hofdame) nach diesem Badeort be=
gleitet hat. Der letzte Brief enthält zugleich die Annonce
von der Frau Prinzessin, daß sie mich im Herbst in Bra=
nitz mit ihrem Besuch beehren werde.

Das hätte mich erfreut — aber die herbe Betrübniß:
daß kein Brief von Ihnen bei dem dreiblättrigen Klee=
blatt war, ließ in mir keinen freudigen Gedanken mehr
aufkommen; und in der That, ich begreife nicht, womit ich
diese Härte verdient habe!

Oder sollten Sie meinen letzten Brief von Branitz
nicht erhalten haben, worin ich so demüthig bat, mir die
innige Freude zu machen, einen Brief von Ihnen in Wil=
bungen vorzufinden, weil Sie mir verboten Sie in Thü=
ringen aufzusuchen. So viel Gehorsam, dachte ich, würde
Sie rühren — aber Sie müssen aus einer Periode der
Steinzeit abstammen, wo Mitleid noch nicht in der Welt
war.

Ihr letzter Brief war noch so gut und liebevoll, daß
mich dies darauf folgende kalte Stillschweigen jetzt doppelt
unglücklich macht.

Daß ich in meinem Alter noch fähig sein könnte, durch
Liebe so ungerecht gequält zu werden, hätte ich nicht erwartet,
am wenigsten von einer Frau, die so gefühlvolle und hin=
reißende Wesen zu schaffen versteht! Tag und Nacht schwe=
ben Sie und Ihre Schöpfungen meiner Einbildungskraft
vor, und wie jedes gütige Wort von Ihnen mich selig be=
lebt, können Sie wohl denken, welche Wirkung, (wie ver=
nichtend) durch das Gegentheil auf mich eindringt!

Ich bin hieher gesandt worden, um gesund zu werden.
Aber dies kann nicht gelingen, wenn Sie mein Herz so
tief bekümmern. — Von Ihnen, das fühle ich, hängt meine

Genesung ab. Thun Sie nun was Ihnen gut dünkt. Sie haben nicht gewünscht, daß ich Sie besuche, aber die Korrespondenz mit Ihnen bewilligt. Soll nun auch diese mir entzogen bleiben?

Wohlan ich will auch dem mich fügen, den letzten Trost im Leben a u f g e b e n, den ich von I h n e n h o f f t e. Lassen Sie nun auch diesen Brief wieder unbeantwortet, dann ist mein Schicksal entschieden. —

Ich bitte dann Gott von ganzem Herzen nur u m I h r Glück.

14.

Eugenie John an Pückler.

Arnstadt, den 16. August 1868.

Was hat mir mein Korrespondent für einen Brief geschickt! . . . Wahrhaftig, ein Aktenstück des Rechtsverfahrens aus den Zeiten der heiligen Vehme, oder auch der französischen Revolution kann sich an lakonischer Kürze nicht messen mit diesen Zeilen! Die vermeintliche Verbrecherin wird vor die Schranken geladen, den bittersten Anklagen gegenüber gestellt, und ehe sie noch, behufs der Vertheidigung, die Lippen geöffnet, erfolgen bereits Spruch und Strafe. . . . Sie wollen mir nicht mehr schreiben — das ist das Résumé des vor mir liegenden Briefes, worauf ich nur zu erwiedern habe, daß ich Ihnen diesen Entschluß ganz und gar nicht verdenke, da unser Briefwechsel zu einer Quelle des Aergers und der Aufregung für Sie geworden ist. . . Ehe wir jedoch zu dem feierlichen Akt des Schlusses unserer Korrespondenz schreiten, müssen Sie mir noch gestatten, einen Ihrer Vorwürfe zu entkräften. Mein Herz stammt nicht aus der Periode der Steinzeit — auf einen

solch antediluvianischen Standpunkt sollte der feine, galante
Semilasso eine Dame denn doch nicht stellen — eher viel=
leicht, wenn einmal der Vergleich aufrecht erhalten werden
soll, fällt seine Entstehung in die Bronzezeit, wo man be=
reits die Metalle zu schmelzen und ineinander zu mischen
verstand. Herz und Verstand sollten nie neben einander
gehen; der Menschenseele bleiben in dem Falle nur zwei
Arten der Entwicklung, die der Härte und Schroffheit; oder
der Charakterlosigkeit. Mischt man jedoch die zwei Ele=
mente, so entsteht ein schönes Gleichgewicht; das Herz
schlägt ruhig unter dem Einfluß des Verstandes, und die
zersetzende Schärfe und Härte des letzteren mildert sich am
warmen Herzschlag. Ich hätte von Herzen gern ein Brief=
lein nach Wildungen geschickt, allein der vernünftige Ge=
danke, daß Ihre Aerzte eine so lebhafte Korrespondenz un=
möglich in das Badeprogramm aufgenommen haben können,
hielt mich zurück. Dies zu meiner Vertheidigung! Und
nun mache ich Ihnen einen Vorwurf, und zwar den der
Undankbarkeit. Sie sagen selbst, daß Sie drei Briefe von
Damen auf der Post vorgefunden — ist das nicht genug?
Mußte ich denn durchaus als No. 4 dabei sein? Nun,
die Nichte, die Italienerin und die Dritte, deren Aufent=
haltsort ich nicht zu entziffern vermag, können sich gratu=
liren, daß die Thüringerin diesmal die Säumige war; über
ihrem Haupt hat sich das Gewitter entladen, das möglicher=
weise drohend über den Häuptern aller geschwebt hat.

Und nun leben Sie wohl! Ich wünsche Ihnen von gan=
zem Herzen volle Genesung und jene Heiterkeit der Seele,
die uns froh und dankbar genießen läßt, was die Welt
Schönes hat, und Ihnen ist viel gegeben.

Ergebenst

Eugenie J. M.

15.

Pückler an Eugenie John.

Den 20. August 1868.

Räthselhafte Herrin,

Ich habe Ihren Brief erhalten, und kaum hatte ich
die Adresse erblickt, so verschloß ich meine Thüre, und be=
deckte das schmale Couvert, und die süßeste Frauenhand
darauf, mit den innigsten Küssen; ja selbst der Elephant
des Siegels, von Amor geführt und beherrscht, erhielt einige
davon, bis ich die verführerische Hülle. gelöst, und nach
zweimaligem Lesen des inliegenden Briefes — zur Salz=
säule umgewandelt wurde! Nun lachen Sie nur,
während ich weine, Ihr Charakter entwickelt sich immer
mehr vor mir. Stolz und gefühllos, und nicht einmal ge=
recht. Ich weiß jetzt nicht mehr, was ich Ihnen geschrieben
habe, und noch weniger, was darin Ihnen soviel Bitterkeit
und eisige Kälte eingeflößt hat! Sie, deren Genie, gleich
Shakespeare, wahre Menschen zu schaffen verstehen, also die
innersten Geheimnisse des Gemüths ergründet haben müß=
ten, sollten doch gefühlt haben, daß mein Brief mit mei=
nem Herzblut geschrieben war, und obgleich ich mich der
Details nicht mehr erinnere, sondern nur der Stimmung,
die mich dabei beseelte, so weiß ich doch, daß jedes Wort
nur aus liebender Bewunderung und Verehrung entsprungen
ist. In hohem Grade erstaunt bin ich jetzt über die von
Ihnen ausgesprochene Philosophie, und besonders die An=
wendung derselben auf uns Beide! Sie sagen: Herz und
Verstand sollen nie neben einander gehen — ich verstehe
diesen Satz nicht, weil mir eben nur sehr wenig Verstand
zugemessen ist, er mich aber oft ganz verläßt, wo das Ge=
fühl zu mächtig in mir wird — ein Beweis davon ist,
daß mein so herzlicher Brief, statt Sie zu rühren, Sie

beleidigt hat. Charakterlosigkeit war das nicht von meiner
Seite, aber der Leidenschaft nahe mag es gewesen sein, als
ich in meinem Schmerz Sie, oder vielmehr Ihren Ur=
sprung, in die Steinperiode versetzte, „was ein galanter
Semilasso doch nicht hätte thun sollen“. Also
was bleibt mir übrig — denn verlieren will ich Sie nicht.
— Nur nach Ihrem Rezept zu handeln, das heißt in die
Bronzezeit zurückzutreten, und meine Charakterlosigkeit mit
Ihrer Härte und Schroffheit zu verschmelzen. Ich würde
dann freilich ganz unter Ihrem Pantoffel stehen — aber,
fast schäme ich mich es zu sagen: grade darnach sehne ich
mich, der von Kindheit an, und auch in der Ehe, herrisch
war, und nun ausruhen will unter fremder Herrschaft,
doch nur weiblicher. Sie haben mich also wahrhaft (doch
noch nicht ganz) mit Ihrem weit überlegenen Verstande
durchschaut, und ich fühle mich schon jetzt, ohne alle Be=
sorgniß, als Ihr bereitwilliger geistiger Sklave. Aber nur
nicht Trennung, womit Sie mir so unliebsam drohen —
denn etwas Grausamkeit liegt in Ihnen — aber doch nicht
bösartiger Natur, wogegen Sie Ihre edle Seele schützt, die
ich so wohl erkannt, und die auch Ihre Fehler prächtig
vergoldet. Hier spricht aber nicht der galante Semilasso,
sondern ein wirklich treuer, Ihre schöne Seele liebender
und verehrender

Freund.

Nun, bitte innig, antworten Sie mir, und sprechen Sie
in Ihrem Briefe auch etwas Spezielles, ja Häusliches von
sich, damit ich, auch abwesend, mit Ihnen leben kann.
Das Kind, das Sie geküßt, vergesse ich schon nicht mehr!

Herrmann Pückler.

16.

Eugenie John an Pückler.

Arnstadt, den 31. August 1868.

Wie schlecht mag ich mich auf die schriftliche Ausprä=
gung meiner Gedanken verstehen, oder auch, mit welchen
Augen mögen Sie meine Briefe lesen, daß Ihnen ein klein
wenig Humor als „Bitterkeit und eisige Kälte" entgegen=
tritt! Ich habe neuerdings einige Stellen Ihres Briefes
dahin übersetzt, daß Ihnen ein rascher Schluß unserer
Korrespondenz wünschenswerth sei; aber das hat mich durch=
aus nicht erbittert — die briefliche Beziehung zwischen
Ihnen und mir ist viel zu neu, als daß ich Sie verur=
theilen dürfte, wenn Sie dieselbe abzubrechen verlangen. . .
Einen meiner Charakterfehler habe ich Ihnen nie verheim=
licht, ihn nie zu „vergolden" gesucht: Sie wissen, daß ich
tief mißtrauisch bin; und daß es eines sehr langen
Verkehrs bedürfen würde, wenn ich Ihnen argloser ver=
trauen soll, als allen Anderen. Ich bin gewohnt, viel we=
niger die Macht der Menschen, als ihre Schwäche zu fürch=
ten, und wenn auch Semilasso weit, weit abweicht von der
Bahn der gewöhnlichen Sterblichen, so giebt es doch Punkte,
wo auch er sterblich ist, und in dem Sinne habe ich Ihren
vorletzten Brief gelesen.

Sie werfen mir Stolz und Gefühllosigkeit vor. Stolz
bin ich, das ist wahr; allein von diesem „schlimmen Fehler"
werde ich nicht lassen, denn er ist mein Hort, mein Schild
in den verschiedensten Lebenslagen gewesen, und wenn er in
diesem Kampfe verletzende Härten angenommen hat, die
einen gerühmten Glanzpunkt der Weiblichkeit, „die Hinge=
bung" schmälern, so kann ich das nicht ändern, und, auf=
richtig gestanden, ich habe auch keine Lust dazu. Aber ge=
fühllos bin ich nicht — mit dieser Beschuldigung haben

Sie mich tief verletzt; indeß, ich darf nicht mit Ihnen rech=
ten, wie kann ich von Ihrer Seite eine richtige Würdigung
meines Charakters verlangen, da ich Ihnen gegenüber ja
auch noch „im Finsteren tappe!"

Und nun gilt es, ein Mißverständniß aufzuhellen. Sie
persiffliren meinen „weit überlegenen Verstand." Ich hätte
diese feine Rüge vollkommen verdient, wenn der Vergleich mit
der Bronzezeit so gemeint gewesen wäre, wie Sie ihn auf=
gefaßt; aber Sie haben mich falsch verstanden. Er bezog
sich durchaus nicht auf uns Beide, sondern speziell auf
meine Individualität, auf mein Streben, Verstand und
Herz in ein harmonisches Zusammenwirken zu bringen —
die Beweisführung gab ich Ihnen ja auch in der Versiche=
rung, daß mein Herz mir einen Brief nach Wildungen dik=
tirt, während der Verstand, das heißt die Sorge um Ihr
Wohl, denselben verneint habe. Somit verliert Ihre bos=
hafte Auslegung, nach welcher mir die Härte und Schroff=
heit, Ihnen aber die Charakterlosigkeit zufallen soll, Grund
und Boden, und der Sarkasmus, mit dem Sie unser künf=
tiges Verhältniß schildern, die Spitze. Mittels jener fal=
schen Auslegung begründen Sie jedenfalls auch den Vor=
wurf der Ungerechtigkeit, den Sie mir machen. Allerdings
ist es ungerecht, herrschen zu wollen, wenn man selbst so
gar keine Neigung hat, sich beherrschen zu lassen; ich kann
Ihnen aber versichern, daß die Herrschsucht meiner Seele
immer ebenso fremd geblieben ist, wie der blinde Unterwerfungs=
trieb — es giebt ja auch da eine goldene Mittelstraße, und
ich meine, die sollten wir gerade bei unserem Briefwechsel
festhalten. . . . Wie entsetzlich langweilig würde es sein,
wenn Sie zu allen meinen „fehlerhaften" Ansichten pflicht=
schuldigst „ja" sagen wollten — der zweite Brief in dem
Sinne könnte leicht der Leichenstein unserer Korrespondenz
werden. . . . Nein, bei aller Freiheit und Unabhängigkeit

im eigenen Denken will ich doch zu Ihrem Geist auf=
sehen können, von Ihnen belehrt und angeregt sein, und
aus dem überreichen Schatz Ihres Wissens, Ihrer Erlebnisse, soweit meine begränztere weibliche Auffassungsgabe
mit Ihnen gehen kann, schöpfen dürfen! Das war ja auch
einzig und allein der Gedanke, welcher mich auf den schrift=
lichen Verkehr mit Ihnen eingehen ließ, und der mir das
Vorrecht, Ihre Freundin zu sein, so theuer macht. Bis
jetzt sind wir freilich noch zu keinem eigentlichen tiefgehenden
Gedankenaustausch gekommen; diese befriedigende und zu=
gleich anregende Art und Weise der Korrespondenz erwarte
ich auch erst von Ihrem Aufenthalt im Orient; von da
aus hoffe ich auf lange, lange Reisebriefe, da bin ich dann
auch so anspruchsvoll, die Bevorzugte unter Ihren
Freundinnen sein zu wollen, der Sie nicht eine einzige
gesellschaftliche Phrase, wohl aber vieles schreiben werden,
was ihre Weltanschauung erweitern, ihre Phantasie anregen,
und ihrem Ideengang eine größere Bahn erschließen wird.
Ich biete Ihnen dagegen Berichte über manches, was sich
auf unserem jetzt so höchst interessanten deutschen Boden
abspinnt — natürlich, wie es in meinen Gesichtskreis
tritt, und mir von meinem Standpunkt aus beleuchtet er=
scheint. Es wird da freilich anders aussehen, als in den
Zeitungen, die Sie lesen mögen, zum Beispiel die mit dem
Zeichen des Kreuzes an der Stirne — aber das schadet
ja nicht! —

Und nun ist wieder Frieden zwischen uns, nicht wahr?

Ich soll Ihnen Spezielles über mich und meine Häuslichkeit sagen — zu diesem kleinen Familienbild genügen
wenige Striche. Ich lebe mit meinem guten, alten Papa,
meinem Bruder — einem geistreichen Mann — meiner
jungen, sehr begabten Schwägerin, die vermöge ihres Scharf=
blicks mich und meine innere Welt wohl besser kennt, als

ich selbst, in ungetrübter Harmonie und in einem Hause; ein kleiner siebenjähriger Knabe, das einzige Kind meines Bruders, und mein Abgott, schließt den engen Kreis. Meine Familie trägt mich auf den Händen, und bestärkt mich somit in meinem Einspinnungssystem — ich bedarf des Umgangs mit Menschen außerhalb meiner vier Wände niemals . . . Die Lieben, mit denen ich zusammen lebe, könnten mir vielleicht auch bezeugen, daß ich nicht gefühllos bin . . . Arnstadt, meine weitere Umgebung, ist eine Kleinstadt, so ziemlich nach jeder Richtung hin; aber für mein Herz hat es den Vorzug, meine Vaterstadt zu sein. Diese kleinbürgerlichen Verhältnisse sind eng verknüpft mit meinen Erinnerungen aus der Kindheit, und heimeln mich an, wenn sich auch mein Geist völlig losgelöst hat von dem Boden der Geselligkeit. Da haben Sie die Umrisse!

Darf ich nun schließlich noch eine Bitte aussprechen? Ein hübscher Artikel der neuesten Gartenlaubennummer berührt Ihre Beziehung zu Bettina, wobei auch der Zeichnung gedacht wird, die Wilhelm Hensel von Ihnen entworfen hat. „Der schöne orientalische Magier mit dem silberweißen Bart" hängt bereits über meinem Schreibtisch, wo er auch niemals verdrängt werden wird; aber es interessirt mich lebhaft, Semilasso's Gesicht aus der Zeit kennen zu lernen, wo die Linien des „gefürchteten Sarkasmus" dem herzgewinnenden Ausdruck humaner Weisheit und Milde noch nicht gewichen waren — haben Sie ein gutgetroffenes Portrait, sei es Stahlstich oder Lithographie, das Sie mir schenken könnten?

Sie würden höchst wahrscheinlich diesen Brief noch nicht erhalten, wenn ich mich nicht so sehr um Ihre angefangene Kur sorgte — ich möchte gern möglichst bald Nachricht haben, wie es Ihnen geht. Das Wetter ist so ungünstig,

und ich bin den Badekuren überhaupt nicht hold . . .
Nicht wahr, Sie beruhigen mich bald? —
Ich bin und bleibe

Ihre getreue Korrespondentin
Eugenie John=Marlitt.

17.

Pückler an Eugenie John.

Bad Wildungen, den 2. September 1868.

Ach, liebe Eugenie — wenn Sie wüßten, welche Gewalt
Sie über mich ausüben, und wie unzufrieden ich doch noch
immer mit Ihnen bin! Warum? Ich weiß es eigentlich
nicht, aber ich fühle es. Wenn ich in Ihren Schriften lese,
so bewundere ich die so angenehme Lieblichkeit Ihrer
Frauenschöpfungen, die aus Ihrem eigenen Herzen kommen,
und die scharfe Menschenkenntniß, mit der Sie die Gegen=
stücke zu malen verstehen. Aber Ihre Briefe an mich sind
etwas ganz Anderes. — Ich sehe daraus, daß Sie das
Publikum lieben, mich Armen aber nur dulden. Es ist
schon das eine Gnade, für die ich aus ganzer Seele dank=
bar bin.

Daß Sie tief mißtrauisch sind, wie Sie schreiben, habe
ich (sehr unschuldige Seele) nicht bemerkt, und kann es selbst
heute noch kaum glauben, wenigstens nicht mich betreffend,
wenn ich nicht bei Ihnen verläumdet worden bin. Mich aber
kennen · wirklich nur Wenige, diese aber sind mir immer
beständig geblieben, worauf ich fast stolz bin, und es herz=
lich erwiedere, obgleich wir uns beiderseits zuweilen eben
so aufrichtig tadeln. Diesen Tadel will ich von Ihnen
immer in Demuth annehmen, ja, ich möchte wohl sagen:

mit Freude; denn bei edlen Charakteren liegt eine Aber von Anhänglichkeit darin, die mich innig erfreuen würde, aber Mißtrauen eben so sehr schmerzen.

Manches in Ihrem, mir doch so lieben Briefe kann ich nicht verstehen. Sie schreiben, „meine Beschuldigung, daß Sie gefühllos seien, habe Sie tief verletzt." Da ich dies nur auf mich bezog, so konnten Sie diese Aeußerung meines Kummers nicht übel nehmen, aber Sie bezeugen eben damit, daß Sie, deren Schriften so voll Gefühl sind, im Verkehr mit mir nichts der Art verspüren. Aber einen Vorwurf kann ich Ihnen ja daraus nicht machen, nur daß es mir weh thut, sollten Sie mir doch nicht so verdenken! Noch mehr aber könnte es mich kränken (wenn mir nicht alles von Ihnen, auch das Ungerechte, auf einer Seite wohl thäte, denn jeden Brief von Ihnen an mich sehe ich als eine Ueberwindung für Sie, und ein mitleidiges Wohlwollen für mich an, das aus Ihrem liebenswürdigen Charakter allein entspringt), also tiefer hätte es mich kränken mögen als alles Uebrige, daß Sie einen Augenblick nur glau=ben konnten — ich habe Sie persiffliren wollen! Eben so wenig könnte ich dies wollen, als ein eifriger frommer Katholik die heilige Maria verspotten.

Wie wenig lesen Sie in meinem Herzen! — Doch lassen wir jetzt dies alles fallen, sowie die Stein= und die Bronze=zeit, sondern geben Sie mir die warme, lebendige Hand mit einem leisen Händedruck, der mir beweisen soll, daß ich Sie nicht langweile, und daß Sie mir das Glück Ihrer Korrespondenz nicht entziehen, und keine bloßen Zeitungs=berichte aus dem Orient von mir verlangen wollen — selbst nicht, wenn Sie mir die Perspektive eröffnen, auch ähnliche Artikel als Retourchaise von Ihnen zu erlangen. Hier spotte ich ein wenig, aber nur immer nach dem Prinzip: Was sich liebt, das neckt sich, und dabei an einen frommen heitern Kuß der Seelen nur zu denken wage. Das wird doch erlaubt sein.

Ihr wahrhaft treu ergebener Unerkannter.

18.
Eugenie John an Pückler.

Arnstadt, den 28. Oktober 1868.

Meine unglückliche Feder ist wie gehetzt — zu Neujahr muß mein neuer Roman in der „Gartenlaube" beginnen, und ich bin noch weit zurück im Manuskript. Dieser Umstand mag mein langes Schweigen und die Kürze dieser Zeilen entschuldigen; letztere sollen ja auch dem fernen Freund nur beweisen, daß ich ihm am 30. Oktober geistig nahe bin, daß ich die herzlichsten Wünsche für ihn hege, und auch von ihm nicht ganz — vergessen sein möchte ...

Und nun ein fröhliches, frisches Glückauf! ... Blumen schicke ich Ihnen nicht; aber Sie sollen — so Gott will — noch manches Sträußlein auf dem Weg der Korrespondenz erhalten — wenn ich auch zuweilen der Lust nicht widerstehen kann, Ihnen einen kleinen Dorn mit einzubinden.

Ich bin und bleibe

Ihre getreue Korrespondentin
Eugenie John=Marlitt.

19.
Pückler an Eugenie John.

Branitz, den 1. November 1868.

Krank und leidend im Bett, bin ich noch immer gleich verliebt in die beiden Zaubernamen: Eugenie Marlitt, die nie ihren unwiderstehlichen Reiz für mich verlieren werden.

I.   26

Ich wollte meine Rückreise von Wildungen über den Ort nehmen, nach dem ich so sehr mich sehne, weil er unsere liebste und liebwürdigste Schriftstellerin in Deutschland beherbergt; aber Ihr letzter Brief an mich — war so kalt und so wenig herzlich, daß er mich mehr betrübte als erfreute, und so gab ich meinen Lieblingswunsch auf, um nicht als zudringlich zu erscheinen, was mir ein schauerlicher Gedanke war.

Aber jetzt haben mir Ihre hier erhaltenen so guten Zeilen wieder etwas Muth gegeben, und Sie sind gar nicht mehr so sicher vor mir, trotz Ihres listigen und muthwilligen Blicks, an dem ich mich täglich mit einigem Herzklopfen erfreue, weil doch edle Herzensgüte daraus hervorschaut, wie ich Ihnen, glaube ich, schon einmal gesagt, weil es mir immer so vorschwebt.

Ach, schreiben Sie mir doch einmal ganz aufrichtig, ob Sie bei diesen aus dem Innersten kommenden Worten etwas fühlen, was einer freundlichen Neigung ähnlich ist — und spotten Sie meiner nicht, daß ein Greis noch immer so jugendlich zu denken vermag.

Mit frohem Lächeln habe ich in Ihren lieblichen Zeilen (in denen Sie mir Glückwünsche zu meinem unglücklichen Geburtstag schicken) auch gelesen: „daß Sie zuweilen der Lust nicht widerstehen könnten, mir in den prächtigen Blumen Ihrer Korrespondenz, einen kleinen Dorn mit einzubinden."

Voila, ma chère, une espéce de déclaration — denn was sich liebt das neckt sich. Aber leider habe ich zu viel Menschenverstand um nicht einzusehen, daß es diesmal nur ein muthwilliger Scherz ist, den Sie mir, statt des stechenden Dorns, als ein Vergißmeinnicht, einbinden, so lieblich als Ihre wohlwollende Seele. Also dies Vergißmeinnicht ist mir theurer, als tausend der schönsten Blumenkränze aus dem Paradiese selbst.

Nur eins gefällt mir nicht in Ihren lieben Zeilen. Unterschreiben Sie sich nicht als meine treue Korrespon= dentin, sondern, wenn es Ihnen nicht allzuschwer wird, als meine treue Freundin. Dies wird mich glücklich, stolz und auch wieder gesund machen, weil es mir noch gar nicht klar ist, ob nicht die Ursach meines jetzigen Uebelbefindens ihren Ursprung zum größten Theil in dem Kummer gefunden, den es mir gemacht, Ihre Freundschaft wohl nicht erlangt zu haben! Je mehr Ihr gutes, mildes Herz mich vom Gegentheil überzeugen will, je dankbarer werde ich mein ganzes Leben lang für Sie bleiben, als meiner bewunderten Dichterin

treu ergebener Freund
Herrmann Pückler.

Liebesbriefe

aus

Pückler's Jugendzeit.

Die nachfolgenden Briefe hat Pückler aufbewahrt mit der Ueberschrift: „Konzepte alter Liebesbriefe, bei Gelegenheit wieder zu benutzen." Viele der Konzepte sind so unleserlich durch die Fülle der Korrekturen, daß ganze Briefe sowohl als Bruchstücke nicht mit hier aufgenommen, sondern nur eine Auswahl getroffen werden konnte. Es ist eine Eigenthümlichkeit an Pückler, daß von allem, was er geschrieben, nichts so viel korrigirt ist, als seine Liebesbriefe.

1.

Pückler an Jeannette.

Madame,

Toujours entouré d'une foule de témoins quand j'ai le bonheur de vous voir, ne pouvant jamais trouver le moment de vous parler de ce qui seul remplit mon âme — auriez-vous la cruauté, Madame, de m'en vouloir si j'ose saisir le seul moyen qui me reste — celui de vous écrire?

Ne vous attendez pas à des expressions choisies, à des phrases élégantes — hélas! comment en serai-je capable dans l'état où je suis. Je sais à peine ce que j'écris, les larmes m'interrompent à chaque ligne, et je n'ai d'autre désir que de mourir à vos pieds. Votre nom, tracé de votre jolie main, et que j'ai sauvé des mains profanes, est à côté de moi, millefois je lis avec un douloureux plaisir „Jeannette", et bientôt mes baisers et mes larmes l'auront effacé! Alors il ne me restera de vous que le souvenir de ce que la nature a jamais créé de plus parfaite, et la triste certitude que je suis le plus malheureux des hommes, car je n'ai aucun espoir — que suis-je auprès de vous! Non, je vous demande une seule permission — de vous adorer comme on adore une divinité, trop heureux

si quelquefois un sourire bienveillant, un regard de
bonté me fait entrevoir que ma présence ne vous est
pas importune, que peut-être — vous me plaignez.
Vous êtes si bonne, si compatissante pour tout le monde
— feriez-vous une exception avec moi, parceque je
vous adore, parceque je vous aime plus que tous les
autres, et que je ne saurais jamais vous le dire!

Hier, lorsque je découvris le petit Christ dans votre
corbeille, vous avez crue que je badinais en joignant
les mains pour prier. Vous vous trompiez, je vous
jure que j'ai prié du fond de mon coeur pour votre
bonheur. Ah, que ne puis-je acheter un moment de
satisfaction pour vous, par le sacrifice de toute ma
vie! Croyez que je n'hésiterais pas un instant. Il est
vrai que le sacrifice ne serait pas bien grand. Aimé
de vous, l'aspect de la mort doit être terrible, avec
votre indifférence la vie est bien plus redoutable.

„Espoir fait vivre“
écrivait hier Mr. de Königsfels en vous passant la feuille.
L'heureux mortel qui ose espérer. Cet espoir qui le
fait vivre m'a presque fait mourir. Vous lui en avez
donc donné, et hier soir encore!

Mais je m'égare, quel droit puis-je avoir de m'in-
troduire dans vos secrets, pardonnez-moi, et souffrez
qu'après avoir parlé si long-temps de moi, je vous
parle encore de vous-même.

En arrivant ici, et avant d'arriver, je n'avais entendu prononcer votre nom qu'en y attachant l'idée
d'un idéal de beauté et d'amabilité, enfin, on m'avait
si bien dit la vérité sur votre compte, que je vous
redoutai déjà avant de vous avoir vu. — Je vous re-
doutais, dis-je, car je crains l'amour, puisque je ne
saurai jamais aimer à demi. Une fois que j'aime,

l'objet aimé est tout pour moi, je n'existe que par lui, et tout le reste du monde ne m'est plus rien. Avec de telles dispositions on peut aller loin, et j'en ai fait l'expérience.

Je me promettais donc bien de fermer mes yeux à vos charmes. Je pensais souvent, elle sera belle et voilà tout; à coup sûr une femme du grand monde, fêtée toute sa vie par tout ce qu'il y a de plus aimable et de plus distingué par le rang et même par l'éclat des grandeurs ne peut avoir conservée cette ingénuité charmante, cet heureux naturel, die holbe Weiblich= feit, den höchsten unwiderstehlichen Reiz der Frauen. Hélas! à quel point m'étais-je trompé. Vous aviez tout. Je trouvais réuni dans votre personne tous les trésors, qui auraient enrichies cent femmes différentes. Avec cette beauté régulière, qui pourrait jamais peindre le jeu inexprimable de votre physionomie, l'expression enchanteresse de ce doux et charmant visage, et ces mille et mille grâces séduisantes, toujours variées, toujours naissantes du moment, et dont l'aspect enchanteur m'a souvent retenu comme dans une espèce de délire jusqu'à ce que, pouvant à peine respirer, je fermais les yeux pour ne pas trahir à tout le monde mon émotion. Tous les mouvements de votre corps semblent en effet autant de coquetteries de la nature, qui se plait dans son propre ouvrage, et comblé de délices en vous regardant on adore en effet la nature en vous aimant. Cependant vous possedez encore, peut-être sans le savoir, un attrait beaucoup plus puissant que tout. C'est cet inimitable naturel qui est à vos autres qualités ce qu'est la lumière au monde. Rien de ce que vous faites ne parait fait exprès. Il semble toujours que c'est le moment seul qui vous inspire. On croit voir un bel enfant, qui sans effort suivant toutes les impulsions de la nature, toujours conduit par le vrai sentiment du juste et du beau, présente ainsi, sans le savoir, la véritable image de l'être parfait que nous nous figurons sous le nom d'un ange. Les choses mêmes, que la nature enseigne le moins, et qu'on peut apprendre par une longue expérience, comme l'usage du monde, l'art de bien parler, cet esprit de conversation si facile et si aimable dont vous enchantez la société, tout prend chez vous cet air inné, cet air parfaitement naturel, qui embellirait même les objets les moins intéressants, et que je n'ai jamais rencontré dans personne que dans vous. Si j'avais à faire votre portrait, je pourrais bien parler encore de mille détails charmants qu'il me serait bien doux à suivre, mais que je n'ose prétendre vous faire lire tracés d'une main aussi peu adroite que la mienne. Qu'il me soit seulement permis de m'arrêter encore un instant à cette céleste expression de bonté, qui brille dans vos yeux, et qui, mettant le comble à votre perfection, n'est certainement pas démenti par votre coeur.

C'est à elle que je m'adresse pour la réception de cette lettre. En aurai-je aussi le démenti? Ah, Madame! croyez qu'à un caractère tel que le mien, vous ne pouviez m'inspirer une passion passagère, et que la moindre dureté de votre part me causerait plus de tourments que ne mériterait le plus coupable. Pourriez-vous être si peu généreuse?

Armand P.

2.

Vous me renvoyez ma lettre — oh dieux! si vous pouviez me voir un moment, vous regretteriez votre rigueur! Oh, quand espoir fait vivre, que le désespoir fasse mourir! Qu'ai-je au monde? rien que mon amour pour vous. Ne me dites pas qu'il faut une plus longue connaissance pour tant aimer. Ce langage est démenti par la nature. Ah, je le sens trop bien au fond de mon coeur que l'amour ne compte pas par heures et par jours.

Quelle cruelle situation est la mienne! Je ne puis vous parler, et vous ne voulez pas me permettre de vous écrire.

Ma tête est brûlante, mille et mille choses se présentent à mon imagination que je voudrais vous dire. Ah, c'est une jouissance si douce que de s'occuper de vous! Mais voilà déjà une nouvelle lettre, sans que la première ait été reçue — vous êtes bien cruelle, et moi bien malheureux! Je tremble de vous revoir, et ne puis cependant supporter votre absence. Que deviendrai-je, si vous ne me faites pas revivre par un petit signe de bienveillance. Ah, si prier aidait à quelque chose, je voudrais embrasser vos genoux et y rester jusqu'à ce que j'aurai fléchi votre coeur. — Mais d'être importun, voilà l'idée qui me tue! Alors vraiment il serait honteux de vivre.

Que dois-je penser de ces derniers jours! Non, vous n'avez point de coeur, au moins vous auriez sentie de la pitié pour moi! — Vous m'accablez de rigueurs, et en vous jouant de mes tourments, vous me condamnez sans vouloir m'entendre. Ah, je ne sens que trop bien à quel point je dois vous paraître étrange, ridicule peut-être. On dit que l'amour donne de l'esprit aux sots et l'ôte à ceux qui en ont. Il faut donc me compter parmi les gens d'esprit, car il est impossible que l'amour puisse rendre un plus sot que moi. Sitôt que je vous aperçois, il semble qu'une main de géant réprime toutes mes facultés — je me trouve presque sourd et muet comme Anatole — il ne me reste que l'usage de mes yeux pour m'enivrer toujours davantage du poison qui me tue. Croyez-moi, Madame, tout le monde est frappé de votre mérite, beaucoup vous font la cour, moi je ne sais que vous aimer. La liberté de l'esprit que les autres conservent, il y a long-temps que je l'ai perdu. Quel triste sort! Moi qui voudrais donner sa vie pour vous plaire, je me vois ôtés tous les moyens pour y parvenir par l'excès de cette passion même que vous rejetez avec tant de dédain.

3.

Ce 20 avril 1804.

Madame,

Ne vous fâchez pas d'une longue lettre, six longues journées de souffrances, où je n'ai pas pu jouir du bonheur de vous voir. Si vous saviez quelle a été ma vie! — Je ne me suis pas permis un instant de loisir afin d'étourdir, s'il se peut, mon coeur, j'ai inventé une multitude d'occupations inutiles pour me dérober à l'activité de mes pensées; tantôt je me promenais dans ma chambre, tantôt je descendais pour passer auprès de votre porte en me souvenant avec délice de toutes les fois que j'y suis entré pour me jeter aux pieds de celle qui décide du bonheur ou du malheur de ma vie. Je me suis précipité dans ma voiture pour chercher dehors le repos qui me fuit chez moi.

Oui, je le sens, ce n'est qu'en vous voyant que j'éprouve encore une sorte de tranquillité, comme je jouis alors avec délice du charme de vos paroles; vous adorant dans toutes les nuances de vos charmes, je ne perds pas un seul de vos regards, et à tous moments je vous découvre de nouvelles qualités, de nouvelles séductions que vous possedez sans le savoir. Mais dès que mes yeux ne reposent plus sur vous, je retombe dans cet état de trouble et de langueur qui me ferait détester la vie, s'il ne fut mêlé de quelques heureux souvenirs qui me dédommagent des plus cruelles souffrances.

Ce 21 avril.

En me représentant aujourd'hui différents entretiens que j'ai eu avec vous, il me sont venu plusieurs réflections sur ce que vous appelez vos devoirs contre votre mari étc.; vous semblez les estimer plus haut que ceux de l'humanité, et moi je les crois bien faibles, surtout dans la situation où vous êtes; car vous ne demanderez pas sérieusement que je croye que vous avez de l'amour pour votre mari, ni que de son tour il vous aime passionnément; vous faites tout ce que les loix de la raison et de la nature peuvent exiger de vous, et quand à celles de la société, vous savez bien qu'elles ne sont faites que pour l'universalité des hommes, et n'ont point d'influence sur les gens éclairés. Et pensez-vous, quand même ces loix calculées pour les circonstances ordinaires de la vie fussent fondées pour tout le monde, qui'ls puissent subjuguer un amour comme le mien?

Pourquoi donc me faire souffrir davantage, n'est-il pas plus du devoir d'une âme sensible de soulager un sentiment passionné que de punir d'un amour dont on est la victime, et auquel on ne peut pas résister?

Avec ces idées altérées de vertu et de devoir vous endurcirez votre caractère, vous perdrez cette bonté parfaite qui seul est l'empreinte de la divinité et le plus grand des devoirs. Quand vous serez rendue inflexible à ce que j'éprouve, quelle est la douleur qui jamais vous attendrira? c'est la sensibilité qui répand sur vos charmes une expression céleste, quel échange ferez-vous, si en accomplissant ce que vous nommez vos devoirs, vous étouffez ces mouvements involontaires, que la pitié et la nature doivent vous inspirer, et qui parlaient pour moi en vous représentant la violence et la sincérité de mon amour.

Comme je me réjouirais de l'heureux moment, où je pourrais vous dire tout cela de bouche. Croyez-moi, quoique personne ne puisse vous voir sans vous admirer, il n'y a que moi qui ne connait d'autre bonheur que celui de votre présence, de votre entretien, de ce charme que vous savez répandre autour de vous et dont je sens si bien la douce influence, mais, le concevez-vous, comment on puisse aimer une femme belle que vous, l'aimer sincèrement, sans éprouver ni des sentiments exaltés ni l'inquiétude qu'ils inspirent?

1.

Pückler an Lisette.

Mademoiselle,

Da ich bemerkte, wie sehr Ihnen seit einigen Tagen meine Gesellschaft zur Last fällt, und ich nichts weniger wünsche, als irgend jemand, geschweige denn einem so artigen Mädchen, als Sie, schöne Lisette, beschwerlich zu sein, überdem einer oder der andere Ihrer Liebhaber durch meine Gegenwart abgeschreckt werden könnte, so will ich im Gefühl meiner Unwürdigkeit mich gern zurückziehen, um niemand mehr im Wege zu stehen, noch Ihnen durch meinen Anblick Mißvergnügen zu verursachen. Gewiß wird sich nun die Zahl Ihrer Anbeter alle Tage so vermehren, daß Sie am Ende mit Recht werden von sich sagen können: Alle für mich, und ich für Alle; bis jetzt glaubte man vielleicht nur das letzte, aber dann wird man auch das erste nicht mehr bezweifeln.

Auf Wiedersehen auf dem Theater.

2.

Pückler an Lisette.

Noch einmal, geliebtes Mädchen, erlauben Sie mir Ihnen zu schreiben, Ihnen, die mein Alles war, und deren Andenken mir immer theuer sein wird, wenn Sie längst vielleicht sich meiner nicht mehr erinnern werden. Verzeihen Sie mir, wenn ich Sie beleidigt habe, bedenken Sie, daß wer aufrichtig liebt, immer eifersüchtig ist, und daß Sie mich mit Vorsatz dazu gereizt haben. Erlauben Sie mir zu meiner Entschuldigung die Vorfälle dieser drei letzten unglücklichen Tage noch einmal vor Augen zu stellen, um

Sie wenigstens zu überzeugen, daß die Schuld nicht ganz allein an mir lag, und daß, wenn ich auch in manchem gefehlt habe, ich doch vielleicht nicht eine ganz so harte Behandlung verdiente.

Sie werden sich der Komödie von Mittwoch erinnern; ich weiß nicht, was Sie bewog, so äußerst vertraulich gegen den Herrn von Einsiedel und einen unbekannten preußischen Offizier zu thun, da Sie doch voraussetzen konnten, daß ich zu viel Antheil an Ihnen nähme, um über ein solches Betragen nicht bekümmert zu sein. Sie bemerkten das, vermehrten nur aber noch Ihre Freundlichkeit gegen Alle, und küßten sogar beim Zuhausefahren Götz einigemal, Götz, der Sie wie ein gemeines Mädchen behandelt hat, das man bald verlassen, zu dem man bald wiederkommen kann, und wo man deswegen immer wieder mit offenen Armen auf= genommen wird. Ich hätte Ihnen wenigstens mehr Stolz zugetraut, als einem Menschen, der Sie so gering geschätzt hat, Ihre Eroberung von neuem so leicht zu machen.

Dem allen ohngeachtet kam ich vorgestern Abends zu Ihnen, um mich wegen meines sonderbaren Betragens bei Ihnen zu entschuldigen, und Ihnen zugleich sanft vorzustellen, wie sehr es mich kränken müßte, einen solchen Menschen mir vorgezogen zu sehen, aber gleich das erste, was mir aufstieß, war wieder der Herr von Götz, er selbst, der mir wieder gleich zuerst in die Augen fiel, so ungenirt, als wenn er noch niemals weggeblieben gewesen wäre, und übrigens von Ihnen Allen auf den Händen ge= tragen. Ich muß gestehen, daß ich mich hier nicht mehr mäßigen konnte, und die albernen Spöttereien Ihrer Tante, die überhaupt Ihr Unglück ist, mich aufbrachten. Habe ich mich im Verdruß zu harter Ausdrücke bedient, so glauben Sie, daß ich mehr dabei gelitten habe sie zu sagen, als Sie sie anzuhören. Ach Lisette, hätten Sie mich nur gestern

noch etwas besser behandelt, fußfällig hätte ich Sie des=
wegen um Verzeihung bitten wollen, aber Sie haben mich
verachtet; umgeben von einem Schwarm der elendesten
Menschen, wandten Sie sich jedesmal von mir weg, wenn
ich es versuchte Sie anzureden, und endlich, da ich Sie im
Kahn halb mit Thränen nur um Ihre Hand als ein
Zeichen Ihrer Liebe bat, legten Sie ohne mir zu antworten
Ihren Kopf zärtlich an Götzens Schulter. Das, Lisette,
war zu viel; mir ward von dem Augenblick an ganz son=
derbar zu Muthe; auf dem ganzen Rückweg überlief es
mich wie Fieberfrost, und ich werde mich noch lange nicht
davon erholen können.

Hatten Sie die Absicht, mich recht unglücklich zu machen,
so freuen Sie sich, Sie haben Ihren Zweck erreicht. Ich
will nicht wünschen, daß mich einst einer an Ihnen rächt,
nur können Sie mir glauben, meine Lisette, wenn ich Sie
noch einmal so nennen darf, werden Sie gleich Viele finden,
die mehr Vorzüge besitzen als mir zu Theil wurden, so
wird Sie doch niemand so aufrichtig lieben.

Das war alles, was ich Ihnen noch zu sagen hatte,
nehmen Sie es nicht übel auf, mein gutes Mädchen, und
sollten Sie sich zuweilen noch künftig meiner erinnern, so
thun Sie es ohne Haß, ich werde Sie nie vergessen. O
wie glücklich, meine Lisette, hätten wir sein können, wenn
Du meine Liebe erwiedert hättest! Doch das ist vorbei,
also leben Sie wohl.

An *

Ne me jugez pas trop mal, Madame, si vous me
voyez quelquefois presque fou et souvent bien sot. Je
ne prétends pas excuser ma conduite, mais si vous

connaissez l'amour, elle doit au moins vous prouver que je vous aime — mille fois plus que je ne puis vous l'exprimer. Un rien suffit quelquefois pour me désespérer, la plus petite faveur me rendra le bonheur, mais hélas, il n'est pas à moi que vous les accordez.

J'étais heureux hier en vous admirant, chaque moment que des importuns m'empêchaient de vous contempler me parut un larcin fait à mon bonheur. Quelle douce satisfaction j'éprouvais à vous comparer à toutes les autres femmes: l'air distingué, la noblesse et la grâce de la tournure, la finesse et l'expression de vos traits, jusqu'à l'élégance de votre mise, en tout vous surpassiez de si loin tout le reste des femmes qui ne semblaient être là que pour rehausser l'éclat de vos charmes.

Quand vous dansiez, on ne remarquait que vous. Je voyais avec un plaisir mêlé de jalousie, les yeux de tous les hommes attachés sur vous, et les femmes vous fixer tout autour de vous avec un air si commun qu'on aurait cru qu'elles devraient mourir de dépit. Quelquefois je croyais voir votre regard planer sur moi, mais à la fin du bal le peu d'intérêt que la pitié semblait vous inspirer disparut entièrement; si vos yeux tombaient par hazard sur moi, ce n'était qu'avec l'indifférence la plus cruelle — je fus désespéré, il s'empara de moi un tel découragement, je sentis si profondément tout mon malheur, que j'en fus accablé. Votre manière d'être avec Mr. B. acheva de me désespérer, ce ne fut plus de la jalousie, qui me tourmenta, c'était la douleur la plus profonde de ne pas être digne de vous.

An *

Quels moyens employez-vous pour éteindre ma
passion, avec cette douceur anglaise, avec cette touchante éloquence vous voulez me ravir mon bonheur,
mais vos raisons ne me persuadent pas. Ce n'est pas
l'accomplissement des devoirs (peut-être chimériques
et en opposition avec la nature) envers un seul que
j'admire en vous, non, c'est cette bienveillance générale, cette bonté généreuse envers tous, cette belle
âme enfin, dépourvu de toutes les petites passions,
qui vous fait apprécier à leur juste valeur tous les
plaisirs futiles du monde, qui vous rend étrangère à
la vanité, au ressentiment, à l'hypocrisie, à toutes ces
petites passions qui sont le partage du vulgaire, prête
à les sacrifier au plus léger devoir — quand j'observe
comment, autorisé à avoir toutes les prétensions, vous
n'en montrez aucune, puis-je m'empêcher de vous
adorer! — Oui, souvent je me le suis dit à moi: Elle
est belle, mais le désir de la volupté aurait été le
dernier pour le bonheur, et les charmes de son coeur
et de son esprit auraient suffi pour me rendre heureux.
Vous voyez, Madame, l'amour ardent que je vous porte
n'est pas l'effet d'une imagination exaltée, il est fondé
sur l'admiration, l'estime, et ce sentiment qu'on ne
peut exprimer, mais qui est le plus sûr garant de
notre essence divine.

Vous êtes trop bonne pour ne pas être attendri
par le spectacle de la souffrance, ma douleur seule
ne serait-elle rien à vos yeux? Vous voyez, je vous
aime, et quelle douleur peut être comparée à celle
d'être condamné à aimer sans espoir! —

Pückler an Julie.

Bei Nacht um 12 Uhr.

Angebetete Julie,

Verfolgt von einer Leidenschaft, der ich zu widerstehen
unfähig bin, bald von Furcht beunruhigt, und bald von
Hoffnung und gränzenloser Liebe bewegt, werden Sie mir
es verzeihen, theure Julie, wenn ich Ihnen schreibe? —
Erwarten Sie keine gewählten Ausdrücke, keine zierlichen
Wendungen — nie wär' ich ihrer fähig in dem Zustand,
in welchem ich mich befinde. Kaum weiß ich selbst, was
ich schreibe, Thränen unterbrechen mich bei jeder Zeile,
und ich habe keinen Wunsch als zu Ihren Füßen zu sterben.
O, grausame Freundin, können Sie noch zweifeln, daß ich
Sie anbete, daß ich Sie liebe mit allen Kräften meiner
Seele — von dem ersten Augenblick an, wo der Anblick
Ihrer Reize meine Sinne verwirrte, hat Ihr Bild mich
keinen Augenblick verlassen, kein Gedanke, dessen Gegenstand
Sie nicht gewesen wären, hat das schmerzliche Vergnügen
unterbrochen, das ich empfand, mir immerwährend jene holde
Grazie zurückzurufen, die Sie umgiebt, und den Glanz
der schönsten Augen, und den unbeschreiblich verführerischen
Blick, vor dem ich so oft in Schmerz und Wollust erzitterte,
dieses Ganze endlich, das Sie zum gefährlichsten und un=
widerstehlichsten aller Weiber macht. Umsonst würde ich
versuchen Ihnen den Eindruck zu schildern, den so viel
Liebenswürdigkeit auf mich gemacht hat, ich würde Ihnen
vielleicht romanhaft scheinen, und dennoch die Wirklichkeit
nicht erreichen — warum kann ich Ihnen nicht alles opfern,
was mir das Theuerste auf der Welt ist, um Sie von der
süßen Leidenschaft zu überzeugen, die mich verzehrt? Ich
werde ihr unterliegen, wenn Sie nicht Mitleid mit mir
haben. Sie sagten heute, ich könnte noch glücklich werden,
darf ich das so deuten, wie es mein Herz verlangt? —

Von Ihnen geliebt werde ich auch den Glücklichsten nicht beneiden, ohne Ihre Liebe kann ich nur elend sein. Ihre Verachtung würde ich gar nicht überleben, und ist G eich= gültigkeit nicht gleich schrecklich für ein zärtliches Herz? Sie sind so gut gegen Jeden, wollen Sie nur bei mir eine Aus= nahme machen, weil ich Sie mehr als Alle liebe? — Ich fühl' es wohl, wie unwürdig ich bin, einen Engel wie Sie, himmlische Julie, zu besitzen, aber können Sie mich zwingen, mir selbst den Dolch in's Herz zu stoßen, indem ich jeder Hoffnung entsage?

Wie viel hätte ich Ihnen noch zu sagen! Aber ich will Sie nicht ermüden; gewähren Sie mir nur wenige Zeilen Antwort, und erwiedern Sie nur den kleinsten Theil der Liebe, die ich für Sie empfinde, so werde ich für mein ganzes Leben Trost und Glück aus Ihrer Antwort schöpfen. Wehe mir aber, wenn Sie mich erbarmungslos verstoßen. —

A la plus belle.

Le 18 octobre.

N'ayant aucun moyen de vous parler, Mademoiselle, j'espère que vous me pardonnerez si j'ose vous écrire. La violence de l'amour que vous m'avez inspiré — les attraits séduisants de votre charmante personne, que les grâces ont pris plaisir de former; sont bien la meilleure excuse de mes sentiments, et de l'aveu que je me sens entraîné de vous en faire. Je n'ose vous écrire davantage en ce moment, daignez me té- moigner au moins par vos regards si j'ai obtenu mon pardon, et si je puis ouvrir mon coeur à l'espérance. Je serai placé demain soir comme à l'ordinaire sous votre loge, et aucun de vos mouvements ne m'échap-

pera. Ah! que je puisse y lire mon bonheur! Adieu,
femme trop aimable — pourriez-vous sérieusement
m'en vouloir d'une passion, dont un insensible seul
aurait pu se garantir? Croyez que je vous aime de
toutes les facultés de mon âme, et soyez un peu indulgente.   Armand P.

Le 21 octobre.

Je rouvre ma lettre tout désolé de ne pouvoir vous
la faire parvenir — vous êtes toujours tellement entouré de monde, que je n'ai jamais osé vous la donner,
de peur de vous compromettre. Cette fois-ci il faut
cependant que vous la teniez de manière ou d'autre,
car je ne saurai vraiment plus supporter de rester
ainsi dans l'incertitude. Si vous avez quelque pitié
des tourments que vous me causez — écrivez-moi,
charmante femme, deux mots seulement de réponse.
J'aurai soin, en sortant du spectacle, de me trouver
près de la porte, et en vous tournant le dos, je tien-
drai mon chapeau derrière moi de manière que vous
pourrez aisément y laisser tomber votre lettre en passant, sans que personne puisse s'en apercevoir. Je
vous conjure, Madame, de ne pas tromper mes plus
chères espérances — il dépend de vous seule de me
rendre le plus heureux ou le plus malheureux des
hommes. Ah! Madame, que de moments déjà perdus
pour l'amour — vous êtes si faites pour l'inspirer, et
pour le ressentir vous-même — que le mortel que
vous honorez de votre choix doit être heureux! Je
donnerai ma vie pour pouvoir vous exprimer de vive
voix avec quelle violence je vous aime, combien vous
m'êtes chère — mettez-moi bientôt à même d'être
rassuré sur vos sentiments, ou vous me verrez expirer

de douleur. Adieu, belle et aimable amie (permettez toujours de vous nommer ainsi à celui qui vous est éternellement dévoué), je baise mille fois les jolies mains, qui vont ouvrir cette lettre — quand pourrai-je donc les presser de mes lèvres brûlantes pour les remercier d'avoir tracé mon bonheur? Faites que cela soit bientôt.

Au Adele.

(Mon premier billet retourne déchiré.)

Le 26 octobre.

Vous êtes bien cruelle, Mademoiselle, envers quelqu'un qui n'a d'autre tort que celui de vous aimer — ce crime est-il donc si grand? Hélas! il est cependant si involontaire. Mais il n'y a qu'un amour faible qui se rebute — vous avez déchiré mon billet pour me le renvoyer ensuite! A peine l'avez-vous lu peut-être — je ne croyais pas mériter tant de dureté! Mais n'importe, je veux souffrir, puisque vous y trouvez un cruel plaisir — mais au moins laissez-moi l'espoir de vous fléchir un jour, quand vous me connaîtrez mieux — quand vous verrez à quel point vous m'êtes chère. J'ai une seule consolation dans mon malheur — c'est mon nom, tracé de votre main, je baise à tout instant ce papier que vos doigts ont touché — bientôt mon imagination enflammée me présente tout l'ensemble dangereux de vos charmes, je crois voir cette petite tête orgueilleuse et ces beaux cheveux bouclés, cette gorge .... oh dieu! c'est alors que tressaillant d'amour et de volupté, je voudrais donner ma vie pour vous presser une seule fois contre mon sein, et mourir de plaisir! Charmante Adèle, vous êtes sourde à mes

transports, mais permettez-moi toujours de vous voir
— pour vous être moins ennuyeux, je vous parlerai
de quelqu'un, qui, je le vois bien, a eu le bonheur
de vous frapper davantage. Cet homme au chapeau
gris et avec les cheveux bien noirs, je le connais,
l'amour est clairvoyant. Il est parti il y a huit jours
— que ne suis-je à sa place! Moi, je n'ai pas été
seulement remarqué. Hier en sortant de la comédie,
je vous rencontrais — je donnais le bras à Mad. Re-
noir, qui vous saluait — pas un seul de vos regards
ne tombait sur moi, et j'en étais si désespéré que
durant tout le soir j'ai répondu de travers à toutes
les questions que l'on me faisait.

Soyez cette fois-ci, aimable et chère Adèle, un
peu plus compatissante — ne déchirez-pas mon pauvre
billet, et mon coeur — daignez me répondre en deux
mots seulement, où je peux vous voir, car il faut cependant que nous fassions connaissance ensemble avant
que vous me rejettiez tout-à-fait. Nous pouvons nous
voir chez la femme qui vous remettra cette lettre, ou
si vous me le permettez, je louerai une chambre dans
la même maison qui est vacante, et où nous pourrions
nous trouver en toute sûreté — si vous le voulez.
Pour mieux vous décider, je vous promets de venir
en chapeau gris.

Votre tout dévoué Armand P.

An *

Madame,

Une personne odieuse, qui m'imposait la plus cruelle
gêne, et me forçait à une conduite envers vous, Madame, qui doit vous avoir paru bien singulière, ne

m'empêche enfin plus de vous faire l'aveu de la passion
la plus tendre et la plus violente — vous n'en sauriez
inspirer d'autre — tant de charmes et de grâces ne
peuvent blesser que profondément. Il n'y a qu'un
insensible qui puisse se défendre d'en être touché,
et vous serez bien cruelle, Madame, de me faire un
crime de mon amour, dont il ne faut accuser que
votre beauté et les attraits séduisants répandus sur
votre personne, qui vous rendent aussi charmante pour
notre sexe que redoutable pour le vôtre. Me repro-
cheriez-vous d'avoir trop précipité l'aveu des transports
qui me consument? oh Dieux! je ne vous ai vu que
trois fois, il est vrai, mais hélas! il n'en fallait qu'une
seule pour vous dévouer ma vie toute entière.

Le trouble qui m'agite et la crainte de vous fatiguer
arrêtent ma plume. Daignez, Madame, être aussi
compatissante que vous êtes belle, et ne me refusez
pas un mot de réponse, qui doit décider du bonheur
ou du malheur de ma vie. Vous m'avez vu .... mon
trouble vous a sans doute trahi les sentiments que
j'éprouvais — si j'aurai été assez heureux de ne pas
vous déplaire! quelle félicité égalerait la mienne!
Laissez-moi, adorable femme, lire dans vos beaux
yeux si je puis ouvrir mon coeur à cet espoir con-
solateur. Je reviendrai demain au spectacle, j'y goû-
terai le plaisir voluptueux de vous revoir, de contempler avec délices ces charmes enchanteurs dont
j'attends seul le bonheur suprême, c'est là que vous
fixerez par un regard le sort du plus tendre et du
plus ardent des amants.

Votre tout dévoué A. de P.

Si vous voulez me favoriser d'un mot de réponse,
je l'attendrai tous les jours au Cours Bonaparte de

deux à trois heures après midi. On me reconnaîtra aisément à un chapeau d'officier à cocarde blanche.

An Vincenza.

Oh! Vincenza, ange du ciel, âme de ma vie, qu'as-tu fait de moi — où trouverais-je des expressions pour te peindre l'état de mon âme! non jamais, jamais un amour pareil m'a dévoré le coeur! Depuis que tous les tourments de l'enfer se sont réunis dans mon sein, le délire s'empare de mes sens, à peine sais-je où je suis. La nuit règne autour de moi, il n'y a que toi seule que j'aperçois partout — je vois tes beaux yeux qui reposent sur moi, je vois ce regard si touchant, qui dissout tout mon être, et qui me fait baigner dans mes larmes; je voudrais étendre mes bras pour te presser contre mon sein, et je n'embrasse que ton ombre.

O Dieux! comme tes baisers brûlent encore sur mes lèvres — non, je ne veux pas en vain avoir goûté un moment le bonheur, les délices du ciel, je ne veux pas en vain avoir senti ton coeur palpiter contre le mien, il faut que tu m'aimes ou que la terre m'engloutisse.

Oh toi! pour qui toutes les expressions sont trop faibles, toi, que j'adore plus que mon dieu, pourrais-tu avoir la cruauté de te refuser à mon amour? La pensée qu'un autre que moi te posséderait me remplit de fureur, et pourrait me faire perdre la raison. Oh ciel! miséricorde, Vincenza! au nom de tout ce qu'il y a de sacré pour toi dans la nature, je te conjure, ne prononce pas l'arrêt de ma mort, accorde-moi ton amour, ou plonge moi un poignard dans le sein.

Ah! je n'en puis plus — je ne sais ce que je fais,
ce que je dis; la fièvre m'agite d'une manière trop
violente, je vais me mettre au lit, et attendre ta réponse. Oh, ma Vincenza, ta réponse! quel doux plaisir
pour moi, que d'avoir quelques mots seulement, écrits
de ta petite main — je les effacerais de mes baisers
et de mes pleurs. Écris-moi, quand tu me permets
de te revoir, mon coeur a si besoin de s'épancher
envers toi, j'ai tant de choses à te dire, je ne goûte
le repos que dans ta douce société.

Je ne sortirai pas aujourd'hui; à peine ai-je eu
les forces de me trainer ce matin au manège, où j'étais
de service; tout le monde s'est aperçu de la douleur
qui me ronge, et ce n'est que dans la solitude que
je trouve quelque soulagement.

A 5 heures je ferais chercher le même livre que
j'ai employé pour cacher ma lettre, et tu auras, mon
âme, la bonté d'y mettre seulement deux mots de
réponse en italien; je suis sûr que tu es incapable
de me refuser cette grâce, il faudrait, pour le faire,
avoir le coeur de marbre et le caractère d'un tigre,
et tu es bonne, ma Vincenza, et compatissante. Si
tu as quelque pitié de moi, tutoie-moi dans ta réponse,
et pardonne à moi de l'avoir fait, mais il m'était impossible de t'appeler vous, toi, que je chéris cent fois
plus que la vie, et que j'aime plus qu'on peut l'exprimer.   Luigi.

_____

1.

Pückler an Julie.

Le sommeil et le repos me fuient — nuit et jour
l'image de la belle Julie me poursuit et m'agite sans

nom, mon imagination exaltée me présente cette femme charmante, ornée de toutes les grâces, de tous ces attraits séducteurs qui tour-à-tour me font tressaillir de douleur et de volupté.

Je suis seul, ne le suis-je pas toujours loin d'elle, ma plume, cher compagnon de mes peines, trace sur le papier ces lignes. Elle ne les lira peut-être jamais, ces lignes, qu'un amour brûlant m'inspire, mais au moins je m'occuperai d'elle, je croirai lui parler, je me ferai des illusions flatteuses sur ses réponses — ah! juste dieu, je serai condamné à ne les voir jamais réalisées! —

Eh bien, belle Julie, permettez à votre timide adorateur de vous adresser la parole, permettez-lui de vous rappeler son souvenir, qui est si étranger à votre coeur. Dites-moi donc, cruelle, faut-il vous revoir, ou bien faut-il vous fuir? „Quelles prétentions sont les vôtres?“ me disiez-vous hier quand avec modestie j'osais vous demander quelques faveurs — il est vrai, et j'en conviens avec plaisir, vos qualités, vos charmes, votre amabilité sont tellement au-dessus du vulgaire, que chacun peut paraître arrogant et ridicule qui ose former le désir de vous plaire, mais l'amour ardent, l'amour véritable ne se croit-il pas par lui-même autorisé à l'espoir, car enfin l'amour sans retour n'est-il pas un feu sans aliment, qui tôt ou tard doit s'éteindre?

Vous êtes si belle, si séduisante, vous devez être bonne — ma douleur seule ne serait-elle donc rien à vos yeux, parceque je vous aime? Et quelle douleur est comparable à celle que me cause votre indifférence? Ne me croyez pas assez vain pour ne pas sentir combien je suis peu digne de posséder une femme, un ange comme vous — mais, pourriez-vous me forcer de plonger moi-même le poignard dans mon coeur, en renonçant à l'espérance? Un seul mot écrit de votre jolie main et dicté par l'amitié pour me tranquilliser me rendra le repos et le bonheur, me le refuserez-vous? Pour ne pas vous ennuyer trop fort de mes entretiens, ou au moins pour varier, permettez-moi de vous raconter un rêve singulier que j'ai fait cette nuit.

Je me trouvais dans votre chambre assis à côté de vous, je m'abandonnais au plaisir de vous regarder, je vous parlais avec ardeur, j'étais moins timide, et je trouvais enfin les paroles qui me paraissaient toucher votre coeur. Tout d'un coup la Baronne de Vénise au teint éclatant apparut devant moi, et se jetant sur le sopha, écartant ses jambes décharnées de la manière accoutumée: „Vous êtes bien foux tous les deux," s'écria-t-elle d'une voix rauque et discordante, „d'être ainsi amoureux l'un de l'autre" .... „Comment Madame," l'interrompiez-vous sur-le-champ avec aigreur, „pourriez-vous me croire amoureuse du Comte?" — „Allons, ne vous en défendez pas trop, il me semble pourtant qu'il ne vous déplait pas." J'étais outré du propos impertinent de la vieille, et je m'apprêtais à lui répondre comme elle le méritait, quand je vous vis vous lever subitement, et sortir sans rien dire de la chambre, en jetant un regard si dédaigneux sur moi, qu'il me perça le coeur.

2.

Pückler an Julie.

Gott! — In welche Verzweiflung setzt mich diese töbt=
liche Ungewißheit! Lange kann ich den Kampf der Angst
und Hoffnung nicht mehr aushalten. Julie! haben Sie
Erbarmen mit mir — ach, könnten Sie in mein Herz
sehen, meine Leiden würden Sie rühren — ich habe ge=
geliebt, zu lieben geglaubt, aber so war mein ganzes Wesen
nie ergriffen — wie könnte es auch, welches andere Weib
vereinigt in ihrer Person allen Liebreiz Ihres Geschlechts
wie Sie — ja, ich schwöre es Ihnen, theure Julie, ich
liebe Sie unaussprechlich, aber ohne Interesse, nur Ihr
Wohlwollen, Ihre Theilnahme verlange ich — können Sie
mir die versagen, ohne grausamer zu sein als der härteste
Tyrann? Nur ein mildes Wort von Ihrer Hand, da ich
Sie nie einen Augenblick allein sprechen kann, das mich
beruhigt, das mir möglich macht, mich und meine Leidenschaft
vor den Anderen zu verbergen. — Ach, wenn Sie wüßten,
wie oft ich der Verzweiflung nahe bin, wenn ich so vor
Ihnen stehen muß, allen Ihren himmlischen Liebreiz in mich
sauge, Ihre Stimme höre, die immer mein Innerstes er=
schüttert, und nicht zu Ihren Füßen hinsinken darf; und
mit lauter wollüstigen Thränen mich an Ihrem Busen
ausweinen darf. — Ach, Julie, haben Sie je die Liebe
gekannt, so muß mein Zustand Sie tief bewegen. Nie
werde ich den Augenblick vergessen, wo Sie mir meinen
ersten Brief, meinen einzigen Trost zurückzugeben dachten —
hätten Sie es gethan, so lebte ich jetzt nicht mehr, aber
gelitten habe ich doch mehr beim Gedanken der bloßen Mög=
lichkeit, als ich Ihnen sagen kann, und Sie vielleicht glauben
würden. Ich kann nichts halb thun — mußte ich wahrhaft
lieben, so konnte es auch nur mit der unbegränzten Leiden=

schaft sein, deren ich fähig bin, und die Sie einzuflößen
so würdig sind. O Natur, nur einmal laß mich die Wahl=
verwandtschaft fühlen, und nimm dann mein Leben auf
ewig dahin. Wer geliebt hat, der allein hat gelebt —
bis jetzt hat nur Sinnenrausch und Eitelkeit im Gewirre
der Welt meinem Herzen Liebe vorgelogen, Sie anzubeten
war für mich zuerst die wahre Liebe, des Himmels schönste
Tochter, kennen.

Hören Sie mich, seien Sie menschlich — nur einige
Zeilen Antwort, oder wenn es Ihnen möglich ist, so geben
Sie mir an, wie ich Sie vielleicht allein sprechen kann,
denn auch die reinste Liebe scheut die Zeugen, und vor den
kalten Herzen der fremden Menschen zieht sich jede zarte,
innige Empfindung verwundet zurück.

3.

An Julie.

Je me sens trop agité en ce moment pour vous
répondre, belle et aimable Julie, incapable d'une
pensée claire, je ne sais comment écrire, par où commencer; mon coeur est oppressé de mille sensations
diverses. Ma main tremble, et j'éprouve à la fois la
joie la plus douce, le repentir et la douleur. Est-il
bien vrai que vous ne me rejetez pas tout-à-fait —
ce cruel mot d'indignée m'a tant fait souffrir hier!
Rendez-moi justice, belle Julie (je ne pense pas vous
appeler Madame), ce n'est pas par rancune, ce n'est
pas parceque ce mot cruel me déplut que je vous
quittais — c'était parceque je me sentais si mal, si
malheureux, que le regard de chaque être vivant me
devint un tourment insupportable, il fallait du mouve-

ment à mon corps pour supporter les douleurs de
l'âme, il fallait la solitude à mon désespoir — Julie —
si vous m'aviez vu hier, si vous aviez vu mes larmes,
si l'aspect de la douleur qui m'accablait vous eut
reproché votre dureté, oh dieux, vous auriez été convaincu de mes sentiments. — Faut-il donc vous le
dire mille fois, qu'il n'y a que vous au monde, dont
j'attends le bonheur, que vous seule êtes mon ange
tutélaire, mon dieu, mon tout — ah! s'il ne fallait
que vous le répéter mille et mille fois, vous serez
aisément satisfaite, car quoique que je puisse dire,
quelles que seraient les paroles que je prononcerais,
mes yeux, toutes les facultés de mon âme, tout mon
aspect ne vous diront jamais que ces seuls mots: Je
vous aime! —

———

4.

Au Julie.

A présent que ma lettre est partie, et que je suis
plus calme, je tâcherais d'achever ma réponse. Je
reviens de mon tort dans le point principal, c'est-à-
dire que la fin de ma lettre avec un peu de légèreté
a pu vous déplaire, mais considerez, chère Julie, qu'on
ne sait guères ce qu'on dit quand on est bien amoureux, et puis, c'était la vérité, les vers se trouvaient
là si à-propos .... n'allez-pas vous fâcher encore,
excusez-moi, déjà je fais silence, et je ne demande
que votre pardon. Il faut cependant que je fasse encore une observation — ne me tourmentez pas trop avec
le respect; on a du respect pour les vieillards et les
matrones, pour les grands hommes et les fameuses

actions, on a de l'amour et de l'admiration pour la beauté. Direz-vous de la Vénus de Medici, c'est une statue respectable? Voilà, je pense, assez dit sur cette malheureuse fin qui m'a tant tourmenté. Continuant à présent l'examen de ce charmant petit billet, avant que mes baisers en effacent les paroles, il parait que ce n'est pas seulement à la fin de ma lettre que vous en voulez, parceque vous dites surtout la fin; qu'y-a-t-il donc encore de si offensant pour vous dans le reste? Auriez-vous voulu que je vous parlasse d'autre chose que de mon amour? -- Il aurait fallu alors ne pas vous écrire, et c'est peut-être là ce que vous voulez me faire entendre. Serai-je assez malheureux d'avoir eu avec vous le plus gros tort qu'on peut avoir avec une jolie femme — celui de l'ennuyer? C'est alors que je serais véritablement à plaindre, car au bout du compte, dit Mr. de Voltaire avec raison, tous les genres sont bons, hors le genre ennuyeux.

J'ai déjà répondu à ce qui suit, je vous dirai de bouche ce que je puis encore ajouter. Vous voulez qu'on se donne quelques peines pour vous — que ne puis-je vous donner ma vie! Vous croyez' pouvoir l'exiger, oh, il n'est que trop vrai que vous pouvez tout exiger, excepté qu'on ne vous aime.

5.

An Julie.

J'ai trouvé dans un livre de Mad. de Staël une pensée qui m'a singulièrement frappé, parce qu'elle m'explique la conduite inconcevable que malgré moi je me vois obligé de tenir avec vous. Peut-être, dit

Mad. de Staël, est-il dans la nature d'un amour profond et vrai de redouter le moment solennel, quelque
désiré qu'il soit, et de ne changer qu'en tremblant
l'espérance contre le bonheur même. Combien elle a
raison, mais il est temps qu'une faiblesse aussi ridicule finisse, ce mélange de désir et de crainte con-
fuse que j'éprouve depuis que je vous connais, cette
agitation si douloureuse et si sentimentale influent avec
tant de forces sur toute mon existence, et affaiblissent
tellement toutes les facultés de l'âme et du corps,
qu'à moins de consentir à me voir dépérir de langueur, je dois employer tous les moyens qui sont en
mon pouvoir pour faire cesser un état aussi déplorable.
Il n'y a que deux moyens pour me sauver, l'un dépend
de vous, Madame, l'autre de moi, l'un me comblerait
de félicité, l'autre de désespoir — mais il faut passer
par l'un des deux, terrible incertitude qui flotte encore
entre le ciel et l'enfer. Vous m'entendez bien, Julie,
il faut que je ne vous vois plus jamais, ou que vous
consentiez enfin à répondre à la passion la plus sincère et la plus tendre.

6.

An Julie.

Sie haben mir gesagt, ich wüßte Ihren Takt nicht zu ver=
stehen, und kam dies, wie ich kaum zweifeln kann, aus Ihrem
Herzen, so bin ich freilich ein Thor noch länger zu hoffen,
Ihnen je Zuneigung für mich einzuflößen. Wie schwer ist
es aber, der Hoffnung zu entsagen, der süßen Hoffnung, die
selbst dem Unglücklichsten schmeichelnde Bilder der Zukunft

in täuschendem Traume vorüberführt, und auf Augenblicke
ihn mit seinem harten Schicksal auszusöhnen weiß?

Aber auch diesem letzten Trost mußte ich entsagen, wenn
Sie darauf bestehen, mich natürlich sehen zu wollen, das
heißt in Ihrem Sinne, eben so gleichgültig gegen Sie, als
Sie es gegen mich sind. Ich gestehe es, das wird mir
ohngeachtet allem dem, was Sie schon dafür gethan haben,
immer so unmöglich bleiben, als ich überhaupt jeder Ver=
stellung unfähig bin. Romanhaft scheinen Sie jedes Ge=
fühl zu nennen, was über das ganz alltägliche hinausgeht,
ja, was nur herzlich ist. Wenn ich nach einer langen Ab=
wesenheit zu Ihnen komme, einen Dritten dort finde, und
da dieser endlich mich mit Ihnen allein läßt, mit dem leb=
haft aufwallenden Gefühl meiner Liebe zu Ihnen trete,
und Sie mit gerührter Stimme leise meine theure Julie nenne,
so geben Sie mir mit unwilligem Auffahren und schneiden=
der Kälte zur Antwort: „Mein Gott, wie mir das Roman=
hafte unausstehlich ist!" Ich weiß nicht, ob irgend jemand,
vorausgesetzt daß er Sie aufrichtig liebte, und delikater dächte,
als es vielleicht Ihr Takt verlangt, sich nicht von einer
solchen Antwort tief betrübt fühlen müßte. Wollen Sie eis=
kaltes Wasser auf glühendes Glas gießen, und sich wundern,
wenn es bricht? Ich bin nicht beleidigt — ohne Verbind=
lichkeit kann ja keine Beleidigung dieser Art stattfinden,
aber mir ist es wie jemand der ein reizendes Luftbild für
eine weibliche Gestalt hielt, und wie er sie liebend an sein
Herz drücken wollte, vor seinen Augen in Staub zerfließen
sieht. Beschämt zieht er sich zurück, und wagt nicht mehr
dem Schein zu trauen, aus Furcht einer neuen Demüthigung;
nicht der trügerischen Gestalt, sich selbst nur zürnt er, und
seiner thörichten Leichtgläubigkeit. Wie sehr es Ihnen ge=
lungen ist, mich von Ihnen zurückzuscheuchen, habe ich gestern
gesehen, ich kam, die bittere Stimmung unter uns zu heben,

des Alten nicht mehr zu erwähnen, und unvermerkt die liebevolle Vertraulichkeit womöglich wieder herzustellen, mit der Sie mich einigemal so glücklich zu machen wußten — mein Vorsatz war vergebens, ich fühlte bald, daß mir der herzliche Ton unmöglich war, mit jedem Ihrer Worte ver= mehrte sich die schmerzliche Kälte in meiner Seele, ich konnte nicht ohne ein ängstliches Gefühl den Laut der Stimme vernehmen, die mir gestern so weh gethan hatte — Ihr ganzes Wesen erschien mir so fremd, so feindlich selbst, daß ich Sie fast mit einer Art von Furcht verließ. Viel= leicht — warum ist mir der Gedanke so schrecklich, — vielleicht lern' ich einst noch Ihre Tante verstehen. Dann würde mir die Verstellung nicht mehr schwer werden.

7.

An Julie.

Quel est le délire des amants, un rien les remplit d'espérance. Le croiriez-vous, oh ma bien-aimée Julie, malgré toutes vos bontés, malgré la douce confiance que vous m'avez témoigné, et que j'ai reçu avec tant de reconnaissance, malgré les tendres baisers qui brûlaient encore sur mes lèvres — je suis encore inquiet, je ne goûte qu'imparfaitement le bonheur de vous avoir vu un moment sensible à mes transports. Pardonnez, femme charmante, ma folie, et surtout ne me taxez pas d'ingratitude, mais permettez-moi de ne vous rien déguiser de ce qui se passe dans mon coeur. Les lettres d'un heureux mortel, je ne les puis oublier, Julie, je vous ai vu rougir de plaisir et de regret, en regardant ces gages chéries d'un amour partagé. Quelle douleur ai-je ressenti alors, je sentis mon coeur se serrer, elle l'aime encore, me dis-je, il n'y a pour toi que l'amitié, l'amour est tout pour lui. Vous avez pu vous apercevoir hier du trouble que ces réflections jetèrent dans mon âme, l'illusion était évanouie. L'illusion heureuse qui m'avait promis un instant les félicités suprèmes! Et cependant, ma tendre amie, j'ose l'affirmer, il vous aimait moins que moi, c'était l'amour du monde, c'était de l'attachement, si vous voulez, et le plaisir des sens. Il aimait, mais l'amour n'était pas sa principale affaire, il pouvait encore penser, avec le même intérêt, à mille choses différentes; ses lettres sont souvent si froides, il peut moraliser des pages entières et débiter des lieux communs qui n'annoncent ni la passion ni l'esprit supérieur. O Dieux, quelle différence de son état tranquille au mien! ai-je bien une pensée, je vous l'ai dit mille fois, qui ne se rapporte à vous, suis-je capable de m'occuper sérieusement de quelque chose qui vous soit étrangère — non, il me semble ne voir tous les objets qu'à travers un voile, un seul image se détache de l'obscurité, c'est celui de l'adorable, de l'incomparable Julie. Adieu. Je viendrai encore ce matin chercher moi-même une réponse. Embrassez Mimi, parce que vous avez tant de sujet à l'aimer.

8.
An Julie.

Rome, le 21 avril 1809.

Pardon, mille pardons, chère et aimable Julie, de mon impatience, ne la mettez pas sur le compte de l'impolitesse, comme disait Mad. Lippe, de joyeuse mémoire, mais attribuez-la plutôt à sa véritable cause, à l'amour le plus passionné, à l'amitié la plus tendre, et soyez indulgente. — Was lange währt, wird gut, dit le proverbe, et vous le justifiez bien par votre charmante petite lettre, qui m'a rendu la vie et le bonheur; tout y est aimable et flatteur pour moi, que je ne sais comment vous peindre ma joie; que ne suis-je auprès de vous pour mieux vous exprimer mes sentiments et ma reconnaissance? Il n'y a cependant pas de bonheur parfait, vous êtes souffrante — moi aussi, ma chère Julie, je ne fais que languir ici, je maigris à vue d'oeil, et quand je reviendrai à Naples, vous me direz avec plus de raison que jamais que je ressemble à une asperge qu'on a oublié de couper.

Je vois beaucoup de société à Rome, mais elle ne saurait me tenir lieu de ce que je regrette parce que vous y manquez — les Ful. sont parties il y a plusieurs jours, la cadette est une fort jolie personne, mais il s'en faut qu'elle soit belle comme un ange. On peut encore moins, je crois, la comparer à ma divine amie.

Le Prince est toujours malade d'une obstruction de foie, et plus jaune qu'une orange; il reste la plus grande partie de la journée étendu dans son lit, où il reçoit les visites avec tous les airs d'une petite maîtresse. C'est une véritable comédie que de voir la mère Schlick et sa fille et l'exbarbier valet de chambre Badstedt se désespérer, soupirer, pleurer près du lit du prince, et jouer toutes les farces imaginables pour faire croire au pauvre homme qu'ils se meurent d'amour pour lui; pendant qu'ils ne font qu'en rire sous cape. Madame Schlick a d'autant plus de peine à bien jouer son rôle, qu'un perfide maître de chant, admis depuis quelque temps dans la maison du prince, vient de mettre la pauvre femme à la tisane. Quelquefois on y voit aussi Mad. de Lippe et son amant, petit homme maigre avec un gros ventre, qui, semblable à un généreux anglais qui se fit couper une jambe parce que sa maîtresse avait perdu une des siennes, boite comme Mad. de Lippe, et ne parle guères mieux qu'elle. Il dine tous les jours chez elle, et les mauvaises langues prétendent que ses diners se prolongent quelquefois jusqu'au lendemain matin; ce n'est pas certainement la bonne chère qui le retient si long-temps, car un jour que je les surpris à table je vis qu'on ne servit autre chose qu'un bouilli de vache au persil, arrosé de quelques pintes d'eau chaude, et un petit morceau de poisson grillé pour la bonne bouche, qu'on tirait du sécrétaire de Madame, où on le gardait fermé à clef du diner de la veille. Le pauvre marin n'est pas sans rivage cependant.

Il n'y a ici que des amours malheureux, trahis ou infidèles. Mad. de Schuwaloff porte le double deuil, et pour son fils et pour son amant, un jeune Hollandais, qui vient de la quitter clandestinement. Madame Dietrichstein est plus heureuse, et malgré sa laideur a trouvé le secret de s'attacher un assez joli homme. Madame de Cérestine a congédié un amant, Mad. de H. est mourante d'un enfant, duquel un baron ... est le père, et la Duchesse Lanti, embarrassée à choisir entre trois ou quatre prétendants, a pris celui qui est le moins digne d'elle.

Voilà, Madame, comme tout le monde ici a ses peines et ses chagrins, les miens ne cesseront que quand je serai en état de vous répéter de vive voix

combien je vous aime et vous adore. Adieu, portez-
vous bien, et souvenez-vous quelquefois de votre ami

H. P.

Bien des compliments pour votre mari, et mille
baisers pour vos aimables enfants.

1.

An Madame Zephirine.

(1808.)

Madame,

Les douces libertés que vous m'avez permis de
prendre avec vous l'autre soir au spectacle, m'ont
prouvé, Madame, que vous réunissez à toutes les grâces
de la figure et de l'esprit cette aimable raison, cette
philosophie charmante, qui sait s'élever au-dessus des
préjugés du vulgaire. Vous avez dû vous apercevoir,
Madame, que je vous aime avec toute l'énergie d'un
jeune homme de 23 ans .... si vous ne vous opposez
pas à ma flamme, ne me rendez donc plus la vie
dure inutilement. Daignez imiter les Dames italiennes,
qui savent jouir de la vie mieux que toutes les autres.
Sitôt qu'elles s'aperçoivent qu'un homme désire di
„far l'amore" avec elles, elles lui diront le second
jour: Oui ou Non. Le Oui autorise à tout, le Non est
presque toujours irrévocable. Ayez, je vous en conjure, la même franchise — je serai sans doute très-
malheureux si vous me refusez, mais je ne vous im-
portunerai par aucune plainte — mais si j'ai eu le
bonheur de ne pas vous déplaire, je vous supplie,
Madame, de me répondre en deux mots si vous voulez
bien m'accorder un entretien particulier, en m'indiquant

le lieu et le temps pour que je puisse venir moi-même
excuser ma lettre, et vous dire — le reste.

Armand P.

2.

An Madame Zephirine.

Vous devez me prendre pour un imbécille, Madame,
et vous avez raison. Je vous prie cependant de croire
que je ne suis pas naturellement aussi sot que vous
me voyez — la meilleure preuve en est que je vous
aime .... hélas! ce mot seul renferme toute mon
excuse — je n'ai plus d'esprit que pour apprécier le
vôtre, je ne suis ingénieux que pour ne laisser échapper
aucune de ces aimables qualités, de ces grâces charmantes, répandues sur toute votre personne, aucun
attrait de cet ensemble enchanteur, qui fait de vous
la femme la plus séduisante et la plus digne d'inspirer une grande passion. C'est aussi que tous les
jours ma passion s'accroit, et avec elle ma timidité:
plus je vous vois parfaite, et plus je me sens indigne
de vous. Je vois bien que tel que je suis, je ne puis
être à vous, cela me rend triste, découragé, j'ai presque
honte de vous parler de mon amour. — Tressaillant
de passion, de douleur et de volupté, je n'ai d'autre
désir que d'expirer dans vos bras — votre image ne
me quitte pas un moment, aucune pensée dont vous
ne fussiez l'objet vient interrompre le plaisir douloureux que j'éprouve à me retracer votre souvenir. Elle
est belle, me dis-je, comme la Déesse de l'amour, on
doit l'adorer quand on la voit. Que d'esprit, de sen-

timent et de bonté dans tout ce que vous dites, tout
parait prendre une forme nouvelle quand vous vous
en occupez, enfin il suffit que vous parlez, pour en-
chanter tout le monde. Ai-je pu résister à l'union
de tant de perfection? Est-il possible que vous puissiez porter la cruauté jusqu'à douter de ma passion
— hélas! elle n'est que trop violente — vous n'en
sauriez inspirer d'autre! Je vous crois trop bonne
pour ne pas être attendrie au spectacle de la souffrance,
ma douleur seule ne serait-elle rien à vos yeux,
parce que je vous aime? et quelle douleur est comparable à celle d'être condamné à aimer sans retour?
— je sens bien, je le répète, combien je suis peu
digne de posséder la plus aimable de toutes les femmes,
mais voudriez-vous me forcer de plonger moi-même
le poignard dans mon sein, et renoncer jusqu'à l'espérance?

Je suis capable d'un sentiment profond, je sens
que je vous aime de toutes les facultés de mon âme.
Si tant d'amour, un dévouement éternel ne peuvent
vous toucher, je dois vous fuir pour ne pas faire le
malheur de ma vie. — Prononcez-donc sur mon sort,
répondez-moi en un seul mot, si je dois rester ou
partir. Armand P.

3.

An Zephirine.

Faut-il que par une fatalité inconcevable, dans les
moments où je vous aime le plus, je sois incapable
de vous le dire! Que j'étais malheureux hier au soir!
Votre cruelle indifférence pour moi était si marquée à

la fin du bal! Une petite faveur, un regard encourageant aurait pu me rendre la vie. Mais que vous importe le désespoir d'un malheureux, qui n'a pu toucher votre coeur. J'aurais donné ma vie pour être seul avec vous dans la voiture. J'étais dans un accès de fureur si violent que je croyais en étouffer, ne pouvant vous parler de ce qui seul m'intéresse, je souffrais des questions de votre belle-soeur. Qu'il m'était difficile de me contenir, quand elle me demanda la dame qui m'avait plu davantage. Hélas! —

Oui, je le vois bien, mon amour pour vous ne me donnera que des tourments. — Il n'y a pas de roses sans épines, dit le proverbe — pourquoi ne peut-on pas dire aussi, il n'y a pas d'épines sans roses? Mais tel est notre triste sort ici, le bonheur n'est jamais sans trouble, la douleur seule est entière, rien ne l'adoucit, rien n'y fait diversion!

Je suis bien ridicule, Madame, mais j'avoue que le congé que vous avez pris hier de M. B. m'a donné encore bien de l'inquiétude; vous aviez presque l'air de pleurer, et M. B. fit une mine si singulière sans vous dire cependant un seul mot, comme s'il réservait ses paroles pour une meilleure occasion .... Ne vous fâchez pas, je vous prie, j'ai peut-être tort, et l'amour m'a fasciné les yeux, mais on ne peut s'empêcher de craindre quand on aime.

Le sommeil et le repos me fuient, nuit et soir votre image est devant moi, sans cesse mon imagination en feu me présente la belle Zéphirine, dont les charmes séduisants sont tour à tour mon tourment et mon plaisir.

Ah, ne me refusez jamais cette seule consolation, si vous n'avez pas résolu ma mort — que je puis au

moins vous rappeler quelquefois mon souvenir, qui
est si étranger à votre coeur, en traçant sur le papier
tout ce qui se passe dans mon âme, en vous exprimant toutes ces sensations diverses qui m'agitent, et
qui toutes n'ont pour objet que celle que j'adore.

Zweites Konzept des vorstehenden Briefes.

4.

An Zephirine.

Le 28 décembre.

Si vous saviez, Madame, combien je suis reconnaissant de la première bonté que vous m'avez témoigné,
quelque insignifiante qu'elle soit — vous seriez encouragée d'en avoir de plus grandes pour moi. Non, il
est impossible de vous aimer davantage, il semble
que je vois tous les objets par travers un voile, votre
image seul se détache de l'obscurité, et brille sans
cesse à mes yeux, orné de tout son éclat, sans cesse
mon imagination en feu me présente cette belle Zéphirine, dont les charmes célèbres font tour à tour
mon plaisir et mon tourment. Ah! ne me refusez
jamais la consolation de vous écrire. — Que je puisse
au moins vous rappeler quelquefois mon souvenir, qui
est si étranger à votre coeur, en traçant sur le papier
ce qui se passe dans mon âme, en vous exprimant
toutes ces sensations diverses qui m'agitent, et qui
n'ont jamais d'autre objet que celle que j'adore, celle
qui insensible et fière se refuse à tous mes désirs.

Je crois me rapprocher davantage de vous en vous
écrivant, je pense alors oublier quelquefois votre cruelle
indifférence, et me faire des illusions plus flatteuses
— Justes dieux! serai-je donc condamné sans retour

à ne les voir jamais réalisés! Que n'ai-je su toucher votre coeur, nous aurions pu être si heureux! Je me le suis dit mille fois, que vos qualités sont tellement au-dessus du vulgaire, que peu d'hommes sans paraître arrogants et ridicules, peuvent former le projet de vous plaire, mais l'amour ardent et véritable ne se croit-il pas par lui-même autorisé à l'espoir, et l'homme qui aime de toute son âme ne préférerait-il pas de mourir, quand il n'a plus rien à espérer?

J'étais bien troublé quand je vous ai quitté hier soir. Vous vous moquerez peut-être de moi, mais j'avoue que votre congé de Mr. B. m'a encore donné de l'inquiètude . . . . vous aviez presque l'air de pleurer, et Mr. B. fit une mine si triste et si singulière sans vous adresser cependant une seule parole, comme s'il les réservait pour une meilleure occasion . . . . que toutes mes craintes en furent réveillées un moment. Ne vous fâchez pas contre moi, je vous en supplie, je suis bien sûr à présent (j'ai trop d'intérêt à le croire) que je me suis trompé, que l'amour a fasciné mes yeux, mais quand on aime, on est si légèrement allarmé! Je n'en ai pu fermer l'oeil pendant long-temps, je rêvais toujours de vous et de Mr. B., les songes les plus singuliers me tourmentèrent toute la nuit, je me vis toujours accablé par vos dédains, et je me reveillais quelquefois en sursaut, tremblant encore de ce que j'avais cru voir, et bénissant le ciel que ce n'était qu'un songe. Enfin je me rendormis pour être plus heureux, vous me traitiez avec plus de bonté, vous sembliez touchée de ma douleur, vous m'accordiez enfin après bien des prières ce baiser désiré avec tant d'ardeur.   H. P.

(Ziemlich nach demselben Muster ist auch ein Brief an Karoline da.)

An *.

Je ne vous écris pas, Madame, parce que je crois
ma plume beaucoup plus éloquente que mes discours,
mais en vous écrivant, je serai au moins plus tranquille, plus en état de vous dire ce que j'éprouve, et
moins sujet à ce trouble invariable, que je sens toujours en vous voyant, et qui me doit faire tant de
tort à vos yeux. Je conçois qu'on ne peut jouer un
rôle plus sot dans la société. Entièrement occupé de
vous, j'ennuie tous les autres, je souffre à parler d'objets
indifférents, tout ce qui vous ne regarde pas ne me
semble pas valoir la peine d'y perdre un mot, je ne
voudrais parler qu'à vous seule, et cependant — quel
sentiment étrange que l'amour! Quand je me trouve
auprès de vous, un serrement de coeur m'ôte presque
la respiration, à peine puis-je articuler deux mots in-
signifiants, mon trouble est tel qu'il m'est impossible
de lier deux idées ensemble, et quand par l'effort
le plus grand, je commence enfin à vaincre ma faiblesse, l'arrivée d'une troisième personne, la crainte
d'être entendu, ou un regard sévère ou froid que vous
jetez sur moi — —   (Das Uebrige ist unleserlich.)

An *.

Encore une lettre! Tranquillisez-vous, Madame, ce
sera la dernière. Il y a long-temps que j'aurais dû
l'écrire, peut-être qu'elle m'en aurait coûté moins de
peines!

Les derniers événements ont servi à me faire ren-
trer en moi-même. — J'ai osé enfin m'avouer ce que
depuis long-temps j'avais de la peine à me déguiser

— combien je suis peu digne de vos bontés, combien
était téméraire le projet de vous inspirer un autre
sentiment que l'indifférence. — Oui, Madame, daignez
le croire, ce n'est que la conviction profonde de mon
peu de mérite, qui a été le principal motif de la
manière ridicule et ennuyeuse que j'ai employé pour
vous rendre sensible à mon fol amour. Bien loin de
ceux, qui ne se font valoir aux yeux des autres, que
par la haute opinion qu'on leur voit d'eux-mêmes, je
sais me connaître et me rendre justice. Plus je
m'examine, plus je m'aperçois à quel point mes
prétentions étaient dénuées de sens . . . . Je ne vous
cache pas même que si vous m'eussiez aimé, vous
n'auriez pu que perdre à mes yeux, ayant été obligé
de vous supposer le goût et les inclinations beaucoup
trop au-dessous de vous. Ne considérez pas, Madame,
ce que je dis comme de vaines paroles, c'est mon
plus grand sérieux, je parle comme je pense, et ma
conduite saura vous le prouver. Cependant, vous le
savez, il y avaient deux sentiments différents qui
m'animaient pour vous, la réunion étroite faisait mon
orgueil, et aurait pu faire mon bonheur — il n'en est
plus ainsi, il faut les séparer, mais si je consens à
arracher l'amour de mon coeur, ce n'est que pour en
enrichir l'amitié; quelque peu de mérite qu'on aie,
un honnête homme peut toujours aspirer à l'amitié.
J'espère que vous me croyez au moins sincère et bon,
ces qualités n'excluant pas l'ennui — mais je compte
encore sur votre indulgence. Vous aimez les gens
de caractère, moi, je ne vous ai montré que de la
faiblesse! — Vous serez désormais plus content de
moi. Avouez au moins que je commence par un
sacrifice douloureux, presque au-dessus de mes forces.

Il faut pourtant le considérer comme un bonheur; si jamais vous m'eussiez accordé des faveurs que sans extravagance je n'aurais pu attribuer qu'à l'amour, à quel comble de délire ma passion serait-elle monté .... ma vie aurait coulé dans la votre — je n'aurais plus existé que pour vous. Oh Dieux! Ma tête se trouble, pardonnez, pardonnez-moi, mon amie, pour la dernière fois. Adieu.

An Fräulein Kalitsch, Cousine der schönen Frau von Alopäus.

Puisque mon souvenir vous est tellement échappé, Mademoiselle, que vous n'avez pas même daigné vous informer une seule fois de ma santé au Comte Puttbus, que vous voyez tous les jours, il est temps de vous donner signe de vie de mon côté, pour ne pas passer pour entièrement mort dans votre esprit.

Ce n'est cependant que pour des prunes, que je dérange le doux sommeil de votre mémoire. Veuillez me pardonner cette indiscrétion, et y ajouter encore la complaisance de présenter mes respects ainsi que mes prunes à Madame votre tante, qui, à ce que j'apprends dans ma solitude, ne cesse d'exciter l'envie de son sexe, et l'admiration du nôtre, partout où elle se montre. Connaissant et craignant la sévère étiquette qui règne dans votre maison diplomatique, je ne suis pas sans inquiétude que la liberté que je viens de prendre de vous écrire ce billet, ne soit mal reçue. En tout cas, j'ai préféré de m'adresser à vous, Mademoiselle, sachant que vous êtes plus amie de la lecture que Madame Alopäus, et que vous me pardonnerez

plus aisément l'ennui d'un long billet que je conclus
en vous souhaitant toute la santé, tout le bonheur et
tout l'amusement, qui sont possible de trouver dans
ce bas monde.

An Betty.

Zitternd und mit Thränen ergreife ich die Feder, um
Ihnen, die ich einst meine Freundin nennen durfte, einen
Menschen in's Gedächtniß zurückzurufen, der Sie tief be=
leidigt hat, der aber grausamer dafür bestraft worden ist,
als Sie es wünschen konnten. Seit dem Augenblick, wo
ich gewaltsam mich von Ihnen losriß, haben mich unauf=
hörlich alle Qualen trostloser Sehnsucht und der bittersten
Reue gefoltert. Jetzt bin ich Ihnen wieder nahe, und flehe
um Ihre Verzeihung. Ich will mich nicht entschuldigen, ich
weiß es, daß ich gleich einem Rasenden Ihre holde Freund=
schaft von mir gestoßen, Ihre englische Sanftmuth mit
groben Händen entweiht — Gott, meine Seele möchte ver=
gehen vor Schmerz, daß ich selbst so mich anklagen muß —
aber nur eins bedenken Sie, daß ein Uebermaß von Leiden=
schaft allein mich so strafbar machen konnte. Was bei
jeder Anderen mir gleichgültig gewesen wäre, wurde bei
Ihnen vernichtend für mich! Ich glaubte mich auf das
verächtlichste verspottet, man sagte mir, einer der Gegen=
wärtigen sei mit Ihnen in einem zärtlichen Verhältniß, ihm
zu schmeicheln, mußte ich denken, hätten Sie mich lächerlich
zu machen gesucht. Welchen Mann, der mit solcher Leiden=
schaft liebt wie ich, hätte dies nicht aus aller Fassung ge=
bracht? — Ach! ich hätte Sie besser kennen sollen. Jetzt
würde ich Ihren Worten mehr als selbst meinen Augen
trauen, ich habe alles Recht verloren, auch nur das von

Ihnen zu verlangen, was Sie dem Gleichgültigsten gewähren, schenken Sie mir von neuem Ihre Huld, so geben Sie mir ein neues Leben wieder, das ewig Ihrem Dienst geweiht sein soll. Theure Betty, retten Sie mich von der Verzweiflung, und seien Sie wieder das für mich, was Sie sonst waren, vergessen Sie das, was dazwischen liegt, wie einen Traum, und nehmen Sie den tief Bereuenden in Ihre Arme auf. Jetzt bin ich auf ewig an Sie gefesselt, das fühle ich. Begangenes Unrecht gegen ein geliebtes Weib ist der sicherste Bürge für die ewige Treue eines edel denkenden Mannes, stoßen Sie mich nicht von sich, beste Betty! einen Menschen zu wissen, der einem ganz und ewig angehört, der Glück und Unglück wie das Seinige mit einem theilt — ist ein Gefühl, das das Leben verschönt. Sie lieben mich nicht, aber Sie werden lernen mir wenigstens wohlzuwollen.

Ich beschwöre Sie, mir durch Ihre Schwester nur mündlich eine Stunde sagen zu lassen, wo ich Sie allein sprechen, von Ihren süßen Lippen meine Vergebung hören könne; unerträglich würde es mir sein, Sie zum erstenmale wieder seit so lange vor fremden Leuten zu sehen. Die Erfüllung dieser Bitte werde ich als ein Zeichen Ihrer Großmuth und Ihrer Verzeihung ansehen; wenn Ihnen meine Ruhe, meine Liebe — in etwas werth ist, so täuschen Sie meine Hoffnung nicht. Mit wahrer Todesangst erwarte ich Ihre Antwort — ist sie grausam, so verlasse ich auf der Stelle Berlin wieder, ohne jemand zu sehen, und begrabe meinen Schmerz so fern von Ihnen als ich fliehen kann, um Ihretwegen kam ich ja her.

1.

An Diana.

Pardon, Madame, mille pardons si je vous offense en osant vous écrire, mais votre extrême sévérité m'ayant ôté presque tous les moyens de vous voir, et à vous parler seule, il ne me reste donc plus que celui-ci pour vous approcher. Pourriez-vous pousser la cruauté jusqu'à vouloir me ravir la dernière consolation qui me reste, le dernier espoir que j'ai de pouvoir vous exprimer de quoi tout mon être est rempli! Oui, Madame, je vous aime — je vous adore de toutes les facultés de mon âme. — Hélas! ce mot que vous rejetez avec tant de dédain, que vous taxez si injustement d'exagération, combien me paraît-il encore froid pour peindre mes sentiments! Pourquoi vous obstiner, Madame, à regarder comme impossible un aussi prompt effet de vos charmes? Ce que dans vous a touché mon coeur, n'est pas l'éclat de vos attraits, pas les grâces qui vous distinguent, pas l'esprit, la gaîté, la finesse de votre conversation, non, c'estl 'assemblage de toutes ces qualités, c'est ce que je ne sais quoiqu'on ne peut que sentir, et jamais définir. Est-ce donc sur le raisonnement que la passion se fonde? Le véritable amour ne connaît d'autre raison que soi-même, c'est un éclair qui tombe d'un ciel sans nuages, dont le coeur tressaillit de douleur et de plaisir, et s'efforce en vain de guérir d'une atteinte trop profonde.

Ob que je voudrais pouvoir pleurer à vos pieds, et embrasser vos genoux jusqu'à ce que la pitié dans votre coeur se change en un sentiment plus doux!

Cruelle nature, qui jette le feu dans mon âme, tandis
que la glace n'est pas plus froide que la vôtre! Quelle
malheureuse journée j'ai passé hier! et que le court
bonheur de votre présence est rendu amer par votre
cruelle indifférence! —

Jamais encore j'ai eu la plus légère satisfaction
en vous quittant, il semble que le moindre, le plus
insignifiant plaisir que vous pourriez me faire, est un
objet de crainte pour vous. Il suffit que ce soit moi
qui vous offre une chose pour la refuser — et pourquoi? parceque je vous aime, parceque je donnerais
toute ma fortune, ma vie, pour être aimé de vous,
parceque je ne compte plus mon existence que par
les moments où je vous vois — hélas! voilà tous mes
crimes! seront-ils toujours impardonnables à vos yeux?
— Je sais à peine ce que j'écris, les larmes m'interrompent à chaque ligne, chère Diane — une fois au
moins permettez-moi de prononcer ce nom, ce doux
nom qui renferme tout le bonheur de ma vie — chère
et belle Diane, soyez aussi bonne que vous êtes belle,
ne m'offensez plus par des doutes que votre esprit
ne peut former, mais qu'un coeur indifférent s'efforce
de supposer. Croyez moi, vous m'avez jugé avec bien
peu de justice — mais je vous déplais, on aime à
croire ce qu'on désire, mon amour est un fardeau
pour vous, c'est en feignant de ne pas y ajouter foi,
que vous voulez plus sûrement le rejeter. O Dieux!
non, je ne veux pas le croire — peut-on me forcer
d'enfoncer moi-même un poignard dans mon sein, en
renonçant jusqu'à l'espérance! Comment disait-il, ce
favori, pour lequel vous n'êtes que grâces et pré-
venances — qu'il n'espérait plus — oh ciel! serai-je
donc destiné à sentir avec tous les tourments de l'enfer,

ce que dans lui n'était qu'un vain son de paroles,
autant qu'en emporte le vent?

Prononcez — je lirai dans vos regards!

Armand P.

2.

An Diana.

Dienſtag früh.

Gnädige Frau,

Geſtatten Sie einem Unglücklichen, der es ſo zu werden
vielleicht nicht verdiente, dieſe wenigen Zeilen zum ewigen
Abſchied. — O Gott! wie ein eiſiger Schauer fällt das
ſchreckliche Wort auf mein Herz! Doch es muß, es muß
ertragen ſein. — Bleiben Sie ruhig, ich wünſche, ich hoffe
nichts mehr, es iſt der letzte Athemzug einer Liebe, die für
Sie künftig todt iſt, wie das Grab — vielleicht, daß auch
mir das Schickſal bald das gleiche Loos erfüllt, den einzigen
Wunſch, der im verödeten Herzen zurückbleibt. Ich gehe,
und Ihren Frieden werde ich nie mehr ſtören, mein widriger
Anblick ſoll nie mehr den Frohſinn von Ihrem reizenden
Geſichte ſcheuchen, dies liebe, theure Antlitz, über das nur
ich Unglücklicher allein des Unmuths Schatten hervorrufte!
Ja, nur ein Unſinniger könnte zweifeln, daß nicht nur
Gleichgültigkeit, nein Widerwillen gegen mich, die Zeit
meines hieſigen Aufenthalts zu einer unangenehmen für
Sie machte. Wie ſchmerzlich, wie tief verwundend iſt für
mich dieſe bittere Erkenntniß! Doch hinweg mit Klagen,
mit unnützem Gewimmer, ich will als Mann dulden, und
ſchweigen — wenn auch das Herz mir bricht. —

Geſtern noch hoffte ich — ein Zufall, den ich für
Güte, für Mitleid anſah, hatte mein Innerſtes erfriſcht,
eitle Hoffnung mich froh gemacht, um mich deſto tiefer

zu stürzen. Zu früh um Sie zu sehen, war ich nach dem
Zimmer geeilt, wo ich Sie zum erstenmal fand, und das
seitdem meine eigentliche Heimath geworden war. Frau
von S. scherzte mit mir über einen Karneolring, den ich
am Finger trug, das theure Andenken einer Frau, die ich
allein aus vollem Herzen geliebt hatte, bis ich Weimar
betrat. — Neckend rief sie mir die Worte zu: „amour
sans fin." Mich machte der tiefe Sinn, den der Zustand
meiner Seele den so leicht hingesagten Worten gab, traurig
und ernst; und halb bewußtlos, gleich stark von Vergangenheit und Gegenwart ergriffen, wiederholte ich seufzend:
„amour sans fin!" In demselben Augenblick fiel der feste
Ring, den ich seit fünf Jahren trage, in drei Stücke zerbrochen, herab zu meinen Füßen. Nein, es ist mir unmöglich zu beschreiben, was bei diesem sonderbaren Vorgang
in mir vorging. Ich, Thörichter, glaubte hier einen Finger-
zeig des Schicksals zu erkennen! Meiner selbst nicht mächtig,
verließ ich unter dem ersten besten Vorwand das Haus,
und eilte zu Ihnen. — Ach, ich wollte zu Ihren Füßen
mir den Ring erflehen, der auf ewig unser Leben verbinden,
und so schön den ersetzen sollte, der ihm von selbst wie
durch ein Wunder Platz gemacht hatte. — Doch gerechter
Himmel! wie unendlich bitter war meine Täuschung! Die
Wunde, die sie mir schlug, wird ewig bluten. —

Leben Sie wohl, theure Diana, der Freund, nicht der
Liebende, nennt Sie so, und Ihr Freund zu bleiben, für
Ihr Glück zu beten, und die heißesten Wünsche für Ihr
Wohl zum Himmel zu senden, das können Sie selbst
nicht mehr verhindern.

Schicken Sie mir diesen Brief mit den Scherben meines
Ringes und meines Glücks, gleich dem ersten zurück. Des
Unglücklichen Leiden sind dem Zufriedenen kein erfreulicher
Anblick, und als eine Trophäe in Ihrer Hand zurückzu-

bleiben, dazu — dazu bin ich zu gut. Spott wäre un=
menschlich!   Hermann P.

An *.

Gnädige Frau,

Sie haben den rechten Weg gefunden, mich mir selbst
wiederzugeben. So wenig ich auch würdig sein mochte,
Ihre Neigung zu gewinnen, so verdiente doch ein aufrich=
tiges Herz, die treue, heiße Liebe, die mein ganzes Innerste
für Sie beseelte, der Schmerz, den ich um Ihretwillen litt,
wohl eine großmüthigere Behandlung, und so gering auch
die Meinung sein mochte, die Sie von mir haben, so hätten
Sie mich doch noch für zu gut halten sollen, um mich zum
Gegenstand des Spottes für Sie und Ihren Mann zu
machen — Ihres Mannes, der auf jede Art wahrlich nur
durch Sie einen Augenblick in den Stand gesetzt werden
konnte, mir so gegenüber zu stehen.

Ich habe Ihr schadenfrohes Lächeln zu einander mit
tiefer Demüthigung gesehen, als der tiefe Kummer einer
aufrichtigen, unglücklichen Liebe meinen Mund verschloß, und
meine Augen mit Thränen füllte; es hat wie ein kaltes
Eisen meine Seele durchschnitten. Schrecklich leid thut es
mir Sie erkannt zu haben, gnädige Frau, denn so gern
hält man ja das Schöne auch für gut, und schwer, ich
fühl' es, wird es mir werden, meine ehemalige Ruhe wieder=
zufinden; aus dem holdesten Traum meines Lebens mit
bitterem Hohn erweckt, wird eine wehmüthige Erinnerung
mir lange Ihr reizend trügerisches Bild erhalten, doch wäre
es niedrig hier sich nicht zu überwinden.

Leben Sie wohl, gnädige Gräfin, verzeihen Sie mir
eine Anmaßung, deren Thorheit ich jetzt ganz erkenne, und

glauben Sie, daß ich in Zukunft nie mehr wagen werde
Ihnen mehr sein zu wollen als

> Ihr unterthänigster gehorsamster Diener
> H. P.

***

An *.

Gestern war ich bis in den Tod betrübt über Ihr
hartes, gleichgültiges Benehmen. Heute hat ein klein wenig
Freundlichkeit von Ihrer Seite mir das Leben wiedergegeben.
O, fürchten Sie nie, daß ich je ein Zeichen Ihrer Herzensgüte mißbrauchen oder mißverstehen werde. Ich weiß zu
gut, wie wenig werth ich Ihnen bin, wie hoch erhaben Sie
über mir stehen. — Ich will Sie ja nur anbeten wie eine
Gottheit, fürchtend und liebend. Nur dies verwehren Sie
mir nicht, hier könnte ich Ihnen nicht gehorchen, ohne mich
selbst zu vernichten. Ach, jeden Tag glaube ich Sie nicht
heftiger lieben zu können, und jeder Tag vermehrt doch
meine Leidenschaft und meine ungestillte Sehnsucht. Wie
unendlich reizend Sie sind! Was hundert Frauen einzeln
reich machen würde, das besitzen Sie alles allein.

***

An *.

Um mich her ist es Nacht, still und beruhigt die Bewohner der Erde — nur mich flieht der Schlaf, und
anstatt seiner findet das Auge nur Thränen! Trübe flackert
das verglimmende Feuer im Kamin, schaurig saust vor den
Fenstern der Wind wie verzweifelndes Jammern unseliger
Geister, und meine Seele windet sich unter trostlosen

Schmerzen. So sinkt nun eine schwache Hoffnung nach der anderen nieder, bis endlich auf dem dunkeln Pfade der letzte Schimmer schwindet! Ach, sänke dann mit ihm nur auch mein Leben mit dem Bewußtsein hin! Wie schrecklich ist es gleich den Verdammten nichts erlangen — und nicht lassen zu können — gleich ihnen möchte ich um Barmherzigkeit wimmern in tödtlicher Angst, und gleich ihnen tönt eine grause innere Stimme unaufhörlich mir zu: Umsonst! — Doch kann und will ich nicht ganz verzagen, so lange das Bewußtsein meiner eigenen unendlichen Liebe die Hoffnung unwiderstehlich in sich trägt. Kann man so tief und immer unglücklicher lieben! Muß das Gefühl, das mein ganzes Wesen umrankt und durchdrungen hat wie der Gestirne Licht den endlosen Raum — muß so gewaltige Gluth nicht endlich auch das kalte Herz erwärmen, das sie angefacht? — Schmilzt doch das Eis selbst in der warmen Hand, die es vorher mit brennender Kälte verwundete. Soll denn der nie unterbrochene Anblick inniger, treuer, anspruchsloser Liebe nicht einmal Ihr Gemüth mit ungewohnter Wehmuth berühren, und kann mich so wilder Schmerz zerreißen, ohne daß Sie je des Mitleids sanftere Regung fühlen? — Nein, bei Gott, mein Schicksal ist entschieden: für Sie leben, oder in Verzweiflung sterben! — Wie kann ich je vergleichen, was ich für andere Frauen empfand, und für Sie — ich, der überall nur Sinnlichkeit suchte und fand, fühle bei ihr, der schönsten Frau, die ich noch sah, keine Regung, die der Erde angehört, nicht das Weib, nur den Engel sehe ich in ihr, nur Herz und Seele möchte ich überfließen lassen in die ihrige, um nie, nie wieder sich zu trennen in alle Ewigkeit. Ach, könnte ich auch einmal Sie milder, nachgebender mich empfangen sehen, nur einigemal mein Gesicht auf Ihren süßen Schooß legen, und mich ausweinen auf lange Zeit — ach, wer an Ihrem Herzen ruhen könnte, wer die Seligkeit einer Umarmung je von Ihnen genoß — wie verginge er nicht in bebendem Entzücken!

Du bist zu schön, Du holdes, holdes Bild, um Dich wieder zu verlassen. Mir Dir erfüllt will ich das einsame traurige Lager suchen, und in des Schmerzes und der Sehnsucht bitterer Wollust schwelgen.

An *.

Ohne Hoffnung, ohne Verdienst, nur eine marternde Leidenschaft im Herzen, warum quäle ich Sie länger mit einem so wenig erfreulichen Anblick! Es weht wie ein eisiger Hauch über meinem Leben, dieses Bewußtsein, von Ihnen nur ertragen zu werden, tödtet fast die Liebe selbst in mir. Doch halte ich mich an diesem schwachen Stroh= halm der Hoffnung fest, denn Ihnen zur Last, verachtet zu sein, wäre mehr als ich ertragen könnte. So elend ich bin, so haben Sie doch erst meinem Leben Bedeutung gegeben, o glauben Sie, unsere Seelen sind sich nicht so fremd; ohne Sie wäre mein Leben auf's neue und für immer veröbet, und ich kann nicht von Ihnen scheiden, ohne ein= mal nur ohne Zwang zu Ihnen gesprochen zu haben. Wie kann Entzücken und Schmerz so nebeneinander bestehen, wie kann Furcht sich so störend zur Liebe gesellen? Es ist, wenn ich zu Ihnen reden will, als wenn ein feindlicher Dämon mir die Worte im Munde wechselte, als wenn eine unsichtbare Macht mir die Gedanken verwirrte, ich bin mir nur das einzige klar bewußt, daß ich Sie unaussprechlich liebe.

Sie kennen mich nicht — Sie haben wohl keine Ahnung von meinem innersten Sein, dem doch das Ihre nicht fremd ist. Daß ich dies zu erkennen verstehe, ist auch mein einziger Werth, und auch mein einziger Trost. Was Sie an dem Mädchen rührt, das der Dichter Undine nannte, das sind Sie selbst, das rein weibliche, unendlich mannichfaltige, in hundert Reizen spielende, aber himmlisch gute Wesen, von dem man, einmal es erkennend, nie wieder lassen kann. Ein Gemüth wie das Ihrige konnte auch nur in einer so schönen Gestalt auf der Erde erscheinen, die Schönheit ist Ihr eigenes wahres Element, aus dem Sie gar nicht hinauskönnen, wenn Sie auch selbst wollten. Selbst das Alter wird Ihre Schönheit wohl verändern, aber nie vertilgen können. O, wenn Sie nur einmal den unbeschreiblich lieblichen, kindlichen Ausdruck an sich selbst gewahr werden könnten, der Ihre ganze Person umfließt, und das liebe, theure Gesicht so wunderbar verherrlicht. Ja, Seele strömt aus jedem Ihrer Blicke, aus jeder Ihrer Bewegungen, und Himmelsgüte mildert überall sanft ihren Glanz; wie der Engel Sprache nur Gesang, so ist auch Ihrer Stimme Wohllaut; sie erregt linderndes Gefühl für mich, wenn ich bedenke, wie die Seligkeit Ihr Herz gerührt zu haben, mir so unendliches Glück wäre, daß es ganz außer dem Horizont meiner Wünsche, fast möcht' ich sagen, meiner Gedanken, liegt. Es erscheint mir wie ein Heiligthum, auf das die Blicke nur zu werfen, schon ein Verbrechen ist. Ach, nur ein wenig Vertrauen, ein wenig herzlichere Theilnahme als für Andere, ist alles, was ich zu hoffen wage. Doch dies will verdient sein, und ist ein Lohn, den mir die Zeit geben kann, Liebe aber beruht nur auf sich selbst, Liebe wird nicht erworben, und ist ein freiwilliges Geschenk des Augenblickes. Darum eben so göttlich, so entfernt von den gemeinen Gütern dieses todten Lebens, das ohne sie nur eine Vegetation ist.

Mich bestürmen zu heftige Gefühle, um mich Ihrer

Schönheit so ruhig freuen zu können. Ach, mir zittert ja
jede Nerve von Ihrer Nähe, ich möchte nur vergehen in
Ihnen, und kann ich kaum mit Gewalt meine Blicke nur
auf Augenblicke von Ihnen losreißen. Das Ernste, Kum=
mervolle in Ihrem Wesen spricht mich am tiefsten an. Das
Herz steht mir fast still vor sehnsüchtiger Angst, wenn ich
Sie die still bekümmerten Augen auf den Boden geheftet,
sinnend und abwesend dasitzen sehe, die Menschenfiguren
um sich her vergessend. Es ist mir dann immer als wenn
Sie sich nach Ihrer wahren Heimath sehnten, als wenn
Sie diese kalte, trostlose Erde verlassen möchten, wo man
Sie wohl selten versteht. Ach, dann bemächtigt sich meiner
eine so unbeschreibliche Bangigkeit, daß meine Seele davon
im Innersten erbebt, und doch ist es ein süßer Schmerz, den
ich fühle, und den ich mit keinem Genuß vertauschen möchte,
der von einer Anderen kommt. Sie leiden, ohne Ihnen
Trost geben zu können, Sie weinen zu sehen, glaube ich,
würde mir das Leben kosten. Also auch Sie, so vollkommen
und auch so gut, geschaffen Andere zu beseligen, sind selbst
doch nicht glücklich! Wer kann nun noch über Leiden klagen?

Mögen Sie nun ernst zürnend und strafend, oder theil=
nehmend und gütig, oder auch anmuthig neckend, oder laut
in inniger Fröhlichkeit lachen, immer und in allem ist Ihr
Thun und Lassen wohlthuendste Harmonie, und wer sich
vor dem tieferen Eindruck wehren kann, den muß Ihr An=
blick wahrhaft im Gemüthe stärken, wie ein herrlicher Früh=
lingstag den genesenden Kranken.

An *.

Werden Sie zürnen, wenn ich noch einmal Ihnen zu
schreiben wage? Immer von Zeugen umgeben, darf ich

Ihnen ja nie ein herzlicheres Wort sagen, nie aus dem peinigenden Zwang einen Augenblick heraustreten, der mich nöthigt von faden Alltagsdingen mit der zu reden, deren Kniee ich nur umfassen, und zu ihren Füßen sterben möchte. — Ach, glauben Sie mir, dies sind keine Phrasen — wenn Sie die bitteren Thränen sähen, die ich verzweifelnd, hoffnungslos weine, Sie müßten ein menschliches Rühren fühlen. Und so soll ich Sie jetzt verlassen, nicht einmal gewiß, ob Sie nicht fortfahren mich grausam zu verbannen, kein Zeichen Ihres Zutrauens, Ihrer freundlichen Milde mit mir nehmend. Bald wird mir nichts mehr von Ihnen bleiben, als das A. auf meiner Hand, das meine Thränen auch schon längst gelöscht hätten, wenn es nicht mit Blut geschrieben wäre. Ich habe es aber mit Wollust wieder aufgefrischt, und will es so tief eingraben, daß es eben so unmöglich sein soll, es von meiner Hand wieder zu vertilgen, als Ihr brennendes Bild mir aus dem wunden Herzen zu reißen. Die Vorstellung, mich von Ihnen zu trennen, ist mir unerträglich, und doch giebt mir Ihre Gegenwart auch keine Hoffnung. Aber dann sehe ich Sie wenigstens, vor dem Schein dieses Engelangesichts kann der Schmerz nur in sanfte Wehmuth sich auflösen, nicht so die Seele martern mit unaussprechlicher Qual. Warum gestattete mir der gütige Himmel nicht Sie früher zu finden! Gott, wenn ich denke, daß es möglich gewesen wäre, Sie vor Ihrer Verheirathung kennen zu lernen, daß ich dann vielleicht mein Schicksal an das Ihre hätte ketten dürfen — nein, an diesem Gedanken allein könnte ich wahnsinnig werden, und mich und mein Leben verwünschen, das jetzt wie ein todtes, erbärmliches Nichts mich anekelt. In solchen Augenblicken wünsche ich mir Betäubung, aber ich finde sie nicht — mir kann nichts mehr Ruhe geben als Sie selbst, nur Ihr Anblick beruhigt mich, und dünkt mir nöthig um zu leben. Wenn Sie wüßten, wie ich heute darum gelitten habe, daß Sie mir nicht gönnen wollten, Sie auf Ihrem Spazierritt zu begleiten, wie ich so lange vergeblich und ängstlich auf Ihr Vorüberkommen wartete, und wie dann, als Sie nach einigen peinvollen Stunden unter meinen Fenstern zurückkehrten, blos Ihr flüchtiger Gruß meinen Kummer doch linderte, gleich dem kühlenden Balsam, den der Liebe sorgfältige Hand auf die schmerzende Wunde legt — Sie würden nicht mehr zweifeln, daß Sie mit Allgewalt mein Leben regieren. Zürnen Sie mir also nicht, wenn meine Liebe zuweilen stärker war als meine Vernunft. Sie sind so gut, so mild gegen Alle, werden Sie nur mit mir eine Ausnahme machen, weil ich Sie mehr als Alle liebe? Ach, könnte ich Ihnen nur ein großes Opfer bringen, könnte ich doch das holde Kind, auf das alle Ihre irdische Liebe gerichtet war, mit meiner Liebe wieder erkaufen, wie gern, wie selig wollte ich sterben! Freilich, das Opfer wäre nicht groß, denn geliebt von Ihnen muß der Anblick des Todes wohl schrecklich sein, Ihnen gleichgültig aber ist fast das Leben furchtbarer anzusehen! Nur Hoffnung hält darin zurück, o gönnen Sie mir immer die schwache Hoffnung, sie ist zu bescheiden, um Sie zu beleidigen. Lassen Sie mich den kurzen Abschied von Ihnen mit den Worten nehmen: „Espoir fait vivre."

* * *

An *.

Madame,

Me pardonnerez-vous la hardiesse de vous écrire, ne pouvant trouver une occasion de vous parler du fond de mon coeur? Je me flatte, que oui; indulgente, comme vous l'êtes envers tout ce qui vous entoure, pourriez-vous avoir la cruauté d'en faire une exception seulement à mon égard, qui pourtant a peut-être le plus de droit à votre pitié? Ah! Madame, vous ne savez pas ce que vous avez fait de moi, vous ne vous doutez pas de la violence de la passion que vous m'avez inspirée. Ciel! quel état est le mien! Si je pouvais vous le peindre, le mettre devant vos yeux, tel qu'il est — votre bon coeur m'en est garant, vous ne pourriez vous défendre d'en être touchée. Je ne suis plus le même, tout mon caractère a changé, l'heureuse insouciance qui autrefois fut mon partage a fait place à un trouble perpetuel, à des agitations brûlantes, qui jusqu'alors m'étaient à peine connues de nom. Il n'y a plus pour moi d'objet intéressant dans la nature que vous, jour et nuit ce n'est que de vous, que je m'occupe, — j'aperçois tout comme à travers un nuage, un seul image se détache de l'obscurité, et c'est le vôtre — paré de tous les charmes de la beauté et de l'esprit. Oui, vous aviez raison de dire: que je ne connaissais pas le véritable amour, je n'en ai point eu d'idée jusqu'à présent, non, jamais j'ai éprouvé ce sentiment profond, qui me fait tressaillir au seul son de votre voix, ce feu dévorant, qui me consume, et qui fait à la fois mon plaisir et mon tourment. Ah! Madame, vous, qui sûrement ne pouvez voir souffrir sans émotion, serait-ce moi seul que vous excepterez de votre bonté compatissante? Parceque je vous aime, ma douleur ne serait-elle rien à vos yeux? Daignez au moins me dire que vous ne rejetez pas absolument une passion qui est plus forte que moi, et que jamais je ne saurais vaincre. —

Ne craignez pas cependant, que je vous génerais

par des soins trop assidus, qui pourraient vous être
désagréables, non, assurément, trop heureux de pouvoir
vous adorer en secret, je me bornerai à suivre avec
la plus grande exactitude toutes les loix que vous trouverez bon de m'imposer s'il le faut, je ne vous verrai
même, quoique il puisse m'en coûter, que rarement,
pour ne pas vous compromettre vis-à-vis de qui que
ce soit, mais au moins ne me défendez pas de vous
aimer, car à ce point-là, je le sens, je serais incapable de vous obéir. Encore une grâce, que je
vais vous demander est, de ne pas me juger entièrement sur les apparences; de tout temps, ne deman-
dant que l'estime de ceux que je connaissais particulièrement, et peut-être quelquefois un peu trop
baroque dans mes actions, et trop libre dans mes
propos, il se peut que ma renommée est devenue bien
inférieure à ma conduite. Si ce pouvait être un moyen
de vous plaire, je tâcherais encore de la faire changer.
Mais néanmoins, cela pourrait vous avoir prévenue
contre moi, et ça me ferait de la peine; il n'y a
qu'un moyen de savoir à quoi s'en tenir — daignez
me mettre à l'épreuve, et si vous ne me trouvez pas
tel que vous le souhaitez, si vous me trouvez capable
de la moindre indiscrétion, de la moindre faute de
ménagement à votre sujet, ou d'une vraiment mauvaise action en général; faites de moi ce que vous
voudrez, je me soumettrais à tout, fermez-moi alors
votre porte, accablez-moi de mépris et de honte —
je n'oserai pas m'en plaindre, quoique je ne saurais
le supporter.

J'ai encore mille choses à vous dire, mais je crains
de vous fatiguer, je vais seulement vous conjurer encore une fois d'être un peu moins insensible à des

maux que vous avez causés, et que vous pourriez changer en délices. Je suis avec respect, Madame,
Votre très-humble serviteur.

An *.

Si par hazard vous avez conservé les deux lettres que j'ai pris la liberté de vous écrire, je vous prie de me les rendre. Les protestations simples d'un amour vrai et tendre ne méritent pas d'être exposé au persifflage de vos confidents.

Vous désirez que j'aille à Paris — pour vous oublier ce n'est pas assez loin, je n'y viendrai plus à bout qu'ici, il vaut donc tout aussi bien de rester, j'espère me retrouver assez de caractère pour ne pas expirer de douleur de me trouver dans le même endroit avec une femme aussi belle qu'aimable, dont j'ai été pendant quelque temps le jouet, parcequ'elle me surpasse en tout de trop loin, en tout, excepté peut-être en loyauté; ce qu'elle me préparait, était apparemment le premier acte de la comédie, dont je devais être le ridicule héros, et tout en m'éclairant, je me sens humilié profondément. Je suis on ne peut plus touché, Madame, des bons conseils que vous daignez me donner pour l'avenir; si je ne peux pas les suivre tous en détail, j'en tirerai au moins cette morale, qu'on ne doit pas s'attacher à ce qu'on est convenu d'appeler des honnêtes femmes, quand on a trop de bonne foi pour trouver du plaisir à les tromper, et quand on est trop sensible pour souffrir patiemment d'en être maltraité. Je ne le devrais donc qu'à vous, Madame, si j'acquiers avec le temps cette passive tranquillité de l'amour, qui me rendra bientôt propre à développer

I.   30

tout ce qu'il y a en moi de grand, et à devenir ce diamant qu'on recherche, cet homme distingué qui brille comme une étoile au milieu d'une sombre nuit d'automne. Ma foi, Madame, je ne me suis jamais donné pour fin, mais croyez que vous m'avez cru trop imbécille — ce n'est pas en cela que vous vous êtes trompé le plus.

Si la proposition du voyage de Paris n'est autre chose qu'un avis au lecteur pour me faire entendre que mes visites vous importunent, je vous donne ma parole d'honneur que vous n'avez qu'à vous expliquer tant soit peu plus clairement pour être délivré aussitôt de ma présence.

Agréez, Madame, etc.

An *.

C'en est fait, je cède à mon étoile, je vois bien que mon amour pour vous était bien mal à propos comme tout ce que j'ai le malheur d'entreprendre. Quoiqu'il en est, j'accepte l'offre précieux de votre amitié — quel bienfait en effet. —

La lettre que vous m'avez fait l'honneur de m'adresser est bien flatteuse pour moi, je dois vous remercier des éloges que vous m'y prodiguez, et de l'attention que vous mettez à me dorer les pillules, mais j'ai trop d'orgueil et d'amour-propre pour être assez naif, et permettez-moi de dire, assez sot pour y ajouter foi. Je sais me connaître et me rendre justice. Malheureusement je n'ai pas assez de pénétration pour lire dans le coeur des autres, ce qui me prépare souvent bien des chagrins. Votre précaution inutile a comblé mes présages; dès le premier jour j'ai eu l'honneur de vous connaître; ce qui m'arrive aujourd'hui — je n'ai pas eu le courage de l'écrire, en vain j'ai renfermé dans mon coeur cette pensée malheureuse — elle était plus forte que moi, et dès le moment où j'ai eu la faiblesse de vous en faire l'aveu, j'ai mérité mon sort. Si je ne vous aimais pas, peut-être que votre conduite un peu perfide me piquerait, ne serait-ce que pour essayer de me venger, mais bien loin de là, j'en conviens à ma honte, je suis assez bête pour en être aussi douloureusement affligé que vous pouvez le désirer. Il me semble que vous avez voulu frapper d'une pièce deux coups, vous moquant de moi tout à votre aise, et me donner en même temps une haute idée de votre invincible vertu. Quand au premier point, vous devez être contente des regards plus que moqueurs que Madame votre soeur ne s'est pas empêché de jeter sur moi pendant toute la journée; on pourrait dire à la vérité que ce n'est pas très-généreux d'exposer à une pareille mistification un homme qui n'avait d'autre tort envers vous que de vous aimer, mais doit-on s'arrêter quand on est en train de rire, parceque un farceur qui vous est indifférent pouvait en souffrir — c'est tout simple, et je ne vous en veux pas, je vous prie seulement de me dire si toute la famille et les amis de la maison étaient dans la confidence pour savoir à quoi m'en tenir sur toute l'étendue de l'intérêt que vous prenez à moi. Quand à votre vertu — cette vertu par excellence, dont vous parlez sans cesse, et qui semblait selon vous être la première ou peut-être l'unique obligation de la femme, je vous l'avoue volontiers, que je ne crois jamais à son existence, et que suivant mes principes et mon expérience, j'ai dû supposer que je n'ai pas eu le bonheur de vous plaire, ou que votre amour-propre, la crainte d'être compromise, ou enfin une autre raison de ce genre ont remporté la victoire sur votre attachement — voilà toute l'histoire, et je vous en remercie toujours de ne pas m'avoir laissé long-temps dans le doute.

1.

An Julie, Gräfin Kospoth.

O meine Freundin, meine theure Julie, verkennen Sie mich nicht, wenn mein Betragen Ihnen vielleicht fremd und seltsam scheint. — Verzeihen Sie es einem Trostlosen, der sich für verloren giebt, und der nur noch den einen Wunsch hat, daß ein unüberwindlicher Kummer ihn bald dahin bringt, wo er niemand mehr zur Last fallen wird. Ich muß Sie fliehen, indem Sie verlangen, daß ich Ihnen von Liebe weder reden noch schreiben soll; das kann ich halten, und habe es gethan, aber wie soll ich Ihnen in Ihrer Gegenwart meine Leidenschaft verbergen? Ich zittre, wenn ich Sie sehe, jedes Wort, jeder Blick muß es Ihnen schmerz= lich zeigen, wenn Ihr Herz des Mitleids fähig ist, wie gränzenlos meine Liebe für Sie geblieben ist, und ewig sein wird. Hätten Sie je nur etwas dieses Gefühl er= wiedert, und opferten Sie mein Glück nur Ihrer Denkungs= art, Ihren Ideen über Religion und Pflicht auf, so wollt' ich mich trösten, und Sie lieben wie man Gott liebt, aber der folternde Gedanke, daß ich mit dem glühenden Herzen nie das Ihrige zu erwärmen vermocht, daß Sie immer nur Freundschaft für Liebe, nur Mitleid für die Qual meiner Seele mir bieten — der Gedanke ist es, der mir jede Freude raubt, der mein Leben untergräbt.

Noch einmal schreiben Sie mir, meine Julie, die ich, mich selbst betrügend, noch einmal so nennen will. Schreiben Sie mir kalt und herzlos: ich liebe Sie nicht, und ich werde Sie nie lieben. Jede Hoffnung, an die sich der Unglückliche wie der Ertrinkende an einen Strohhalm hält, rauben Sie mir, damit auf einmal die Qual mit meinem Leben endet.

Ich habe Ihr Bild meiner Schwester entrückt, es stellt wohl nur schwach die geliebten Züge dar, die in meinem Herzen frischer und treuer abgebildet sind, aber oft löste es doch meinen Schmerz in sanftere Thränen auf. Mehr habe ich von dem todten Bild, als je von der Lebenden.

2.

An Julie, Gräfin Kospoth.

O meine Julie! meine Freundin — darf ich Sie noch so nennen? Kann blinde Leidenschaft und der Verzweiflung unendlicher Schmerz einen Rasenden entschuldigen, der, indem er sein Liebstes kränkt, gegen sich selbst wüthet, so darf ich noch Verzeihung hoffen von der, der mein Leben und meine Seele gehört, — von der, die mit himmlischem Reiz auch himmlische Güte vereinigt. Julie, meine Thränen, der vernichtende Jammer, der mir jede Minute zur qualvollen Marter macht, hat Sie genug an mir Unglücklichen gerächt — verlangen Sie noch mehr — alles will ich dulden, nur Ihren Zorn, Ihre Gleichgültigkeit nicht. Ja, beim allmächtigen Gott, ich schwör' es, von nun an hängt mein Leben an Ihrem Herzen, ich muß es erringen, oder sterben und untergehen — der Tod ist ein kleines Uebel, ungeliebt zu leben, wenn das Herz von unbezwinglicher Gluth gefoltert wird, ist nur Unglück, ein schreckliches Schicksal. —

Julie, Sie haben geweint, Ihre Thränen sind meinetwillen
geflossen, wie kann ich je Ihnen das aufwiegen! — Erst
als Sie uns verlassen hatten, fand meine gute P., die beim
Anblick meiner Verzweiflung mir ihr tiefes Mitleid nicht
versagen konnte, Gelegenheit mir meinen unglücklichen Argwohn zu benehmen, und den verhaßten Brief mir zurückzugeben, der mein Liebstes auf der Welt so tief beleidigend
kränken mußte.

O Gott, wie hasse ich jetzt mich selbst, wie unbeschreiblich elend muß ich sein, wenn Sie mir nicht verzeihen. —
Nur eines weiß ich zu meiner Entschuldigung zu sagen:
die Strafe litt ich schon mehr, schrecklicher, als Ihr sanftes,
menschliches Herz sich nur ausdenken kann. — Theure, gute
Julie, seien Sie großmüthig — mit einem Wort können
Sie mich niedertreten in den Staub, oder erheben bis über
die Sonne — lassen Sie einmal alle kleinlichen Rücksichten,
alle elenden Vorurtheile der Gesellschaft schwinden, und
folgen Sie nur der Stimme Ihres Herzens, aus dem die
allmächtige Natur zu Ihnen redet. Dieser zu folgen ist
Gebot und Tugend — ihr zu widerstreben ist verderblicher,
unglücklich machender Wahn — Meine Julie, denken Sie,
daß meine Schuld und Ihre Thränen wie glühendes Feuer
auf meinem Herzen brennen, und antworten Sie mir ein
barmherziges Wort.

3.

An Julie, Gräfin Kospoth.

Den 2.

Meine theure Freundin — zum erstenmal vielleicht werden diese Zeilen Sie wieder an jemand erinnern, der seit
dem schmerzlichen Tage, wo er von Ihnen schied, nie auf-

gehört hat, sich mit Ihrem Bilde zu beschäftigen. — Selt= samer Widerspruch der Seele, die sich in ihrer eigenen Qual gefällt! Ich bin unglücklich, und doch möchte ich mein Un= glück gegen kein Glück vertauschen, das nicht von Ihnen käme.

Ihre goldene Locke, liebe, liebe Julie, ist all mein Trost — die küsse ich wohl hundertmal des Tages, und be= netze sie mit meinen Thränen. Dann gehe ich zu Agnes, die liebreichst meinen Kummer theilt, und manchmal doch lindert, wo sie nicht helfen kann. Sie allein kennt meine ganze — Freundschaft für Sie, grausame Julie, sie allein versteht und würdigt mein Herz. Ach, wie öde ist jetzt Muskau für mich, wie schmerzlich jeder Blick auf diesen Ort, den noch vor wenig Tagen der Freundin Fuß betrat, der Freundin, deren holde Anmuth alles mit süßem Reiz umwebte, daß in den Zaubernetzen mein trunkenes Herz gefangen blieb. — Sie sind dahin, die ewig wonnevollen Tage, wo ich noch hoffen durfte — jetzt hat mit kalter Strenge die schmerzlichste Gewißheit sie verdrängt, und nie, nie werden sie wiederkehren. Hartes Schicksal! Wen darf ich anklagen als mich selbst, der Ihnen nicht zu gefallen verstand. Die Liebe ist wie das Glück, man verdient sie nicht, man erwirbt sie nicht, aus lichten Wolken strömt sie auf uns herab mit Wonneschauern, die die Götter nur ihren Lieblingen senden. Mir haben sie nicht gelächelt, und wie die zarte Blume vom kalten Nordwind angeweht, wird meine Lebensblüthe still vergehen. O wär' sie schon dahin — viel Leiden sparte mir gewiß ein früher Tod, denn nie= mals, tief im Innersten empfind' ich's, kann ich wieder glücklich sein, scheinen höchstens nur auf Augenblicke.

Doch Verzeihung, meine theure, angebetete Freundin, nicht ermüden wollt' ich Sie mit meinen Klagen, und wider Willen hat der Schmerz mich überwältigt.

———

Sind Sie denn wirklich glücklich, Julie? Hab' ich wenig=
stens diesen Trost in meinen Leiden — oder ist die Gleich=
gültigkeit, welche wie Eis Ihr ganzes Leben durchkältet, nur
die Folge eines ausgebrannten Feuers, und mehr Apathie
als Zufriedenheit? Sollten Sie, die liebreizendste der Frauen,
nicht für die Liebe, für glühende Liebe geschaffen sein, und
kann blos durch eheliche Freundschaft, die durch die Idee
des Müssens noch den letzten zarten der Liebe verwandten
Anstrich verliert, Ihr warmes, gefühlvolles Herz allein aus=
gefüllt werden? Ach! wenn Sie lieben könnten, niemand
würde glücklicher durch Liebe sein als Sie, die den Egois=
mus nur dem Namen nach kennt, ganz in dem Geliebten
nur würden Sie leben . . . O Gott! wie schmerzlich ist
es, den Himmel vor sich offen zu sehen, und nie eingehen
zu dürfen in seine Seligkeit!

O Julie, wie haben Sie an meine Schwester geschrie=
ben — lieber hätte ich mir gewünscht, gar nicht genannt
zu werden, als mit dieser schneidenden Kälte, die mit Wohl=
wollen den Bruder der Freundin glücklich wünscht, aber für
seine Person auch nicht das geringste mehr fühlt, als für
den fremdesten Bekannten. Fast möchte ich es für grau=
samen Hohn halten, wenn Sie mir eine Frau vom Schick=
sal erbitten, und die erste Nachricht davon verlangen. Ich,
eine Frau, mit der unbezwinglichen Leidenschaft im Herzen!
Wie unglücklich würden wir beide sein! Meine Julie —
Sie allein will ich so nennen, und nie eine andere mehr.

Den 7.

Heute geht meine Schwester nach Burau — die Glück=
liche wird noch heute ihre Julie umarmen, und heiße Küsse
auf ihre süßen Lippen drücken — ich allein bleibe elend
und krank zurück, mit meinem Schmerz allein. — Wie Ihr
kleiner August, den ich ungesehen um der Mutter willen
schon mit Leidenschaft liebe, möcht' ich ausrufen: Wie viel
Nächte, o meine Geliebte, muß ich noch wachen, eh ich Dich
wiedersehe, und Deiner Augen Glanz die Nacht meines
Schicksals auf Augenblicke erleuchtet? —

Leben Sie wohl, ich kann nicht mehr schreiben, die Weh=
muth bricht mir das Herz, leben Sie wohl und glücklich,
meine Julie, und lassen Sie mich sterben.

––––––––

Die edle Frau beantwortete diese Briefe in würdigster
Weise; sie schrieb an Pückler wie folgt:

Gräfin Julie Kospoth an Pückler.

Halbau, den 8. März 1811.

Wie angenehm überraschten mich gestern Abend die schö=
nen, herrlichen Blumen, deren gütigen Geber ich sogleich
errathen zu haben glaube, wenn ich Ihnen, mein theilneh=
mender Freund, dafür den herzlichsten Dank sage; auch
August bat seine Mutter, es in seinem Namen zu thun,
bis sich die Gelegenheit findet, es mündlich nachzuholen.

Nicht mit so frohem Herzen kann ich Ihnen auf Ihren
Brief antworten, der mich sehr betrübt hat, da ich Ihnen,
guter Hermann, noch einmal alles wiederholen soll, was
ich schon einmal gesagt, und so oft gedacht habe; soll ich
gegen Sie unwahr sein, ich, die nun Ihr ganzes Herz zu

kennen glaubt, soll ich Ihnen von Gefühlen reden, die ich nicht fühle, nur um des angenehmen Umgangs mit Ihnen mich länger zu erfreuen, nein, Hermann, das können und werden Sie um Ihrer selbst willen nicht wünschen, und gehörte ich dann nicht auch unter die Zahl jener Frauen, die sich ein Vergnügen daraus machen, junge, liebenswürdige Männer an sich, in ihre Nähe zu bringen, damit sie ihrer Eitelkeit schmeicheln, und so den Zug an ihrem Triumphwagen verschönern; — ich hoffe, Sie haben eine bessere Idee von mir, doch zu gut soll sie auch nicht sein, da meine Fehler die wenig guten Eigenschaften bestimmt überwiegen. Hierüber können Sie, mein Freund, gar nicht urtheilen, denn zu kurz ist unsere Bekanntschaft, und es sollen ja Jahre dazu gehören, das Herz eines Weibes zu ergründen.

Sie fragen, ob ich ganz glücklich bin. Würde es Ihnen nicht neue unangenehme Augenblicke bringen, wenn ich Ihre Frage mit Ja beantworte? Hermann, ich bin es, und wünsche mir auch kein anderes Glück; wie wehe thaten Sie mir mit dieser Frage, sie klang wie ein Zweifel, und der Gedanke, daß ich durch ein unfreundliches Betragen gegen Kospoth Sie dazu verleitet habe, hat mich tief geschmerzt. Guter Hermann, ich bitte Sie, zweifeln Sie nicht daran, denn so lange Sie es thun, werden Sie hoffen, daß meine Freundschaft für Sie sich in ein noch schöneres Gefühl verwandeln könnte; dies kann nicht sein, schieben Sie es auf meine alten aus der Mode gekommenen Grundsätze, oder einer nicht neueren Erziehung; ich bleibe fest beim Alten, und wenn ich auch das Jetzt für schön und vollkommen anerkenne, so kann ich mich doch von dem Alten nicht trennen.

Wie schmerzlich muß ich Sie betrüben, mein theurer Freund (dies werden Sie mir immer bleiben)! Warum ich es aber auch sein muß, ich, die so gern alle Menschen glücklich und zufrieden wissen möchte, kann ich nicht begreifen. Gehört es vielleicht mit zu den Prüfungen, denen wir armen sterblichen Erdbewohner so oft unterworfen sind, nun so will ich sie geduldig ertragen, und auf eine glücklichere Zukunft für Sie hoffen.

Daß die gute Schwester dem liebenden Bruder meinen Brief an sie mitgetheilt, ist nicht ganz recht; daß Sie, lieber Hermann, aber meinen Aeußerungen eine andere Auslegung geben als ich es gemeint, hat mir sehr leid gethan. Ich hoffe, es wird eine Zeit kommen, wo Sie wieder ganz glücklich sein werden, dann denken Sie gewiß an mich, und Sie sagen sich selbst, Julie hatte Recht. Wie konnten Sie glauben, daß ich den Mann, welchem ich meine Achtung und Freundschaft gebe, verhöhnen kann? Ich sehe, zuweilen halten Sie mich für besser als ich bin, doch auch manchmal geben Sie mir Fehler, die nicht in mir liegen, Sie haben das weibliche Geschlecht gewiß sehr oft nicht von den besten Seiten kennen gelernt, und darum auch das Mißtrauen in Ihrem Herzen bei einer jeden neuen Bekanntschaft; o, könnte ich es Ihnen doch benehmen, und Sie, guter Hermann, wieder mit uns aussöhnen; doch leider bin ich nicht dazu bestimmt, ich bin es ja, um die Sie nun leiden, und Tage des Kummers verleben. Oft denke ich an Sie, auch spreche ich mit meiner freundlichen Cousine, die Sie nicht kennen, von Ihnen, sie hat mich sehr lieb, und nimmt den wärmsten Antheil an Ihnen.

Noch eine Bitte habe ich an Sie, werden Sie mir sie erfüllen? Ich wünschte, Sie schrieben mir nicht mehr; legen Sie es mir nicht für Kälte oder Gefühllosigkeit aus, allein ich kann das offene, unbefangene Betragen gegen meinen Mann nicht behaupten, sobald ich etwas vor ihm verbergen muß, und es würde nun öfterer geschehen, daß ich mich von der Gesellschaft entfernen müßte, um Ihnen zu antworten,

und dann müßte ich immer ein Geschäft vorgeben, das nicht
wahr wäre; wollen Sie, daß ich meinen älteren Freund be=
lügen soll, gegen den ich nie Unwahrheiten sprach? Nie soll
er, dies Versprechen habe ich Ihnen schon in Muskau ge=
geben, erfahren, daß Sie mehr als Freundschaft für mich
gefühlt haben, ich halte es gewiß. Bleibt Ihnen noch etwas
übrig, was Sie mir sagen möchten, dann finden Sie ge=
wiß Gelegenheiten, wenn ich Sie einmal wiedersehen werde.
Ich werde mich immer Ihres Wiedersehens freuen, obgleich
um Ihretwillen ich es nicht wünschen kann.

Sie sprachen in Muskau von Immortellen; hier folgt
eine zum Dank für die schöneren frischen Blumen von Ihnen,
mein theurer Freund, sie sei das Bild unserer Freundschaft,
sie wird von meiner Seite unwandelbar — perpétuelle
sein. Dies gelobet   Julie.

Noch habe ich Agnes nicht gesehen, doch morgen werde
ich ihr diesen so lang gewordenen Brief einhändigen.

                                                      Adieu.

www.ingramcontent.com/pod-product-compliance
Lightning Source LLC
Chambersburg PA
CBHW020647110726
47901CB00001B/85